AF612474

LA INTERPRETACIÓN DE LOS SUEÑOS

PARTE II

Obras Completas de Sigmund Freud
Tomo VII

LA INTERPRETACIÓN DE LOS SUEÑOS

PARTE II

Traducción directa del alemán por
Luis López-Ballesteros y de Torres,
con aportaciones del Dr. Otto Rank

Flectere si nequeo superos,
acheronta movebo.

Editorial Iztaccíhuatl S. A. de C. V.

OBRAS COMPLETAS DE SIGMUND FREUD. TOMO VII
La interpretación de los sueños-Parte II

Sigmund Freud
ISBN (obra completa): 978-607-8688-54-8
ISBN (tomo VII): 978-607-8688-60-9
Segunda edición: marzo de 2022

© Editorial Iztaccíhuatl S. A. de C.V.
Miguel Schultz #21, Col. San Rafael,
Del. Cuauhtémoc, Ciudad de México

Corrección de estilo: Yoali E. Crespo López
Diseño y maquetación: Cecilia Neria Anaya
Licencia de impresión a Grupo Editorial Neisa
Impresión: Master Copy, S. A. de C.V. (DocuMaster)

Impreso en México

LA INTERPRETACIÓN DE LOS SUEÑOS

PARTE II

VI
La elaboración onírica

Todas las tentativas realizadas hasta el día para solucionar los problemas oníricos se enlazaban directamente al contenido manifiesto, esforzándose por extraer de él la interpretación o fundamentar en él, cuando renunciaban a hallar sentido alguno interpretable, su juicio sobre el fenómeno objeto de nuestro estudio. Somos, pues, los primeros en partir de un diferente punto inicial. Para nosotros se interpola, en efecto, entre el contenido onírico y los resultados de nuestra observación un nuevo material psíquico: el contenido *latente* o ideas *latentes* del sueño que nuestro procedimiento analítico nos lleva a descubrir. De este contenido latente y no del manifiesto es del que desarrollamos la solución del sueño. Así, pues, se nos presenta también una nueva labor que no se planteaba a los autores anteriores: la de investigar las relaciones del contenido manifiesto con las ideas latentes y averiguar por qué proceso ha surgido de estas últimas aquel primero.

Las ideas latentes y el contenido manifiesto se nos muestran como dos versiones del mismo contenido, en dos idiomas distintos o, mejor dicho, el contenido manifiesto se nos aparece como una versión de las ideas latentes a una distinta forma expresiva, cuyos signos y reglas de construcción hemos de aprender por la comparación del original con la traducción. Las ideas latentes nos resultan perfectamente comprensibles en cuanto las descubrimos. En cambio, el contenido manifiesto nos es dado como un jeroglífico, para cuya solución habremos de traducir cada uno de sus signos al lenguaje de las ideas latentes. Incurriríamos, desde luego, en error si quisiéramos leer tales signos dándoles el valor de imágenes pictóricas y no el de caracteres de una escritura jeroglífica. Supongamos que tenemos ante nosotros un jeroglífico cualquiera, de los muchos que se publican como pasatiempo. En él vemos una casa sobre cuyo tejado descansa una barca, y luego, a continuación, una letra y una figura humana sin cabeza, corriendo desesperadamente, etc. Ante estas imágenes, podríamos expresar la crítica de que tanto su yuxtaposición como su presencia aislada son absurdas e insensatas, pues las barcas no anclan nunca sobre los tejados y un hombre decapitado es incapaz de correr. Así mismo, esta última figura resulta más grande que la casa, y si el conjunto ha de representar un paisaje, sobran las letras, que jamás hemos visto surgir espontáneamente en la Naturaleza. Pero estas objeciones dependen de que formamos sobre el jeroglífico un juicio equivocado. Así, pues, habremos de prescindir de ellas y adaptarnos al verdadero carácter de aquél, esforzándose en sustituir cada imagen por una sílaba o una palabra susceptibles de ser representadas por ella. La yuxtaposición de las palabras que así reuniremos no carecerá ya de sentido, sino que podrá constituir incluso una bellísima sentencia. Pues bien: el sueño es exactamente uno de estos jeroglíficos, y nuestros predecesores en la interpretación onírica han incurrido en la falta de considerar el jeroglífico como una composición pictórica. De este modo, no tenía más remedio que parecerles insensato y sin valor alguno.

a) La labor de condensación.

Lo primero que la comparación del contenido manifiesto con las ideas latentes evidencia al investigador es que ha tenido efecto una magna *labor de condensación*. El sueño es conciso, pobre y lacónico en comparación con la amplitud y la riqueza de las ideas latentes. Su relación escrita ocupa apenas media página. En cambio, la del análisis en el cual se hallan contenidas las ideas latentes ocupa seis, ocho o doce veces más espacio. Esta proporción es muy variable, y por lo que hasta el momento hemos podido comprobar, no influye para nada en el sentido de los sueños correspondientes. Generalmente se estima muy por debajo el montante de la comprensión que ha tenido efecto, pues se consideran las ideas latentes descubiertas como la totalidad del material dado, siendo así que no constituyen sino una parte de este y que, prosiguiendo el análisis, podemos hallar todavía nuevas series de ideas que se ocultaban detrás del sueño. Ya indicamos antes que jamás podemos estar seguros de haber agotado la interpretación de un sueño. Aunque la solución obtenida nos parezca completa y satisfactoria, queda siempre la posibilidad de que el mismo sueño haya servido también de exteriorización a otro sentido más. Así, pues, el *montante de condensación* es —en términos rigurosos— indeterminable. Contra el aserto de que la desproporción entre contenido manifiesto e ideas latentes nos fuerza a deducir que en la elaboración onírica ha tenido efecto una amplia condensación del material psíquico, podría elevarse una objeción, a primera vista, muy plausible. Pudiera, en efecto, alegarse, la impresión que, con tanta frecuencia, experimentamos, de haber soñado muchas cosas a través de toda la noche y haber olvidado después la mayor parte. De este modo el sueño que al despertar recordamos no sería sino un resto de la total elaboración onírica, la cual, recordada por entero, presentaría una amplitud igual a la de las ideas latentes. Hay aquí una parte de verdad, pues la observación de que cuando más fielmente nos es dado reproducir un sueño es cuando intentamos recordarlo inmediatamente después de despertar, mientras que conforme avanza el día, va haciéndose su recuerdo cada vez más vago e incompleto, es rigurosamente cierta. Pero, por otro lado, podemos comprobar que el sentimiento de haber soñado mucho más de lo que podemos reproducir, reposa muchas veces en una ilusión, cuyo origen aclararemos más adelante. Además, la hipótesis de una condensación en la elaboración onírica no queda contradicha en modo alguno por la posibilidad del olvido de los sueños, pues resulta demostrada por las masas de representaciones pertenecientes a cada uno de los fragmentos oníricos conservados. Lo que sucede cuando realmente ha sido olvidada una gran parte del sueño es que tal olvido nos cierra el acceso a una nueva serie de ideas latentes, pues nada justifica la suposición de que los fragmentos oníricos olvidados no se habrían referido sino a aquellas ideas que ya conocemos por el análisis de los conservados[1].

Ante la extraordinaria cantidad de ocurrencias que el análisis aporta con respecto a cada elemento del contenido onírico surgirá en nuestros lectores la duda de si podemos considerar como perteneciente a las ideas latentes todo aquello que *a posteriori* se nos ocurre durante la labor analítica; esto es si debemos suponer que todas estas ideas se hallaban ya en actividad durante el reposo y contribuyeron a la elaboración del sueño, o si no es mucho más verosímil que durante dicha labor surjan nuevas asociaciones de ideas que no tomaron parte alguna en la constitución del mismo. Sólo condicionalmente podemos agregarnos a esta duda. Es, desde luego, cierto que durante el análisis surgen por primera vez algunas asociaciones, pero siempre nos es dado comprobar que tales nuevas conexiones sólo se establecen entre ideas que se hallaban ya enlazadas de otra manera en el contenido latente. Las nuevas conexiones no son sino contactos o corto circuitos facilitados por la existencia de otros caminos de enlace más profundos. Con respecto a la mayor parte de las masas de ideas descubiertas en el análisis, nos vemos obligados a reconocer que han actuado ya en la elaboración del sueño: pues cuando hemos seguido una cadena de tales pensamientos, que parecen exentos de todo nexo con

[1] En muchos investigadores se encuentran ya alusiones a esta condensación. Así, manifiesta Du Prel (pág. 85) la seguridad de que sobre la serie de representaciones ha actuado un proceso de dicho género.

dicha elaboración, tropezamos bruscamente con una idea que se halla representada en el sueño, es indispensable para la elaboración del mismo y no resulta accesible sino por la persecución de dicha serie de pensamientos, ajena en apariencia a la formación del producto onírico. Recuérdese, a este respecto, el sueño de la monografía botánica, que se nos muestra como el resultado de una asombrosa condensación, aunque no hemos comunicado su análisis, sino fragmentariamente.

Pero entonces, ¿cómo hemos de representarnos el estado psíquico que durante el reposo precede al soñar? Las ideas latentes, ¿aparecen dadas en conjunto o son recorridas de un modo sucesivo? ¿No podrá ser también que, partiendo de diversos centros, se constituyan varias cadenas de ideas simultáneas, que luego se unan en un punto dado? A mi juicio, no tenemos necesidad ninguna de crearnos una representación plástica del estado psíquico en la elaboración onírica. Bastará con no olvidar que se trata del pensamiento inconsciente y que el proceso puede ser muy distinto del que percibíamos en nosotros en la reflexión voluntaria acompañada de conciencia.

De todos modos, el hecho es que la elaboración onírica reposa sobre una condensación permanente inquebrantable. Ahora bien, ¿cómo se lleva a cabo tal condensación?

Si reflexionamos que de las ideas latentes halladas sólo una minoría queda representada en el sueño por uno de sus elementos de representación, habríamos de concluir que la condensación se verifica por *exclusión*, no siendo así el sueño una fiel traducción o una proyección punto por punto de las ideas latentes sino una reproducción harto incompleta y llena de lagunas de las mismas. Este juicio es, sin embargo, como pronto veremos, harto equivocado. Pero tomémoslo al principio como base y continuemos preguntándonos: si al contenido manifiesto no llegan sino pocos elementos de las ideas latentes, ¿qué condiciones determinan la selección de las mismas?

Para contestar a esta interrogante examinaremos aquellos elementos del contenido manifiesto que tienen que haber cumplido tales condiciones. El material mejor para esta investigación será, sin duda, un sueño en cuya elaboración haya tenido efecto una condensación particularmente enérgica. Elegiremos el de la monografía botánica, expuesto antes del capítulo V.

Sueño de la monografía botánica. Contenido manifiesto: "He escrito una monografía sobre una especie (indeterminada) de plantas. Tengo el libro ante mí y vuelvo en este momento la página por la que se hallaba abierto y que contiene una lámina en colores. Cada ejemplar ostenta, a manera de herbario, un espécimen disecado de la planta."

El elemento más evidente de este sueño es la *monografía botánica*. Como ya indicamos, procede de las impresiones del día del sueño, pues la tarde anterior al mismo había visto realmente en el escaparate de un librero una *monografía sobre los ciclámenes*. El contenido manifiesto omite mencionar esta especie y conservar tan sólo la monografía y su relación con la Botánica. La "monografía botánica" demuestra en seguida su relación con mi *estudio sobre la cocaína*, y de esta última se dirige la asociación de ideas, por un lado, al escrito redactado con motivo del aniversario de un laboratorio y a determinados hechos relacionados con tal institución, y por otro, a mi amigo, el oculista doctor Koenigstein, que participó en la aplicación de la cocaína como anestésico. A la persona del doctor Koenigstein se enlazan, además, el recuerdo del interrumpido diálogo que sostuve con él la tarde anterior y los diversos pensamientos sobre el pago de los servicios médicos entre colegas. Esta conversación es el verdadero estímulo onírico actual. La monografía sobre los ciclámenes es también una actualidad, pero de naturaleza indiferente. Resulta, pues, que la "monografía botánica" del sueño se demuestra como un *elemento común intermedio* entre ambos sucesos diurnos, tomado, sin modificación alguna, de la impresión indiferente y enlazado con el suceso psíquicamente importante por amplísimos enlaces de asociaciones.

Pero no sólo la representación compuesta *monografía botánica*, sino también, aisladamente, cada uno de sus elementos, *botánica* y *monografía*, van profundizando más y más, por medio de múltiples asociaciones, en la madeja de ideas latentes. Al elemento "*botánica*" pertenecen los recuerdos relativos a la persona del profesor *Gaertner* (*jardinero*), a su *floreciente* mujer, a aquella paciente mía cuyo nombre era *Flora* y la señora de la que relaté la historia de las *flores* olvidadas. El elemento *Gaertner* me conduce nuevamente al laboratorio y a la conversación con Koenigstein a la que pertenece, así mismo, la mención de mis dos pacientes. De la señora de las *flores* parte un camino mental hasta las *flores preferidas* de mi mujer, punto en el que converge también otro camino, cuyo punto de partida es el título de la monografía vista en la vigilia. El elemento "botánica" recuerda, además, el episodio del herbario y un examen de mi época universitaria, y un nuevo tema tratado en mi conversación con el oculista —el de mis aficiones— se enlaza, por mediación de la alcachofa, a la que humorísticamente llamo mi *flor preferida*, a la concatenación de ideas por parte de las flores olvidadas. Detrás del elemento "alcachofa" se esconde, en primer lugar, el recuerdo de Italia, y en segundo, el de una escena infantil que inició mis relaciones, tan íntimas luego, con los libros. Así, pues, *botánica* es un verdadero foco de convergencia, en el que se reúnen, para el sueño, numerosas series de ideas, cuyo enlace quedó efectuado en mi conversación con Koenigstein. Nos hallamos aquí en medio de una fábrica de pensamiento en la que como en un taller de hiladuras y según los famosos versos "se entrecruzan mil y mil hilos, —van y vienen las lanzaderas, —manan invisiblemente las hebras —y un único movimiento establece mil enlaces".

El elemento "monografía" del sueño procede, a su vez, de dos temas: lo unilateral de mis estudios y lo costoso de mis aficiones.

De este primer examen sacamos la impresión de que los elementos "monografía" y "botánica" han sido acogidos en el contenido manifiesto por ser los que presentan más considerable número de contactos con la mayoría de las ideas latentes, constituyendo así, *puntos de convergencia*, en los que van a reunirse muchas de tales ideas; esto es, por entrañar, con respecto a la interpretación, una *multiplicidad de significaciones*. Expresando en forma distinta el hecho en que basamos esta explicación, podemos decir que cada uno de los elementos del contenido manifiesto demuestra hallarse *superdeterminado* y múltiplemente representado en las ideas latentes.

Investigando la emergencia de los demás elementos del sueño en las ideas latentes realizamos aún nuevos descubrimientos. La lámina en colores contenida en la página por la que abro el libro se refiere (véase el análisis) a un nuevo tema, la crítica de mis obras por mis colegas; a otro ya representado en el sueño, mis aficiones; y al recuerdo infantil de la destrucción de un libro que tenía láminas de colores. El espécimen disecado de la planta se refiere al suceso del herbario escolar y hace resaltar este recuerdo con especial energía. Veo, pues, de qué género es la relación entre el contenido manifiesto y las ideas latentes: no sólo se hallan múltiplemente determinados los elementos del sueño por las ideas latentes, sino que cada una de éstas se halla así mismo representadas en el sueño por varios elementos. De un elemento del sueño conduce el camino de asociación a varias ideas latentes y de una idea latente, a varios elementos del sueño. Así, pues, la elaboración no se verifica suministrando cada una de las ideas latentes o cada grupo por ellas formando, una abreviatura destinada al contenido del sueño —como los habitantes de una nación eligen diputados que los representen en Cortes—, sino que la completa totalidad de las ideas latentes es sometida a cierta elaboración conforme a la cual, los elementos más firmes y eficazmente sustentados, quedan situados en primer término para su acceso al contenido manifiesto, procedimiento análogo al de elección por listas electorales. Cualquiera que sea el sueño que sometamos a esta disección, confirmaremos los mismos principios; esto es, que los elementos del contenido manifiesto quedan constituidos a expensas de la totalidad de las ideas latentes y cada uno de ellos se muestra múltiplemente determinado con relación a dichas ideas.

No es seguramente ocioso demostrar prácticamente esta relación entre contenido manifiesto e ideas latentes con un nuevo ejemplo, caracterizado por la complicada trama de las relaciones recíprocas. Este sueño procede de un enfermo de claustrofobia (miedo a los espacios cerrados) al que tuve sometido a tratamiento. El título que doy a su ingeniosísima construcción onírica se halla plenamente justificado, como el lector verá más adelante.

II. Un bello sueño

"Acompañado por un nutrido grupo de gente entra en la calle de X., en la cual hay una modesta posada (dato inexacto en la realidad). En las habitaciones de esta posada se está verificando una representación teatral, y él es tan pronto espectador como actor. Al final, tienen todos que cambiarse de traje para volver a la ciudad. A este fin se designa a parte del personal las habitaciones del piso bajo, y a la otra las del primero. Los de arriba se incomodan porque los de abajo no han acabado todavía y no pueden ellos bajar. Su hermano está arriba; él abajo, y se incomoda con aquél porque le da tanta prisa (toda esta parte, oscura en el sueño). Además, ya al llegar, estaban distribuidas las habitaciones y determinado quién había de estar arriba y quién abajo. Luego, camina solitario por la cuesta arriba que la calle X forma en dirección a la ciudad y anda tan difícil y trabajosamente que apenas avanza. Un caballero anciano se une a él e insulta al rey de Italia. Próximo ya al final de la pendiente, comienza a andar con mayor facilidad".

La fatiga al andar fue tan clara en el sueño, que todavía, al despertar, dudó el sujeto, por algunos momentos, si se trataba de un sueño o de una realidad.

Si nos atenemos al contenido manifiesto, no presenta este sueño nada que merezca nuestro interés. Contra lo regular, comenzaré la interpretación por el fragmento que el sujeto manifiesta ha sido el más claro y preciso.

La fatiga soñada y probablemente sentida en el sueño, esto es, la disnea al subir la cuesta es uno de los síntomas que el sujeto mostró realmente hace algunos años y fue atribuido por entonces, con otros fenómenos, a una tuberculosis (simulada probablemente por la histeria). Conocemos ya, por nuestro estudio de los sueños exhibicionistas esta sensación de parálisis, peculiar al fenómeno onírico, y volvemos a comprobar aquí que es utilizada como un material disponible en todo momento para los fines de otra cualquier representación. El fragmento onírico que describe cómo la subida se hacía muy trabajosa al principio y fácil, en cambio, al final de la pendiente, me recordó, al escuchar el relato de este sueño, la conocida y magistral introducción de la "Safo" de Alfonso Daudet. Un joven, sube una escalera llevando en brazos a su amada. Al principio no siente, apenas, el peso del adorado cuerpo, pero conforme va subiendo va haciéndose más pesada la carga, hasta resultarle intolerable. Esta escena resume la narración de Daudet, en la cual se propone el poeta advertir a la juventud de los peligros de prodigar una seria inclinación a mujeres de baja extracción y dudoso pasado[2]. Aunque sabía que mi paciente había mantenido, y roto poco

[2] Con respecto a esta representación del poeta, habremos de recordar la significación de los sueños en que subimos escalera, comunicada al tratar del simbolismo onírico.

tiempo antes, relaciones amorosas con una actriz, no esperaba yo que mi espontánea interpretación se demostrase acertada. Además, la escena de "Safo" se desarrollaba en sentido *inverso* a la del sueño, pues en éste, es la subida penosa al principio y luego fácil, mientras que para el símbolo de la novela es necesario que aquello que al principio parece ligero resulte luego una pesada carga. Para mi sorpresa, observó el paciente que tal interpretación se adaptaba muy bien al contenido de la obra que la noche anterior había visto representar en el teatro. Dicha obra se titulaba "En derredor de Viena" y desarrollaba la vida de una muchacha de origen humilde que, lanzada a la vida galante, *subía* a capas más altas de la sociedad, por sus relaciones con hombres aristócratas, pero acababa *descendiendo* cada vez más bajo. El argumento de esta obra le había recordado otra, titulada "De escalón en escalón" en cuyos carteles anunciadores se ostentaba una *escalera* de varios escalones.

La interpretación de este sueño continuó luego en la forma siguiente: en la calle X había vivido la actriz con la que últimamente había mantenido relaciones. En dicha calle no hay posada ninguna. Pero una vez que el sujeto había pasado parte del verano en Viena, se alojó (*descendió*, "abgestregen") en un hotel cercano. Al abandonarlo, dijo al cochero: "Después de todo, no está mal este hotel. Por lo menos, no hay en él pulgas ni chinches" (ésta era, además, una de sus fobias). A lo cual respondió el cochero: "No sé cómo se le ha ocurrido a usted venir a parar aquí. Más que un hotel, es una *posada*".

Al elemento "posada" se enlaza en seguida el recuerdo de unos versos de Uhland: "Hace poco fui invitado —por un amable *posadero*". El posadero de estos versos es un *manzano*.

Otra cita continúa luego la concatenación de ideas: "Fausto, bailando con la joven: Tuve una vez un *bello sueño*; —veía un *manzano*, —en el que relucían dos bellas manzanas; —me atrajeron y *subí a cogerlas*. —La bella: mucho os gustan las manzanas —desde los tiempos del Paraíso; —y siento una gran alegría —de que también las haya en mi jardín."

No puede abrigarme la menor duda sobre aquello a que se alude con el manzano y las manzanas. Un bello busto era uno de los encantos con los que la actriz había encadenado al sujeto.

El conjunto de este análisis justificaba plenamente la sospecha de que el sueño se retrotraía a una impresión infantil y que, siendo así, tenía que referirse a la nodriza del sujeto, el cual se halla próximo a los treinta años. Para el niño es, efectivamente, el seno de su nodriza, la posada donde se alimenta. Tanto la nodriza como "Safo" constituyen, en el sueño alusiones a la mujer amada y recientemente abandonada.

En el contenido manifiesto aparece también el hermano (mayor) del paciente. Este se halla *abajo* y aquél *arriba*, circunstancia que constituye de nuevo, una *inversión* de las circunstancias reales, pues me es conocido que el hermano ha perdido su posición social, conservándola, en cambio, mi paciente. En la reproducción del contenido manifiesto eludió el sujeto una expresión muy corriente: —"Mi hermano estaba arriba y yo *par terre*"—, que hubiera transparentado en demasía, aunque inversamente, la situación real, pues decimos que una persona está "par terre" cuando ha perdido fortuna y posición; esto es, cuando podemos decir también, de ella, que ha *descendido*. El hecho de que en esta parte del sueño quede algo representado en forma invertida, tiene que poseer un sentido, y tal inversión, ha de mostrarse extensiva a otra distinta relación entre las ideas latentes y el contenido manifiesto. El examen de la última parte del sueño, en la que la "subida" muestra el carácter *inverso* al de la escena de "Safo", nos indica claramente cuál es dicha inversión: en "Safo" lleva el hombre en sus brazos a la mujer ligada a él por relaciones sexuales. Así, pues, en las ideas latentes se trata, a la *inversa*, de una mujer que lleva al hombre, y dado que esto no puede suceder sino en la infancia, se referirán dichas ideas a la nodriza que lleva en brazos a la criatura y para la cual constituye la crianza del pequeño ser una pesada carga. De este modo representa el sueño a "Safo" y a la nodriza por medio de un mismo elemento.

Así como el nombre de "Safo" no fue escogido por el poeta sin un propósito alusivo a una costumbre lesbiana, también los fragmentos del sueño que muestran personas ocupadas *arriba* y *abajo* se refieren a fantasías de contenido sexual, que ocupan la imaginación del sujeto y que, a título de impulsos sexuales reprimidos, no carecen de relación con su neurosis. La interpretación misma no nos revela que tales elementos latentes así representados en el sueño sean, en efecto, fantasías y no recuerdos de hechos reales, pues se limita a proporcionarnos un contenido ideológico y deja a nuestro cargo el fijar un valor real. Los sucesos reales y los fantásticos aparecen aquí —y no sólo aquí, sino también en la creación de productos psíquicos de mayor importancia que el sueño— como equivalentes al principio. La mucha gente significa, como ya indicamos, secreto. El hermano no es sino el representante, incluido en la escena infantil, por un "fantasear retrospectivo" de todos los ulteriores competidores amorosos. Por último, el episodio del caballero que insulta al rey de Italia se relaciona de nuevo por el intermedio de un suceso reciente, pero indiferente en sí, con el acceso de personas de baja extracción a círculos elevados de la sociedad. Es como si a la advertencia que Daudet dirige a los jóvenes hubiera de yuxtaponerse otra análoga dirigida al niño de pecho[3].

Como tercer ejemplo para el estudio de la condensación en la elaboración onírica, comunicaré aquí el análisis parcial

---

[3] La naturaleza fantástica de la situación referente a la nodriza del sujeto queda demostrada por la circunstancia de que este fue criado por su propia madre. Además, recordaré aquí la anécdota citada en páginas anteriores, del joven que lamentaba no haber aprovechado mejor la privilegiada situación que de niño hubo de gozar con respecto a su nodriza.

de otro sueño que debo a una señora, ya de edad madura, sometida a tratamiento psicoanalítico. Correlativamente a los graves estados de angustia que padecía, contenían sus sueños un amplísimo material de ideas sexuales, cuya revelación la sorprendió y atemorizó al principio. No siéndome posible comunicar el análisis completo, parece el material onírico dividirse en varios grupos sin conexión visible.

III. Contenido onírico: "Recuerda que tiene encerrados en una caja dos coleópteros (Maikaefer) a los que habrá de dar libertad si no quiere que se ahoguen. Al abrir la caja ve que los dos insectos se hallan muy deprimidos. Por fin, vuela uno a través de la ventana abierta, pero el otro queda machacado contra una de las hojas de la misma al cerrarla ella, obedeciendo a la indicación que alguien le hace en tal sentido (manifestaciones de repugnancia)."

Análisis: Su marido se halla de viaje. Junto a ella, en el lecho conyugal, duerme su hija, muchacha de catorce años. Esta última le advirtió, al acostarse, que había caído una polilla en el vaso de agua, pero ella no se preocupó de sacarla y al verla por la mañana, lamenta la muerte del pobre animalito. En un libro que leyó por la noche se cuenta cómo unos niños arrojan un gato en un caldero de agua hirviendo y se describen las convulsiones de la infeliz víctima. Estas son las dos impresiones, indiferentes en sí, que motivan el sueño. A continuación, pasa al tema de la *crueldad para con los animales*. Su hija mostró en alto grado este defecto durante un verano que pasaron en el campo. Se dedicó a formar una colección de mariposas y le pidió *arsénico para matarlas*. Una mariposa de gran tamaño se le escapó un día de las manos y revoloteó largo rato por la habitación con el cuerpo traspasado por un alfiler. Otra vez se le murieron de hambre unos gusanos que guardaba para observar cómo iban formando el capullo. Esta misma niña solía entretenerse, en años aún más tiernos, arrancando a los coleópteros y a las mariposas las alas y las patas. Afortunadamente, se ha corregido ya de estas tendencias crueles y hoy se horrorizaría de tales actos.

Esta contraposición entre los crueles sentimientos anteriores de su hija y la actual bondad de esta, ocupa largo rato su pensamiento y le recuerda otra, la que suele existir entre el *aspecto exterior* de las personas y su condición moral. Así, el *aristócrata* que seduce y abandona a una infeliz muchacha y el obrero de nobles y elevados pensamientos. El carácter de una persona no puede deducirse de su *aspecto exterior*. ¿Quién podría conocer por su *aspecto* los deseos sexuales que a *ella* la atormentaban?

En la misma época durante la cual se dedicaba su hija a coleccionar mariposas se hallaba toda la región invadida por una plaga del coleóptero "melolontha vulgaris" (Maikaefer —literalmente, coleóptero de mayo—), y los chicos se dedicaban a combatirla, *machacándolos* sin piedad. Por entonces, vio también a un hombre que cogía estos insectos, les arrancaba las alas y se los comía. Ella nació y se casó en el mes de mayo. Tres días después de su boda, escribió a sus padres una carta diciéndoles que era muy feliz. Pero, la verdad, era todo lo contrario.

Durante la tarde anterior al sueño había estado revisando cartas antiguas y había leído, a los suyos, varias de ellas, serias unas y cómicas otras. Entre estas últimas se halla una, altamente ridícula de un profesor de piano que le había hecho la corte. Luego leyó otra de un aristocrático pretendiente[4].

Se reprocha no haber podido impedir que una de sus hijas leyese un libro, poco recomendable, de Maupassant[5].

El *arsénico* que su hija le pidió en la ocasión indicada le recuerda las *píldoras de arsénico* que devuelven las energías juveniles al Duque de Mora, en *El Nabab* de Daudet.

---

[4] Este es el real estímulo del sueño.

[5] Aquí añade la sujeto: "Tales lecturas son veneno para las muchachas." Ella misma leyó en su juventud gran cantidad de estos libros prohibidos.

Al elemento "dar libertad" asocia el recuerdo de un pasaje de "La flauta mágica": "No puedo forzarte a amar —pero no te devolveré la libertad".

A los coleópteros (Maikaefer) las palabras de Kaetchen[6]: "Estás enamorado como un coleóptero".

En el intermedio recuerda una cita de Tannhäuser: "Porque, poseído por *perverso deseo...*"

Vive preocupada y ansiosa, pensando en su marido ausente. El miedo de que pueda sucederle algo se exterioriza en numerosas fantasías diurnas. Poco antes había expresado en sus pensamientos inconscientes, durante el análisis, una queja sobre su *avejentamiento.* La idea optativa que este sueño encubre quedará transparentada con el dato de que varios días antes del sueño, sobresaltó y horrorizó al sujeto el imperativo "ahórcate", que dirigido a su marido surgió de improviso en su pensamiento mientras se hallaba realizando sus ocupaciones de ama de casa. Posteriormente se averiguó que algunas horas antes había leído que los ahorcados experimentan en el momento de morir una enérgica erección. Así, pues, el deseo de dicha erección era lo que bajo tal disfraz atemorizante resurgía de la represión. El imperativo "ahórcate" significaba tanto como el de "procúrate una erección a cualquier precio". Las píldoras de arsénico del doctor Jenkins en *El Nabab* pertenecen a este círculo de ideas. La paciente sabía también que el más enérgico afrodisíaco, la *cantaridina*, se prepara *machacando* los cuerpos de unos coleópteros. Tal es el sentido al que tiende la parte principal del contenido manifiesto.

El abrir y cerrar las ventanas es una causa constante de discusiones con su marido. Este acostumbra a dormir con las ventanas cerradas. Ella, en cambio, prefiere que permanezcan abiertas.

---

[6] Una siguiente serie de asociaciones conduce a la *Penthesilea*, del mismo autor: *crueldad* para con las personas amadas.

En los tres sueños cuya comunicación antecede ha hecho resaltar, subrayándolos, aquellos elementos del contenido manifiesto que retornan en las ideas latentes, mostrando así, evidentemente, la múltiple relación de estos. Pero dado que en ninguno de estos sueños se ha llevado a término el análisis, creemos conveniente realizar igual labor en un sueño cuyo análisis hayamos comunicado más minuciosamente, demostrando en él la superdeterminación de su contenido. Con este objeto, elegiremos el sueño de la inyección de Irma, ejemplo en el que reconocemos sin esfuerzo, que la labor de condensación se sirve, en la elaboración del sueño, de más de un único medio.

El personaje principal del contenido del sueño es Irma, mi paciente, que aparece en él con su fisonomía real y por tanto se representa, al principio, a sí misma. Pero ya su colocación al reconocerla yo junto a la ventana, está tomada de un recuerdo referente a otra persona; aquella señora, a la que según me revelan las ideas latentes, quisiera yo tener como paciente en lugar de Irma. Por el hecho de padecer ésta una difteritis, enfermedad que me recuerda la de mi hija mayor, pasa a representar a ésta, detrás de la cual y enlazada con ella por la igualdad de nombre, se esconde la persona de una paciente muerta por intoxicación. En el subsiguiente curso del sueño, cambia la significación de la personalidad de Irma (sin que su imagen onírica varíe), transformándose en uno de los niños a los que reconocíamos en la consulta pública de nuestra clínica, ocasión en la que demuestran mis dos amigos la diferencia de sus capacidades intelectuales. El paso de una a otra significación quedó, sin duda, facilitado por la representación de mi hija en edad infantil. Por la resistencia que opone a abrir bien la boca, se convierte la misma Irma en alusión a otra señora reconocida por mí una vez, y luego, dentro del mismo contexto, a mi propia mujer. En las alteraciones patológicas que compruebo en su garganta hallo, además, alusiones a toda una serie de otras personas.

Todas estas personas con las que tropiezo al perseguir el elemento "Irma" no entran corporalmente en el sueño, sino que se esconden detrás de la persona onírica "Irma", que queda constituida de este modo, como una imagen colectiva, con rasgos contradictorios. Por mi atribución a Irma de todos aquellos recuerdos míos referentes a aquellas otras personas sacrificadas en el proceso de condensación, queda convertida en representante de las mismas.

La constitución de tal *persona colectiva*, para los fines de la condensación onírica, puede llevarse también a cabo fundiendo en una imagen onírica los rasgos actuales de dos o más personas. De este modo es como ha surgido el doctor M. de mi sueño. Este personaje lleva el nombre del doctor M. y habla y actúa como él, pero su aspecto físico y sus padecimientos corresponden a otra persona; a mi hermano mayor. Un único rasgo, la palidez, se halla doblemente determinado, siendo común, en la realidad, a ambas personas. Un análogo personaje mixto es el doctor R. en el sueño de mi amigo, que es mi tío. Pero en este caso, ha quedado constituida la imagen onírica de un tercer modo diferente. No he reunido rasgos físicos del uno con otros del otro, disminuyendo así la imagen mnémica de cada uno en determinados detalles, sino que he puesto en práctica el procedimiento seguido por Galton para lograr sus retratos de familia, esto es; proyectar ambas imágenes una sobre otra, con lo cual resaltan, acentuados, los rasgos comunes, y se destruyen los diferentes, apareciendo sólo vagamente en la imagen. De este modo resalta, acentuada, como rasgo común, en la vaga fisonomía formada por superposición de las dos personas diferentes, la *barba rubia*, detalle que contiene, además, una alusión a mi padre y a mí mismo, facilitada por la relación al encanecimiento.

La constitución de personas colectivas y mixtas es uno de los principales medios de que se sirve la condensación onírica.

No tardaremos en tener ocasión de ocuparnos nuevamente de ella en relación con otras cuestiones.

La asociación "disentería" en el sueño de la inyección se halla también múltiplemente determinada: de una parte, por similicadencia parafásica con "difteria" (*Dysenterie—Diphaérie*), y de otra, por la relación con el paciente enviado por mí a Egipto y cuya histeria logra burlar al médico.

La mención de la "propilena" en el sueño se demuestra también como un interesante caso de condensación. Lo que las ideas latentes contenían, no era *propilena*, sino *amilena*. Pudiera creerse que no ha tenido aquí efecto, en la elaboración del sueño, más que un sencillo desplazamiento. Así es, en efecto, pero este desplazamiento se halla al servicio de los fines de la condensación, como lo prueba el siguiente apéndice que aquí agregamos al análisis de este sueño. Deteniendo mi atención un momento más en la palabra "propilena", se me ocurre que es similicadente a "propileos" (*Propylen-Propiläen*). Con esta palabra se alude no solamente a Atenas, sino también a Munich. A esta última ciudad fui un año antes de mi sueño, con ocasión de una grave enfermedad de mi amigo. La intervención de este último en mi sueño se hace luego indiscutible por la emergencia del elemento *trimetilamina*, que surge poco después de *propilena*.

Paso por alto la singular circunstancia de que tanto aquí como en otros lugares del análisis son utilizadas para la conexión de ideas, como equivalentes, asociaciones de los más diversos valores, y cedo a la tentación de representarme plásticamente el proceso de la sustitución de la *amilena* del contenido latente por la *propilena* del contenido manifiesto.

Supongamos separados, pero enlazados por la contraposición, el grupo de representaciones de mi amigo *Otto*, que no me comprende, me niega la razón y me regala un licor que huele a *amilena*, y el de mi amigo *Wilhelm*, que me comprende, me daría la razón y al que debo tantos valiosos datos, entre ellos, algunos interesantísimos sobre el quimismo de los procesos sexuales.

Lo que del grupo *Otto* ha de despertar particularmente mi atención se halla determinado por los sucesos recientes provocadores del sueño. La *amilena* pertenece a estos elementos sobresalientes predestinados a pasar al contenido manifiesto. El amplio grupo de representaciones *Wilhelm* es precisamente animado por la contraposición con el grupo *Otto*, y en él quedan acentuados los elementos que recuerdan los ya citados en este último. En mi sueño recurro a una persona que ha despertado mi desagrado ante otra que puedo oponerla a voluntad, y hago que mi amigo responda punto por punto a mi contradictor. De este modo, la amilena de Otto despierta también en el otro grupo recuerdos pertenecientes al círculo de la Química, y la trimetilamina, apoyada por varios lados, llega al contenido manifiesto. También *amilena* podía llegar inmodificada a dicho contenido, pero sucumbe a la actuación del grupo *Wilhelm*, siendo buscado en toda el área mnémica que este nombre ocupa, un elemento que pueda proporcionar una doble determinación para amilena. Cercana a *amilena* se halla para la asociación *propilena*, y desde el grupo *Wilhelm* sale a su encuentro *Munich* con los *Propileos*. En *propilena—propileos* se encuentran ambos círculos de representaciones, y entonces llega este elemento intermedio, como por una especie de transacción, al contenido manifiesto. Se ha creado aquí una especie de *elemento común intermedio* que permite una múltiple determinación. Vemos así, palpablemente, que la determinación múltiple tiene que facilitar el acceso al contenido manifiesto. Para la formación de este producto intermedio se ha llevado a cabo un desplazamiento de la atención, desde lo realmente pensado, a un elemento próximo en la asociación.

El estudio del sueño de la inyección presenta ya más claramente a nuestros ojos los procesos de condensación que tienen efecto en la elaboración onírica. Hemos podido reconocer como peculiaridades de la labor de condensación, de selección de los elementos repetidamente emergentes en las ideas latentes, la formación de nuevas unidades (personas colectivas y productos mixtos), y la constitución de elementos comunes intermedios. ¿Para qué sirve la condensación y qué es lo que la impulsa? Son interrogaciones que nos plantearemos cuando emprendamos el estudio en conjunto de los procesos psíquicos que se verifican en la elaboración de los sueños. Por ahora, nos contentaremos con dejar establecida la *condensación onírica* como una singular relación entre las ideas latentes y el contenido manifiesto de los sueños.

La labor de condensación del sueño se hace más que nunca evidente cuando toma como objetos palabras y nombres. Las palabras son tratadas con frecuencia, por el sueño, como si fueran cosas y sufren entonces iguales uniones, desplazamientos, sustituciones y condensaciones que las representaciones de cosas. Resultado de estos sueños es la creación de formaciones verbales singularísimas y a veces muy cómicas.

I. Una vez que un colega me remitió un trabajo suyo en el que, a mi juicio, se concedía valor exagerado a un moderno descubrimiento fisiológico y, sobre todo, se trataba de él en términos harto ampulosos, soñé a la noche siguiente una frase que indudablemente se refería a dicho trabajo. Esta frase era: "Es éste un estilo verdaderamente *norekdal*." La solución de este producto verbal me resultó, al principio, difícil. No cabía duda de que se había formado en calidad de *parodia* de superlativos tales como "colosal" y "piramidal", pero no era fácil adivinar de dónde procedía. Por fin, quedó dividido este monstruo verbal en los nombres *Nora* y *Ekdal*, que son los de dos personajes de dos conocidas obras de Ibsen. Poco tiempo antes había leído un artículo periodístico sobre Ibsen, original del mismo autor, cuya última obra criticaba en mi sueño.

II. Una de mis pacientes me comunicaba un breve sueño que termina en una desatinada combinación verbal. Se encuentra con su marido en una fiesta campesina y dice: "Esto acabará en un *Maistollmütz* general." Al decir esto, tiene en el sueño la oscura idea de que aquella palabra es el nombre de un plato en cuya composición entra la harina de maíz (*mais*), una especie de polenta. El análisis divide la palabra en *mais* (maíz)-*toll* (*loco*)-*mannstoll* (*ninfómana*) y *Olmütz* (nombre de una ciudad); palabras todas que la sujeto, reconoció como restos de una conversación de sobremesa con sus familiares. Detrás de la palabra *mais* se esconde a más de una alusión a una exposición recientemente inaugurada, las palabras siguientes: *Meissen* (una porcelana de *Meissen* que representaba un pájaro), *Miss* (la institutriz de sus parientes había partido para *Olmütz*), *mies* (que en el *argot* humorístico judío significa "malo"). Una larga concatenación de ideas y asociaciones partía de cada una de las sílabas del ininteligible compuesto verbal.

III. Un joven a cuya casa ha acudido un conocido suyo a última hora de la tarde para dejarle una tarjeta, sueña aquella noche lo siguiente: un operario espera hasta última hora de la tarde para arreglar el timbre. Después que se ha marchado sigue éste sin sonar continuadamente y sí solo a golpes. Un criado vuelve a traer al operario, y él dice: "Es curioso que también aquellas personas que, en general, son *tutelrein*, no entiendan el manejo de estas cosas".

El indiferente estímulo del sueño no justifica, como se ve, sino un solo elemento del contenido. Además, si ha llegado a constituirse en tal estímulo ha sido únicamente por agregarse a un suceso anterior, indiferente también, pero que la fantasía del sujeto adornó, dándole así importancia. Siendo todavía muchacho y viviendo con su padre tiró al suelo un vaso de agua, que al traspasar los hilos del timbre lo hizo *sonar con-*

tinuadamente. Si el sonar continuadamente corresponde al mojarse, el "sonar a golpes" será utilizado para representar la caída de gotas de un líquido. La palabra *tutelrein* se divide en tres direcciones distintas, indica así tres de las materias representadas en las ideas latentes: *Tutel* significa, en primer lugar, "tutela", "curatela" y es, además, una denominación vulgar del pecho femenino. La sílaba restante *rein* ("limpio") se agrega a las primeras sílabas de *Zimmertelegraph* ("timbre") para formar *Zimmerrein*, palabra que alude al agua vertida sobre el suelo y presta analogías con un apellido de la familia del sujeto[7].

IV. En un largo y confuso sueño propio, cuyo centro era aparentemente un viaje por mar, sucedía que la primera escala era *Hearsing* y la siguiente *Fliess*. Este último nombre es el apellido de mi amigo de B., por cuya causa he realizado frecuentes viajes. Pero *Hearsing* es un nombre compuesto de la desinencia "ing", común a gran cantidad de lugares próximos a Viena: *Hiezing*, *Liesing*, *Moedling* (cuyo antiguo nombre fue

[7] Esta misma división y yuxtaposición de las sílabas —una verdadera química de las mismas— nos sirve en la vigilia para la formación de chistes. El primer lector y crítico de la presente obra me hizo la objeción, que otros seguramente habrían de repetir, de "que el sujeto del sueño parecía, a veces, demasiado chistoso". Esto es exacto en cuanto se refiere sólo al sujeto, y únicamente vuelve un reproche cuando ha de hacerse extensivo al interpretador. En la realidad despierta no puedo precisamente aspirar al calificativo de "chistoso", y si mis sueños presentan este carácter, ello no depende de mi persona, sino de las singulares condiciones psicológicas bajo las cuales es elaborado el sueño, y se halla íntimamente relacionado con la teoría de lo chistoso y lo cómico. El sueño se hace chistoso porque encuentra cerrado el camino más recto e inmediato para la expresión de sus pensamientos, quedando así obligado a buscar rodeos. Los lectores pueden convencerse de que los sueños de mis pacientes presentan este carácter en igual o mayor grado que los míos. De todos modos, me impulsó este reproche a comparar la técnica del chiste con la elaboración onírica, empresa que llevé a cabo en mi libro *El chiste y su relación con lo inconsciente*, 1905. —Véase el tomo III de estas *Obras Completas*.

Medelit, *meaedeliciae*, o sea, *meine Freud*), y la palabra inglesa *hearsay*, equivalente a calumnia. Esta palabra se relaciona con el estímulo onírico indiferente del día, una poesía del semanario humorístico *Fliegende Blaetter*. Relacionando la desinencia "ing" con el apellido "Fliess" obtenemos *Vlissingen*, nombre real del puerto en que desembarca mi hermano cuando viene a visitarnos desde Inglaterra. El nombre inglés de *Vlissinge* es *Flushing*, que en dicho idioma significa "ruborizarse" y me recuerda a una paciente que padece de *miedo a ruborizarse*, y una reciente publicación de Bechterew sobre esta neurosis, publicación cuya lectura me ha sido harto desagradable.

V. En otra ocasión tuve un sueño compuesto de dos fragmentos separados. El primero es la palabra *Autodidasker*, precisamente recordada, y el segundo coincide fielmente con una fantasía breve e inocente, edificada pocos días antes y cuyo contenido era el de que cuando viera al profesor N., habría de decirle: "El paciente sobre cuyo estado le consulté últimamente no padece en realidad sino una neurosis como usted ya suponía." El neologismo *Autodidasker* habrá, pues, de cumplir dos condiciones: la de entrañar o representar un sentido comprimido y la de que dicho sentido se halle relacionado con mi propósito diurno de dar el profesor N. la citada satisfacción.

Autodidasker resulta fácilmente divisible en *autor*, *autodidacta* y *Lasker*, elemento este último al que viene a agregarse el nombre de Lasalle. Las primeras de estas palabras conducen al motivo del sueño, importante esta vez. Había traído a mi mujer varias obras de un autor amigo de mi hermano (J. J. David) y que, como después he sabido, nació en el mismo lugar que yo. Una tarde me habló de la profunda impresión que le había producido una de estas obras, en la que se describía la triste historia de un talento malogrado, y nuestra conversación recayó después sobre las dotes intelectuales de nuestros hijos.

Influida por la reciente lectura, expresó mi mujer su preocupación con respecto al porvenir de los niños, tranquilizándola yo con la observación de que precisamente los peligros a que se refería podían ser alejados por la educación. Por la noche continuaron ocupándome estos pensamientos, medité a mi vez sobre aquello que preocupaba a mi mujer y entretejí con ello muy diversas ideas. Unas manifestaciones que el poeta había hecho a mi hermano sobre el matrimonio indicaron a mis pensamientos un nuevo camino que podía conducir a lo representado por mi sueño. Este camino me llevó hasta *Breslau*, ciudad en la que se había casado una señora muy amiga nuestra. Con respecto a la preocupación de la posibilidad de malograr una vida a causa de una mujer o de las mujeres, preocupación que constituía el nódulo de mi sueño, encontré los ejemplos de *Lasker* y *Lasalle*, que me permitieron representar simultáneamente los dos géneros de tal influencia desgraciada de la mujer[8]. El "*cherchez la femme*" en el que pueden sintetizarse estos pensamientos me lleva, aunque en distinto sentido, a mi hermano Alejandro, aún soltero. Advierto entonces que *Alex*, como solemos llamarle familiarmente, suena como una transposición del nombre *Lasker* y que este factor tiene que haber contribuido a comunicar a mis pensamientos la dirección del rodeo emprendido pasando por Breslau.

Este juego de palabras y sílabas a que aquí me dedico entraña todavía otro sentido. Constituye, en efecto, una representación del deseo de ver fundar a mi hermano una dichosa vida de familia. Esta substitución se verifica en la forma siguiente: en la novela "L'œuvre", a la que había de hallarse muy próximo el contenido de mis ideas latentes describe el poeta en un pasaje

[8] Lasker murió de parálisis progresiva, consecuencia de una infección luética; y Lassalle, en un duelo por una mujer en 1869.

episódico su propia felicidad familiar y se presenta él mismo bajo el nombre de *Sandoz*. Para construir este seudónimo siguió seguramente este camino: *Zola*, leído a la inversa (como suelen los niños hacer muchas veces a guisa de entretenimiento), da *Aloz*. Esto resultaba demasiado transparente y, por lo tanto, sustituyó la sílaba "al", que inicia también el nombre de *Alejandro*, por la tercera sílaba —*"sand"*— del mismo nombre, resultando así *Sandoz*. De un modo análogo surgió, pues, mi *Autodidasker*.

Mi fantasía de que digo al profesor N. que el enfermo por ambos examinado no padece sino una neurosis, ha llegado al sueño del siguiente modo: poco tiempo antes del verano vino a mi consulta un paciente cuya enfermedad me fue imposible diagnosticar. Padecía una grave alteración orgánica, probablemente medular, pero sin que pudiera afirmarse con seguridad. Hubiera sido muy tentador diagnosticar una neurosis, con lo cual habrían quedado resueltas todas las dificultades, pero el paciente negó en absoluto toda posible etiología sexual, sin la cual no reconozco jamás la existencia de una neurosis. En mi incertidumbre, acudí a aquel médico que me inspira (y no es a mí solo) mayor veneración y ante cuya autoridad me doblego más fácilmente. Oyó mis dudas, las conceptuó justificadas y opinó después: "Continúe usted observando al sujeto. Es seguramente un neurótico". Sabiendo que este ilustre médico no comparte mis opiniones sobre la etiología de las neurosis, me abstuve de contradecirle fundándome en las declaraciones del paciente, pero no dejé de expresarle mi incredulidad. Días después comuniqué al enfermo que no sabía qué hacer con él y le aconsejé que viera a otro médico. Mas, para mi sorpresa, comenzó a pedirme perdón por haberme mentido, alegando lo había hecho por vergüenza, y me reveló toda la parte de etiología sexual que yo esperaba y me era precisa para diagnosticar una neurosis. Por un lado, fue esto una satisfacción para mí, mas por otro me avergonzaba un tanto, pues tenía que confesarme que mi colega había visto las cosas con más claridad que yo, sin dejarse engañar por las manifestaciones del enfermo. Por lo tanto, me propuse decirle en cuanto le viese que tenía razón, habiendo sido yo el equivocado.

Esto último es precisamente lo que hago en mi sueño. Pero ¿qué realización de deseos puede haber en él, si reconozco que estoy equivocado? Precisamente es éste mi deseo: el de que mis temores o los de mi mujer, que hago míos en las ideas latentes, sean equivocados. El tema a que se refiere en el sueño, el acierto o la equivocación, no se halla muy lejano de lo que realmente posee un interés en las ideas latentes, pues está constituido por la misma alternativa entre las dos perturbaciones que puede originar la mujer o, mejor dicho, la vida sexual, esto es, la perturbación orgánica o la funcional, la parálisis tabética o la neurosis. Con esta última se relaciona algo laxamente el desdichado fin de Lassalle.

Si el profesor N. desempeña un papel en este sueño —muy coherente y de una gran transparencia ante una interpretación cuidadosa— no es sólo por esta analogía y por mi deseo de equivocarme, ni tampoco por sus relaciones con Breslau y con la familia de nuestra amiga allí casada, sino por el siguiente pequeño suceso, relacionado con mi consulta con él. Después de darme su opinión sobre el asunto profesional que a su casa me había conducido, pasó a interesarse por mis asuntos personales. "¿Cuántos hijos tiene usted?" —"Seis" —"¿Varones o hembras?" —"Tres y tres. Mis hijos constituyen todo mi orgullo y todas mis riquezas" —"Cuidado, pues. Las muchachas son fáciles de educar, pero con los varones suele uno tropezar con más dificultades." A estas palabras objeté yo que hasta el momento se mostraban muy dóciles; pero este diagnóstico sobre el porvenir de mis hijos me agradaba tan poco como el anterior sobre la enfermedad de mi paciente. Estas dos impresiones quedaron, pues, unidas por la antigüedad, y al acoger en mi sueño la historia de la neurosis, quedó sustituida por ella la frase sobre la educación de los hijos, la cual se halla más íntimamente relacionada con las ideas latentes, dado que presenta una firme conexión con los temores posteriormente expresados por mi mujer. De este modo, mi propio temor de que N. pueda acertar con su observación sobre las dificultades de la educación de los hijos varones encuentra acceso a mi sueño escondiéndose detrás de la representación de mi deseo de que tales temores sean equivocados. Esta fantasía sirve, sin modificación alguna, para la representación de los dos miembros opuestos de la alternativa.

VI. *Marcinowski*: <<Esta madrugada he realizado hallándome en un estado intermedio entre el sueño y el despertar, una interesante condensación verbal. En el curso de una gran cantidad de fragmentos oníricos apenas recordables tropecé con una palabra que vi ante mí como medio escrita, medio impresa. Esta palabra era *erzefilisch* y pertenecía a una frase que pasó a mi memoria consciente totalmente aislada y fuera de todo contexto: "Eso actúa *erzefilisch* sobre el sentimiento sexual". Al momento me di cuenta de que como realmente debía decirse era *erzieherisch* (educativamente), pero todavía vacilé un par de veces pensando si no sería más exacto *erzifilisch*. En este momento se me vino a las mientes la palabra *sífilis*, y todavía medio dormido, atormenté mi cerebro comenzando a analizar cómo podía este concepto pasar a mi sueño, careciendo yo, personal y profesionalmente, de todo punto de contacto con tal enfermedad. A continuación, se me ocurrió la palabra *erzaehlerisch* (de "erzaehlen", relatar), asociación que aclara la segunda sílaba de la formación verbal y me recuerda que ayer tarde fui inducido por nuestra *institutriz* (*Erzieherin*) a hablar sobre el problema de la prostitución, y para actuar *educativamente* (*erzieherisch*) sobre su vida sentimental, no

muy normalmente desarrollada; le di el libro de Hesse titulado "Sobre la prostitución" después de *referirle* (*erzaehlen*) algo relativo a estas cuestiones. Al llegar aquí veo claramente que la palabra *sífilis* no debe ser tomada en su sentido literal sino en el de *veneno*, relacionándola, naturalmente, con la vida sexual. La frase de mi sueño queda, pues, traducida en la siguiente forma, perfectamente lógica: con mi *relato* (*Erzaehlung*), he querido actuar *educativamente* (*erzieherisch*) sobre la vida sentimental de mi *institutriz* (*Erzieherin*), pero al mismo tiempo abrigo el temor de que mis palabras puedan actuar sobre ella como un *veneno. Erzefilisch —erzae —*(*erzieh*) *—*(*erzifilisch*).»

Los productos verbales del sueño son muy semejantes a los de la paranoia, que aparecen también en la histeria y en las representaciones obsesivas. Los juegos verbales en que los niños tratan las palabras como objetos, inventando nuevos idiomas y artificiales palabras compuestas, constituyen en este punto la fuente común para el sueño y para las psiconeurosis.

El análisis de los desatinados productos verbales construidos por el sueño es particularmente apropiado para demostrar la función condensadora de la elaboración onírica. De los escasos ejemplos aquí comunicados no deberá deducir el lector que un tal material sólo muy raras veces o incluso excepcionalmente, llega a ofrecerse a la observación. Por lo contrario, es frecuentísimo, pero a causa de la dependencia de la interpretación onírica del tratamiento psicoanalítico son muy pocos los análisis que se anotan y pueden comunicarse, y la mayoría de estos últimos no resultan comprensibles sino para personas conocedoras de la patología de las neurosis. A estos análisis inaccesibles al lector profano pertenece el de un sueño del doctor v. Karpinska (Int., *Zeitschr. f. Psychoanalyse*, II, 1914) que contiene la insensata formación verbal *svingum elvi*. Asimismo, es digna de mención la emergencia en el sueño de una palabra que no carece de sentido, pero que despojada del que le es propio reúne diversas otras significaciones con respecto a las cuales se conduce como una palabra "falta de sentido". Tal es el caso del sueño de la "categoría", soñado por un niño de diez años y comunicado por V. Tausk. En él "categoría" significa el aparato genital femenino, y *categorizar*, orinar. Allí donde en el sueño aparecen discursos orales, perfectamente diferenciados como tales, de las ideas, se comprueba siempre el principio de que la oración onírica procede de discursos recordados existentes entre el material del sueño. El texto de estos discursos es conservado fielmente unas veces y otras ligeramente desplazada su expresión. Con frecuencia queda compuesta la oración onírica por diversos recuerdos, permaneciendo entonces invariado el texto y modificado, en cambio, el sentido. Tales discursos no sirven, con frecuencia, sino de alusión a un suceso en el que fueron pronunciadas las frases recordadas[9].

b) El proceso de desplazamiento.

Al reunir los ejemplos de condensación onírica antes expuestos[10], advertimos la existencia de otra relación no menos importante. Observamos, en efecto, que los elementos que se nos revelan como componentes esenciales del contenido manifiesto están muy lejos de desempeñar igual papel en las ideas latentes. E inversamente, aquello que se nos muestra, sin lugar a duda, como el contenido esencial de dichas ideas, puede muy bien no aparecer representado en el sueño.

---

[9] Un joven atacado de representaciones obsesivas, pero que conservaba intactas sus funciones intelectuales, muy desarrolladas, me mostró, hace poco, la única excepción de esta regla. Las oraciones que en sus sueños emergían no procedían de discursos oídos o pronunciados por él, sino que correspondían al texto no deformado de sus ideas obsesivas que, durante la vigilia, sólo modificadas, llegaban a su conciencia.

[10] *N. del T.* —Véase el inciso *a* de esta parte.

Hallase éste como *diferentemente centrado*, ordenándose su contenido en derredor de elementos distintos de los que en las ideas latentes aparecen como centro. Así, en el sueño de la monografía botánica, el centro del contenido manifiesto es, sin disputa, el elemento "botánica", mientras que en las ideas latentes se trata de los conflictos y complicaciones resultantes de la asistencia médica entre colegas, y luego, del reproche de dejarme arrastrar demasiado por mis aficiones hasta el punto de realizar excesivos sacrificios para satisfacerlas, careciendo el elemento "botánica" de todo puesto en este nódulo de las ideas latentes y hallándose, en todo caso, lejanamente enlazado a él por antítesis, dado que la Botánica no pudo contarse nunca entre mis aficiones. El nódulo del "sueño de Safo" antes relatado, está constituido por el *subir* y *bajar*, el *estar arriba* y *abajo*, mientras que las ideas latentes tratan de los peligros del comercio sexual con personas de *baja* condición, de manera que sólo uno de los elementos latentes aparece incluido en el contenido manifiesto, en el que toma una injustificada extensión. En el sueño de los coleópteros cuyo tema es la relación de la sexualidad con la crueldad, pasa también al contenido manifiesto uno de los factores latentes —la crueldad—, pero formando parte de un tema distinto y sin conexión alguna con lo sexual, esto es; arrancado de su contexto primitivo y convertido así en algo ajeno a él. En el sueño del amigo que es mi tío, la barba rubia, centro del contenido manifiesto, no muestra relación alguna de sentido con los deseos de grandeza que vimos que constituían el nódulo de las ideas latentes. Tales sueños nos dan una impresión de *desplazamiento*.

Contrastando con estos ejemplos, el sueño de la inyección de Irma nos muestra que los elementos oníricos pueden también conservar, a través de la elaboración del sueño, el puesto que ocupaban en las ideas latentes. El descubrimiento de esta nueva relación, de significado totalmente inconstante, entre las ideas latentes y el contenido manifiesto no puede por menos de despertar, al principio, nuestro asombro. Cuando en un proceso psíquico de la vida normal descubrimos que una representación determinada ha sido elegida entre varias y ha alcanzado una especial vivacidad para la conciencia, solemos considerar este resultado como prueba de que la representación victoriosa posee un valor psíquico particularmente elevado (un cierto grado de interés). Pero advertimos ahora que este valor de los distintos elementos de las ideas latentes no permanece conservado —o no es tenido en cuenta— en la elaboración onírica. De cuáles son los elementos más valiosos de las ideas latentes no cabe dudar un solo instante, pues nuestro juicio nos lo indica inmediatamente.

Ahora bien: estos elementos esenciales, acentuados por un intenso interés, pueden ser tratados en la elaboración onírica como si poseyeran un menor valor, y en su lugar, pasan al contenido manifiesto otros que poseían seguramente menos valor en las ideas latentes. Experimentamos, en un principio, la impresión de que la intensidad psíquica[11] de las representaciones carece de toda significación para la selección onírica, rigiéndose ésta únicamente por la determinación, más o menos multilateral de las mismas. Pudiera creerse que al sueño manifiesto no pasa aquello que posee mayor importancia en las ideas latentes, sino tan sólo lo que en ellas se halla múltiplemente determinado. Pero esta hipótesis no facilita en lo más mínimo la inteligencia de la formación de los sueños, pues nos resistiremos a creer, en un principio, que los dos factores indicados —la determinación múltiple y el valor intrínseco— puedan actuar, sino en un mismo sentido, sobre la selección

[11] Naturalmente no debe confundirse la intensidad psíquica —el valor y el grado de interés de una representación —con la intensidad sensorial —la intensidad de lo representado.

onírica, y juzgamos que aquellas representaciones que en el contenido latente poseen la máxima importancia, habrán de ser también las que con mayor frecuencia retornen en él, dado que se constituyen a manera de centros de los que parten las diversas ideas latentes. Y, sin embargo, puede el sueño rechazar estos elementos intensamente acentuados y multilateralmente sustentados, y acoger en su contenido, otros que no poseen sino la última de tales dos cualidades.

Para resolver esta dificultad recordaremos otra de las impresiones que experimentamos al investigar la superdeterminación del contenido manifiesto. No nos extrañaría que algunos de nuestros lectores hubiesen juzgado ya, en dicha ocasión, que la superdeterminación de los elementos del sueño no constituía ningún descubrimiento de importancia, sino algo natural y esperado. En efecto, puesto que en el análisis se parte de dichos elementos y se anotan todas las asociaciones que el sujeto enlaza a cada uno, no es maravilla ninguna que en el material de ideas así reunido retornen los mismos con especial frecuencia. Rechazando desde luego este juicio expondré aquí algo a primera vista muy análogo: entre las ideas que el análisis nos descubre, hallamos algunas muy lejanas al nódulo del sueño y que se comportan como interpolaciones artificiales encaminadas a un determinado fin. Fácilmente descubrimos éste. Tales ideas establecen un enlace, a veces harto forzoso y rebuscado, entre el contenido manifiesto y el latente, y si en el análisis excluyésemos estos elementos, nos encontraríamos con que faltaba a los elementos del sueño no ya una superdeterminación, sino una determinación suficiente por las ideas latentes. Llegamos de este modo a la conclusión de que la múltiple determinación, decisiva para la selección onírica, no es siempre un factor primario de la elaboración del sueño, sino, con frecuencia, un resultado secundario de un poder psíquico que aún desconocemos. De todos modos, tiene que ser muy importante para el paso de los diversos elementos al sueño, pues podemos observar que cuando no surge espontáneamente y sin ayuda alguna, del material onírico, es laboriosamente constituida.

Habremos de pensar, por lo tanto, que en la elaboración onírica se exterioriza un poder psíquico que despoja de su intensidad a los elementos de elevado valor psíquico y crea, además, por la *superdeterminación* de otros elementos menos valiosos, nuevos valores que pasan entonces al contenido manifiesto. Cuando así sucede, habrán tenido efecto en la formación del sueño, una *transferencia y un desplazamiento de las intensidades psíquicas* de los diversos elementos, procesos de los que parece ser resultado la diferencia observable entre el texto del contenido manifiesto y el del latente. El proceso que así suponemos constituye, precisamente, la parte esencial de la elaboración de los sueños y le damos el nombre de *desplazamiento*. El *desplazamiento* y la *condensación* son los dos obreros a cuya actividad hemos de atribuir principalmente la conformación de los sueños.

No es, a mi juicio, nada difícil reconocer el poder psíquico que se exterioriza en los hechos del desplazamiento. Resultado de este proceso es que el contenido manifiesto no se muestra igual al nódulo de las ideas latentes, no reproduciendo el sueño sino una deformación del deseo onírico inconsciente. Pero la deformación onírica nos es ya conocida y la hemos referido a la censura que una instancia psíquica ejerce sobre otra en la vida mental; y el desplazamiento constituye uno de los medios principales para la consecución de dicha deformación. *Is facit cui profuit*. Podemos, pues, suponer que el desplazamiento nace por la influencia de dicha censura, o sea, de la defensa endopsíquica[12].

---

[12] Constituyendo esta referencia de la deformación onírica a la censura, el nódulo de mi concepción de los sueños, quiero intercalar aquí los últimos párrafos de la narración titulada “En el sueño como en la vigilia”, incluida en la obra de

En subsiguientes investigaciones nos ocuparemos del desarrollo e influencia recíproca de los procesos de desplazamiento, condensación y superdeterminación dentro de la formación de los sueños, y señalaremos cuál es el factor dominante y cuál el accesorio. Por el momento, nos limitaremos a indicar una segunda condición que deben cumplir los elementos que pasan al contenido manifiesto: *la de hallarse libres de la censura de la resistencia*. Con el desplazamiento, contaremos ya en adelante, para la interpretación onírica, como un hecho indiscutible.

Lynkeus *Fantasías de un realista* (Viena, segunda edición. 1900), narración en la que hallo afirmado este carácter principal de mi teoría.

"De un hombre que poseía la singular cualidad de no soñar nunca desatinos..." "Tu magnífica cualidad de comportarte en sueños como lo harías despierto, reposa en tus virtudes, en tu bondad, en tu equidad y en tu amor a lo verdadero. La claridad moral de tu naturaleza me hace comprensible tu peculiar privilegio".

"Bien mirado —replicó el otro—, me inclino a creer que a todos los hombres tiene que sucederle lo mismo que a mí, y que nadie sueña nunca desatinos. Un sueño que recordamos tan claramente como para poderlo relatar después, y que, por lo tanto, no es ningún delirio febril, no puede menos de tener siempre un sentido, pues aquello que se contradice no sabría agruparse para formar una totalidad. El que tiempo y lugar aparezcan con frecuencia confundidos no se relaciona para nada con el verdadero contenido del sueño, pues ambos factores han carecido seguramente de toda importancia para su contenido esencial. También despiertos obramos así con gran frecuencia. Piensa en la fábula y en tantas otras creaciones de la fantasía, tan atrevidas como plenas de sentido, y de las cuales sólo el hombre incomprensivo puede decir que son imposibles y disparatadas"

"¡Si se supiera interpretar siempre los sueños acertadamente, como tú lo has hecho con el mío! —dijo el amigo".

"No es, desde luego, fácil empresa, pero creo que el soñador mismo podría llevarla siempre, con un poco de atención, a buen puerto. ¿Por qué no suele conseguirse casi nunca? Quizá porque en vuestros sueños hay algo oculto, algo inconfesable de una peculiar y elevada naturaleza, un cierto secreto de vuestro ser, muy difícil de adivinar. Por esta razón parecen no poseer vuestros sueños sentido alguno o ser francamente insensatos. Pero en el fondo, no es ni puede, en modo alguno, ser así, pues el soñador es siempre el mismo hombre, en sueños o despierto".

c) Los medios de representación del sueño.

Hemos descubierto hasta aquí que, en la transformación del material ideológico latente en contenido manifiesto del sueño, actúan dos factores principales: la *condensación* y el *desplazamiento* oníricos. Prosiguiendo nuestra investigación habremos de agregar a ellos, dos nuevas condiciones que ejercen una indudable influencia sobre la selección del material constitutivo de dicho contenido manifiesto. Pero, previamente, y aun a riesgo de que parezca que hacemos un alto en nuestro camino, creo conveniente echar una primera ojeada sobre los procesos que se desarrollan en la interpretación onírica. No se me oculta que el mejor procedimiento para esclarecer por completo tal labor interpretadora y poner su eficacia a cubierto de posibles objeciones, sería tomar como ejemplo un sueño determinado, desarrollar su interpretación en la forma en que lo hicimos con el sueño de la inyección de Irma (véase el inciso *a*), y una vez reunidas las ideas latentes descubiertas, reconstruir, partiendo de ellas, la formación del sueño, o sea, completar el análisis de los sueños con una síntesis de los mismos. Es ésta una labor que he realizado más de una vez para mi propia enseñanza, pero no me es posible emprenderla aquí por impedírmelo numerosas consideraciones referentes al material psíquico y que todos mis lectores habrán de comprender y aprobar sin dificultad. Para el análisis no suponen estas consideraciones un tan grave obstáculo, pues la labor analítica puede quedar incompleta y conservar, sin embargo, todo su valor con tal que nos permita penetrar algo en la trama del sueño. En cambio, la síntesis tiene que ser completa si ha de poseer algún valor convincente. Ahora bien: sólo de sueños de personas totalmente desconocidas al público lector, me habría de ser posible dar una tal síntesis completa. Pero dado que esta posibilidad no me es ofrecida sino por pacientes neuróticos, habré de aplazar esta parte de la representación del sueño hasta que más adelante hayamos avanzado en el esclarecimiento de las neurosis lo suficiente para volver sobre este tema[13].

Por mis tentativas de reconstruir sintéticamente un sueño partiendo de las ideas latentes, sé que el material descubierto en la interpretación es de muy diferente valor. Hallase constituido, en parte, por las ideas latentes esenciales, que de este modo sustituyen al sueño y bastarían por sí solas para constituir su completa sustitución, si no existiese la censura. El resto de dicho material suele considerarse como poco importante, no concediéndose, tampoco, valor a la afirmación de que todas estas ideas han participado en la formación del sueño, pues entre ellas pueden más bien encontrarse ocurrencias enlazadas a sucesos posteriores al mismo, acaecidos entre el momento de su desarrollo y el de la interpretación. Esta parte del material descubierto comprende todos los caminos de enlace que han conducido desde el contenido manifiesto hasta las ideas latentes, y también aquellas asociaciones intermediarias y de aproximación, por medio de las cuales hemos llegado, en la labor de interpretación, al conocimiento de dichos caminos.

Por el momento no nos interesan sino las ideas latentes esenciales, las cuales revelan ser casi siempre un complejo de ideas y recuerdos de complicadísima estructura, con todos los caracteres de los procesos mentales de la vigilia, que nos son conocidos. Con gran frecuencia son concatenaciones de ideas que parten de diversos centros pero que no carecen de puntos de contacto, y casi regularmente aparece junto a un proceso mental su reflejo contradictorio, unido a él por asociaciones de contraste.

[13] Con posterioridad a las consideraciones que anteceden, he publicado el análisis y la síntesis totales de dos sueños, en el trabajo titulado: *Fragmento del análisis de una histeria* (1905). El análisis de O. Rank: "Un sueño que se interpreta a sí mismo", tiene que ser reconocido como el más completo publicado hasta el día.

Los diversos componentes de esta complicada formación muestran, naturalmente, las más variadas relaciones lógicas entre sí, constituyendo el primer término y el último divagaciones y aclaraciones, condiciones, demostraciones y objeciones. Cuando la masa total de estas ideas latentes es sometida luego a la presión de la elaboración onírica, bajo cuyos efectos quedan los diversos fragmentos subvertidos, desmenuzados y soldados, como los témpanos de hielo a la deriva, surge la interrogación de cuál ha sido el destino de los lazos lógicos que hasta entonces había mantenido la cohesión del conjunto. ¿Qué representación alcanzan en el sueño los términos "sí, porque, tan, aunque, o... o..." y todas las demás conjunciones sin las cuales nos es imposible comprender una oración o un discurso?

La primera respuesta a esta interrogación es la de que el sueño no dispone de medio alguno para representar estas relaciones lógicas de las ideas latentes entre sí. La mayor parte de las veces deja a un lado todas las conjunciones señaladas y toma únicamente, para elaborarlo, el contenido objetivo de las ideas latentes. A cargo de la interpretación queda después la labor de reconstruir la coherencia que la elaboración onírica ha destruido.

La falta de esta capacidad de expresión debe depender del material psíquico con el que el sueño es elaborado. A una análoga limitación se hallan sometidas las artes plásticas, comparadas con la poesía que puede servirse de la palabra, y también en ellas depende tal impotencia del material por medio de cuya elaboración tienden a exteriorizar algo. Antes que la pintura llegase al conocimiento de sus leyes de expresión, se esforzaba en compensar esta desventaja haciendo salir de la boca de sus personajes, filacterias en las que constaban escritas las frases que el pintor desesperaba de poder exteriorizar con la expresión de sus figuras.

Quizá se nos presente aquí la objeción de que no es exacto que el sueño renuncie a la representación de las relaciones lógicas, pues, existen algunos en los que se desarrollan las más complicadas operaciones mentales y en los que se demuestra y se contradice, se sutiliza y se compara, del mismo modo que en el pensamiento despierto. Pero también aquí nos engaña una falsa apariencia. Cuando emprendemos la interpretación de tales sueños, averiguamos que todo ello es *material onírico y no representación de una labor intelectual en el sueño*. Lo que el aparente pensar del sueño reproduce es el *contenido* de las ideas latentes y no las *relaciones de dichas ideas entre sí*, en cuya fijación es en lo que consiste el pensamiento. Más adelante expondré algunos ejemplos que ilustrarán estas afirmaciones. Lo que desde luego es fácilmente comparable es que todos los discursos orales que en el sueño aparecen (y son expresamente calificados de tales por el sujeto) son siempre reproducciones exactas o sólo ligeramente modificadas de discursos reales, cuyo recuerdo forma parte del material onírico. El discurso no es, con frecuencia, sino una alusión a un suceso contenido en las ideas latentes, siendo muy otro el sentido del sueño.

De todos modos, no he de discutir que en la formación de los sueños interviene también una labor intelectual crítica que no se limita a repetir materiales de los productos oníricos. Al final de estas consideraciones habré de esclarecer la influencia de este factor y entonces veremos que tal labor intelectual no es provocada por las ideas latentes, sino por el sueño mismo, ya constituido en cierto modo.

Queda, pues, fijado, por el momento, que las relaciones lógicas de las ideas latentes entre sí no encuentran en el sueño una representación especial. Allí donde el sueño muestra, por ejemplo, una contradicción, lo que existe es una oposición contra el sueño mismo o una contradicción surgida del contenido de una de las ideas latentes. Sólo de una manera muy indirecta corresponde una contradicción en el sueño a una contradicción *entre* las ideas latentes.

Pero, así como la pintura ha conseguido representar de un modo distinto al primitivo de la filacteria, la intención por lo menos de lo que sus figuras habrían de expresar en palabras —ternura, amenaza, consejo, etc.—, también posee el sueño la posibilidad de atender a algunas de las relaciones lógicas de sus ideas latentes por medio de una apropiada modificación de la peculiar representación onírica. Puede comprobarse que esta facultad varía mucho en los diversos sueños. Mientras que unos prescinden por completo del enlace lógico de sus materiales, intentan otros modificarlo lo más completamente posible. El sueño se aleja en este punto muy diversamente del texto que le es ofrecido para su elaboración, comportándose, asimismo, de un modo igualmente variable con respecto a la relación temporal de las ideas latentes cuando en lo inconsciente existe establecida una tal relación (*cf.* el sueño de la inyección de Irma).

Mas ¿con qué medios consigue la elaboración del sueño indicar tales relaciones del material onírico, difícilmente representables? Intentaremos enumerarlos.

En primer lugar, rinde su tributo a la innegable coherencia de todos los elementos del contenido latente, reuniéndolos en una síntesis, situación o proceso. Reproduce la *coherencia lógica como simultaneidad*, y obrando así, procede como el pintor que al representar en un cuadro la Escuela de Atenas o el Parnaso reúne en su obra a un grupo de filósofos o poetas que realmente no se encontraron nunca juntos en un atrio o sobre una montaña, como el artista nos lo muestra, pero que constituyen, para nuestro pensamiento, una comunidad.

Es éste el procedimiento general de representación del sueño. Así, siempre que nos muestra dos elementos próximos uno a otro, nos indica con ello la existencia de una íntima conexión entre los que a ellos corresponden en las ideas latentes. Sucede aquí lo que en nuestro sistema de escritura: cuando escribimos *ab* indicamos que las dos letras han de ser pronunciadas como una sola sílaba; mas, si vemos escrito primero *a* y luego *b* después de un espacio libre, lo consideraremos como indicación de que *a* es la última letra de una palabra y *b* la primera de otra. Comprobamos, pues, que las combinaciones oníricas no se constituyen con elementos totalmente arbitrarios y heterogéneos del material del sueño, sino con aquellos que también se hallan íntimamente ligados en las ideas latentes.

Para representar las *relaciones causales* dispone el sueño de dos procedimientos que en esencia vienen a ser la misma cosa. La forma de representación más corriente cuando, por ejemplo, presentan las ideas latentes el siguiente contenido: "a causa de tales o cuales cosas tuvo que suceder esto o lo otro", consiste en incluir la frase accesoria como sueño preliminar y agregar a ella, como sueño principal, la frase principal. El orden de sucesión puede también ser el inverso, pero la frase principal corresponde siempre a la parte más ampliamente desarrollada.

A una de mis pacientes debo un bello ejemplo de tal representación de la causalidad en un sueño que más adelante comunicaré en su totalidad. Componíase este sueño de un corto preludio y un amplio sueño sucesivo, muy centrado, al que podríamos dar el título de "Por la flor". El sueño preliminar fue como sigue: <<Va a la cocina, en la que se hallan las dos criadas, y las regaña por no haber terminado de hacer "es poco de comida". Mientras tanto ve una gran cantidad de groseros utensilios de cocina puestos boca abajo a escurrir y formando un montón. Las dos criadas van por agua. Para ello tienen que meterse en un río que llega hasta la casa o entra en el patio.>>

A continuación, se desarrolla el sueño principal que comienza en la siguiente forma: <<La sujeto baja desde un elevado lugar, avanzando por una singular pasarela, y se regocija de que sus vestidos no queden enganchados en ningún sitio...>> El sueño preliminar se refiere a la casa paterna de la sujeto. Las palabras que ésta dirige a las criadas las ha debido de oír, sin duda, a su madre, en ocasión análoga. El montón de bastos utensilios de cocina procede del recuerdo de la cacharrería que existía establecida en la misma casa. La segunda parte del primer sueño contiene una alusión al padre de la sujeto, el cual acostumbraba interesarse demasiado por las criadas, y que murió a consecuencia de una enfermedad contraída en una inundación; la casa se hallaba situada a orillas de un río. Así, pues, el pensamiento que se oculta detrás del sueño preliminar es el siguiente: "Por proceder yo de una tan humilde e insatisfactoria condición..." El sueño principal recoge este mismo pensamiento y lo expresa en una forma modificada por la realización de deseos: soy de elevada procedencia. En realidad, pues, por ser de tan baja procedencia, ha sido ésta mi vida.

Por lo que hasta ahora he podido ver, la división de un sueño en dos partes desiguales no significa siempre la existencia de una relación causal entre las ideas correspondientes a cada una de las mismas. Con gran frecuencia parece como si en ambos sueños fuese representado el mismo material desde dos diferentes puntos de vista. Esto es lo que sucede seguramente en aquellas series de sueños sucesivos de una misma noche, que terminan en una polución, y a través de los cuales va conquistándose la necesidad somática, una expresión cada vez más clara. Puede también suceder que los dos sueños procedan de centros distintos del material onírico, cruzándose sus contenidos, de manera que uno de ellos presenta como centro aquello que en el otro actúa como indicación, y recíprocamente. En cambio, existen otros casos en los que la división en un breve sueño preliminar y un más extenso sueño ulterior significa realmente la existencia de una relación causal entre ambos fragmentos. El segundo procedimiento de representación a que antes nos referimos es puesto en práctica cuando el material dado presenta una menor amplitud, y consiste en que una imagen onírica —de una persona o de una cosa— queda transformada en otra. Pero sólo cuando vemos desarrollarse en el sueño esta transformación es cuando podemos afirmar la existencia de la relación causal, y no, en cambio, cuando observamos simplemente que en lugar de una imagen ha surgido otra. Dijimos antes que los dos procedimientos empleados por el sueño para representar la relación causal venían a ser, en el fondo, una misma cosa. Ambos representan, efectivamente la *causación* por una *sucesión*. El primero, por la sucesión de los sueños, y él segundo, por la transformación inmediata de una imagen en otra. De todos modos, lo general es que la relación causal no obtenga representación especial alguna, quedando envuelto en la obligada sucesión de los elementos del proceso onírico.

La alternativa "o... o..." (o esto o aquello) no encuentra representación ninguna en el sueño, el cual acostumbra acoger todos los elementos que la componen, despojándolos de su carácter alternativo. El sueño de la inyección de Irma nos da un clásico ejemplo de esta conducta del fenómeno onírico. El contenido de las ideas latentes de este sueño es como sigue: no soy responsable de que Irma no experimente mejoría alguna en sus sufrimientos; ello depende o de su resistencia a aceptar mi solución o de las desfavorables circunstancias sexuales en que vive y que no me es posible modificar, o de que su enfermedad no es de naturaleza histérica sino orgánica. Pero el sueño realiza todas estas posibilidades, casi incompatibles, e incluso no vacila en añadir a ellas otras más, tomándola del deseo onírico. La alternativa hemos tenido, pues, que introducirla nosotros en el conjunto de las ideas latentes después de la interpretación.

Así, pues, allí donde el sujeto del sueño introduce en el relato de este una alternativa: era un jardín o una habitación, etc., no muestra el sueño tal alternativa, sino simplemente una yuxtaposición, y lo que al introducir la alternativa queremos significar en nuestro relato del sueño es la vaguedad e imprecisión de un elemento del mismo. La regla de interpretación aplicable a este caso consiste en situar en un mismo plano los diversos miembros de la aparente alternativa y unirlos con la conjunción copulativa "y". Veamos un ejemplo: después de esperar en vano durante algún tiempo a que un amigo mío me comunicase las señas de su hospedaje en Italia, sueño recibir un telegrama en el que me las indicaba, viéndolas yo impresas en tinta azul sobre la blanca cinta telegráfica. La primera palabra aparece muy borrosa y puede ser:

o *vía*
o *villa*, la segunda palabra, clara, es Sezerno.
o incluso (casa).

La segunda palabra, de sonido italiano y que me recuerda nuestras discusiones etimológicas, expresa también mi enfado por haberme mantenido oculto mi amigo su paradero durante tanto tiempo. Cada uno de los miembros de la terna propuesta para la primera palabra se revela en el análisis como un punto de partida, independiente e igualmente justificado, de la concatenación de ideas.

En la noche anterior al entierro de mi padre, sueño ver un anuncio impreso —semejante a los que en las salas de espera de las estaciones recuerdan la prohibición de fumar— en el que se lee la frase siguiente:

Se ruega cerrar los ojos.

O esta otra:

Se ruega cerrar un ojo.

Esta alternativa la podemos representar así:

$$\text{Se ruega cerrar } \frac{\text{los}}{\text{un}} \text{ ojo } \textit{(s)}.$$

Cada uno de los dos textos posee un sentido particular y nos lleva, en la interpretación, por caminos que le son peculiares. Para el entierro y los funerales de mi padre había yo elegido el ceremonial más sencillo posible, pues sabía cuáles eran sus ideas sobre este punto. Pero otras personas de mi familia no estaban conformes conmigo y opinaban que tan puritana sencillez había de avergonzarnos ante los concurrentes al duelo. Por esta razón, ruega uno de los textos del sueño "que se cierre un ojo", o sea, según el sentido de esta frase familiar, que seamos indulgentes para con las debilidades de los demás. El significado de la vaguedad que al relatar el sueño describimos con una alternativa, resulta aquí fácilmente comprensible. La elaboración onírica no ha conseguido hallar un texto único, pero de doble sentido, para la expresión de las ideas latentes, y de este modo, se separan ya en el contenido manifiesto las dos principales series de ideas.

Las alternativas, difícilmente representables, quedan también expresadas en algunos casos por la división del sueño en dos partes de igual amplitud.

La conducta del sueño con respecto a la *antítesis* y la *contradicción* es altamente singular. De la contradicción prescinde en absoluto, como si para él no existiese el "no", y reúnen en una unidad las antítesis o las representa con ella. Asimismo, se toma la libertad de representar un elemento cualquiera por el deseo contrario a él, resultando que, al afrontarnos con un elemento capaz de contrario, no podemos saber nunca al principio, si se halla contenido positiva o negativamente en las ideas latentes[14]. En uno de los ejemplos últimamente citados, cuyo fragmento

---

[14] Un trabajo de K. Abel, titulado: *El sentido contradictorio de las palabras primitivas*, 1884 (véase mi artículo sobre él en el *Jahrbuch f., Psych.* II, 1910), me reveló el hecho sorprendente, confirmado por otros filólogos, de que los idiomas más antiguos se comportan, en este punto, idénticamente al sueño.

preliminar interpretamos ("por proceder de tan humilde condición"), desciende la sujeto por unas singulares pasarelas llevando en la mano una rama florida. Dado que las asociaciones que a esta imagen enlaza la sujeto son la figura del ángel que en las pinturas de la Anunciación aparece ante la Virgen (la sujeto se llama María) con una vara de azucenas en la mano, y el recuerdo de las niñas vestidas de blanco que acompañan a la procesión de Corpus Christi por las calles tapizadas de verdes ramas, habremos de deducir que la florida rama de su sueño constituye, sin duda alguna, una alusión a la inocencia sexual. Pero tal rama aparece cuajada de flores encarnadas, muy semejantes a las camelias. La combinación del sueño muestra que al llegar la sujeto al final de su descenso se han deshojado ya casi todas las flores. Luego siguen claras alusiones al período. De este modo, la misma rama, llevada como una vara de azucenas y como por una muchacha inocente, es, simultáneamente, una alusión a la <<dama de las camelias>>, que como es sabido, se adornaba siempre con una de estas flores; blanca de ordinario y roja durante los días del período. La florida rama ("las flores de la muchacha", en los *lieder* de la molinera de Goethe), representa, pues, al mismo tiempo, la inocencia sexual y su antítesis. Y este mismo sueño, que expresa la alegría de la sujeto por haber conseguido conservarse inmaculada en su camino, deja también transparentarse en algunos lugares (como en el deshojarse de las flores) un pensamiento contrario: el de haberse hecho culpable de diversos pecados contra la pureza (durante su infancia). En el

Al principio no poseían sino una sola palabra para designar los contrarios que constituían los extremos de una serie de cualidades o actividades (fuerte-débil, viejo-joven, lejos-cerca, unir-separar), y no construyeron sendas designaciones para los dos contrarios, sino secundariamente, por medio de ligeras modificaciones de la primitiva palabra común. Abel señala ampliamente esta particularidad en el antiguo egipcio y muestra también restos de un idéntico desarrollo en los idiomas semitas e indogermanos.

análisis de éste sueño nos es fácil diferenciar claramente ambos procesos mentales, de los cuales el satisfactorio y consolador parece ser más superficial, y en cambio, más profundo el que entraña un reproche. Ambos son radicalmente opuestos y sus elementos iguales, pero contrarios, han quedado representados, en el sueño, por los mismos factores.

Tan sólo una de las relaciones lógicas, —la de analogía, coincidencia o contacto— aparece acomodable a los mecanismos de la formación onírica, pudiendo así quedar representada en el sueño por medios mucho más numerosos y diversos que ninguna otra[15]. Las coincidencias o analogías existentes en el sueño constituyen los primeros puntos de apoyo de la formación de los sueños, y una parte nada insignificante de la elaboración onírica consiste en crear nuevas coincidencias de este género cuando las existencias no pueden pasar al sueño por oponerse a ello la resistencia de la censura. La tendencia a la condensación, característica de la elaboración onírica, presta también su ayuda para la representación de la relación de analogía.

La *analogía*, la *coincidencia* y la *comunidad* son representadas generalmente por el sueño mediante la síntesis, en una *unidad*, de los elementos que las componen. Cuando esta unidad no existe de antemano en el material del sueño, es creada al efecto. En el primer caso, hablamos de *identificación*, y en el segundo, de *formación mixta*. La identificación es utilizada cuando se trata de personas, y la formación mixta, cuando los elementos que han de ser fundidos en una unidad son objetos. No obstante, también quedan constituidas *formaciones mixtas* de personas. Del mismo modo que éstas, son tratados con frecuencia por el sueño los lugares".

[15] Cf. la observación de Aristóteles sobre las especiales aptitudes del onirocrítico (tomo I, cap. II, nota 25).

La identificación consiste en que sólo una de las personas enlazadas por una comunidad pasa a ser representada en el contenido manifiesto, quedando las restantes como reprimidas para el sueño. Pero en el sueño, esta persona que encubre a las otras entra tanto en aquellas relaciones y situaciones que le son propias, como en las correspondientes a cada una de las demás. Cuando la formación mixta se extiende a las personas, muestra ya, la imagen onírica, rasgos que pertenecen a las personas por ella representadas, pero que no les son comunes, quedando así determinada, por la reunión de tales rasgos, una nueva unidad, una persona mixta. Esta mezcla puede realizarse de muy varios modos. La persona onírica puede llevar el nombre de una de aquellas a las que representa —y en este caso "sabemos", en el sueño, de qué persona se trata, en una forma análoga a nuestro "saber" en la vida despierta— presentando, en cambio, los rasgos visuales de otra, o también puede aparecer compuesta la imagen onírica de rasgos pertenecientes a ambas personas. La participación de la segunda persona puede asimismo quedar representada, en lugar de por rasgos visuales, por los ademanes que se atribuyen a la primera, las palabras que se colocan en sus labios o la situación en que se la incluye. En este último caso, comienza a borrarse la definida diferencia existente entre identificación y formación mixta. Pero también puede suceder que fracase la formación de una tal persona mixta y entonces es atribuida la escena del sueño a una de las personas, y la otra —generalmente más importante— aparece a su lado, pero sin intervenir para nada en la acción y realizando mero acto de presencia. Al relatar tales sueños, dice, por ejemplo, el sujeto: "mi madre estaba también presente" (Stekel). Tales elementos del contenido manifiesto pueden entonces compararse a los determinativos de la escritura jeroglífica, signos no destinados a la pronunciación sino a determinar a otros.

La comunidad que justifica y, por lo tanto, crea la unificación de las dos personas, puede hallarse o no representada en el sueño. Lo general es que la identificación o la formación de la persona mixta sirva, precisamente, para ahorrar la representación de dicha comunidad. Así, en lugar de repetir: *A* es enemigo mío y *B* también, construimos en el sueño una persona mixta con las de *A* y *B* o nos representamos a *A* en un acto que caracteriza a *B*. La persona onírica así constituida se nos muestra en el sueño dentro de una nueva relación cualquiera, y la circunstancia de representar tanto a *A* como *B* nos da derecho a incluir, en el lugar correspondiente de la interpretación, aquello que es común a ambas, o sea, su hostilidad hacia mí. De este modo conseguimos con frecuencia una extraordinaria condensación del contenido onírico, pues podemos ahorrarnos la representación de circunstancias complicadísimas enlazadas a una persona cuando hallamos otra que participa también en ellas, pero en un grado mucho menor. Fácilmente se ve hasta qué punto puede servir también esta identificación para eludir la censura de la resistencia, que tan duras condiciones impone a la elaboración de los sueños. Así, cuando lo que repugna a la censura reposa precisamente en aquellas representaciones enlazadas, dentro del material onírico, a una de las personas, y hallamos otra que, encontrándose también en relación con el material rechazado, lo está tan sólo con una parte de este. El contacto en los puntos no libres de censura nos da derecho a constituir una persona mixta, caracterizada, en ambas direcciones, por rasgos indiferentes. Esta persona mixta y de identificación resulta entonces apropiada, por estar libre de censura, para pasar al contenido manifiesto, y de este modo habremos satisfecho, mediante el empleo de la condensación, las exigencias de la instancia censora.

Cuando en el contenido manifiesto de un sueño hallamos representada una comunidad de las dos personas, habremos de interpretarlo como una indicación de la existencia de otra comunidad oculta, cuya representación no ha sido permitida por la censura. En estos casos, ha tenido efecto, en cierto modo un desplazamiento de la comunidad en favor de la representabilidad. Del hecho de sernos mostrada la persona mixta en el sueño, con un elemento común indiferente, deberemos deducir la existencia de otra comunidad, nada indiferente esta vez en las ideas latentes.

La identificación o la formación de personas mixtas sirve, por lo tanto, en el sueño, para diversos fines: 1° Para la representación de una comunidad de las dos personas; 2° Para la representación de una comunidad *desplazada*; y 3° Para expresar una comunidad simplemente deseada. Dado que el deseo de que entre dos personas exista o quede establecida una comunidad coincide frecuentemente con un *intercambio* de las mismas, es expresado también en el sueño, tal deseo, por medio de la identificación. En el sueño de la inyección de Irma deseo cambiar a esta paciente por otra; esto es, deseo que otra persona llegue a incluirse, como Irma, en el número de mis pacientes. El sueño atiende este deseo mostrándome una persona que se llama Irma, pero que es sometida a un reconocimiento médico en circunstancias correspondientes exclusivamente a otra. En el sueño del amigo que es mi tío, queda constituido este intercambio en centro del sueño y me identifico con el ministro, tratando y juzgando tan adversamente como él a mis colegas.

Sin excepción alguna, he podido comprobar que en todo sueño interviene la propia persona del sujeto. Los sueños son absolutamente egoístas. Cuando en el contenido manifiesto no aparece nuestro *yo* y sí únicamente una persona extraña, podemos aceptar sin la menor vacilación, que se ha ocultado por identificación detrás de dicha persona y habremos de agregarlo al sueño. En cambio, otras veces que nuestro *yo* aparece en el contenido manifiesto, la situación en que se nos muestra incluido nos indica que detrás de él se esconde, por identificación, otra persona. Con esto nos advierte el sueño que, en la interpretación, deberemos transferir a nosotros algo referente a dicha otra persona y que nos es común con ella. Hay, por último, sueños en los que nuestro *yo* aparece entre otras personas, las cuales revelan ser, una vez solucionada la identificación, otras tantas representaciones nuestras. Al interpretar estos casos habremos de enlazar a nuestro *yo*, deduciendo de tales identificaciones, determinadas representaciones a las que la censura ha puesto el veto. Así, pues, podemos representar múltiplemente nuestro *yo* en el sueño, directamente una vez, y otras mediante su identificación con personas distintas. Por medio de unas cuantas identificaciones de este género puede obtenerse la condensación de un abundantísimo material[16].

Las identificaciones de lugares de nombre determinado son aún más sencillas de solucionar que las de personas, pues falta en ellas la perturbación que siempre introducen en el sueño las poderosas energías del *yo*. En uno de mis sueños de Roma (parte I, cap. V inciso *b*) sé que me encuentro en esta ciudad, pero me asombra ver en una esquina numerosos carteles anunciadores redactados en alemán. Esta última imagen constituye una realización de deseos a la que asocio en seguida *Praga*. El deseo en sí procede de un juvenil período de nacionalismo. Días antes de este sueño me había propuesto un amigo mío encontrarnos en *Praga*. La identificación de *Roma* y *Praga* se explica, pues, por una comunidad deseada. Quisiera reunirme con mi amigo en *Roma* mejor que en *Praga*, e intercambiar estas ciudades para nuestro encuentro.

[16] Cuando no sabemos a punto fijo detrás de cuál de las personas de un sueño hemos de buscar nuestro *Yo*, debemos poner en práctica la regla siguiente: Aquella persona que experimenta en el sueño un efecto que sentimos también durante el desarrollo del mismo, es la que oculta a nuestro *Yo*.

La posibilidad de crear formaciones mixtas es uno de los factores que más contribuyen a dar al sueño su frecuente carácter fantástico, pues con tales formaciones pasan al contenido manifiesto elementos que no pudieron ser jamás objetos de percepción. El proceso psíquico correspondiente a la formación mixta en el sueño es evidentemente el mismo que se desarrolla en el estado de vigilia, cuando nos imaginamos un centauro o un dragón. La única diferencia consiste en que la creación fantástica de la vigilia se rige por la impresión que nos proponemos produzca su resultado, mientras que la formación mixta del sueño queda determinada por un factor exterior a la conformación; esto es, por la comunidad existente en las ideas latentes. La formación mixta onírica puede ser constituida de diversos modos. En su composición más desprovista de arte aparecen representadas únicamente las cualidades de uno de los objetos, y esta representación se nos muestra acompañada de la convicción de que se refiere, al mismo tiempo, a otro objeto. Una técnica más cuidadosa reúne los rasgos de ambos objetos en una nueva imagen, utilizando para ello, hábilmente, las analogías que los mismos pueden poseer en la realidad. La nueva creación puede resultar totalmente absurda o constituir, por el contrario, una bella fantasía, según las condiciones del material y el ingenio que presida a la fusión. Cuando los objetos que han de ser condensados en una unidad son demasiado heterogéneos, se limita frecuentemente la elaboración onírica a crear un producto mixto con un nódulo preciso al que se agregan determinantes más borrosas. En estos casos ha fracasado la síntesis en una sola imagen, y las dos representaciones se superponen, engendrando algo semejante a una lucha entre dos imágenes visuales. Si intentamos representarnos gráficamente la formación de un concepto sobre la base de imágenes de percepción, obtendremos una imagen análoga.

Los sueños se muestran, como era de esperar, plagados de tales formaciones mixtas. En los ejemplos analizados hasta aquí hemos señalado ya algunas, a las que ahora agregaremos varias más. El sueño últimamente expuesto, que describe la vida de la paciente "con la flor" o "desflorada", nos muestra al *yo* onírico, llevando en la mano una florida rama, que según averiguamos ya, significa, al mismo tiempo, inocencia y culpabilidad sexual. Dicha rama recuerda, además, por la distribución de las flores, a las de los *cerezos en flor*, y las flores, aisladamente consideradas, son *camelias*. Por último, rama y flores, tomadas en conjunto, dan la impresión de una planta *exótica*. Las ideas latentes nos revelan la comunidad existente entre los diversos elementos de esta formación mixta. La rama florida está constituida como un compuesto de alusiones a los regalos que movieron a la sujeto, o debieron moverla, a mostrarse complaciente. Así, en su infancia, las cerezas, y en años posteriores, una planta de camelias. Lo exótico es una alusión a un naturalista que había viajado mucho y pretendió un tiempo a la sujeto, regalándola en una ocasión un dibujo de una planta. Otra paciente creó en un sueño un lugar intermedio entre las *casetas* de los baños de mar, las *garitas* en que suele hallarse instalado el *retrete* en las casas campesinas, y los *sotabancos* de nuestras viviendas ciudadanas. Los primeros elementos tienen común relación con la desnudez, y por su unificación con el tercero, habremos de concluir que también el sotabanco de la casa en que la paciente vivió de niña fue testigo de escenas de dicho género. Un individuo creó en sueños de dos localidades —mi gabinete de consulta y el local público en el que conoció a su mujer—, una localidad mixta. (La comunidad entre los dos elementos de esta formación mixta queda proporcionada por la palabra "*Kur*" (cura y corte). A mi gabinete de consulta acudía el sujeto a someterse a una "cura", como antes acudía al otro local a hacer la "corte" a la mujer a la que más tarde hizo su esposa). Una muchacha a la que su hermano ha prometido traerle caviar, sueña que dicho hermano tiene todas las piernas cubiertas de granitos, *negros* como *los huevecillos del caviar y de la misma forma y tamaño*. Los elementos *contagio* en sentido moral, y el recuerdo de una *erupción* que padeció en su infancia y sembró sus piernas de puntitos *rojos* en lugar de negros, se han unido aquí con los *huevecillos del caviar* para formar un nuevo concepto, el de aquello *que ha recibido de su hermano* ("que su hermano le ha contagiado").

En un sueño comunicado por Ferenczi hallamos una formación mixta compuesta por la persona de un *médico* y un *caballo*, imagen que además lleva puesta una *camisa de dormir*. El análisis reveló la comunidad existente entre estos elementos después de demostrar que la camisa de dormir constituía una alusión al padre de la sujeto en una escena de la infancia de esta última. En los tres casos se trataba de objetos de su curiosidad sexual. Siendo niña, la había llevado varias veces su niñera a una yeguada militar, lugar en el que tuvo ocasión de satisfacer su curiosidad sexual, aún no coartada.

He afirmado antes que el sueño carece de medios para representar la relación de antítesis u oposición —el "no"— y voy ahora a contradecir, por vez primera, tal aserto. Una parte de los casos que hemos de considerar como de "antítesis" y podríamos colocar bajo la rúbrica de *inversamente* o, *por el contrario*, alcanza su representación en el sueño del modo siguiente, que casi podríamos calificar de chistoso. El "inversamente" no llega de por sí al contenido manifiesto, sino que exterioriza su existencia en el material con la *inversión* —como *a posteriori*— de un fragmento del contenido manifiesto, relacionado con él por motivos distintos. Este proceso es más fácil de ilustrar que de describir. En el bello sueño "de arriba abajo" (inciso *a* de este capítulo), la representación onírica del subir muestra la inversión de la escena de *Safo*, que constituye su modelo en las ideas latentes. En el sueño, es la subida penosa al principio y luego fácil, al revés de lo que sucede en dicha escena de la novela de Daudet. Los términos "arriba" y "abajo", referidos a hermano del sujeto, son también representados inversamente en el sueño, y todas estas circunstancias indican la existencia de una relación contradictoria o antitética entre dos fragmentos del material de ideas latentes, relación consistente, según vimos, en que la fantasía infantil del sujeto le mostraba llevado en brazos de su nodriza, inversamente a como en la novela llega el protagonista en brazos a su amada. También mi sueño del ataque de *Goethe* contra M. entraña una tal inversión, que hemos de deshacer para conseguir interpretarlo. Su contenido manifiesto expone que *Goethe* ha hecho objeto de un violentísimo ataque literario a un joven escritor, el señor M. La realidad, tal y como se halla contenida en las ideas latentes, es que un amigo mío, hombre de reconocido talento, ha sido atacado por un joven escritor nada conocido. En este sueño establezco un cálculo tomado como punto de partida al año de la muerte de Goethe; en la realidad, partía el cálculo del año en que nació el paciente paralítico. La idea dominante del material onírico resulta ser mi oposición a que se trate a Goethe como a un demente, y el sueño, me dice: "Lo que sucede es todo lo contrario; si no alcanzas a comprender este libro, el imbécil eres tú y no el autor". En todos estos sueños de inversión parece además hallarse contenida una relación a un sentimiento despectivo ("*volver* la espalda a alguien"); así en el sueño de "Safo" con respecto al hermano del sujeto. Es, por último, digna de mención la frecuencia con que tales inversiones aparecen en los sueños provocados por sentimientos homosexuales reprimidos.

La inversión o transformación de un elemento es su contrario, en uno de los medios de representación que el sueño emplea con mayor frecuencia por serle de múltiple utilidad, sirviendo, en primer lugar, para dar cuerpo a la realización de deseos, contraria a un determinado elemento de las ideas latentes. La expresión: "¡Ojalá hubiera sido al revés!", es, con frecuencia, la que mejor traduce la reacción del *yo* contra un recuerdo penoso. Pero cuando la inversión se nos muestra más valiosa es cuando la consideramos desde el punto de vista de la censura, pues crea una considerable deformación de los elementos que de representar se trata, hasta el punto de paralizar, al principio, toda tentativa de comprensión del sueño. Por lo tanto, cuando un sueño nos rehúsa tenazmente su sentido, deberemos intentar la inversión de determinados fragmentos de su contenido, operación con la cual queda todo aclarado, en el acto, muchas veces.

A más de la inversión del contenido habremos también de tener en cuenta la de la sucesión en el tiempo. La deformación onírica emplea, en efecto, con frecuencia, la técnica consistente en representar, al principio del sueño, el desenlace del suceso o la conclusión del proceso mental, y al final del mismo, las causas del primero o las premisas del segundo. Aquellos que no tengan en cuenta este medio técnico de la deformación onírica permanecerán perplejos ante la labor de interpretación[17]. Suele incluso suceder que en algunos casos no conseguimos descubrir el sentido del sueño hasta después de haber llevado a efecto, en el contenido manifiesto, la inversión de múltiples y muy diversas relaciones. De este modo se esconde, por ejemplo, en el sueño de un neurótico obsesivo, el recuerdo de su deseo

[17] De esta misma técnica de la inversión temporal se sirve, a veces, la crisis histérica, para ocultar su sentido a los ojos de los espectadores. Citaremos, como ejemplo, el caso de una joven histérica que representa, en un ataque, una pequeña novela, fantaseada por ella en lo inconsciente, tomando como punto de partida su encuentro, en el tranvía, con un cierto individuo. El contenido de esta fantasía es que dicho individuo, atraído por la belleza de su pie, que ella dejar ver, al descuido, mientras lee, intenta trabar conversación, lográndolo y

infantil de la muerte de su temido padre, detrás de las siguientes palabras: *su padre le regaña porque vuelve muy tarde a casa.* Pero los datos obtenidos con anterioridad en el tratamiento y las ocurrencias del sujeto demuestran que la idea primitiva es la de que se *halla enfadado con su padre*, y que, para él, siempre volvía éste a casa *demasiado temprano* (demasiado pronto). Hubiera preferido que no hubiera vuelto, deseo idéntico al de su muerte. (Véase el inciso *a* de este capítulo). Siendo niño, se había hecho culpable, el sujeto, de una agresión sexual a otra persona durante una larga ausencia de su padre, y había sido amenazado con las palabras: "¡Ya verás cuando vuelva papá!"

Si queremos perseguir aún más allá las relaciones entre el contenido manifiesto y las ideas latentes tomaremos como el mejor punto de partida el sueño mismo, y nos plantearemos la interrogación de cuál es, con relación a las ideas latentes, el significado de determinados caracteres formales de la representación onírica. A estos caracteres formales que tienen que despertar nuestra atención al examinar el sueño, pertenecen, ante todo, las diferencias de intensidad sensorial de los distintos productos oníricos y las de claridad de los diversos fragmentos de un sueño o de sueños enteros comparados entre sí. Las diferencias de intensidad de los diversos productos oníricos forman toda una escala, que va desde una agudeza de impresión que nos inclinaríamos a colocar por encima de la realidad —aunque claro está que sin garantías— hasta una enfadosa vaguedad,

---

seduciéndola hasta el punto de conseguir que le acompañe a su casa, en la que se desarrolla luego una ardiente escena de amor. El ataque histérico de esta paciente se inicia con la representación de tal última escena de sus fantasías (contracciones, ademanes de besar y estrechar a alguien en sus brazos). A continuación, corre la sujeto a otro cuarto, se sienta en una silla, se recoge la falda hasta dejar ver el pie, hace como si leyera y me habla (me hace caso). Compárese la observación de Artemidoro de Daldis: "Para la explicación de las histerias oníricas debemos recorrerlas una vez desde su principio a su fin y otra en sentido inverso".

que declaramos característica del sueño, por no ser comparable exactamente a ninguno de los grados de imprecisión que tenemos lugar de percibir en los objetos de la realidad.

Acostumbradamente, calificamos también de "fugitiva" la impresión que de un borroso objeto onírico recibimos, mientras que de los objetos oníricos más precisos opinamos que han permitido una más larga percepción. Surge aquí la interrogación de cuáles son las condiciones del material onírico a las que obedecen estas diferencias de vitalidad de los diversos trozos del contenido manifiesto.

Habremos de rebatir ante todo algunas hipótesis que parecen deber imponerse a este respecto. Dado que en el material onírico pueden hallarse incluidas, desde luego, sensaciones reales percibidas durante el reposo, se supondrá, probablemente, que estas sensaciones o los elementos oníricos de ellas derivados se significan, en el contenido manifiesto, por una especial intensidad; o inversamente, que aquello que en el sueño muestra una especial intensidad podrá ser referido a dichas sensaciones reales, ahora bien: mi experiencia no me ha confirmado jamás estas hipótesis. No es exacto que aquellos elementos del sueño que son derivados de sensaciones percibidas durante el reposo (estímulos nerviosos), se distingan, por su mayor intensidad, de los que proceden de recuerdos. El factor realidad carece de toda influencia sobre la determinación de la intensidad de las imágenes oníricas.

Podría también suponerse que la intensidad sensorial (vivacidad) de las diversas imágenes oníricas se hallaba en relación con la intensidad psíquica de los elementos correspondientes en las ideas latentes. En estas últimas, la intensidad coincide con el valor psíquico y los elementos más intensos no son otros que los más importantes, los cuales constituyen el nódulo. Ahora bien; sabemos que precisamente la mayor parte de estos elementos no consiguen pasar, por impedírselo la censura, al contenido manifiesto. Sin embargo, podría ser que aquellos más próximos derivados suyos, que los representan, mostrasen en el sueño un más alto grado de intensidad, sin que por ello tuvieran que constituir el centro de la representación onírica. Pero también esta sospecha queda destruida por la observación comparativa del sueño y el material onírico. La intensidad de los elementos del primero no tiene nada que ver con la de los que constituyen el segundo, y entre el material onírico y el sueño tiene, efectivamente, lugar una completa *trasmutación de todos los valores psíquicos*. Un elemento fugitivamente animado y encubierto por imágenes más intensas, es muchas veces el único que descubrimos, constituye un derivado directo de aquello que en las ideas latentes dominaba en absoluto.

La intensidad de los elementos del sueño aparece determinada en otra forma distinta y por dos factores independientes entre sí. En primer lugar, advertimos sin esfuerzo la especial intensidad con la que se nos muestran representados en el sueño aquellos elementos en los que se exterioriza la realización de deseos; y en segundo, nos descubre el análisis que aquellos elementos que aparecen dotados de una mayor vitalidad son a la vez los que constituyen el punto de partida de un más amplio número de rutas mentales y los mejor determinados. Este principio, empíricamente establecido, puede ser formulado en los siguientes términos: los elementos que mayor intensidad muestran en el sueño son aquellos cuya formación ha exigido una mayor *labor de condensación*. Esta condición y la anteriormente señalada de la realización de deseos, habrán de poder ser encerradas en una única fórmula.

El problema al que las precedentes consideraciones se refieren, o sea, el de las causas de la mayor o menor intensidad o precisión de los diversos elementos del sueño, no debe ser confundido con el que plantea la distinta claridad de sueños enteros o fragmentados. En el primer problema, lo contrario de precisión es vaguedad; en el segundo, confusión. Sin embargo, es innegable que las cualidades ascendentes y descendentes de ambas escalas se presentan en mutua correspondencia. Aquellos fragmentos de un sueño que muestran una mayor claridad contienen, en su mayor parte, elementos intensos, y por el contrario, un sueño obscuro se halla constituido por muy escasos elementos intensos. Pero el problema planteado por la escala que se extiende desde lo aparentemente claro hasta lo impreciso y confuso es mucho más complicado que el de las oscilaciones de la vivacidad de los elementos del sueño, y por razones que más adelante expondremos, no nos es posible someterlo todavía a discusión. En algunos casos, observamos, no sin sorpresa, que la impresión de claridad o imprecisión producida por un sueño no depende en absoluto del proceso de su constitución, sino que procede del material onírico, a título de componente de este. Así, recuerdo un sueño que me pareció, al despertar, tan especialmente bien construido, coherente y claro, que antes de disiparse por completo en mí, el aturdimiento del reposo, me propuse establecer una nueva categoría de sueños no sometidos a los mecanismos de la condensación y el desplazamiento y que habrían de calificarse de <<fantasía durante el reposo>>. Pero un más detenido examen me demostró que este sueño, poco común, presentaba en su constitución, las mismas fisuras y soluciones de continuidad que otro cualquiera, con lo cual hube de renunciar a la categoría de las fantasías oníricas. Su contenido era que yo exponía a mi amigo una difícil teoría sobre la bisexualidad constituida al cabo de trabajosas investigaciones, y la fuerza realizadora de deseos hacía que dicha teoría (que por lo demás no era comunicada en el sueño) nos pareciese clara y sin lagunas. Así, pues, aquello que yo había considerado como un juicio sobre el sueño completo, era una parte, precisamente la esencial, del contenido onírico. La elaboración onírica parecía extenderse, en este caso, a los comienzos del pensamiento despierto y me ofrecía como *juicio* sobre el sueño aquella parte del material onírico cuya exacta representación no le había sido dado conseguir en el mismo. Análogo a éste es el caso de una paciente mía que hallándose sometida al tratamiento psicoanalítico se resistió a relatarme un sueño cuyo análisis había de formar parte de este, alegando que "era demasiado impreciso y confuso". Por último, entre repetidas protestas de la insegura vaguedad de las representaciones oníricas, relató que su sueño le había presentado varias personas —ella misma, su marido y su padre,— siendo como si ella no hubiese sabido si su marido era su padre o quién era su padre o algo parecido. La comparación de este sueño con las ocurrencias de la sujeto durante la sesión, demostró, sin lugar a dudas, que se trataba de la vulgar historia de una criada que había tenido que confesar hallarse embarazada y a la que se expresaban dudas sobre "quién sería el padre" (del esperado hijo)[18]. La obscuridad que el sueño mostraba era, pues, también, en este caso, una parte del material que hubo de provocarlo, y esta parte quedaba representada en la *forma* misma del sueño. *La forma del sueño o del soñar es utilizada con sorprendente frecuencia para la representación del contenido encubierto.*

Las glosas del sueño, esto es, las observaciones aparentemente inocentes sobre el mismo tienden con frecuencia a ocultar, con el mayor refinamiento, un fragmento de lo soñado, aunque lo que en realidad hagan es revelarlo. Así, cuando un sujeto dice: "Al llegar aquí se *borra* (se limpia) el sueño", y descubre luego el análisis una reminiscencia infantil de haber espiado a una persona que se limpiaba después de defecar. Y en este otro caso, que precisa de una más amplia comunicación.

[18] Síntomas histéricos concomitantes: Falta del período y malhumor constante, sufrimiento principal de esta paciente.

Un joven tiene un claro sueño que le recuerda una fantasía infantil de la cual ha conservado conciencia. Se encuentra, por la noche, en un hotel, y equivocándose de habitación, sorprende a una señora ya madura y a sus dos hijas, que se están desnudando para acostarse. Al llegar a este punto del relato dice el sujeto: "*Aquí presenta el sueño varios huecos, como si faltase algo*, y luego prosigue con la aparición, en el cuarto, de un hombre que quiere expulsarme y con el que tengo que lucha." Después de inútiles esfuerzos del sujeto por recordar el contenido y la intención de la fantasía infantil a la que su sueño alude abiertamente, advertimos que dicho contenido resulta dado en sus propias manifestaciones sobre el fragmento onírico impreciso. Los *huecos* se refieren a los genitales de las mujeres que se desnudan para acostarse y la frase *como si faltara algo*, describe el carácter principal del órgano sexual femenino. En sus años infantiles, ardía el sujeto en curiosidad por ver unos genitales femeninos y se inclinaba aún a la teoría sexual infantil que atribuye a la mujer la posesión de un miembro viril.

Una análoga reminiscencia revistió parecida forma en otro sujeto: «Sueño que *entro con la señorita de K. en el restaurante del parque*; luego sigue una parte obscura, una interrupción... *después me encuentro en la sala de una casa de prostitución en la que veo a dos o tres mujeres, una de ellas en camisa y pantalones.*»

Análisis: La señorita de K. es la hija de un antiguo jefe suyo, y como el mismo sujeto indica, una persona sustitutiva de su hermana. No ha tenido sino muy pocas ocasiones de hablar con ella, pero una vez entablaron una conversación en la que "reconocieron su diferencia de sexo; como si se hubieran dicho: yo soy un hombre y tú una mujer." En el restaurante de su sueño no ha estado sino una sola vez, acompañando a la hermana de su cuñado, muchacha que le es por completo indiferente. Otra vez acompañó a tres señoras hasta la entrada del mismo. Dichas tres señoras eran su hermana, su cuñada y la citada hermana de su cuñado, indiferentes las tres para él, pero pertenecientes a la serie de la hermana. Sólo rarísimas veces —dos o tres en toda su vida— ha entrado en una casa de prostitución.

La interpretación se apoyó en la *parte obscura*, o la *interrupción* del sueño y confirmó que, siendo niño, había sido llevado por su curiosidad a contemplar, aunque sólo muy raras veces, los genitales de su hermana. Algunos días después surgió en él el recuerdo consciente del reprobable acto a que el sueño aludía.

Todos los sueños de una misma noche pertenecen, por lo que a su contenido respecta, a la misma totalidad, y tanto su división en varios fragmentos como la agrupación y el número de estos, son muy significativos y deben ser considerados como una parte de la exteriorización de las ideas latentes. En la interpretación de sueños constituidos por varios fragmentos principales o en general de aquellos que pertenecen a una misma noche, no debemos olvidar tampoco la posibilidad de que tales sueños sucesivos y diferentes posean la misma significación y expresen los mismos sentimientos por medio de un distinto material. El primero de tales sueños homólogos suele ser entonces, muy frecuentemente, el más deformado y tímido y el segundo se muestra más atrevido y claro.

Ya el sueño bíblico de las espigas y las vacas, soñado por el faraón e interpretado por José, perteneció a esta clase. Josefo lo expone más detalladamente que en la Biblia (*Antigüedades judías*, tomo II, cap. 5 y 6). Después de relatar el primer sueño, dice el rey: "A continuación de este primer sueño, desperté intranquilo y medité qué es lo que podía significar, pero luego volví a quedarme dormido y tuve otro sueño mucho más extraño, que me produjo aún más espanto y confusión." Al terminar de escuchar el relato del faraón dice José: "Tu sueño ¡oh rey! es, en apariencia, doble, pero sus dos visiones poseen una misma significación."

En su *Beitrag zur Psychologie des Geruechtes*, refiere Jung cómo un disfrazado sueño erótico de una colegiala fue comprendido y reproducido en diversas variantes por sus compañeras, sin necesidad de interpretación ninguna, y observa, con relación a estos relatos de sueños, "que el pensamiento final de una larga serie de imágenes oníricas contiene exactamente aquello mismo que ya se intentó representar en la primera imagen de la serie. La censura rechaza el complejo durante el mayor tiempo posible por medio de encubrimientos simbólicos, desplazamientos, transformaciones en materia inocente, etcétera, renovados de continuo" (*l. c.* pág. 87). Scherner conoció perfectamente esta peculiaridad de la representación onírica y la describe, al desarrollar su teoría de los estímulos orgánicos, como una ley especial (página 166): "Por último observa la fantasía en todas las formaciones oníricas emanadas de determinados estímulos nerviosos la ley general de no pintar, al principio del sueño, sino las más lejanas y libres alusiones al objeto estimulante y, en cambio, al final, cuando se agota el material pictórico, representa clara y desnudamente el estímulo mismo o, correlativamente, el órgano que a él corresponde o su función, con lo cual acaba el sueño revelando por sí mismo su motivo orgánico..."

En su trabajo *Un sueño que se interpreta a sí mismo* nos da Otto Rank una amplia confirmación de esta ley de Scherner. El sueño que en él nos comunica se compuso de dos fragmentos oníricos soñados una misma noche por una muchacha y terminado el segundo con una polución. Este último permitió una detalladísima interpretación del sueño total sin recurrir para nada a la ayuda de la sujeto, y la abundancia de relaciones entre dos contenidos de ambos fragmentos oníricos mostró que el primero expresaba, aunque más tímidamente, lo mismo que el segundo, de manera que éste, el de la polución, contribuyó al total esclarecimiento del primero. Muy justificativamente ha tomado Rank este caso como punto de partida para el estudio de la significación de los sueños de polución con respecto a la teoría de los sueños en general.

Mi experiencia ha demostrado, sin embargo, que no siempre nos llegamos a hallar en situación de interpretar la claridad o confusión de los sueños como seguridad o duda en el material onírico. Más adelante habremos de señalar, en la elaboración onírica, el factor no mencionado hasta ahora de cuya actuación depende especialmente esta escala de cualidades del sueño.

Algunos sueños, en los que se mantiene durante cierto tiempo una determinada situación o decoración, aparecen cortados por interrupciones que son descritas, en su relato, con las palabras siguientes: "Parece luego como si al mismo tiempo fuera un lugar distinto y allí sucede esto y lo otro." Aquello que de este modo interrumpe la acción principal del sueño, la cual puede continuar después al cabo de un intervalo, resulta ser en las ideas latentes un elemento accesorio, por ejemplo, un pensamiento intercalado. La condicionalidad dada en las ideas latentes es representada en el sueño por simultaneidad (si—cuando).

¿Cuál es el significado de la sensación de no poderse mover, frecuentísima en el sueño y tan cercana a la angustia? Queremos andar y permanecemos como clavados en un sitio; queremos hacer algo y se nos oponen continuos obstáculos. El tren echa a andar y no podemos alcanzarlo; vamos a levantar la mano para vengar una ofensa y no lo conseguimos, etc. Al examinar los sueños exhibicionistas tropezamos ya con esta sensación, mas no intentamos profundizar seriamente en su sentido. Es muy cómodo, pero también muy insuficiente, responder que durante el reposo existe una parálisis motora que se hace notar al durmiente por dicha sensación, pues de ser así, habríamos de preguntarnos cómo es que no soñamos de continuo con tales movimientos estorbados. Debemos, pues, suponer que tal sensación, susceptible siempre de surgir durante el reposo, obedece a determinados fines de la representación y no es despertada sino cuando el material onírico precisa de ella para una determinada exteriorización.

La imposibilidad de realizar algo no aparece siempre en el sueño como sensación, sino también, simplemente, como parte del contenido manifiesto. La comunicación de un ejemplo de este género ha de contribuir al esclarecimiento del proceso onírico discutido. Expondré, pues, muy abreviadamente, un sueño en el que aparezco acusado de falta de honradez: "La escena representa una mezcla de sanatorio particular y varios otros locales. Se presenta un criado y me invita a seguirle, para ser objeto de un registro. En el sueño sé que se ha echado algo de menos y que el registro obedece a la sospecha de que soy yo quien se ha apropiado lo que falta. El análisis nos muestra que el concepto "registro" debe ser tomado en doble sentido e incluye también el registro (reconocimiento) médico. Penetrado de mi inocencia y consciente de mi autoridad de médico de cabecera y consejero en aquella casa, sigo tranquilamente al criado. Ante una puerta nos recibe otro, que dice señalándome: "¡Cómo me trae usted a este señor, que es una persona decente!" Sin que el criado me acompañe ya, paso a un amplio salón en el que se hallan instaladas diversas máquinas, y que me recuerda una cámara de tormento con sus infernales torturas. Atado a uno de los potros veo a uno de mis colegas, que contra lo que era de esperar no repara atención ninguna en mí. Resulta que ahora puedo ya irme (puedo ya andar). Pero no encuentro mi sombrero y no puedo irme (no puedo andar)."

La realización de deseos de este sueño es evidentemente la de ser reconocido como persona honorable y poder irme. Por lo tanto, debe existir, en las ideas latentes, un amplio material contrario a dicha realización. El poder marcharme es señal de que he sido absuelto y, por lo tanto, si el sueño trae consigo, al terminar, un incidente que me lo impide, no ha de ser muy aventurado concluir que por medio de este rasgo se exterioriza dicho material contrario, reprimido. Así, pues, el no encontrar el sombrero significa que no soy un hombre honrado. La imposibilidad de realizar algo, en el sueño, es una expresión de la contradicción, un "no" y, por lo tanto, habremos de rectificar nuevamente nuestra anterior afirmación de que el sueño puede expresar el "no"[19].

En otros sueños, en los que la imposibilidad de realizar el movimiento no aparece ya tan sólo como situación sino como sensación, queda expresada, por la sensación de parálisis, la misma contradicción, pero más enérgicamente, como una voluntad a la que se opone la voluntad contraria. Así, pues, la sensación de parálisis representa un *conflicto de la voluntad*. Más adelante veremos que precisamente la parálisis motora durante el reposo es una de las condiciones fundamentales del proceso psíquico que se desarrolla en el curso del sueño. El impulso transferido a las vías motoras no es otra cosa que la voluntad, y nuestra seguridad de que en el reposo habremos de sentir como coartado dicho impulso, hace que todo este proceso sea apropiadísimo para la representación del *querer* y del *no* que al mismo se opone. Después de mi explicación de la angustia se comprende fácilmente que la sensación de coerción de la voluntad se nos muestre tan próxima a dicho estado y se enlace con él tan frecuentemente en el sueño. La

[19] En el análisis descubrimos una relación con un recuerdo infantil por medio del siguiente proceso: —El moro ha realizado su tarea y puede irse (*La conjuración de Fiesco*, Schiller, Acto III, escena IV). Y la pregunta chistosa: ¿Cuántos años tiene el moro cuando ha realizado su tarea? Un año. Entonces puede irse. —Vine al mundo con un pelo tan negro y anillado, que mi madre dijo que parecía un morito. —El no encontrar el sombrero es un suceso diurno que el sueño utiliza dándole varios sentidos. Nuestra criada, que mostraba una genial aptitud, para guardar las cosas en los sitios más inverosímiles, me lo había escondido. —Detrás de este final del sueño se oculta también la repulsa del triste pensamiento de mi muerte. No he realizado aún mi tarea y no puedo irme. —Nacimiento y muerte, como en el sueño de Goethe y el paralítico, soñado por mí poco después.

angustia es un impulso libidinoso que parte de lo inconsciente y es coartado por lo preconsciente. Por lo tanto, en aquellos sueños o fragmentos de sueño en los que la sensación de parálisis aparece acompañada de angustia, tiene que tratarse de una volición que fue susceptible alguna vez de desarrollar libido, o sea, de un impulso sexual.

Más adelante discutiremos lo que significa el juicio "Estoy soñando" o "Esto no es más que un sueño", que con tanta frecuencia surge en nosotros mientras soñamos, y examinaremos a qué poder psíquico hemos de atribuirlo. Adelantaré únicamente, que su objeto es rebajar el valor de lo soñado. El problema de qué es lo expresado cuando un cierto contenido es calificado de "soñado" en el sueño mismo, esto es, el problema del "sueño en el sueño", ha sido resuelto en un análogo sentido por W. Stekel mediante el análisis de varios ejemplos convincentes. El calificar de "soñada" una parte de un sueño dentro del sueño mismo, tiene por objeto rebajar nuevamente su valor y despojarla de su realidad. Aquello que al final de un "sueño en el sueño" continuamos soñando, es lo que el deseo onírico quiere sustituir a la extinguida realidad. Podemos, pues, admitir que lo "soñado" contiene la representación de la realidad, el recuerdo verdadero y, por lo contrario, el sueño subsiguiente no entraña sino la representación de lo meramente deseado por el sujeto. Así, pues, la inclusión de determinado contenido en un "sueño en el sueño", habrá de considerarse equivalente al deseo de que lo calificado así de sueño no hubiese sucedido. O, dicho de otro modo: cuando un determinado suceso es situado en un sueño por la elaboración onírica misma, podemos considerar este hecho como la más decisiva confirmación de su realidad y su más enérgica *afirmación*. La elaboración onírica emplea el soñar mismo como una forma de repudio y confirma así la teoría de que el sueño es una realización de deseos.

d) El cuidado de la representabilidad.

La investigación de cómo representa el sueño las relaciones dadas entre las ideas latentes ha constituido hasta aquí nuestro principal objeto, sin embargo, nos hemos extendido en varias ocasiones a considerar el problema de cuáles son las transformaciones que la constitución de los sueños impone en general al material onírico. Sabemos ya que este material, despojado de casi todas sus relaciones, experimenta una comprensión en tanto que la acción simultánea de desplazamiento de intensidad entre sus elementos, le impone una trasmutación de su valor psíquico. Los desplazamientos que hasta ahora hemos examinado demostraron ser sustituciones de una representación determinada por otra asociativamente contigua a ella, y se revelaron como muy útiles para la condensación, permitiendo que en lugar de dos elementos pasase al contenido manifiesto uno solo intermedio común entre ellos. Pero el proceso de desplazamiento puede también revestir una forma distinta que aún no hemos mencionado y que, según nos muestra el análisis, se manifiesta en una *permuta de la expresión verbal* de las ideas correspondientes. Trátase siempre del mismo proceso —un desplazamiento a lo largo de una cadena de asociaciones—, pero desarrollado en esferas diferentes, y su resultado es que en el primer caso queda sustituido un elemento por otro, y en el segundo, cambia un elemento su expresión verbal por otra distinta.

Este segundo género del desplazamiento que se desarrolla en la formación de los sueños presenta, desde luego, un gran interés teórico y es, además, particularmente apropiado para esclarecer la apariencia de fantástico absurdo con la que el sueño se disfraza. El desplazamiento se realiza siempre con el sentido de sustituir una expresión incolora y abstracta de las ideas latentes, por otra plástica y concreta. No es difícil comprender la utilidad y con ella el propósito de esta sustitución. Lo plástico es *susceptible de representación* en el sueño y puede ser incluido en una situación, en tanto que la expresión abstracta ofrecería a la representación onírica dificultades análogas a las que hallaríamos al querer ilustrar un artículo de fondo de un diario político. Pero tal cambio de expresión no favorece únicamente la representatividad, sino que resulta también ventajoso para la condensación y la censura. Una vez que la idea latente abstractamente expresada e inutilizable en esta forma es trasladada a un lenguaje pictórico, se producen más fácilmente que antes entre tal idea en su nueva forma expresiva y el restante material onírico, aquellos contactos e identidades de que la elaboración precisa hasta el punto de crearlos cuando no los encuentra dados de antemano, pues los términos concretos son en todo idioma y a consecuencia de su desarrollo, más ricos en conexiones que los abstractos. Podemos, pues, representarnos que gran parte de aquella labor intermedia que en la formación de los sueños tiende a reducir las diversas ideas latentes a una expresión unitaria y breve en lo posible, queda realizada en esta forma por medio de una adecuada modificación verbal de los distintos elementos latentes. Aquella idea cuya expresión hubiera de permanecer invariada por una razón cualquiera ejercería una influencia de distribución y selección sobre las posibilidades de expresión de la otra, y esto quizá desde un principio, como sucede en la labor del poeta. Los versos consonantes de una composición rimada han de satisfacer dos condiciones: expresar el sentido que les corresponda y hallar para él una expresión que contenga la rima. Las mejores poesías son aquellas en las que no se advierte la intención de hallar la rima, habiendo escogido de antemano ambos pensamientos por inducción recíproca una expresión verbal, que mediante una ligera elaboración ulterior haga surgir la consonancia.

La permuta de la expresión verbal favorece en algunos casos la condensación onírica por un camino aún más corto, hallando un giro equívoco susceptible de proporcionar expresión a más de una de las ideas latentes. De este modo resulta aprovechable para la elaboración de los sueños todo el sector del chiste verbal. Esta gran importancia que la palabra nos revela poseer para la formación de los sueños no es cosa que deba asombrarnos. La palabra, como punto de convergencia de múltiples representaciones, es, por decirlo así, un equívoco predestinado, y las neurosis (fobias, representaciones obsesivas) aprovechan con igual buena voluntad que el sueño, las ventajas que la misma les ofrece para la condensación y el disfraz[20]. No es difícil demostrar que el desplazamiento de la expresión resulta también favorable al disfraz de los sueños, pues siempre induce en error el que una palabra de doble sentido sustituya a dos de uno solo, y la sustitución de la tímida forma expresiva cotidiana por otra, plástica, detiene nuestra comprensión, sobre todo cuando, como sucede en el sueño, no hay nada que nos indique si los elementos dados han de ser interpretados literalmente o en un sentido indirecto, ni si han de ser referidos directamente o por mediación de giros usuales intercalados al material del sueño. Ante la interpretación de un elemento onírico es, en general, dudoso:

a) Si debe ser tomado en sentido positivo o negativo (relación antinómica).

b) Si debe ser interpretado históricamente (como reminiscencia).

c) Simbólicamente.

d) O si debemos utilizar, para nuestra interpretación, su sentido literal.

---

[20] Véase *El Chiste y su relación con lo inconsciente* (apartado VIII de este mismo volumen de *Obras Completas*) y los "puentes verbales" en la solución de síntomas neuróticos.

A pesar de esta multiplicidad de sentidos puede decirse que las representaciones de la elaboración onírica, *que no pretenden ser comprendidas*, no plantean al traductor mayores dificultades que los antiguos jeroglíficos a sus lectores.

En el presente trabajo hemos expuesto ya repetidos ejemplos de representaciones oníricas enlazadas únicamente por el doble sentido de la expresión ("La boca se abre bien", en el sueño de la inyección de Irma. "No puedo irme (andar) todavía", en el últimamente citado, etc.). Comunicaré ahora un sueño en cuyo análisis desempeña un papel más importante la representación plástica de las ideas abstractas. La diferencia entre esta interpretación onírica y la que se realiza por medio del simbolismo, como en la antigüedad, puede determinarse con toda precisión. En la interpretación simbólica, la clave de la simbolización es elegida por el interpretador, mientras que en nuestros casos de disfraz idiomático son tales claves generalmente conocidas y aparecen dadas por una fija costumbre del lenguaje. Disponiendo en la ocasión precisa de la ocurrencia exacta, se hace posible interpretar total o fragmentariamente estos sueños sin recurrir para nada al sujeto.

Una señora amiga mía tiene el siguiente sueño: "Está en la ópera. Se representa una obra de Wagner que ha durado hasta las siete y cuarto de la mañana. El patio de butacas está lleno de mesas en las que comen y beben los espectadores. A una de ellas se halla sentado, con su mujer, un primo suyo que acaba de regresar del viaje de novios. Junto a ellos, un aristócrata. De éste se sabe que la recién casada se lo ha traído de su viaje, franca y abiertamente, como quien se trae un sombrero o un recuerdo de los lugares visitados. En el centro del patio de butacas se alza una alta torre que sustenta una plataforma rodeada de una verja de hierro. Allí arriba, el director de orquesta, cuyo rostro es el de Hans Richter, corre sin descanso de un lado para otro detrás de la verja, suda copiosamente y dirige a los músicos, agrupados abajo, en derredor de la base de la torre. La sujeto está sentada en un palco con una amiga (conocida mía). Su hermana menor quiere alcanzarle desde el patio de butacas un gran pedazo de carbón, alegando que no sabía que iba a durar tanto tiempo y se helaba ahora miserablemente. (Como si durante la larga representación tuviera que ser alimentada la calefacción de los palcos)".

Se trata, como puede verse, de un sueño harto desatinado, aunque bien concretado en una situación. Sus dos mayores absurdos son la torre que se alza en medio del patio de butacas y desde cuya cima dirige el músico la orquesta, y el trozo de carbón que la hermana de la sujeto le alcanza. Intencionadamente no sometí este caso al análisis en la forma acostumbrada, y con sólo un cierto conocimiento de las circunstancias personales de la sujeto del sueño me fue posible interpretar fragmentos aislados del mismo. Me era sabido que la sujeto había sentido una extraordinaria inclinación hacia un músico, cuya carrera hubo de quedar prematuramente interrumpida por una enfermedad mental. Me decidí, pues, a interpretar *literalmente* la torre. De ello resulta que el hombre al que ella hubiera querido ver en el lugar de Hans Richter, se halla en *muy elevada "posición"*, *expresión* considerada como un *producto mixto por oposición*. Su basamento representa la grandeza del hombre al que los pensamientos de la sujeto se refieren, y la verja de su parte superior, detrás de la cual corre él mismo de un lado para otro, como un prisionero o un animal enjaulado (alusión al nombre del desdichado enfermo), su triste destino ulterior. *Narrenturm* (literalmente, "torre de locos") sería quizá la palabra en la que hubieran podido reunirse los dos pensamientos.

Después de haber descubierto de este modo la forma de representación elegida por el sueño, podría intentarse solucionar, mediante la misma clave, el segundo absurdo, esto es, el carbón que la hermana le alcanza. <<Carbón>> tenía que significar <<amor secreto>>.

Ningún fuego ni *carbón* ninguno
quema tan ardientemente
como el *amor secreto,*
del que nadie sabe nada.

Tanto ella como su amiga *se habían quedado sentadas* (giro alemán de sentido equivalente al castellano: <<quedarse para vestir imágenes>>). La hermana menor, que tiene aún probabilidades de casarse, le alcanza el carbón "porque no sabía que iba a durar tanto tiempo". El sueño no nos dice el qué. En un relato completaríamos nosotros la frase agregando: la representación, pero en el sueño tenemos que atender a la expresión verbal en sí y reconocerla como de doble sentido añadiendo "su soltería". La interpretación "amor secreto" queda entonces confirmada por la mención del primo de la durmiente, que se halla con su mujer en el patio de butacas, y por las *públicas relaciones amorosas* atribuidas a la recién casada. Las antinomias entre amor secreto y amor público, entre el ardor de la sujeto y la frialdad de la joven esposa, constituyen el elemento dominante de todo el sueño. En los dos términos de estas antinomias encontramos, además, a una *persona de elevada posición*, como expresión intermedia entre el aristócrata y el músico, en el que se fundaban justificadamente grandes esperanzas.

Las observaciones que anteceden nos descubren, por fin, un tercer factor, cuya participación en la transformación de las ideas latentes en contenido manifiesto debe estimarse harto importante. Este factor es el *cuidado de la representabilidad por medio del material psíquico peculiar de que el sueño se sirve,* o sea, casi siempre por medio de imágenes visuales. Entre las diversas conexiones accesorias a las ideas latentes esenciales será preferida aquella que permita una representación visual, y la elaboración onírica no rehuirá el trabajo de fundir primero en una distinta forma verbal —por desacostumbrada que ésta sea— la idea abstracta irrepresentable plásticamente, si con ello ha de conseguir darle una representación y poner término al ahogo psicológico del pensamiento obstruido. Este vaciado del contenido ideológico en otra forma distinta puede también ponerse simultáneamente al servicio de la labor de condensación y crear conexiones, que de otro modo no existirían, con una idea diferente, la cual puede a su vez haber cambiado de antemano su forma expresiva en favor del mismo propósito.

Herbert Silberer ha indicado un excelente procedimiento para observar directamente la transformación de ideas en imágenes que tiene efecto en la formación de los sueños, y estudiar así aisladamente este factor de la elaboración onírica. Cuando hallándose fatigado y adormecido se imponía un esfuerzo mental, le sucedía con frecuencia que la idea buscada se le escapaba y surgía, en cambio, una imagen en la que podía reconocer una sustitución de la misma. Silberer da a esta sustitución el calificativo —no muy apropiado— de <<autosimbólica>>. Quiero reproducir aquí alguno de los ejemplos citados por este autor, ejemplos sobre los cuales habré de retornar más adelante, a causa de determinadas cualidades de los fenómenos en ellos observados.

"Ejemplo número 1. Pienso en que tengo que suavizar el estilo, un poco áspero, de algunos párrafos de un artículo.

Símbolo: Me veo cepillando un trozo de madera.

Ejemplo número 5. Intento hacerme presente el objeto de ciertos estudios metafísicos que me propongo emprender.

A mi juicio, la utilidad de tales estudios consiste en que la investigación de las causas finales va abriendo camino al investigar hasta formas de conciencia o capas de existencia cada vez más elevadas.

Símbolo: Introduzco un largo cuchillo por debajo de una tarta, como para servirme un pedazo.

Interpretación: Mi movimiento con el cuchillo significa el "abrirse camino" de que en mi pensamiento se trata... La base en que este símbolo se funda es la siguiente: En la mesa suelo encargarme, alguna vez, de cortar y servir a los demás una tarta utilizando para ello un largo cuchillo flexible, cosa que requiere cierto cuidado. Sobre todo, resulta difícil extraer limpiamente los pedazos una vez cortados y el cuchillo tiene que ser exactamente introducido por *debajo* de cada uno de ellos (el lento "abrirse paso" para llegar a los fundamentos). Pero aún extraña la imagen un más amplio simbolismo. La tarta del símbolo era de aquellas que se hallan compuestas de varias capas de hojaldre, alternando con otras de dulce, o sea una tarta en la que el cuchillo tiene que penetrar, al cortarla, a través de diferentes *capas* (las capas de la conciencia y el pensamiento).

Ejemplo número 9. Pierdo el hilo de mis pensamientos en un determinado proceso mental. Me esfuerzo en volverlo a hallar, pero tengo que reconocer que el punto de enlace se me ha escapado por completo.

Símbolo: Un párrafo escrito al que faltan las últimas líneas."

Conociendo el papel que en la vida mental de los hombres cultos desempeñan los chistes, citas, poesías y proverbios, no ha de extrañarnos que para la representación de las ideas latentes sean utilizados con gran frecuencia disfraces de este género. ¿Qué representan, por ejemplo, en un sueño, varios carros cargados cada uno con una legumbre diferente? No es difícil adivinar que tal imagen expresa el deseo contrario al significado de la frase hecha *Kraut und Rueben* (de sentido idéntico al castellano "un pisto manchego"), que entraña la idea de "revoltijo" y significa, por lo tanto, "desorden". Sólo para escasas materias se ha formado un simbolismo onírico de validez general, sobre la base de sustituciones de palabras y alusiones generalmente conocidas. La mayor parte de este simbolismo es, además, común al sueño, a la psiconeurosis, a las leyendas y los usos populares.

Un más detenido examen de esta cuestión nos fuerza a reconocer que la elaboración onírica no realiza con este género de sustituciones nada original. Para la consecución de su fin —la representabilidad exenta de censura en este caso—, no hace sino seguir los caminos que encuentra ya trazados de antemano en el pensamiento inconsciente, prefiriendo aquellas transformaciones del material reprimido que pueden llegar también a hacerse conscientes a título de chistes y alusiones, y de las que aparecen colmadas todas las fantasías de los neuróticos. De este modo se nos hacen comprensibles las interpretaciones oníricas de Scherner, cuyo nódulo de verdad defendimos ya en otro lugar de este libro. Las fantasías sobre el propio cuerpo del sujeto no son, en modo alguno, privativas ni características del sueño. Mis análisis me han demostrado, por lo contrario, que constituyen un proceso general del pensamiento inconsciente de los neuróticos y se derivan de la curiosidad sexual, cuyo objeto son, para el joven o la muchacha, los órganos genitales, tanto los del propio sexo como los del contrario. Pero, como ya lo hacen resaltar muy acertadamente Scherner y Volkelt, no es la casa el único círculo de representaciones que el sueño y las fantasías inconscientes de las neurosis utilizan para la simbolización del cuerpo. Conozco, desde luego, pacientes que han conservado el simbolismo arquitectónico del cuerpo y de los genitales (el interés sexual sobrepasa con exceso el terreno de los genitales exteriores), y para los cuales las columnas y los pilares representan las piernas (como en el *Cantar de los Cantares*); cada puerta, una de las aberturas del cuerpo ("agujero"); las cañerías, el aparato vesical, etc. Pero también el círculo de representaciones de la vida vegetal o el de la cocina son empleados para el encubrimiento de imágenes sexuales[21]. En el primero de estos círculos de representaciones hallamos elaborado ya por los usos

[21] En los tres apéndices a la *Illustrierte Sittengeschichte*, de E. Fuchs (A. Lang. Munich), se incluye un amplio material probatorio de esas afirmaciones.

del idioma un precipitado de metáforas de la fantasía procedentes de las épocas más antiguas (la "viña" del Señor, la "semilla", el "jardín de la doncella" del *Cantar de los Cantares*). Por medio de alusiones, aparentemente inocentes, a las faenas culinarias pueden también pensarse y soñarse las más repulsivas e íntimas particularidades de la vida sexual, y la sintomática de la histeria se hace ininterpretable si olvidamos que el simbolismo sexual puede ocultarse, mejor que en ningún otro lado, detrás de lo cotidiano e insignificante. El que un niño neurótico no pueda ver la sangre o la carne cruda o vomite a la vista de los huevos o de los fideos, y el enorme incremento que toma en el adulto neurótico el natural temor que al hombre normal inspiran los reptiles; todo ello posee un sentido sexual, y al servirse de tales disfraces no hace la neurosis más que seguir los caminos hollados por la humanidad entera en antiguos períodos de civilización, caminos que bajo una ligera capa de tierra acumulada por los siglos, continúan aún existiendo hoy día, como lo prueban los usos del lenguaje, las supersticiones y las costumbres.

Añadiré aquí el "sueño de las flores", del que ya tratamos en páginas precedentes, subrayando en su redacción todo lo que debe interpretarse como sexual. Este bello sueño cesó de gustar a la paciente una vez interpretado.

a) Sueño preliminar: <<Va a la cocina, en la que se hallan las dos criadas, y las regaña por no haber terminado aún de hacer "ese poco de comida". Mientras tanto, ve gran cantidad de groseros utensilios de cocina puestos boca abajo a escurrir y formando un montón.>> Agregación posterior: <<Los criados van por agua. Para ello tienen que meterse en un río que llega hasta la casa o entra en el patio>>[22].

[22] Véase en páginas anteriores la interpretación de este sueño preliminar, que debe considerarse como "causal".

b) Sueño principal[23]: <<Baja de una altura[24] por encima de una singular pasarela que es como un seto de mimbres entretejidos formando pequeños cuadros[25]. No constituye esto, precisamente, un camino, y la sujeto avanza preocupada de encontrar sitio en que afirmar sus pies, pero al mismo tiempo muy contenta de ver que sus vestidos no quedan enganchados en ningún sitio y puede conservar así un aspecto decente[26]. En la mano lleva una *gran rama*[27], como de un árbol, con *flores rojas*[28] y muy frondosa. En el sueño cree la sujeto que son *flores de cerezo*, pero parecen más bien *camelias*, aunque éstas no crecen en un árbol. La rama muestra primero *una* de estas flores, luego *dos* y luego otra vez *una*[29]. Al llegar abajo se han *deshojado* ya casi por completo. En esto se ve a un criado que se diría está peinando a un árbol parecido, pues arranca de él con una madera *gruesos mechones de pelo* que cuelgan de su tronco como si fuera musgo. Otros trabajadores han cortado de un *jardín ramas* semejantes a la suya y las han *tirado a la calle. La gente que pasa las recoge*. Ella pregunta si aquello está bien hecho y si también ella *puede coger una*[30]. En el jardín ve a un joven (un extranjero conocido suyo) y se dirige a él preguntándole cómo

---

23 Su vida.

24 Elevado nacimiento. Antítesis optativa del sueño preliminar.

25 Formación mixta en la que se funden dos lugares: el sótano de su casa paterna, donde jugaba con su hermano y que se convirtió en objeto de sus ulteriores fantasías, y el patio de la casa de su tío, individuo maligno que se gozaba en hacerla rabiar.

26 Antítesis optativa de un recuerdo real. Durmiendo en el patio de la casa de su tío, quedaban, a veces, partes de su cuerpo al descubierto.

27 Como el ángel, en la Anunciación, una vara de azucenas.

28 Véase anteriormente la explicación de este producto mixto: inocencia, período, dama de las camelias.

29 Relativo a la multiplicidad de personas que entran en su fantasía.

30 Si también ella puede "arrancarse una" (*sich inen herunterriessen*), esto es, si puede masturbarse.

podrían trasplantarse tales *ramas a su propio jardín*[31]. El joven la abraza, pero ella se resiste y le pregunta cómo se le ocurre pensar que puede abrazarla así. Él dice que no es ninguna falta y que está permitido. Se declara dispuesto a ir con ella al otro jardín para enseñarle cómo se hace el trasplante, y le dice algo que ella no comprende: me faltan, además, tres *metros* —luego dice ella: *metros cuadrados*— o tres brazas de fondo. Es como si quisiera exigir algo de ella a cambio de su anuencia, como si tuviera la intención de *compensarse en su jardín o burlar* alguna ley y aprovecharse sin causarle a ella ningún perjuicio. No sabe si luego le enseña él realmente algo"[32].

Este sueño que yo he adelantado para mostrar sus elementos simbólicos, se le puede describir como biográfico. Sueños así ocurren frecuentemente durante el psicoanálisis, pero tal vez escasamente fuera de él.

Poseo, naturalmente, material sobrado de este género, pero su comunicación nos haría adentrarnos demasiado en la discusión de las circunstancias de las neurosis. Baste decir que todo nos lleva a la misma conclusión: la de que no necesitamos admitir en la elaboración onírica una especial actividad simbolizante del alma, pues el sueño se sirve de simbolizaciones que ya se hallan contenidas en el pensamiento inconsciente, dado que, tanto por su representabilidad como por escapar a la censura, satisfacen ampliamente tales simbolizaciones todas las exigencias de la formación de los sueños[33].

---

[31] La rama ha tomado desde hace tiempo la representación de los genitales masculinos y continúe además una clara alusión al apellido de la sujeto.

[32] Se refiere, como lo que sigue, a propósitos matrimoniales.

[33] Otro de estos sueños "biográficos" es el que comunicamos en tercer lugar entre los ejemplos expuestos al tratar del simbolismo onírico. Véanse también los comunicados por Rank (*Un sueño que se interpreta a sí mismo*) y Stekel (*Un sueño que hay que leer al revés*). *Nota de 1925.*

e) La representación simbólica en el sueño. Nuevos sueños típicos.

Una vez familiarizados con el extensísimo empleo del simbolismo para la representación del material sexual en el sueño, surge en nosotros la interrogación de si muchos de tales símbolos no poseerán siempre, como ciertos signos de la taquigrafía, una significación fija, y nos sentimos tentados de componer una nueva "clave de los sueños". Pero hemos de observar que este simbolismo no pertenece exclusivamente al sueño, sino que es característico del representar inconsciente, en especial del popular, y se nos muestra en el folklore, los mitos, las fábulas, los modismos, los proverbios y los chistes corrientes de un pueblo, mucho más amplia y completamente aún que en el sueño. Así, pues, para dedicar al símbolo toda la atención que su importancia merece, y discutir los numerosos problemas inherentes a su concepto, problemas no resueltos aún en su mayor parte, habríamos de traspasar considerablemente el tema de la interpretación onírica[34]. Por lo tanto, nos limitaremos a indicar que, si bien la representación simbólica es, desde luego, una representación indirecta, hay múltiples indicios que nos advierten la conveniencia de no incluirla entre las demás representaciones de este género, sin una previa diferenciación basada en la clara inteligencia de aquellos que se nos insinúa como peculiarísimo a ella. En toda una serie de casos descubiertos a primera vista, hay una comunidad existente entre el símbolo y el elemento por él representado. Otros, en cambio, mantienen oculta tal comunidad y entonces nos resulta enigmática la elección del símbolo. Pero precisamente éstos

[34] Véase los trabajos de Bleuler y de sus discípulos de la escuela de Zurich, Maeder, Abraham y otros. Asimismo, los de los autores no médicos a que en ellos se hace referencia (Kleinpaul y otros). Lo más acertado que hasta ahora se ha escrito sobre la cuestión es el estudio de O. Rank y H. Sachs, titulado: *Die Bedeutung der Psychoanalyse für die Geisteswissenschaften*, 1913, cap. I.

son los que han de esclarecer el último sentido de la relación simbólica, pues indican que la misma es de naturaleza genesíaca. Aquello que en la actualidad se nos muestra enlazado por una relación simbólica se hallaba probablemente unido en épocas primitivas por una identidad de concepto y de expresión verbal. La relación simbólica parece ser un resto y un signo de antigua identidad. Puede asimismo observarse que la comunidad de símbolos traspasa en muchos casos la comunidad del idioma, como ya lo afirmó Schubert en 1814[35]. Algunos símbolos son tan antiguos como el idioma, otros, en cambio, son de creación actual (ejemplo: el dirigible, el zeppelin).

El sueño utiliza, como ya indicamos, este simbolismo para la representación disfrazada de sus ideas latentes. Entre los símbolos así utilizados hay, ciertamente, muchos que entrañan siempre o casi siempre la misma significación. Recuérdese ahora la singular plasticidad del material psíquico. Un símbolo, incluido en el contenido manifiesto, debe ser interpretado, con frecuencia, en su sentido propio y no simbólicamente. En cambio, puede también suceder que basándose en un material mnémico especial se arrogue un sujeto el derecho de utilizar como símbolo sexual algo que no suele nunca recibir tal empleo. Asimismo, cuando el sujeto puede elegir entre varios símbolos para representar un cierto contenido, se decidirá por aquel que entrañe, además, relaciones objetivas con su restante material ideológico y permita, por lo tanto, una motivación individual a más de la típica.

---

[35] Así, en los sueños de estímulos vesical soñados por personas de nacionalidad húngara aparece la imagen de un barco navegando sobre las aguas, aunque en el idioma húngaro no existe la sinonimia que en el alemán entre las palabras "navegar" y "orinar" (Ferenczi). En los sueños de personas francesas y de otros países de lengua romana es utilizada también la habitación como representación simbólica de la mujer, a pesar de no existir en tales idiomas expresión ninguna semejante a la lengua "Frauenzimmer" (habitación de la mujer) como sinónimo de "mujer".

Las modernas investigaciones sobre los sueños han probado indiscutiblemente la existencia del simbolismo onírico —el mismo H. Ellis confiesa que es imposible negarla—, pero hemos de reconocer que esta circunstancia dificulta, en grado sumo, la interpretación. La técnica interpretativa, basada en las asociaciones libres del sujeto, se demuestra, en efecto, ineficaz para la solución de los elementos simbólicos del contenido manifiesto. Por otro lado, obvias razones de crítica científica nos impiden entregarnos al arbitrio del interpretador, volviendo a la técnica empleada en la antigüedad y renovada hoy, según parece, en las libres interpretaciones de Stekel. Así, pues, los elementos simbólicos del contenido manifiesto nos obligan a emplear una técnica combinada que se apoya, por un lado, en las asociaciones del sujeto, y completa, por otro, la interpretación con el conocimiento que el interpretador posee del simbolismo. Para eludir todo reproche de arbitrariedad en la interpretación tiene que coincidir una gran prudencia crítica en la solución de los símbolos con un cuidadoso estudio de estos en ejemplos de sueños particularmente transparentes. Las inseguridades inherentes aún a nuestra actividad de onirocríticos provienen, en parte, de la insuficiencia actual de nuestros conocimientos —insuficiencia que podrá desaparecer ante nuevos progresos de la investigación— y dependen, por lo demás, de ciertas cualidades de los mismos símbolos oníricos. Estos poseen, con frecuencia, múltiples sentidos, y su significación exacta depende, en cada caso, como sucede con los signos de la escritura china, del contexto en el que se hallan incluidos. A esta multiplicidad de sentidos de los símbolos vienen a agregarse la multiplicidad de interpretaciones de que el sueño es susceptible y su facultad de representar, por medio de un mismo contenido, diversos impulsos optativos y formaciones ideológicas de naturaleza muy diferente.

Después de estas limitaciones y reservas, expondré la significación de algunos símbolos. El emperador y la emperatriz o el rey y la reina representan casi siempre a los padres del sujeto y este mismo queda simbolizado por el príncipe o la princesa. La misma alta autoridad que al emperador o al rey suele ser concedida a hombres de relevante personalidad, apareciendo así Goethe en muchos sueños como símbolo paterno (Hitschmann). Todos los objetos alargados —bastones, troncos de árboles, sombrillas y paraguas (estos últimos por la semejanza que al abrirlos presenta con la erección)— y todas las armas largas y agudas —cuchillos, puñales, picas—, son representaciones del órgano genital masculino. Otro frecuente símbolo del mismo, menos comprensible, es la *lima de las uñas* (quizá por su acción de frotar). Los estuches, cajas, cajones y estufas corresponden al útero femenino, como también las cuevas, los barcos y toda clase de recipientes. Las habitaciones son, casi siempre, en el sueño, mujeres, y la descripción de sus diversas entradas y salidas suele confirmar esta interpretación[36]. Dado esto, se comprenderá la importancia de que la habitación del sueño aparezca "abierta" o "cerrada" (*cf.* el sueño de Dora en mi *Fragmento del análisis de una histeria*). No creemos preciso indicar expresamente cuál es la llave que abre la habitación. Este simbolismo de la cerradura y la llave ha sido utilizado con malicioso ingenio por Uhland en el "lied" del *Conde de*

[36] "Un paciente mío, hospedado en una pensión, soñó que encontraba a una criada de la misma y le preguntaba qué número tenía. Para su sorpresa, responde la criada: El 14. La realidad es que el sujeto mantiene relaciones amorosas con dicha persona y ha tenido varias citas con ella en su alcoba. La criada llegó, por lo visto, a temer que la dueña de la pensión les descubriese y el día anterior al sueño le propuso reunirse con ella en uno de los cuartos desocupados. Este cuarto era el número 14, número que queda transferido a la mujer en el sueño. No creemos pueda darse mejor prueba de la identificación de "habitación" y de "mujer". E. Jones. Inter. Zeitschr. f. Psychoanalyse, II, 1914.) (Cf. el *Simbolismo de los sueños* de Artemidoro de Daldis —traducción alemana de F. S. Krauss, Viena 1881, pág. 110—. "Así la alcoba representa, cuando el sujeto es casado, a la esposa").

Eberstein. El sueño de huir a través de una serie de habitaciones representa al sujeto en un burdel o un harem. Pero, según lo ha demostrado H. Sachs con la comunicación de varios acabados ejemplos, también es utilizado este sueño para la representación del matrimonio (antítesis). Cuando el sujeto sueña con dos habitaciones que antes eran una sola, o ve dividida en dos una habitación conocida, o inversamente, encierra su sueño una interesante relación con la investigación sexual infantil. Durante cierto período de la infancia, supone, en efecto, el niño, que el órgano genital femenino se halla confundido con el ano (la teoría infantil de la cloaca), y sólo más tarde averigua que esta región del cuerpo comprende dos cavidades distintas y orificios separados. Los escalones, escalas y escaleras y el subir o bajar por éstas, son representaciones simbólicas del acto sexual[37]. Las paredes o muros lisos por los que trepamos en sueños y las fachadas de casas por las que nos descolgamos —a veces con intensa sensación de angustia— corresponden a cuerpos humanos en pie y reproducen probablemente, en el sueño, el recuerdo del trepar infantil por las piernas de los

---

[37] Repetiré aquí lo que ya en otro lugar (*Zentralbl. f. Psychoanalyse* 1, números 1-2, 1910. *Die zukuenftigen chancen des Psychoanalyse* 1, números 1-2, 1910. *Die zikuenftigen chancen des Psychoanalytischen Therapie*) expuse sobre esta cuestión: "Supe hace algún tiempo, que un psicólogo muy apartado de los puntos de vista psicoanalíticos había objetado, a uno de los nuestros, que exagerábamos en demasía la secreta significación sexual de los sueños. Su sueño más frecuente —añadió— era el de subir por una escalera, acto que no podía ocultar nada sexual. Esta objeción atrajo mi interés sobre la aparición de escaleras en el sueño y pronto pudimos comprobar que las escaleras (y todo lo que a ellas se asemeja) constituyen un indudable símbolo del coito. No es nada difícil hallar el paralelismo entre el acto sexual y el de subir por una escalera. Ambos tienen común el hecho de que en una creciente agitación respiratoria se llega a un punto álgido o lugar elevado desde el cual se desciende luego con rapidez. Los usos del lenguaje nos ofrecen también un punto de apoyo. El verbo "*steigen*" (subir) se emplea también en alemán para designar el acto sexual. Compuestos de este

padres y guardadores. Los muros "lisos" son hombres. En la angustia que sentimos soñando, nos agarramos muchas veces a los "salientes" de las casas por cuya fachada descendemos. Las mesas, las mesas puestas para comer y las tablas son también mujeres, quizá por la antítesis de su lisura con las redondeces del cuerpo femenino. La "madera" parece ser, en general, y correlativamente a sus relaciones lingüísticas, una representante de la "materia" femenina. Siendo "mesa y cama" lo que objetivamente constituye el matrimonio, reemplaza, en el sueño, muchas veces, la primera a la segunda, quedando sustituidas, en lo posible, las representaciones del complejo sexual por las del complejo de alimentación. Entre las prendas de vestir puede interpretarse con frecuencia el sombrero femenino como un seguro símbolo de los genitales masculinos. Lo mismo sucede con el abrigo. En los sueños de los hombres encontramos muchas veces la corbata como símbolo del pene, no sólo por colgar por delante y ser prenda característica del hombre, sino porque puede ser elegida a capricho, cosa que la naturaleza no nos permite hacer con respecto al miembro simbolizado[38]. Las personas que emplean este símbolo en sus sueños dan gran importancia a las corbatas en su vestido y poseen verdaderas colecciones de ellas. Todas las complicadas maquinarias y aparatos de los sueños son, proba-

---

verbo, tomado en tal sentido, son las palabras "*nachsteigen*" (subir detrás —ir con una mujer) y ("*Steiger*" ("subidor" —aficionado a las mujeres fáciles). En francés, el escalón es "*la marche*" y la expresión "un vieux marcheur" posee el mismo sentido que la alemana "*ein alter Steiger*".

[38] Cf. en la Zbl. Fuer Ps. —A. II. 675, el dibujo de un maniaco de diecinueve años representado a un hombre que lleva, a modo de corbata, una serpiente, cuya cabeza se dirige hacia una muchacha. Compárese también la siguiente historieta, titulada *El vergonzoso* (Anthrop. VI, 334): Una señora entra en un cuarto de baño donde se encuentra un caballero con la camisa por toda vestidura. Al verse sorprendido, se tapa avergonzado el cuello con el faldón delantero de la camisa, y exclama: "Perdone usted, señora, estoy sin corbata..."

blemente, genitales —casi siempre masculinos—, en cuya descripción muestra el simbolismo onírico tan inagotable riqueza como chistoso ingenio. Las armas y herramientas más diversas —arados, martillos, pistolas, revólveres, puñales, sables, etc.— son también empleadas como símbolos del miembro masculino.

Asimismo, muchos de los paisajes que vemos en sueños, sobre todo aquellos que muestran puentes o montañas cubiertas de bosques, pueden ser reconocidos fácilmente como descripciones de los órganos genitales. Marcinowski ha llevado a cabo el experimento de hacer dibujar a varias personas los paisajes y locales que habían visto en sueños. Tales dibujos patentizan la diferencia que existe, en el sueño, entre la significación manifiesta y la latente. A primera vista, semejan, en efecto, planos o cartas geográficas, etc., pero atentamente examinados, se revelan como representantes del cuerpo humano, de los genitales, etc., y sólo una vez es descubierta su significación cuando facilitan la inteligencia del sueño correspondiente (*cf.* los estudios de Pfister sobre criptografía). Cuando el sueño nos presenta neologismos incomprensibles, deberemos pensar también en una fusión de elementos de significado sexual. Los niños (los pequeños) suelen también constituir un símbolo de los órganos genitales correlativamente a la costumbre corriente —tanto en las mujeres como en los hombres— de dar al órgano sexual el cariñoso apelativo de "mi pequeño". Jugar con un niño pequeño o pegarle, etc. son, con frecuencia, representaciones oníricas de la masturbación. La calvicie, el cortarse el pelo, la extracción o caída de una muela y la decapitación, son utilizadas para representar simbólicamente la castración. Cuando uno de los usuales símbolos del pene aparece pluralmente en el sueño, debemos interpretarlo como un medio preventivo contra la castración. Tal es también el significado de la imagen onírica de una lagartija —animal cuyo rabo crece nuevamente después de cortado. (Véase el sueño de las lagartijas. Parte I, cap. I, inciso *b*)—. Varios de los animales empleados en la mitología y en el folklore como símbolos de los genitales, desempeñan también en el sueño este papel. Así, el pez, el caracol, el gato, el ratón (a causa del vello de los genitales), y sobre todo la serpiente, símbolo más importante del miembro viril. Los animales pequeños y los parásitos representan a los niños de poco tiempo, por ejemplo, a los hermanitos cuyo nacimiento viene a perturbar la hegemonía del primogénito. El hallarse invadido por insectos parásitos es, con frecuencia, símbolo del embarazo. Como un recentísimo símbolo onírico del miembro viril citaremos el globo dirigible, justificado tanto por su relación con el vuelo como por su forma alargada. Stekel cita en sus estudios, acompañándola de ejemplos, toda una serie de otros símbolos, en parte, no contrastados aún suficientemente. Los trabajos de este autor y en particular su libro *El lenguaje de los sueños*, contienen una riquísima colección de soluciones de símbolos, muchas de las cuales han sido agudamente adivinadas y han demostrado luego ser exactas. Así, las contenidas en el capítulo sobre el simbolismo de la muerte. Pero la defectuosa crítica del autor y su tendencia a generalizar a toda costa hacen que otras de sus interpretaciones sean dudosas o francamente inaprovechables, de suerte que es necesario recomendar la mayor prudencia en la aceptación de sus conclusiones. Habré, pues, de limitarme a hacer resaltar aquí un escaso número de ejemplos.

Derecha e *izquierda* deben ser siempre interpretadas —según Stekel— en un sentido ético. El camino de la derecha (el camino derecho) significa siempre el camino del derecho, y, en cambio, el izquierdo, el del delito. De este modo, puede el segundo representar la homosexualidad, el incesto y la perversión; y el primero el matrimonio y el comercio sexual con una mujer, etc. Todo esto considerado siempre desde el punto de vista de la moral individual del soñador (*l. c.* pág. 466). Los *parientes*, en general, desempeñan casi siempre, en el sueño, el papel de genitales (pág. 473). Por mi parte, no he comprobado esta afirmación sino con respecto al hijo, a la hija, y a la hermana menor, o sea, dentro del sector de aplicación del "pequeño". En cambio, hemos reconocido en ejemplos indubitables que las *hermanas* son símbolo de los *senos* y los *hermanos* el de otros hemisferios más voluminosos. El *no alcanzar* un coche que parte sin nosotros es interpretado por Stekel como representación del sentimiento que el sujeto experimenta ante la diferencia de su edad con la de una persona deseada (pág. 479). El *equipaje* con el que viajamos es la carga de pecados que nos abruma (*ibíd.*). Pero, precisamente esta imagen se demuestra también con frecuencia como un innegable símbolo de los propios genitales. Stekel ha atribuido, asimismo, significaciones simbólicas fijas a los números que a veces surgen en nuestros sueños, pero estas interpretaciones no nos parecen ni muy seguras ni de una validez general, aunque tengan que ser reconocidas como verosímiles en muchos casos. Sin embargo, el número tres es un comprobado símbolo de los genitales masculinos.

Una de las generalizaciones establecidas por Stekel se refiere a la significación de doble sentido de los símbolos genitales. <<¡Cuáles serán los símbolos que —por poco que la fantasía lo permita— no puedan ser empleados tanto en el sentido masculino como en el femenino!>> La frase intercalada disminuye, desde luego, la seguridad de la afirmación, pues sucede precisamente que no siempre permite la fantasía un tal empleo distinto. De todos modos, no creo innecesario hacer constar que, según mi experiencia en la materia, la afirmación general de Stekel queda rotundamente contradicha por la existencia de una gran diversidad. A más de aquellos símbolos que tan pronto representan los genitales masculinos como los femeninos, hay otros que corresponden predominantemente o casi de un modo exclusivo a un solo sexo, y otros de los que sólo es conocida la significación masculina o la femenina. La fantasía no permite, en efecto, el empleo de objetos y armas, duros y alargados, como símbolos de los genitales femeninos ni el de objetos huecos (estuches, cajas, cajones, etc.), como símbolos de los masculinos.

Es innegable que la tendencia del sueño y de las fantasías inconscientes a emplear bisexualmente los símbolos sexuales, revela un rasgo arcaico, dado que la infancia desconoce la diferencia de los genitales y atribuye los mismos a ambos sexos.

Los genitales pueden también ser representados en el sueño por otras partes del cuerpo —el miembro viril por la mano o el pie y el orificio genital femenino por la boca, el oído y hasta el ojo—. Las secreciones del cuerpo humano —el moco, las lágrimas, la orina, el semen, etc.— pueden sustituirse entre sí en el sueño. Esta última afirmación de W. Stekel, acertada en conjunto, ha sido exactamente restringida por la observación de R. Reitler (*Int. Zeitscher, f. Psych.* I, 1913), de que generalmente se trata de la sustitución de una secreción importante —el semen, por ejemplo— por otra indiferente.

Estas indicaciones, muy insuficientes, bastarán por lo menos, para incitar a otros investigadores a una más cuidadosa labor de colección[39]. En mi *Introducción al psicoanálisis*[40] va incluida una más amplia exposición del simbolismo onírico.

Añadiré aquí algunos ejemplos del empleo de tales símbolos en los sueños, ejemplos que demostrarán cuán imposible es llegar a la interpretación de un sueño sin tener en cuenta el simbolismo y cuán imperiosamente se nos impone la existencia

---

[39] No obstante, la total diferencia existente entre la concepción, desarrollada por Scherner, del simbolismo de los sueños, y la que aquí venimos exponiendo, he de hacer constar que este autor debe ser reconocido como el verdadero descubridor de dicho simbolismo y que los resultados del psicoanálisis han hecho resaltar todo el gran merecimiento de su obra, juzgada hace cincuenta años como una pura fantasía.

[40] *N. del T.* —Véanse los tomos IV y V de estas *Obras Completas*.

de este en muchos casos. Pero al mismo tiempo quiero advertir expresamente que no es tampoco posible prescindiendo de la técnica del aprovechamiento de las ocurrencias del sujeto. Ambas técnicas de la interpretación onírica tienen que completarse una a otra, pero tanto práctica como teóricamente pertenece el lugar principal al procedimiento primeramente descrito, que atribuye la importancia decisiva a las manifestaciones del sujeto, sirviéndose de la traducción de los símbolos como medio auxiliar.

1. El sombrero como símbolo del hombre (de los genitales masculinos)[41].

(Fragmento del sueño de una mujer joven, agorafóbica a consecuencia del temor a la tentación).

"Es verano y salgo de paseo por las calles. Llevo puesto un sombrero de paja de forma singular, curvado su centro hacia arriba y pendientes los lados (al llegar aquí se detiene un momento la sujeto, como si vacilase en continuar su descripción), de manera que uno de ellos cuelga más bajo que el otro. Me siento alegre y segura y al pasar junto a un grupo de jóvenes oficiales pienso: "Todos vosotros no podéis nada contra mí".

En el análisis, al ver que la sujeto no asocia nada al sombrero de su sueño, le digo: "El sombrero, es quizá, una representación de los genitales masculinos, con su parte central erecta y las dos partes laterales colgando." Intencionadamente me abstengo de interpretar el detalle de la desigual altura a la que cuelgan los lados del sombrero, aunque precisamente la determinación de semejantes detalles es la que señala el camino a la interpretación. Luego, añado: "Su sueño le indica que, poseyendo un marido con unos genitales tan espléndidos, no tiene usted por qué sentir miedo

[41] "Nachtraege zur traumdeutung", *Zentralblatt fuer Psychoanalyse* I, núms. 5-6, 1911.

de los oficiales, esto es, desear nada de ellos, pues sus fantasías, en las que se imagina usted arrastrada por la tentación, son lo que le impide salir de casa sin alguien que la acompañe y por quien se sienta protegida." Fundándome en material distinto, le había dado ya repetidas veces esta misma explicación de su angustia.

La actitud de la paciente después de esta interpretación es interesantísima. Retira su descripción del sombrero y pretende no haber dicho que los lados pendían desigualmente. Pero yo estoy demasiado seguro de haber oído bien, para dejarme inducir en error y me mantengo firme. Entonces permanece algún tiempo en silencio y encuentra luego ánimos para preguntarme por qué tendrá su marido un testículo más colgante que otro y si les sucede lo mismo a todos los hombres. Con esto, queda esclarecido el singular detalle del sombrero y obligada la paciente a aceptar la interpretación en su totalidad.

El sombrero me era conocido como símbolo onírico desde mucho antes de este caso. Por otros ejemplos, menos transparentes, creo poder aceptar que también es susceptible de representar los genitales femeninos[42].

2. Los niños ("los pequeños") como símbolo de los genitales. —El ser atropellado es un símbolo del coito.

(Otro sueño de la misma paciente agorafóbica.)

"Su madre manda salir a su hija pequeña para que tenga que ir sola. Luego va ella con su madre en el tren y ve a su pequeña adelantarse hacia la vía y colocarse sobre los rieles de modo que ha de ser forzosamente atropellada. Se oye crujir los huesos (la sujeto, experimenta aquí una sensación desagradable, pero no

---

[42] Kirchgraber expone en la *Zentralbl.* f. Ps. —A. III, 1921, página 95, un ejemplo de este género. Stekel (*Jarhbuch*, t, I, pág. 474) comunica también un sueño en el que el sombrero con una pluma torcida en el centro simboliza al marido (impotente).

espanto ni terror). Después mira hacia atrás por la ventanilla para observar si se ven los pedazos y reprocha a su madre haber dejado marchar sola a la pequeña".

Análisis: No es fácil dar aquí una interpretación completa de este sueño pues forma, con otros varios, un cielo onírico y no puede ser comprendido sino en relación con ellos dada la imposibilidad de reunir, de otro modo, el material necesario para el esclarecimiento del simbolismo. La paciente opina primero que el viaje en ferrocarril debe ser interpretado históricamente como alusión a su partida de un sanatorio de enfermos nerviosos, de cuyo director se había enamorado. Su madre fue a buscarla y el médico las despidió en la estación, regalándola un gran ramo de flores. A ella le resultó muy desagradable que su madre fuera testigo de aquella atención. Aparece, pues, aquí la madre, como obstáculo a sus aspiraciones amorosas, papel que la severa señora había desempeñado realmente durante la adolescencia de su hija. La asociación siguiente se refiere a la frase: "... después mira hacia atrás, para observar si se ven los pedazos...", en la fachada del sueño teníamos, naturalmente, que pensar en los pedazos de su hijita, atropellada y destrozada, pero la asociación aparece orientada en un sentido muy distinto. La sujeto recuerda una ocasión en la que vio a su padre, desnudo y vuelto de espaldas a ella, en el cuarto de baño. Este recuerdo la conduce a hablar de las diferencias sexuales y observa que los genitales masculinos resultan visibles aun hallándose la persona vuelta de espaldas, mientras que los femeninos no. En conexión con esto interpreta por sí misma que "los pequeños" son los genitales y su "pequeña" (su hija de cuatro años), sus propios genitales. Reprocha a su madre el haberle exigido que viviese como si no tuviera genitales y vuelve a hallar este reproche en la frase inicial del sueño: "Su madre manda salir a su hija pequeña, para que tenga que ir sola." En su fantasía el ir sola por la calle significa no tener marido ni relación sexual alguna (*coire* = ir juntos), abstinencia a la que ella se resiste. Según propia confesión, su madre se manifestó celosa de ella en su adolescencia, por la predilección que el padre le demostraba.

Otro sueño de la misma noche, en el que la sujeto se identificó con su hermano, nos da más profunda interpretación del anterior. De muchacha había sido un poco marimacho y había oído decir repetidas veces que había nacido chica por equivocación. Tal identificación con su hermano nos hace ya ver claramente cómo los "pequeños" significan los genitales. La madre amenaza a su hermano (a ella) con la castración, la cual no puede ser sino un castigo por el vicio de jugar con el propio miembro, y por medio de esta circunstancia nos muestra, además, la identificación, que la sujeto se masturbó también de niña, cosa de la que no ha conservado recuerdo sino con relación a su hermano. El segundo sueño nos revela, asimismo, que en aquella época debió de adquirir un temprano conocimiento, olvidado después, de las características del órgano sexual masculino, y alude al mismo tiempo a la infantil teoría sexual de que las niñas no son sino niños castrados. Al exponerla yo esta opinión infantil, confirma la sujeto mi hipótesis de que su sueño alude a ella, recordando la anécdota siguiente: El niño: "¿Es que te lo han cortado?" La niña: "No, he sido siempre así."

El mandar fuera a la pequeña, a los genitales, en el primer sueño, se refiere, pues, también, a la amenaza de castración. Por último, reprocha a su madre el no haberla parido chico.

En este sueño no aparece patente que el ser atropellado simbolice el comercio sexual y no sería posible concluirlo de él, si no lo supiéramos ya por otros muchos casos más evidentes.

3. Representación de los genitales por edificios, escaleras y fosos.

(Sueño de un joven coartado por el complejo del padre.)

"Pasea con su *padre* por un lugar que seguramente es el Práter, pues se ve la *rotonda*, y delante de ella, un pequeño *edificio* anejo, al que se halla amarrado un *globo* cautivo medio deshinchado. Su padre le interroga sobre la utilidad de todo aquello, pregunta que le asombra, pero a la cual da, sin embargo, la explicación pedida. Llegan después a un patio sobre cuyo suelo se extiende una gran plancha de hojalata. El padre quiere arrancar un pedazo de ella, pero antes mira en derredor suyo para cerciorarse de que nadie puede verle. El sujeto le dice entonces que basta con prevenir al guarda para poder arrancar todo lo que se quiera. Partiendo de este patio desciende de una *escalera a un foso*, cuyas paredes se hallan acolchadas en la misma forma que las cabinas telefónicas. Al extremo de este foso comienza una larga plataforma, después de la cual hay otro *foso* idéntico..."

Análisis: Este sujeto pertenecía a un tipo de enfermo cuyo tratamiento terapéutico resulta dificilísimo, pues no ofreciendo al principio resistencia ninguna al análisis, se hacen luego, en cierto estadio de esta, completamente inasequibles.

El sueño que antecede fue interpretado por él casi en su totalidad. "La rotonda —dijo— representa mis órganos genitales, y el globo cautivo que se encuentra ante ella no es otra cosa que mi pene, cuya facultad de erección ha disminuido desde hace algún tiempo". O más exactamente traducido: la rotonda es la región anal —que el niño considera generalmente como parte integrante del aparato genital— y el pequeño anejo que ante esta rotonda se alza y al que se halla sujeto el globo cautivo, representa los genitales. En el sueño le pregunta su padre qué es lo que todo aquello significa, esto es, cuáles son el objeto y la función de los órganos genitales. Sin temor a equivocarnos, podemos invertir la situación y admitir así que es el hijo quien realmente interroga. No habiendo el sujeto planteado nunca en la vida real una tal pregunta a su padre, debe considerarse esta idea latente del sueño como un deseo o tomarla condicionalmente, esto es, en la forma que sigue: "Si yo hubiera solicitado de mi padre una información sobre las cuestiones sexuales...". Más adelante hallaremos la continuación y el desarrollo de esta idea.

El patio sobre cuyo suelo se halla extendida la plancha de hojalata no debe ser considerado, en esencia, como un símbolo, pues procede de un recuerdo del local en que el padre ejercía su comercio. Por discreción, he sustituido por "hojalata" el artículo en que realmente comercia el padre, sin cambiar en nada más el texto del sueño. El sujeto, que ha comenzado a ayudar al padre en sus negocios, ha visto con gran repugnancia, desde el primer día, lo incorrecto de algunos de los procedimientos en los que reposa gran parte del beneficio obtenido. Así, pues, podemos dar a la idea que antes dejamos interrumpida, la continuación siguiente: "Si yo hubiera preguntado a mi padre, me hubiera engañado como engaña a sus clientes."

El deseo del padre de arrancar un pedazo de la plancha de hojalata pudiera ser una representación de su falta de honradez comercial, pero el mismo sujeto del sueño nos da otra explicación distinta revelándonos que es un símbolo del onanismo. Esta interpretación coincide con nuestro conocimiento de los símbolos, pero, además, está perfectamente de acuerdo con ella el hecho de que el secreto en que se han de realizar las prácticas masturbadoras queda expresado por la idea antitética (puede arrancar abiertamente lo que quiera). Tampoco extrañamos ver al hijo atribuir al padre el onanismo, del mismo modo que le ha atribuido la interrogación, en la primera escena del sueño. El foso acolchado es interpretado por el sujeto como una representación de la vagina con sus suaves y blancas paredes, interpretación a la que nuestro conocimiento de los símbolos nos permite añadir que el descenso al foso significa, como en otros casos, la realización del coito.

La circunstancia de hallarse el primer foso seguido de una larga plataforma al final de la cual hay otro nuevo foso, nos la explica el sujeto por un detalle biográfico. Después de haber tenido frecuentes relaciones sexuales se halla privado de ellas por coerciones patológicas que le impiden realizar el coito, y espera que el tratamiento a que se ha sometido le devuelva su perdido vigor. Hacia el final se hace el sueño más impreciso induciéndonos a sospechar la influencia, ya desde su segunda escena, de un nuevo tema, al que se refiere el comercio del padre, su poco escrupuloso proceder y la vagina representada por la primera fosa, todo lo cual nos mueve a suponer una relación con la madre del sujeto.

4. Simbolización de los genitales masculinos por personas y de los femeninos por un paisaje.

(Sueño de una mujer perteneciente a la clase popular, casada con un agente de policía. —Comunicado por B. Dattner).

"...Alguien se introdujo entonces en la casa, y llena de angustia, llamo a un agente de policía. Pero éste, de acuerdo con dos ladrones, había entrado en una iglesia[43] a la que daba acceso una pequeña escalinata[44]. Detrás de la iglesia había una montaña[45] cubierta, en su cima, de espeso bosque[46]. El agente de policía llevaba casco, gola y capote[47]. Su barba era poblada y negra. Los dos vagabundos que tranquilamente le acompañaban, llevaban a la cintura unos delantales abiertos en forma de sacos[48]. De la iglesia a la montaña se extendía un camino bordeado de matorrales que se iban haciendo cada vez más espesos hasta convertirse en un verdadero bosque al llegar a la cima."

---

[43] O capilla = vagina.

[44] Símbolo del coito.

[45] Mons veneris

[46] Crines pubis.

[47] Los demonios con capa y capucha son, según la explicación de un especialista en estos estudios, de naturaleza fálica.

[48] Las dos mitades del escroto.

5. Sueños de castración soñados por sujetos infantiles.

a) Un niño de tres años y cinco meses que ha recibido con visible disgusto la noticia del regreso de su padre, después de una larga ausencia, despierta una mañana muy excitado y repitiendo sin cesar la pregunta: ¿Por qué llevaba papá su cabeza en un plato? Esta noche llevaba papá su cabeza en un plato. *b*) Un estudiante, enfermo hoy de una grave neurosis obsesiva, recuerda que a los seis años tuvo repetidas veces el sueño siguiente: va a la peluquería a cortarse el pelo, de pronto aparece una mujer de alta estatura y severo rostro y le corta la cabeza. En esta mujer reconoce a su madre.

6. Simbolismo de la micción.

El dibujo reproducido a continuación y titulado *Sueño de la niñera francesa* procede de una serie de ellos que Ferenczi halló en una revista humorística húngara (*Fidibusz*) y reconoció como muy apropiada para ilustrar la teoría de los sueños. O. Rank lo ha utilizado ya en su trabajo sobre la acumulación de símbolos en los sueños provocados por un estímulo exterior que acaba por interrumpir nuestro reposo (pág. 99).

Hasta la última viñeta, que muestra el despertar de la niñera a consecuencia de los gritos del niño, no descubrimos que las siete anteriores representan las fases de un sueño. La primera reconoce el estímulo que ha de interrumpir el reposo. El niño siente una necesidad y solicita la ayuda correspondiente. Pero el sueño cambia el lugar de la acción, sustituyendo la alcoba por un paseo. En la segunda viñeta, la sujeto ha arrimado al niño a una columna; el niño orina, y ella puede, por lo tanto, continuar durmiendo. Pero el estímulo despertador no cesa, antes bien se hace más fuerte; el niño, al ver que no le hacen caso, chilla con más energía. Cuanto mayor es la energía con la que reclama el despertar y la ayuda de la niñera, más seguramente hace ver a ésta su sueño, que todo se halla en orden y que no tiene necesidad de interrumpir su reposo, amplificando el símbolo en proporción a la intensidad del estímulo despertador. La líquida corriente que el niño emana se hace cada vez mayor. En la cuarta viñeta navega ya sobre ella un bote, luego una góndola, un barco velero, y, por último, un gran vapor. La lucha entre la imperiosa tenacidad de dormir y el infatigable estímulo despertador queda descrita muy acertada e ingeniosamente en el siguiente dibujo por el gracioso artista.

7. Un sueño de escaleras.

(Comunicado e interpretado por Otto Rank).

Al mismo colega que me comunicó el sueño de estímulo dental que más adelante expondremos debo el relato del siguiente sueño de polución, análogamente transparente:

"Corro escaleras abajo detrás de una niña para castigarla por algo que me ha hecho. Al final de la escalera la detiene alguien (¿una persona adulta femenina?). La cojo y no sé si le llego a pegar, pues de repente me encuentro en mitad de la *escalera*, donde (como si flotara en el aire) realizo el coito con la muchacha. En realidad, no es un coito completo, sino que me limito a frotar mi pene contra sus genitales exteriores, apareciéndoseme con extraordinaria claridad tanto esto como la cabeza de la muchacha vuelta e inclinada hacia un lado. Mientras tanto, veo colgando a mi izquierda y por encima de mí (también como en el aire), dos cuadritos que representan un paisaje, una casa entre verdes árboles. El más pequeño de tales cuadros muestra, en el ángulo inferior, donde el pintor debía haber colocado su firma, mi propio nombre, como si me estuviera dedicado como regalo por mi cumpleaños. De los dos cuadritos cuelga, además, una tarjeta en la que se lee que hay también cuadros aún más baratos (después me veo muy imprecisamente como acostado en una cama situada en un descansillo de la escalera). Al llegar aquí, despierto con una sensación de humedad, provocada por la polución."

Interpretación.— La tarde inmediatamente anterior al sueño había estado el sujeto en una librería y se entretuvo mirando unos cuadros que representaban motivos pictóricos análogos a los de su sueño. Un cuadrito muy pequeño le gustó más que los restantes y se aproximó para ver el nombre del pintor, que le resultó por completo desconocido.

Aquella misma tarde oyó contar de una criada nacida en Bohemia que hablando de un hijo natural que había tenido, se vanagloriaba de que "se lo habían hecho en la escalera".

Extrañado el sujeto ante una circunstancia tan poco corriente, inquirió detalles de la historia y supo que la criada de referencia había ido un día con su novio a casa de sus padres y no habiendo encontrado ocasión de realizar allí el coito, lo había realizado, a la salida, en medio de la obscura escalera. Modificando entonces el sujeto la frase corrientemente usada para expresar que un vino ha sido falsificado y no procede de los viñedos que su marca indica, dijo en tono humorístico, que aquel niño "había nacido en la escalera de la cueva".

Estas conexiones con sucesos diurnos, que aparecen representadas en el sueño, son espontáneamente reproducidas por el sujeto. Pero al mismo tiempo, reproduce también, con igual facilidad, un fragmento de un recuerdo infantil que ha sido asimismo utilizado por el sueño. La escalera que éste le muestra es la de la casa en que pasó la mayor parte de su infancia y en la que trabó su primer conocimiento con los problemas sexuales. Uno de sus juegos consistía en dejarse resbalar, con otros niños de su edad, a horcajadas sobre el pasamanos, ejercicio que despertaba en él excitación sexual. En su sueño, baja igualmente la escalera con enorme rapidez, tanta que, como dice al relatarlo, no tocaba los escalones, sino que bajaba "volando" o "resbalando". Este comienzo del sueño parece representar el factor de excitación sexual de dicho suceso infantil. En tales escaleras y en la casa a la que correspondían había el sujeto jugado de niño con sus compañeros a juegos violentos (luchas, guerras, etc.) de encubierto carácter sexual, en los que hubo de hallar una satisfacción de este género, lograda en forma análoga a la del sueño.

Conociendo por las investigaciones de Freud sobre el simbolismo sexual (*cf. Zentralblatt f.* Ps., A, núm. 1, página 2), que las escaleras y el subir o bajar por ellas simbolizan casi siempre, en los sueños, el coito, se nos hace este sueño por completo transparente. Su fuerza impulsadora es, como nos lo muestra la polución a que da origen, de naturaleza puramente libidinosa. En el estado de reposo despierta la excitación sexual (representada en el sueño por el rápido bajar o resbalar por la escalera), cuyo matiz sádico, basado en los juegos violentos del sujeto cuando era niño, queda indicado en la persecución y el abuso de la niña. La excitación libidinosa va tomando incremento e impulsa a la acción sexual (representada en el sueño por los actos de apoderarse de la niña y conducirla a la mitad de la escalera). Hasta aquí sería el sueño un puro símbolo sexual y como tal, nada transparente para los interpretadores poco experimentados. Pero esta satisfacción simbólica, que había salvaguardado hasta entonces la tranquilidad del reposo, no basta a la intensísima excitación libidinosa. La excitación conduce al orgasmo, quedando así evidenciado todo el simbolismo de la escalera como una representación del coito. Este sueño parece confirmar, con especial claridad, la opinión freudiana de que el aprovechamiento sexual de dicho simbolismo obedece principalmente al carácter rítmico de ambos actos, pues el sujeto manifiesta en su relato que el ritmo de su acto sexual con la niña constituyó el elemento más claro y preciso de su sueño.

Hemos de hacer todavía una observación sobre los dos cuadros del sueño, que aparte de su significación real posean, en sentido simbólico, la de "mujeres" (*Weibsbild*, literalmente, "imagen de mujer") y por extensión corriente, "mujer, cosa que resulta ya del hecho de tratarse de uno grande y otro pequeño, como en el contenido manifiesto, de una mujer (adulta) y una niña ("una pequeña"). El que haya también cuadros más baratos conduce al complejo de las prostitutas, como por otro lado, el nombre de pila del sujeto y la idea de que le han regalado el cuadro por el día de su cumpleaños (*Geburtstag*, literalmente, "día del nacimiento"), al complejo de los padres (nacido en la escalera —creado en el coito).

La imprecisa escena final, en la que el sujeto se ve acostado en una cama situada en el descansillo de la escalera y siente humedad, parece aludir, retrocediendo más allá del onanismo infantil, a períodos más tempranos de la infancia del sujeto y tener, probablemente, como modelo, escenas análogamente placenteras en las que quedó *mojada la cama*".

8. Un sueño de escaleras, modificado.

Hago a un paciente mío, un abstinente gravemente enfermo, cuya fantasía se halla fijada a su madre y que ha soñado varias veces ir subiendo una escalera en su compañía, la advertencia de que una masturbación mesurada, le sería probablemente menos perjudicial que su forzada abstinencia. La influencia de este consejo mío provoca el sueño siguiente:

"Su profesor de piano le reprocha que descuide su práctica de dicho instrumento y no ejercite los estudios de Moscheles ni el *Gradus ad Parnassum*, de Clementi."

Con referencia a este sueño, observa el sujeto que el *Gradus* es asimismo una escalera y que el teclado lo es también, puesto que contiene una escala.

Puede decirse que no hay ningún círculo de representaciones que rehúse la simbolización de hechos sexuales.

9. La sensación de realidad y la representación de la repetición.

Un individuo de treinta y cinco años relata un sueño que recuerda perfectamente, no obstante haberlo soñado —según cree— cuando tenía cuatro años: *El notario, en cuyo estudio se hallaba depositado el testamento de su padre* —al que perdió cuando tenía tres años,— *trajo dos hermosas peras, de las cuales le dieron a él una para comer. La otra quedó sobre el alféizar de la ventana*. El sujeto despertó con el convencimiento de la realidad de lo soñado y pidió tenazmente a su madre la otra pera, que estaba sobre el alféizar de la ventana. La madre se echó a reír ante el absurdo convencimiento del niño.

Análisis.— El notario era un anciano de carácter jovial y cree recordar el sujeto que en una ocasión le trajo realmente unas peras. El alféizar de la ventana era tal y como lo vio en su sueño. Con esto terminan sus ocurrencias y asociaciones con respecto al mismo, agregando únicamente que su madre le había relatado poco tiempo antes otro sueño en el que viendo dos pájaros posados sobre su cabeza esperaba que se decidieran a emprender de nuevo el vuelo, pero en lugar de hacerlo así, volaba uno de ellos hasta su boca y chupaba de ella con el pico.

La falta de ocurrencias del sujeto nos da el derecho de intentar la interpretación por sustitución de símbolos. Las dos peras —*pommes ou poires*— son los pechos de la madre que le ha amamantado. El alféizar es la curva saliente del seno, análogamente a los balcones en los sueños que nos presentan cosas. Su sensación de realidad al despertar está justificada, pues la madre le ha amamantado realmente, e incluso mucho más tiempo del acostumbrado, y el niño cree que aún le daría el pecho si se lo pidiera. El sueño, puede, pues, traducirse en la forma siguiente: "Mamá, dame (enséñame) otra vez el pecho del que antes mamaba". El "antes" es representado por el acto de comerse una de las peras y el "otra vez" por la petición de la otra. *La repetición temporal* de un acto se convierte siempre en el sueño, en la *multiplicación del número de un objeto.*

Es, naturalmente, harto singular, que el simbolismo desempeñe ya un papel en el sueño de un niño de cuatro años, pero esta circunstancia, lejos de constituir una excepción, es regla general. Puede decirse que el soñador dispone *ya desde un principio* del simbolismo.

El siguiente recuerdo, exento de toda influencia, de una señora de veintisiete años nos muestra cuán tempranamente se sirve el hombre, aun fuera de la vida onírica, de la representación simbólica: no ha cumplido aún los cuatro años. La niñera la lleva al retrete, en unión de su hermano, once meses menor que ella y de una primita de edad intermedia entre las de ambos, con el fin de que todos ellos hagan sus necesidades antes de salir a paseo. Ella, como la mayor de los tres, se sienta en el retrete y los otros dos, en orinales. Entonces pregunta a su primita: ¿Tienes tú también un *portamonedas*? Walter tiene un *choricito* y yo un *portamonedas*. Respuesta de la primita: "Sí: yo tengo también un *portamonedas*."

La niña ha oído toda la conversación y la relata, riéndose, a la madre, la cual regaña a los niños con gran enfado.

Intercalaremos aquí un sueño, cuyo precioso simbolismo permitió interpretarlo sin recurrir apenas a la ayuda de la sujeto.

10. Aportación al problema del simbolismo en los sueños de personas sanas[49].

Una de las objeciones más frecuentemente expuestas por los adversarios del psicoanálisis —y últimamente también por Havelock Ellis[50]— es la de que el simbolismo constituye, quizá, un producto de la psiquis neurótica, pero no existe en los individuos normales. Mas la investigación psicoanalítica no conoce diferencias de principio y sí únicamente cuantitativas, entre la vida anímica normal y la neurótica, y en el análisis de los sueños, en los que sea normal o neurótico el sujeto, actúan del mismo modo los complejos reprimidos, muestran la completa identidad, tanto de los mecanismos como del simbolismo.

Puede incluso afirmarse que los sueños de los normales contienen con frecuencia un simbolismo mucho más sencillo, transparente y característico que los de personas neuróticas, en los cuales es mucho más atormentado, obscuro y difícil de interpretar a causa de la más severa y enérgica actuación de la censura y de la más amplia deformación onírica resultante. El sueño que a continuación comunicamos servirá para ilustrar

[49] Alfred Rubitsek *Zentralblatt f. Ps.* A. II, 1911.

[50] *The World of Dreams*, London 1911, pág. 168.

este hecho. Procede de una muchacha no neurótica, honestísima y de carácter más bien serio y retraído. En el curso de la conversación, averiguo que está prometida, pero que hay ciertos obstáculos que se oponen, por el momento, a la celebración de su matrimonio y habrán seguramente de retrasarlo. Espontáneamente me relata el sueño que sigue:

I arrange the centre of a table with flowers for a birthday. ("Arreglo con flores el centro de una mesa para una fiesta de cumpleaños"). A preguntas mías responde que en el sueño se hallaba como en su casa natal (que ahora no posee) y experimenta una *sensación de felicidad.*

El simbolismo "popular" me permite interpretar para mí el sueño. Trátase de la expresión de sus deseos de novia. La mesa con el centro de flores es un símbolo de la sujeto misma y de los genitales. La sujeto representa realizados sus deseos para el futuro, ocupándose ya con la idea del nacimiento de un hijo (*Geburtstag*, "cumpleaños" o literalmente "día del nacimiento"). Por lo tanto, tiene que haberse celebrado la boda hace ya algún tiempo.

"Le hago observar que la expresión *the centre of the table* es muy poco usual, reconociéndolo ella, pero, naturalmente, no puedo seguir interrogándola de un modo directo. Evité con todo cuidado sugerirle la significación de los símbolos y me limité a preguntarle lo que se le ocurría con respecto a cada uno de los fragmentos del sueño. Su carácter retraído y poco comunicativo cedió el paso, durante el análisis, a un gran interés por la interpretación y a una espontánea franqueza. —A mi pregunta de cuáles habían sido las flores de su sueño, respondió primero: *expensive flowers, one has to pay for them* ("flores caras, por las que hay que pagar"), y luego, que eran *lilies of the valley, violets and pinks or carnations* ("lirios del valle, violetas y claveles"). Supuse que la palabra *lirio* aparecía en este sueño con su significado popular de símbolo de la castidad, y la sujeto confirmó esta hipótesis asociando a *lilie*, *purity* (pureza). *Valley*, el valle, es un frecuente símbolo onírico femenino, y de este modo, la reunión de ambos símbolos en el nombre de una flor se convierte en un símbolo onírico destinado a acentuar su preciosa virginidad —*expensive flowers, one has to pay for them*— y a expresar la esperanza de que el hombre al que se halla prometida sabrá estimar su valor. La observación *expensive flowers, etcétera*, tiene, como más adelante veremos, una distinta significación con respecto a cada uno de los tres símbolos florales.

Sentando una hipótesis que al principio me incliné a juzgar atrevida en exceso, intenté buscar el sentido secreto de las *violets*, aparentemente tan asexuales, en una relación inconsciente con la palabra francesa *viol* (violación). Mas para mi sorpresa, asoció la sujeto la palabra inglesa *violate* (violar) de idéntico sentido. La gran analogía causal de las palabras *violet* (violeta) y *violate* (violar) —que sólo se distinguen en la pronunciación por una diferencia de acento en la última sílaba— es utilizada por el sueño para expresar "por medio de la flor", la idea de la violencia de la desfloración (palabra empleada asimismo por el simbolismo de las flores) y quizá también un rasgo masoquista de la muchacha. Tenemos aquí un interesante ejemplo de los "puentes de palabras" por los que atraviesan los caminos hacia lo inconsciente. El *one has to pay for them* significa la vida, con lo cual podrá la sujeto pagar el convertirse en mujer y madre.

Con respecto a los *pinks* (claveles), que la sujeto denomina también *carnations*, pienso en la relación de esta palabra con lo "carnal". Pero lo que a esta palabra asocia ella es *colour* (color), añadiendo que su prometido le había regalado *con frecuencia y en grandes cantidades* tales flores. Al final de la conversación, me confiesa, de pronto, espontáneamente, no haberme dicho antes la verdad, pues lo que hubo de asociar a *carnations* no fue *colour*, sino *incarnation* (encarnación). Esta palabra es la que yo había esperado que asociase. De todos modos, tampoco puede considerarse muy lejana la asociación de *carnation* (*color de la carne*), o sea, por el mismo complejo. La insinceridad de la sujeto nos muestra que es en este punto en el que la resistencia era mayor, correlativamente a una mayor transparencia del simbolismo y a una máxima intensidad de la lucha que en torno a este tema fálico se desarrolla entre la libido y la represión. La observación de que su prometido le ha regalado muy frecuentemente tales flores constituye, con la doble significación de *carnation*, una nueva indicación del sentido fálico de las mismas en el sueño. La ocasión (cumpleaños) en que es hecho el regalo sirve para expresar la idea del regalo sexual y la correspondencia al mismo: la sujeto regala su virginidad y espera, en correspondencia, una rica vida de amor. El *expensive flowers, one has to pay for them*, podría tener también aquí una significación realmente financiera. El simbolismo floral del sueño contiene, pues, el símbolo virginal femenino, el masculino y la relación a la desfloración violenta. Indicaremos de paso que el simbolismo floral sexual, extraordinariamente extendido, simboliza los órganos sexuales humanos con las flores, que son los órganos sexuales de las plantas. El regalarse flores, tan acostumbrado entre los que se aman, tiene, quizá, en general, esta significación inconsciente.

La fiesta de cumpleaños que en su sueño prepara la sujeto significa el nacimiento de un niño. De este modo, se identifica ella con su prometido y lo representa preparándola para un nacimiento, esto es, realizando con ella el coito. La idea latente podría, pues, ser ésta: si yo fuera él, no esperaría, sino que desfloraría a la novia, sin consultarla, violentándola. A esta idea alude el *violate*, quedando así de manifiesto el componente sádico de la libido.

En un más profundo estrato del sueño, el *I arrange, etc.*, podría tener también una significación autoerótica, o sea, infantil.

La sujeto tiene en su sueño un concepto de su cuerpo sólo en sueños posible. Se ve, en efecto, plana como una mesa, y esta circunstancia motiva una mayor acentuación del precioso valor del *centre* (en otra ocasión lo denomina *a center piece of flowers*), o sea de su virginidad. La horizontalidad de la mesa pudo también aportar un elemento al símbolo. La gran concentración de este sueño, en el que nada sobra, siendo cada palabra un símbolo, merece especialísima mención.

Posteriormente, aporta la sujeto un nuevo elemento del sueño: *I decorate the flowers with green crinkled paper* ("Adorno las flores con papel verde rizado") y añade que este papel era el llamado *fancy paper* (papel de fantasía) con el que se suele revestir las macetas ordinarias. Luego, prosigue: *"to hide untidy things, whatever was be seen, which was not pretty to eye; there is a gap, a little space in the flowers"*. O sea: "Para ocultar cosas sucias que no son nada agradables a la vista; una hendidura, un pequeño espacio entre las flores". *The paper looks like velvet or moss* ("El papel parece terciopelo o musgo"). A *decorate* asocia *decorum* (decoro), como yo esperaba. Al color verde asocia *hope* (esperanza), nueva relación al embarazo. En esta parte del sueño no domina la identificación con el prometido, sino que se imponen ideas de pudor y sinceridad. Se arregla para él y se confiesa sus defectos físicos, de los que se avergüenza y que intenta corregir. Las asociaciones "terciopelo" y "musgo" prueban que se trata del *crines pubis*.

El sueño es una expresión de ideas que apenas conoce el pensamiento despierto de la sujeto, ideas cuyo tema es el amor sexual y sus órganos. Es "preparada para un día de nacimiento (cumpleaños)" o sea, objeto del coito; expresa su temor a la desfloración y quizá también el dolor acentuado de placer; se confiesa sus defectos corporales y los compensa y supera por la superestimación del valor de su virginidad. Su pudor excusa la naciente sensualidad, pretendiendo que el objeto de la misma es el niño. Al mismo tiempo quedan también expresadas otras reflexiones materiales ajenas al sentimiento amoroso. El afecto de este sencillo sueño —la sensación de felicidad— muestra que han hallado satisfacción en él enérgicos complejos sentimentales.

Ferenczi ha hecho observar, muy acertadamente, con cuánta facilidad dejan adivinar el sentido de los símbolos y el del sueño total, casos como este último, en los que el sujeto no puede siquiera sospechar las ideas que constituyen el contenido latente.

El análisis que a continuación exponemos de un sueño de una personalidad histórica contemporánea es incluido aquí por aparecer en él clarísimamente caracterizado como símbolo fálico, merced a la agregación de una determinante, un objeto apropiado ya de por sí para la representación del miembro masculino. El "infinito alargamiento" de una fusta no puede significar fácilmente cosa distinta de la erección. Este sueño constituye además un acabado ejemplo de cómo son representadas por material sexual infantil, ideas graves y lejanas de lo sexual.

11. Un sueño de Bismarck. (Dr. Hans Sach).

En sus *Pensamientos y recuerdos* comunica Bismarck una carta dirigida por él al emperador Guillermo, con fecha del 18 de diciembre de 1881, de la que tomamos el siguiente párrafo:

> Lo que V. M. me escribe me anima a relatarle un sueño que tuve en la primavera de 1863, cuando la gravedad de la situación política había llegado a su punto álgido y no se vislumbraba salida ninguna practicable. Así las cosas, soñé una noche —y a la mañana siguiente comuniqué mi sueño a mi mujer y a otras personas— que iba a caballo por una angosta senda alpina, bordeada a la derecha por un abismo y a la izquierda por una roca perpendicular. La senda fue haciéndose cada vez más estrecha, hasta el punto de que el caballo se negó a seguir adelante, resultando también imposible, por falta de sitio, dar la vuelta o apearme. En este apuro, golpeé con la fusta que empuñaba

> en mi mano izquierda la roca vertical y lisa, invocando el nombre de Dios. La fusta se alargó infinitamente, cayó la roca y apareció ante mis ojos un amplio camino, al fondo del cual se extendía un bello paisaje de colinas y bosques, semejante al de Bohemia, por el que avanzaba un ejército prusiano con sus banderas desplegadas. Al mismo tiempo, surgió en mí el pensamiento de cómo podría comunicar rápidamente tal suceso a V. M. Este sueño, del que desperté contento y fortificado, llegó luego a cumplirse.

La acción que el sueño desarrolla aparece dividida en dos partes: en la primera, llega a encontrarse el soñador en un grave aprieto del que es luego salvado, en la segunda, de un modo milagroso. El apurado trance en que el sueño presenta al jinete y a su montura, es una deformación onírica fácilmente reconocible de la crítica situación del hombre de Estado, la cual debió pesar especialmente sobre el ánimo de Bismarck al reflexionar, la tarde anterior al sueño, sobre los graves problemas que la política le planteaba por aquellas fechas. Con la misma imagen utilizada como representación por el sueño, describe Bismarck en el párrafo antes copiado de su carta al Emperador ("no se vislumbra salida ninguna practicable") su apurada situación, prueba de que dicho giro le era usual. Este sueño nos presenta, además, un acabado ejemplo del "fenómeno funcional" de Silberer. Los procesos que se desarrollan en el ánimo del sujeto, cuyas tentativas de solución tropiezan todas con obstáculos insuperables, pero que no puede ni debe, sin embargo, apartar su espíritu de la reflexión sobre los problemas planteados, quedan exactamente representados por el jinete que no puede avanzar ni volver atrás. El orgullo que le prohíbe ceder y renunciar a sus proyectos, se manifiesta, en el sueño, por medio de las palabras "imposible dar la vuelta o apearme".

Por su continua y dura labor puesta constantemente al servicio del bien ajeno podía Bismarck compararse al caballo, cosa que hizo, en efecto, repetidas veces, por ejemplo, en la conocida frase: "Un buen caballo muere ensillado." Así explicada, la frase "el caballo se negó a seguir adelante" no significa, sino que el sujeto, fatigadísimo, experimentaba la necesidad de apartarse de los cuidados de la actualidad o, dicho de otro modo, que se hallaba en vías de libertarse de las cadenas del principio de la realidad por medio del reposo y del sueño. La realización de deseos, tan enérgicamente lograda en la segunda parte, queda ya preludiada en la primera, con las palabras "senda alpina". Por aquellos días tenía ya Bismarck el proyecto de pasar sus próximas vacaciones en los Alpes —en Gastein—. El sueño que allí le trasladaba le libertaba, pues, por completo, de todos los abrumadores negocios del Estado.

En la segunda parte, muestra el sueño doblemente realizados los deseos del sujeto, una vez franca y comprensiblemente, y otra, simultánea, en forma simbólica. Simbólicamente, por la desaparición del obstáculo, en lugar del cual le muestra un amplio camino, o sea, la salida buscada, en su forma más cómoda; abiertamente, por la vista del ejército prusiano en marcha. Para el esclarecimiento de esta profética visión no es preciso establecer conexiones místicas; basta con la teoría freudiana de la realización de deseos. Bismarck ansiaba ya, como la mejor solución de los conflictos internos de Prusia, una guerra victoriosa con Austria. Mostrándole al ejército prusiano en marcha a través de Bohemia, o sea, del territorio enemigo, le presenta su sueño la realización de tal deseo, conforme al postulado de Freud.

Desde el punto de vista individual la única circunstancia importante es la de que el sujeto del sueño no se contentó, en este caso, con la realización onírica, sino que supo conquistar la real. Un detalle que ha de llamar necesariamente la atención de todo conocedor de la técnica de interpretación psicoanalítica es el de la fusta que se "alarga infinitamente". La fusta, el bastón, la pica y otros muchos objetos de este género son corrientes símbolos fálicos. Pero cuando además se atribuye a la fusta la cualidad más singular del falo, esto es, la de dilatarse, no podemos abrigar ya la menor duda. La exageración del fenómeno hasta el "infinito" parece corresponder a una concepción infantil del mismo. El empuñar la fusta es una clara alusión al onanismo referido, naturalmente, no a las circunstancias actuales del sujeto, sino a épocas muy pretéritas de su infancia. Nos resulta, en este caso, muy valiosa, la interpretación hallada por el doctor Stekel de que la izquierda significa en el sueño lo injusto, lo prohibido, el pecado, o sea, en el caso presente, la masturbación infantil practicada contra una expresa prohibición. Entre este más profundo estrato infantil y el más superficial, constituido por el tema de los planes diurnos del hombre de Estado, descubrimos aún otro, intermedio y relacionado con los dos. Todo el proceso de la salvación conseguida con la ayuda de Dios, golpeando la roca, recuerda evidentemente una escena bíblica, aquella en que Moisés salva a su pueblo de la sed haciendo brotar agua de una peña al golpe de su vara. Bismarck, perteneciente a una piadosa familia protestante, familiarizada con los textos bíblicos, tenía que conocer tal escena, y por aquellos días de conflicto podía muy bien compararse con Moisés, pues ha puesto como él todas sus energías al servicio de su pueblo y se ve también recompensado con el odio, la ingratitud y la rebelión. Esta circunstancia hubo de facilitar el enlace de sus deseos actuales con el citado pasaje de la Biblia, el cual contiene, por otro lado, algunos detalles muy susceptibles de ser utilizados en la fantasía masturbadora. Contraviniendo el mandato de Dios, empuña Moisés la vara, y esta desobediencia es castigada por el Señor con el anuncio de que morirá sin pisar la tierra de promisión. La desobediencia a la prohibición de empuñar la vara —inequívocamente fálica en el sueño—, la producción de un líquido por el acto de golpear con ella y la amenaza de muerte: he aquí reunidos todos los factores de la masturbación infantil. Muy interesante es, en este caso, la elaboración que ha soldado por medio del pasaje bíblico, tales dos imágenes heterogéneas, procedente una de ellas de la psiquis del genial hombre de Estado y la otra de los impulsos de la primitiva alma infantil, logrando, además, borrar todos los factores displacientes. La circunstancia de que el empuñar la vara es un acto prohibido y rebelde, queda indicada simbólicamente por el hecho de ser realizado dicho acto con la mano izquierda. Pero en el sueño manifiesto acompaña al mismo la invocación a Dios, como para rechazar lo más ostensiblemente posible toda idea de ilicitud. De las dos predicciones que Dios hace de Moisés, la de que dará vista a la tierra prometida y la de que no llegará a pisarla, queda claramente representada la realización de la primera (vista de un paisaje de colinas y bosques), y en cambio, la otra, en extremo displicente, no es siquiera mencionada. El agua ha sido suprimida, sin duda, por la elaboración secundaria, que aspiraba a la unificación de esta escena con la precedente, y queda sustituida a por la disgregación de la roca misma.

El final de una fantasía onanista infantil en la que aparece representado el tema de la prohibición ha de ser, a nuestro juicio, el deseo de que las personas a cuya autoridad se halla sometido el niño no averigüen nada de lo sucedido. En el sueño se muestra representado este deseo por su contrario, el de comunicarlo en seguida al rey. Pero esta inversión se armoniza perfectamente y sin esfuerzo alguno con la fantasía victoriosa contenida en el estrato más superficial de las ideas latentes y en una parte del contenido manifiesto. Tales sueños de victoria y avasallamiento son, con frecuencia, encubridores de deseos eróticos de conquista. Algunos rasgos de éste, por ejemplo, el obstáculo que se opone al avance del sujeto y desaparece después del empleo de la fusta "que se alarga infinitamente" quedando sustituido por un amplio camino, indicarían algo semejante, pero no son suficientes para concluir la existencia de una orientación ideológica y optativa determinada, de todo el sueño. Este nos ofrece, desde luego, un acabado modelo de deformación onírica perfectamente conseguida.

Lo que decía provocar displacer es elaborado de tal manera que permanece totalmente encubierto por la trama tejida sobre ello, quedando así evitado el desarrollo de angustia. Constituye, pues, este sueño, un caso ideal de realización de deseos, conseguida hasta el último extremo sin despertar en lo más mínimo la suspicacia de la censura, resultando así comprensible que el sujeto despertara de él contento y fortificado.

Cerraremos esta serie de ejemplos, con el sueño siguiente:

12. Sueño de un químico.

El sujeto es un joven químico que trataba de sustituir por el comercio sexual normal con una mujer sus costumbres onanistas.

Información preliminar: El día inmediatamente anterior al sueño ha estado explicando a un estudiante la reacción de Grignard, por medio de la cual puede convertirse el magnesio, bajo la acción catalítica del iodo, en éter absolutamente puro. Realizado este mismo experimento, se produjo dos días antes una explosión, de la que resultó con quemaduras en las manos uno de los asistentes.

Sueño.— I. Tiene que hacer un compuesto de fenol, magnesio y bromo. Ve clarísimamente todos los aparatos dispuestos para el experimento, pero ha sustituido el magnesio por su propia persona. Se halla en un estado singularmente vacilante y no cesa de repetirse: "Esto va bien, mis pies comienzan ya a disolverse, mis rodillas se ablandan". Luego se palpa los pies, saca (no sabe cómo) sus piernas del alambique, y dice: "Esto no puede ser. Pero sí: está bien hecho." Al llegar aquí, despierta parcialmente y se repite el sueño, porque quiere contármelo. Siente ya miedo de lo que habrá de revelar su interpretación, experimenta durante este intervalo, en el que permanece medio despierto, una gran excitación y repite sin cesar: "Fenil, fenil..."

II. Se encuentra con toda su familia en ...ing y está citado con cierta señora a las once y media, pero cuando se despierta, es ya esta hora. Se dice: "Ya es tarde; cuando llegue allí serán más de las doce y media." Luego ve a su familia sentada a la mesa, y con particular precisión a su madre y a la criada, que trae la sopera. Entonces se dice: "Bueno; si vamos a comer, no puedo irme".

Análisis.— Está seguro de que ya el primer sueño se halla relacionado con la señora de la cita. (Fue soñado la noche inmediatamente anterior a esta última). El estudiante al que explicó la reacción de Grignard, es un sujeto repulsivo. Durante el experimento, hubo de decirle "Eso no va bien", al ver que el magnesio permanecía aún intacto, y el interpelado respondió, "No, no va bien", como si todo aquello le tuviese absolutamente sin cuidado. Este estudiante es él mismo, tan indiferente a su propio *análisis* como aquél a su *síntesis*. En cambio, la persona que lleva a cabo en el sueño la operación química no es él, soy yo, presentado bajo sus apariencias. ¡Cuán repulsivo debe parecerme por su indiferencia hacia el resultado del tratamiento!

También es él, por otro lado, aquello con lo que se hace el análisis (síntesis). Se trata del éxito de la cura. Las piernas que aparecen en el sueño le recuerdan una impresión de anoche. Encontró, en el salón de baile, a una señora a la que quiere conquistar, y bailando con ella, la apretó tanto contra él, que una de las veces no pudo ella reprimir un grito. Pero cuando luego cesó en su presión contra las piernas de su pareja, sintió que ésta le apretaba a su vez, pegándose a sus muslos hasta por encima de la rodilla, esto es, a la parte de su cuerpo mencionada en el sueño. En esta situación es, pues, la mujer, el magnesio de la retorta, con el que por fin marchan bien las cosas. El sujeto es femenino con respecto a mí y viril con respecto a la mujer. Puesto que con la señora le va bien, también le irá bien en la cura a que está sometido. El palparse y el reblandecimiento que comprueba en sus rodillas, aluden al onanismo y corresponden a su fatiga de la víspera. La cita se hallaba fijada realmente a las once y media. Su deseo de no despertarse a tiempo y permanecer junto a los objetos sexuales domésticos (la masturbación) corresponde a su resistencia.

Con respecto a la repetición de la palabra *fenil*, manifiesta lo siguiente: "Todos estos radicales en *il* me han gustado siempre mucho y son de un comodísimo empleo; *Bencil, acetil, etc.*" Esto no nos da luz ninguna, pero cuando le propongo el radical *Schlemihl* se echa a reír y me relata que durante el verano ha leído un libro de Prévost, en uno de cuyos capítulos, titulado *Les exclus de l'amour*, se hablaba, efectivamente, de los *schlemihliés* y se los describía en forma que le hizo exclamar: "¡Este es mi caso!". El no acudir a la cita, hubiera sido también una *schlemihlada*[51].

Parece ser que el simbolismo onírico sexual ha encontrado ya una confirmación experimental directa. En 1912, y a instancia de H. Swoboda, realizó K. Schrötter, doctor en Filosofía, el experimento de provocar por medio de la sugestión, en personas profundamente hipnotizadas, sueños cuyo contenido les marcaba de antemano. Cuando la sugestión entrañaba el mandato de soñar con el comercio sexual normal o anormal, cumplía el sueño este mandato sustituyendo el material sexual por los símbolos ya descubiertos en la interpretación onírica psicoanalítica.

Así, habiéndose sugerido a una sujeto, como tema onírico, el comercio homosexual con una amiga suya, apareció ésta en el sueño llevando en la mano una vieja maleta que mostraba pegado un cartelito con las palabras "Sólo para señoras". La

[51] *N. del T.* "Schlemihl". El hombre que hace fracasar todo aquello en que interviene y al que todo se le deshace entre las manos. El sujeto cita equivocadamente, pues no es de Prévots sino de Bourget la obra (*Fisiología del amor moderno*), en cuyo capítulo III, titulado "Les exclus de l'amour", se describe este tipo de hombres.

sujeto no tenía la menor noticia del simbolismo de los sueños ni de la interpretación onírica. Desgraciadamente, el suicidio del doctor Schrötter, sobrevenido a poco de comenzadas estas importantes investigaciones, nos impide determinar su alcance. De ellas ha quedado únicamente un trabajo publicado en la *Zentralblatt für Psychoanalyse*.

Una vez que hemos dedicado al simbolismo onírico toda la atención que merece podemos continuar ocupándonos de los *sueños típicos*, cuyo examen interrumpimos en páginas anteriores (parte I, cap. V, inciso *d*). Me parece justificado dividir, *grosso modo*, estos sueños en dos clases: aquellos que poseen realmente siempre el mismo sentido y aquellos otros, que no obstante presentar el mismo o análogo contenido, son susceptibles de las más diversas interpretaciones. De los pertenecientes a la clase primera hemos estudiado ya detenidamente el sueño de examen (parte I, cap. V inciso γ).

Por la analogía de su impresión afectiva pueden ser agregados los sueños en los que perdemos el tren, a los de examen; agregación que su esclarecimiento justifica luego plenamente. Son, en efecto, sueños que tienden a mitigar otro sentimiento de angustia experimentado durante el reposo: el miedo a morir. "Partir" es uno de los símbolos más frecuentes y explicables de la muerte. El sueño nos dice entonces, consolándonos: "Tranquilízate, no morirás (no partirás)", del mismo modo que el sueño de examen nos serenaba diciendo: "No temas; tampoco esta vez te sucederá nada." La dificultad con que tropieza nuestra comprensión de estas dos clases de sueños procede de hallarse ligada la sensación de angustia precisamente a la expresión del consuelo.

El sentido de los "sueños de estímulo dental", sueños que he tenido numerosas ocasiones de analizar, se me ocultó durante mucho tiempo, pues para mi sorpresa, tropezaba siempre su interpretación con resistencias intensísimas.

Por último, se me impuso la evidencia de que en los sujetos masculinos era el placer onanista de la pubertad lo que constituía la fuerza provocadora de estos sueños. Analizaré aquí dos de ellos, uno de los cuales es, al mismo tiempo, un "sueño de vuelo". Ambos proceden de la misma persona, un joven de tendencias homosexuales muy enérgicas, aunque coartadas en la vida real.

"Se encuentra presenciando una representación de *Fidelio* en el patio de butacas de la Opera, al lado de L., persona que le es muy simpática y cuya amistad quisiera conquistar. De repente, echa a volar oblicuamente por encima del patio de butacas hasta el final del mismo, se lleva luego la mano a la boca y se arranca dos muelas."

El sujeto describe su vuelo diciendo que fue como si le hubieran *tirado* o *arrojado* (*geworfen*) al aire. Tratándose de una representación de Fidelio hemos de pensar en los versos:

Aquel que ha conquistado una hermosa mujer.

Pero la conquista de una mujer —por hermosa que fuese— no entra en los deseos del sujeto. Con éstos se hallarán más de acuerdo los versos que vienen a continuación:

Aquel que ha acertado en la gran tirada (Wurf)
de ser el amigo de un amigo...[52]

[52] *N. del T.* Los versos originales son:

"Wem der grosse Wurf gelungen
Eines Freundes Freund zu sein..."

La necesidad de adaptar la traducción a la paronimia "geworfen Wurf" (tirar-tirada), sin la cual se perdería, al verterlo al castellano, un principalísimo elemento del análisis nos ha obligado a una expresión harto forzada.

El sueño contiene esta "tirada"[53] y no sólo como realización de deseos, pues detrás de ella se esconde también el amargo recuerdo de otras veces que fracasó el sujeto en sus demandas de amistad siendo rechazado ("hinausgeworfen" = "arrojado fuera"), y el temor a que le suceda lo mismo con el joven a cuyo lado asiste a la representación de Fidelio. Avergonzado añade luego la confesión de que una vez que un amigo le hizo objeto de un desprecio, se masturbó dos veces seguidas, poseído por la excitación sexual que despertó en él la añoranza de la amistad perdida.

Sueño segundo: "Dos profesores de la Universidad, conocidos suyos, me sustituyen en su tratamiento. Uno de ellos le hace algo en el miembro. El otro le golpea la boca con una barra de hierro, arrancándole los dientes. Luego le vendan con cuatro pañuelos de seda."

No cabe dudar del sentido sexual de este sueño. Los pañuelos de seda corresponden a una identificación con un homosexual conocido suyo. El sujeto, que no ha realizado jamás el coito ni ha buscado tampoco en la vida real el comercio sexual con personas de su propio sexo, se representa el comercio sexual conforme al modelo de la masturbación a la que se entregó en su pubertad.

A mi juicio, también las frecuentes modificaciones del sueño típico de estímulo dental, por ejemplo, la de ser una tercera persona quien extrae una muela al sujeto, etcétera, se nos hacen comprensibles bajo la misma explicación[54].

---

[53] *N. del T.* —"Tirada"; acción o afecto de tirar.

[54] La extracción de una muela por otra persona debe interpretarse casi siempre como un símbolo de la castración (del mismo modo que el hecho de cortarnos el pelo el peluquero; Stekel). Debe extinguirse entre los sueños de estímulo dental y aquéllos en que nos hallamos en manos del dentista, como los comunicados por Coriel (*Zentralblatt f. Ps.* —A. III, 440).

De todos modos, no deja de parecer enigmático que el "estímulo dental" pueda llegar a entrañar un tal significado. Haremos observar aquí la tan frecuente transferencia de abajo arriba que encontramos puesta al servicio de la represión sexual y mediante la cual pueden llegar a realizarse en la histeria, localizándose en partes del cuerpo exentas de toda objeción, sensaciones e intenciones que debían desarrollarse en los genitales.

Un caso de esta transferencia se nos ofrece cuando dentro del simbolismo del pensamiento inconsciente quedan sustituidos los genitales por el rostro. Los usos del lenguaje contribuyen a ello con palabras aplicables a dos diferentes partes del cuerpo (carrillos, labios). La nariz es hecha equivalente al pene en muchas alusiones; la vegetación capilar próxima a ambos miembros completa la analogía. Sólo los dientes y muelas se hallan fuera de toda posibilidad de comparación, y precisamente esta circunstancia que contrasta con el paralelismo antes detallado, es lo que bajo el empuje de la represión sexual los hace apropiados para los fines de la representación.

No pretendo afirmar que la interpretación de los sueños de estímulo dental como sueños onanistas, justificada sin duda alguna, haya llegado a ser por completo transparente[55]. Me limito a exponer todos los datos que para su esclarecimiento he hallado hasta aquí, conviniendo en que aún queda bastante por explicar. En nuestro país existe una grosera expresión para designar el acto de la masturbación: "arrancarse una"[56]. No puedo decir de dónde procede esta expresión ni cuál es

[55] Según una comunicación de C. G. Jung, los sueños de estímulo dental soñado por mujeres tienen la significación de sueños de nacimiento. E. Jones ha aportado una excelente confirmación de este juicio. Esta interpretación coincide con la que acabamos de exponer, en el hecho de tratarse, en ambos casos (castración-parto), de la ablación o separación de una parte del cuerpo.

[56] Compárese el sueño "biográfico" detallado en páginas anteriores.

el simbolismo en que se basa, pero las "muelas" parecen muy apropiadas para representarla[57]. Al segundo grupo de sueños típicos pertenecen aquellos en los que volamos, flotamos,

---

[57] Dado que los sueños de la extracción o caída de una muela son interpretados por la creencia popular como anuncio de la muerte de un pariente, mientras que el psicoanálisis no les concede tal significación, sino todo lo más en el sentido paródico arriba indicado, intercalaremos aquí un "sueño de estímulo dental" que nos ha sido comunicado por Otto Rank:

"Soñé, hace poco, que estaba en casa del dentista, el cual me horadaba una de las últimas muelas de la mandíbula inferior, pero tanto y tanto trabajaba en ella, que acaba por dejarla inservible. Entonces coge la llave y me saca la muela, asombrándome la facilidad con que realiza la extracción. Luego me dice que no me importe, pues no es esta muela la que estaba curándome, y la deposita encima de la mesa, donde queda dividida en varias capas. (Antes compruebo que se trata de un incisivo de la mandíbula superior.) Me levanto del sillón, lleno de curiosidad, y acercándome a la mesa dirijo una pregunta médica al dentista, el cual me contesta que aquello se relaciona con la pubertad y que sólo antes de la misma, o tratándose de una mujer, en el momento de tener un hijo, pueden extraerse las muelas tan fácilmente.

Mientras tanto, separa los diversos fragmentos en que ha quedado dividida la muela y los machaca (pulveriza) con un instrumento. —Observo después (medio despierto ya), que mi sueño ha sido acompañado de una polución, pero no me es posible situar ésta en un determinado punto del mismo. Lo más probable me parece que tuviera efecto en el momento de extraerme la muela.

Continúo luego soñando algo que no me es posible recordar ahora y que termina con que dejo en algún lado (probablemente en el guardarropa del dentista) el sombrero y el traje, confiando en que ya me los enviarán después, y vestido tan sólo con el abrigo, me apresuro, para alcanzar todavía un tren que está a punto de salir. En efecto, consigo saltar, en el último momento, al vagón de cola, donde ya había alguien. Sin embargo, no me es posible penetrar en el coche y tengo que dejarme llevar por el tren, agarrado a la parte exterior, en una violenta postura, que por fin logro rectificar, después de varias tentativas. Atravesamos así un gran túnel, y al hacerlo, nos cruzamos con dos trenes que pasan a través del nuestro como si éste constituyera el túnel. Luego miro a través de la ventanilla de un vagón, como desde el exterior."

Para la interpretación de este sueño, poseemos los siguientes sucesos y pensamientos del día inmediatamente anterior:

I. Hace, en efecto, algunos días que padezco continuos dolores en la muela de la mandíbula inferior que es horadada en el sueño, y voy a casa del dentista, el cual está tardando, realmente, en curarla más tiempo del que yo quisiera. Habiendo acudido a él la mañana anterior al sueño, para ver si lograba acabar con los dolores que tanto me molestaban, me propuso extraerme otra muela de la misma quijada, que era probablemente la que me hacía sufrir. Tratábase de una de las del juicio, que se hallaba en vías de romper. Con tal motivo, dirigí al dentista una pregunta, remitiéndome a su conciencia médica.

II. Aquella tarde tuve que disculpar mi mal humor ante una señora, atribuyéndolo, como era cierto, a mi dolor de muelas. A esto siguió hacerse extraer la raíz de una muela cuya corona tenía destrozada. Creía una conversación en la que dicha persona me contó que le daba miedo que la extracción de los colmillos era especialmente difícil y dolorosa, aunque, por otro lado, le había dicho una amiga que tratándose, como era su caso, de un colmillo de la mandíbula superior, resultaba más fácil. Esta misma amiga le había contado también que una vez le habían extraído equivocadamente una muela sana, suceso que aumentó su miedo a la necesaria operación. Luego me preguntó si los colmillos eran los dientes llamados caninos y qué sabía médicamente sobre ellos. Por mi parte, le hablé del carácter supersticioso de todas las opiniones a que antes se había referido, aunque concediéndole que algunas de tales creencias populares encerraban un nódulo de verdad. A propósito de esto me citó la señora un proverbio muy antiguo y generalizado, según ella: *Cuando una mujer embarazada tiene dolor de muelas es señal de que parirá un niño.*

III. Este proverbio me interesó por recordarme la interpretación freudiana de los sueños de estímulo dental como sueños onanistas, dado que relaciona, en cierto modo, las muelas con los genitales masculinos (un niño), y aquella misma tarde releí las páginas correspondientes de "La interpretación de los sueños". A ellas pertenecen las observaciones siguientes, cuya influencia sobre mi sueño resulta tan fácilmente reconocible como la de los dos sucesos antes relatados: "Por último, se me impuso la evidencia de que en los sujetos masculinos era el placer onanista de la pubertad lo que constituía la fuerza provocadora de estos sueños." —"A mi juicio, también las frecuentes modificaciones del sueño típico de estímulo dental, por ejemplo, la de ser una tercera persona la que extrae una muela al sujeto, etc. se hacen comprensibles mediante la misma explicación." —"Haremos observar aquí la tan frecuente *transferencia de abajo arriba* (en el sueño presente también de la mandíbula inferior a la superior) que encontramos puesta al servicio de la represión sexual y mediante la cual pueden llegar a realizarse en la histeria, localizándose en partes del cuerpo exentas de toda objeción, sensaciones e intenciones que debían desarrollarse en los genitales." —"En nuestro país existe una grosera expresión para designar el acto de la masturbación: "arrancarse una". Esta expresión me era ya conocida en mis tempranos años juveniles, como designación del onanismo. Partiendo de este punto no será difícil, para el intérprete onírico experimentado, encontrar el acceso al material infantil en que puede hallarse basado mi sueño. Citaré únicamente todavía que la facilidad con que en el mismo se desprende la muela, que después de extraída se convierte en un incisivo de la mandíbula superior, me recuerda una vez que en mi infancia me *arranqué yo* mismo, fácilmente y sin dolor, un *incisivo de la mandíbula superior*, ya muy vacilante y próximo a caerse. Esta anécdota, presente aún en mi memoria con todos sus detalles, corresponde a aquella misma temprana época en la que se sitúan mis primeras tentativas conscientes de masturbación (recuerdo encubridor).

La cita que hace Freud de una comunicación de C. G. Jung, según la cual, los sueños de estímulo dental soñados por mujeres poseen la significación de sueños de nacimiento y la creencia popular antes citada sobre el sentido del dolor de muelas de las embarazadas, han motivado, en mi sueño la oposición del sentido femenino al masculino (pubertad). Con relación a esto, recuerdo un sueño anterior que tuve pocos días después de haberme dado de alta, en otra ocasión, el dentista, y en el que se me desprendían las coronas de oro que me acababa de colocar en varias muelas, accidente que me causaba gran indignación, sin duda, por dolerme aún el considerable desembolso realizado. Este sueño se me hace ahora comprensible, relacionándolo con cierto suceso, como alabanza de las ventajas materiales de la masturbación frente al amor objetivo, mucho más desventajoso siempre desde el punto de vista económico (coronas de oro (*N. del T. —La "corona" es la unidad monetaria austriaca*)) y creo que las frases de la citada señora sobre la significación del dolor de muelas en las embarazadas fue lo que volvió a despertar en mí estos pensamientos".

Hasta aquí llega la comunicación, suficientemente luminosa y libre, a juicio, de toda objeción, del colega sujeto de este sueño. Añadiremos únicamente, por nuestra conducta, una indicación sobre el probable sentido del segundo fragmento onírico, que pasando por los puentes verbales: Muela (tirar-tren; arrancar-viajar) —Zahn (Ziehen-Zug; reisen)— representa tanto el paso del soñador desde la masturbación al comercio sexual (túnel a través del cual atraviesan los trenes en distintas direcciones), transición realizada no sin ciertas dificultades, como los peligros del mismo (embarazo, abrigo).

Desde el punto de vista teórico nos parece este caso doblemente interesante. Ante todo, confirma la afirmación freudiana de que la eyaculación sobreviene en el momento de ser extraída la muela en el sueño. La polución tiene que ser considerada siempre como una satisfacción onanista conseguida sin el auxilio de excitaciones mecánicas. Pero, además, en el caso que nos ocupa, la satisfacción lograda por medio de la polución no responde, como de costumbre, caemos, nadamos, etc.; sueños para los que no puede señalarse un sentido general, pues significan en cada caso algo distinto, pero cuyo material de sensaciones procede siempre de la misma fuente.

De los datos obtenidos en el psicoanálisis hemos de concluir que también estos sueños repiten impresiones de la infancia refiriéndose a los juegos de movimiento, tan atractivos para los niños. Todos hemos jugado a hacer volar a nuestros hijos o sobrinos, o hemos fingido dejarles caer cuando los teníamos en nuestros brazos o cabalgando sobre nuestras rodillas. Los niños gustan mucho de esta clase de juegos y piden, incansa-

---

a un objeto, siquiera sea sólo imaginativo, sino que carece de él en absoluto, siendo, por lo tanto, puramente autoerótica, o mostrando, a lo más, un matiz homosexual (dentista).

El segundo punto, que creo interesante hacer resaltar, es el que sigue: Podría objetarse que es innecesario todo empeño en aplicar a este caso la teoría de Freud, dado que los sucesos del día anterior bastan por sí solos para hacer comprensible el contenido del sueño. La visita al dentista, la conversación con la señora y la lectura de "La interpretación de los sueños" explican suficientemente que el sujeto, molestado aun durante el reposo por el dolor de muelas, produjese el sueño relatado, incluso, si se quiere, con el fin de adormecer el dolor que perturba su reposo (por medio de la representación de la extracción de la muela dolorida, acompañada de un simultáneo adormecimiento de la temida sensación de dolor por el desarrollo de la libido). Pero no puede defenderse seriamente la hipótesis de que la lectura de las explicaciones de Freud haya podido establecer o siquiera reavivar en el sujeto, la relación de la extracción de la muela con el acto de la masturbación, si dicha relación no se hallase constituida de antemano hace ya mucho tiempo, como el mismo sujeto lo confiesa ("arrancarse una"). La incredulidad con que el sujeto manifiesta haber recibido las afirmaciones de Freud sobre la significación típica de los sueños de estímulo dental al leerlas por vez primera, incredulidad que despertó en él el deseo de comprobar si tal significación se extendía a todos los sueños de este género, es lo que dio vida, a más de su diálogo con la señora, a tal relación. El sueño le ofrece la confirmación deseada, por lo menos en lo que respecta a su propia persona y le muestra, al mismo tiempo, el motivo de su incredulidad, constituyendo de este modo la realización de un deseo —el de convencerse del alcance y solidez de la teoría freudiana.

bles, su repetición, sobre todo cuando va mezclado a ello una sensación de sobresalto o de vértigo.

En años posteriores se procura el sujeto tal repetición en el sueño, pero suprime en él los brazos que de niño le sostenían, y flota o cae así, libremente. Conocida es también la predilección de los niños por los juegos de columpiarse y balancearse, juego cuyo recuerdo es reavivado más tarde por los ejercicios de los artistas de circo. En muchos adolescentes no consiste luego la crisis histérica sino en la reproducción de tales ejercicios que realizan, por cierto, con gran destreza, durante la misma. Estos juegos de movimiento, inocentes ensí, provocan, con frecuencia, sensaciones sexuales[58]. Los sueños en que volamos, caemos, sentimos vértigo, etc., reproducen su agitación, pero transforman en angustia las indicadas sensaciones de placer.

Podemos, pues, rechazar muy fundadamente la teoría que atribuye a nuestras sensaciones epidérmicas durante el reposo y a las emanadas del movimiento respiratorio, etc., la producción de los sueños de volar y caer. Vemos, en efecto, que también tales sensaciones son reproducidas tomándolas de nuestra memoria, y forman, por lo tanto, parte del contenido del sueño en lugar de constituir fuentes de este. Este material de sensaciones de movimiento, homogéneo y procedente de

[58] Un joven colega, libre de todo nerviosismo, me comunica con relación a este tema: "Sé, por experiencia, que al columpiarme, en mis años infantiles, experimentaba, cuando el movimiento de descenso alcanzaba mayor violencia, una singular sensación en los genitales, que aunque no me parecía realmente agradable, he de calificar de sensación de placer". —Varios pacientes me han comunicado que las primeras erecciones acompañadas de placer que recuerdan haber tenido en su infancia, fueron simultáneas al ejercicio de trepar por un árbol o un poste cualquiera.— El psicoanálisis nos descubre, con toda seguridad, que los primero impulsos sexuales radican con frecuencia en los juegos violentos de los años infantiles.

una misma fuente, es utilizado para la representación de las más diversas ideas latentes. Los sueños de volar o flotar —placenteros en su mayoría— reclaman interpretaciones muy distintas, peculiarísimas en algunos sujetos y de naturaleza típica en otros. Una de mis pacientes solía soñar con gran frecuencia que flotaba a una cierta altura, por encima de la calle, sin tocar el suelo. La sujeto era de muy poca estatura y repugnaba todas aquellas impurezas que el comercio social trae consigo. Su sueño realizaba sus dos deseos; separando sus pies del suelo y haciendo sobresalir su cabeza en elevadas regiones. En otros sujetos, el sueño de volar constituía la realización del deseo expresado en una conocida poesía de ser un pájaro y poder volar hacia el amado. Otras, por último, se compensaban convirtiéndose por la noche en ángeles, de que nadie les dirigiera tan amoroso calificativo durante el día. La íntima conexión del vuelo con la imagen del pájaro explica que los sueños de volar, soñados por sujetos masculinos, posean casi siempre una significación groseramente sexual. Tampoco nos sorprenderá el oír decir al sujeto alguna vez que se sentía orgullosísimo durante su sueño de su nueva facultad.

El Dr. Paul Federn (Viena) ha expuesto la atractiva hipótesis de que gran parte de los sueños de volar son sueños de erección, dado que este fenómeno tan singular y que tan de continuo preocupa a la fantasía humana tiene que hacernos la impresión de una excepción de la ley de gravedad. (Compárense los falos alados de la antigüedad).

Es curioso que Mourly Vold, investigador de gran timidez y contrario a toda interpretación, coincida aquí con nosotros en el sentido erótico asignado a los sueños de volar o flotar (tomo II, pág. 791), manifestando que el erotismo es su "motivo principal" y alegando, en apoyo de tal aserto, la intensa sensación vibratoria del cuerpo que acompaña a estos sueños y la frecuente conexión de estos con erecciones y poluciones.

Los sueños en que caemos muestran muchas veces un carácter angustioso. Cuando el sujeto es femenino, no presenta su interpretación la menor dificultad pues aceptan siempre el sentido simbólico corriente de la caída, o sea, la entrega a una tentación erótica. Pero esto no agota las fuentes infantiles del sueño de caída; casi todos los niños han caído alguna vez, siendo levantados y acariciados, o hasta acogidos en el lecho de sus guardadores cuando la caída fue por la noche y desde su cama.

Aquellas personas que tienen frecuentemente el sueño de estar nadando y se abren camino en él por entre las olas, experimentando una sensación agradable, etc., suelen haber tenido de niños la arraigada costumbre de orinarse en la cama, y renuevan en tales sueños un placer al que han aprendido a renunciar hace ya mucho tiempo. En ejemplos subsiguientes, veremos a qué representación se prestan fácilmente estos sueños.

Como fundamento de la prohibición de jugar con fuego suele decirse a los niños que, si así lo hacen se orinarán por la noche en la cama. Esta circunstancia justifica nuestra interpretación de los sueños de fuego, que hallamos también basados en la *enuresis nocturn*a de los años infantiles. En mi estudio *Fragmentos del análisis de una histeria* (1905)[59] he expuesto el análisis y la síntesis completa de un tal sujeto, y he mostrado cuáles son los sentimientos de la edad adulta para cuya representación es utilizado este material infantil.

Si para incluir a un determinado género de los sueños en la categoría de "típicos" consideramos suficiente el frecuente retorno del mismo contenido manifiesto en sujetos distintos, podremos citar aún toda una serie de ellos. Así, el de avanzar

---

[59] *Colección de ensayos sobre una teoría de las neurosis,* Segunda serie, 1909. Se publicará en estas *Obras Completas.*

a través de estrechas callejas, el de ladrones nocturnos, con el que se relacionan las medidas de precaución adoptadas por los nerviosos al acostarse, el de escapar a través de una serie de habitaciones, de huir perseguidos por animales furiosos (toros, caballos) o amenazados con cuchillos, puñales o lanzas, etc.

Estos dos últimos sueños son característicos de los individuos que padecen de angustia y sería muy interesante una investigación especial del material por ellos utilizado. En su lugar expondré aquí dos observaciones, advirtiendo previamente que no se refieren de un modo exclusivo a los sueños típicos.

I. Cuanto más nos ocupamos de la interpretación de los sueños, más obligados nos vemos a reconocer que la mayoría de los soñados por sujetos adultos elaboran un material sexual y dan expresión a deseos eróticos. Sólo aquellos investigadores que analizan verdaderamente los sueños, esto es, los que penetran desde el contenido manifiesto hasta el latente, puede formarse un juicio sobre esta cuestión, nunca aquellos otros que se limitan a examinar el contenido manifiesto (por ejemplo, Näcke en sus trabajos sobre los sueños sexuales). Afirmaremos, pues, desde ahora, que este hecho no constituye sorpresa ninguna para nosotros, sino que coincide perfectamente con los fundamentos de nuestra explicación de los sueños. Ningún instinto ha tenido que soportar, desde la infancia, tantas represiones como el instinto sexual en todos sus numerosos componentes[60] y de ningún otro perduran tantos y tan intensos deseos inconscientes que actúan luego durante el estado de reposo provocando sueños. En la interpretación onírica no deberá, pues, olvidarse nunca esta importancia de los complejos sexuales, aunque, naturalmente, sin exagerarla hasta la exclusividad.

---

[60] Cf. *Una teoría sexual,* tomo II de estas *Obras Completas.*

Una cuidadosa interpretación nos permitirá reconocer muchos sueños como bisexuales, o sea susceptibles de una segunda solución en la que realizan tendencias homosexuales, contrarias a la actividad sexual normal del sujeto. Pero el que todos los sueños hayan de ser interpretados bisexualmente, como pretenden W. Stekel[61] y Alf. Adler[62], me parece una generalización tan indemostrable como inverosímil. No puede olvidarse que existen numerosos sueños que satisfacen necesidades distintas de las eróticas. Así, los de hambre, sed, comodidad, etc. También las análogas afirmaciones de que detrás de todo sueño se descubre "la cláusula de la muerte" (Stekel) y que todo sueño muestra una "progresión desde la línea femenina a la masculina" (Adler) me parecen transgredir los límites de lo permitido a la interpretación onírica. La afirmación de que *todos los sueños reclaman una interpretación sexual*, que tanta oposición ha despertado y en derredor de la cual han surgido tantas polémicas, es ajena a mí y no aparece en ninguna de las seis ediciones publicadas hasta ahora de *La interpretación de los sueños*, hallándose, en cambio, visiblemente contradicha por varios pasajes de esta.

Lo que sí hemos afirmado y podríamos confirmar con numerosos ejemplos además de los ya expuestos, es que los sueños de apariencia singularmente *inocente* dan cuerpo casi siempre a groseros deseos eróticos. Asimismo, muchos sueños de aspecto indiferente, en los que a primera vista no observamos nada de particular, quedan referidos, después del análisis, a impulsos optativos indudablemente sexuales y a veces de naturaleza inesperada. Nadie supondría, por ejemplo, antes

---

[61] *El lenguaje de los sueños*, 1911.

[62] *El hermafroditismo psíquico en la vida y en la neurosis*. (Fortschritte der Medizin, 1910, núm. 16) y otros trabajos posteriores (*Zentralblatt fürr Psychoanalyse* I, 910-11).

de la interpretación, que el sueño siguiente encerrase un deseo sexual: "Entre dos magníficos palacios —relata el sujeto— y un poco hacia el fondo, hay una casita cuyas puertas están cerradas. Mi mujer me conduce por el trozo de calle que va hasta la casita y empuja la puerta. Entonces penetro yo rápida y fácilmente en el interior de un estrecho patio en cuesta arriba".

Toda persona algo experimentada en la traducción de sueños recordará en seguida que el penetrar en espacios estrechos y el abrir puertas son símbolos sexuales muy corrientes, y reconocerá sin esfuerzo este sueño como la representación de una tentativa de coito *more ferarum* entre dos magníficos palacios (entre las nalgas del cuerpo femenino). El patio en cuesta arriba es, naturalmente, la vagina, y el auxilio que en el sueño presta al sujeto su mujer, nos fuerza a la interpretación de que en realidad es sólo la consideración que la misma merece, lo que le retiene de intentar con ella la realización de un tal coito.

Informaciones posteriores nos muestran que el mismo día del sueño había entrado a servir en casa del sujeto una criada joven que le había agradado dándole, además, la impresión de que no habría de negarse a tal intento. La casita entre los dos palacios es una reminiscencia del Hradschin de Praga, y alude, al mismo tiempo, a la criada de referencia, natural de dicha ciudad.

II. Cuando hago resaltar ante mis pacientes la frecuencia del sueño de Edipo en el que realiza el sujeto el coito con su propia madre, suelen contestarme que no recuerdan haber tenido nunca un tal sueño, pero inmediatamente surge en ellos el recuerdo de otro, irreconocible e indiferente, que han soñado repetidas veces, y el análisis muestra que se trata de un sueño del mismo contenido, esto es, de un sueño de Edipo. Podemos afirmar que los sueños de este género que se presentan bajo un disfraz cualquiera son infinitamente más frecuentes que los sinceros, o sea, aquellos que muestran directamente al sujeto en comercio sexual con su madre[63].

Existen sueños de paisajes o localidades en los que aparece además intensamente acentuada la seguridad de habernos encontrado ya otra vez en aquellos lugares. Este *déjà vu* posee una especial significación. El lugar de que en ellos se trata es siempre el órgano genital materno. Realmente, de ningún otro lugar podemos afirmar con tanta seguridad "habernos encontrado ya en él". Una sola vez ha llegado a hacérseme difícil esta interpretación ante el sueño en que un neurótico obsesivo visitaba una vivienda en la que ya había estado *dos veces*. Pero hube de recordar que algún tiempo antes me había relatado

---

[63] En el número 1° de la *Zentralblatt für Psychoanalyse*, he publicado un ejemplo de uno de estos encubiertos sueños de Edipo. Igualmente, Otto Rank en el número 4 de la misma revista. Sobre otros sueños de este género, en los que salta a la vista el simbolismo, véase el trabajo de Otto Rank en la "Int. Zestchr. F. Psychoanalyse, I, 1913" y en este mismo lugar, los estudios de Eder, Ferenczi y Reitler sobre los "sueños oculares" y el simbolismo de los ojos. La privación violenta de este órgano simboliza, tanto en la leyenda de Edipo, como en otros lugares, la castración. Los antiguos conocían ya la interpretación simbólica de los sueños de Edipo no encubiertos (*Cf.* O. Rank, Jahrb. II. Pág. 534): "Así, ha llegado hasta nosotros el relato de un sueño en que Julio César se vio realizando el coito con su madre y que los adivinos interpretaron como favorable presagio de la posesión de la tierra (madre tierra). Igualmente conocida es la predicción hecha a los Tarquinos de que sería dueño de Roma aquel que primero besase a su madre (*osculum matri tulerit*), oráculo que Bruto interpretó como referente a la madre tierra (*terran osculo contigit, scilicet quod ea communia mater ómnium mortalium esset.* Livus I, LXI). Compárese aquí el sueño de Hippias citado por Herodoto, VI, 107_ "Hippias condujo a los bárbaros a Marathon después de haber tenido un sueño en el que le pareció verse acostado al lado de su madre. De este sueño dedujo que volvería a Atenas, sería repuesto en el trono y moriría en su patria después de un largo reinado". Estos mitos e interpretaciones indican un acertado conocimiento psicológico. He averiguado que las personas que se saben preferidas o distinguidas por su madre poseen, en la vida, aquella confianza en sí mismos y aquel indestructible optimismo que parecen heroicos muchas veces y fuerzan el verdadero éxito...

este paciente que una noche que su madre le acogió en su lecho, teniendo él seis años, aprovechó la ocasión para introducir un dedo en los genitales de la durmiente.

Un gran número de sueños, con frecuencia angustiosos, cuyo contenido es el avanzar a través de estrechísimos espacios o hallarnos sumergidos en el agua, aparecen basados en fantasías referentes a la vida intrauterina —la permanencia en el seno materno y el nacimiento—. Reproduciré aquí uno de estos sueños, soñado por un joven, el cual aprovecha en su fantasía la ocasión que le ofrece su situación intrauterina para espiar un coito de sus padres.

"Se encuentra en un profundo foso en el que se abre una ventana como en el túnel de Semmering. A través de ella ve al principio un paisaje desierto y compone luego en él un cuadro que resulta, en el acto, presente. Este cuadro representa una tierra de labor profundamente removida por el arado, y el hermoso ambiente, la idea de trabajo aplicado, y los terrenos negroazules le producen una impresión de serena belleza. Después ve *abierto ante él una Pedagogía*... y se asombra de que se conceda en ella tanta atención a los sentimientos sexuales (del niño), cosa que le hace pensar en mí".

He aquí un bello sueño de agua, soñado por una paciente mía y que fue objeto de un particular aprovechamiento en la cura:

"Se encuentra en su residencia veraniega junto al lago de..., y se arroja al agua oscura allí donde la pálida luna se refleja en ella."

Los sueños de este género son sueños de nacimiento y llegamos a su interpretación invirtiendo el hecho comunicado en el contenido manifiesto, o sea, en lugar de arrojarse al agua, salir del agua, esto es, ser parido[64]. El lugar del que se nace queda

[64] Sobre la significación mitológica del nacimiento en el agua, véase *El mito del nacimiento del héroe*, Otto Rank, 1909.

reconocido en cuanto pensamos en el caprichoso sentido que en francés se da a "la Lune". La pálida luna es el blanco trasero del que el niño supone haber salido. Mas ¿qué puede significar el que la paciente desee "nacer" en su residencia veraniega? Interrogada, me responde sin vacilar: "¿Acaso el tratamiento no me ha dejado como si hubiera *nacido de nuevo*?" De este modo, se convierte el sueño en una invitación a continuar el tratamiento en su residencia estival, o sea, a visitarla allí. Por último, contiene, quizá, también, una tímida indicación de su deseo de ser madre[65]. De un trabajo de E. Jones tomamos el siguiente sueño de nacimiento y su interpretación: "La sujeto se hallaba a la orilla del mar vigilando a un niño —al parecer, su hijo— que andaba por el agua. Poco a poco va el niño entrando mar adentro y metiéndose más en el agua hasta no dejar fuera sino la cabeza, que la sujeto ve moverse de arriba abajo sobre la superficie. Luego se transforma la escena en el "*hall*", lleno de gente, de un hotel. Su marido la abandona y ella "entra en conversación con un desconocido".

La segunda mitad del sueño se reveló sin dificultad en el análisis como la representación de los hechos de abandonar a su marido y entrar en relaciones íntimas con una tercera persona. La primera constituía una clara fantasía del nacimiento. Tanto en los sueños como en la mitología queda representada la salida del niño del líquido amniótico por un acto contrario, o sea por su inmersión en el agua. Conocidos ejemplos de esta

[65] Posteriormente, he logrado penetrar a mayor profundidad en el significado de las fantasías y pensamientos inconscientes relativos a la vida intrauterina. Tales fantasías y pensamientos contienen, además de la explicación del miedo singular que de ser enterradas vivas tienen muchas personas, el más profundo fundamento inconsciente de la creencia en una vida más allá de la muerte, supervivencia que no es sino la proyección en el porvenir, de la obscura y misteriosa vida anterior al nacimiento. *El acto del nacimiento es, además, el primer suceso angustioso, y con ello el modelo y la fuente del afecto de angustia.*

representación son, entre otros muchos, los nacimientos de Adonis, Osiris, Moisés y Baco. La emersión e inmersión de la cabeza del niño en el sueño recuerdan inmediatamente a la sujeto la sensación de los movimientos del feto experimentada durante su único embarazo. La imagen del niño metiéndose en el mar despierta en ella una ensoñación en la que, después de sacarle del agua, le lleva a una habitación, le lava, le viste y le conduce luego a su casa.

La segunda mitad del sueño representa, como ya indicamos, pensamientos referentes a la fuga del hogar conyugal, la cual se halla relacionada con la primera mitad de las ideas latentes. La primera mitad corresponde al contenido latente de la segunda, o sea a la fantasía del nacimiento. Además de la inversión antes mencionada, tienen efecto otras varias en cada una de las dos mitades del sueño. En la primera, entra el niño *en el agua* y después mueve la cabeza; en las ideas latentes correlativas surgen primero tales movimientos y después *abandona* el niño el agua (una doble inversión). En la segunda, la *abandona* su marido; en las ideas latentes le *abandona* ella.

Abraham relata otro sueño de nacimiento soñado por una señora joven próxima a su primer alumbramiento. De un cierto lugar del piso de su cuarto parte un canal que va directamente al agua (agua de nacimiento, líquido amniótico). La sujeto abre una trampa que hay en el suelo y ve surgir una figura vestida con una piel obscura y semejante a una foca. Al quitarse la piel resulta ser el hermano menor de la sujeto, para con el cual ha desempeñado ésta el papel de madre.

En toda una serie de casos, ha demostrado Rank que los sueños de nacimiento se sirven de igual simbolismo que los de estímulo vesical. El estímulo erótico es representado en ellos como vesical y la estratificación de sus significados corresponde a una serie de cambios de sentido, por los que el símbolo ha pasado desde la época infantil.

Podemos retornar aquí el tema del papel que los estímulos orgánicos perturbadores del reposo desempeñan en la formación de los sueños, tema que antes dejamos interrumpido (parte I, cap. I, inciso *c*, partado 1).

Los sueños constituidos bajo tales influencias no se limitan a mostrarnos claramente la tendencia a la realización de deseos y el carácter de sueños de comodidad, sino que presentan muchas veces un simbolismo por completo transparente, pues no es nada raro que nos haga despertar un estímulo *cuya satisfacción simbólicamente disfrazada ha sido ya intentada inútilmente.* Esto es aplicable a los sueños de polución y a los provocados por la necesidad de evacuar la vejiga o el intestino. El singular carácter de los sueños de polución nos permite desenmascarar directamente determinados símbolos sexuales reconocidos ya como típicos pero aún muy discutidos, sin embargo, nos convence, además de que algunas situaciones oníricas aparentemente inocentes, no son sino el preludio simbólico de una escena groseramente sexual la cual no llega, casi nunca, a una representación directa sino en los sueños de polución, relativamente raros, transformándose, en cambio, con frecuencia, en un sueño de angustia que conduce igualmente a la interrupción del reposo.

El simbolismo de los sueños de estímulo vesical es especialmente transparente y ha sido adivinado desde muy antiguo. Hipócrates suponía ya, que los sueños en que el sujeto veía surtidores y fuentes indicaban algún trastorno de la vejiga (H. Ellis). Scherner estudió también la diversidad del simbolismo del estímulo vesical y afirmó ya que "el intenso estímulo vesical queda siempre transformado en excitación de la esfera sexual y en formaciones simbólicas correspondientes... El sueño de estímulo urinario es también, con frecuencia, el representante del sueño sexual". O. Rank, cuyas observaciones en su trabajo sobre "la estratificación de símbolos en el sueño provocado por un estímulo que acaba interrumpiendo el reposo" hemos seguido aquí, ha hecho muy verosímil la atribución de una gran cantidad de sueños de estímulo vesical a un estímulo sexual que intenta satisfacerse primero por el camino de la regresión a la forma infantil del erotismo uretral. Especialmente instructivos son aquellos casos en los que el estímulo urinario así constituido conduce a la interrupción del reposo y a la evacuación de la vejiga, no obstante, lo cual, continúa luego el sueño exteriorizando ya entonces su necesidad en imágenes eróticas no encubiertas[66].

De un modo totalmente análogo encubren los *sueños de estímulo intestinal* el simbolismo correspondiente y confirman simultáneamente la conexión de los conceptos "oro" y "excrementos", de la cual testimonian también numerosos datos de la psicología de los pueblos. "Así, una mujer que se halla sometida a tratamiento médico a causa de una perturbación intestinal sueña con un avaro que entierra su *tesoro* cerca de una chocita de madera semejante a aquellas en que está situado el *retrete* en las casas aldeanas. Un segundo fragmento de este sueño muestra a la sujeto *limpiándole el trasero* a su hija, una niña pequeña que se ha *ensuciado*."

A los *sueños de nacimiento* se agregan sueños de *salvamento*. Salvar a alguien, sobre todo extrayéndolo del agua, es equivalente a parir, cuando es una mujer quien lo sueña, y modifica este sentido cuando es un hombre. (Véase un sueño de este

[66] Las mismas representaciones simbólicas que encontramos como base del sueño vesical, en sentido infantil, muestran, en sentido "reciente", una significación exquisitamente sexual: Agua = orina = esperma = líquido amniótico; barco = navegar" (orinar) = conceptáculo (caja); mojarse = enuresis = coito = embarazo; nadar = plenitud de orina = residencia del feto; lluvia = orinar = símbolo de la fecundación; viajar (ir en coche = bajar) = levantarse de la cama = realizar el acto sexual (viajar, viaje de novios); orinar = evacuación sexual (polución). (O. Rank. *I. c.*).

género en el trabajo de Pfister: *Ein Fall von psychoanalytischer Seelsorge und Seelenheilung,* Evangelische Freiheit, 1909). Sobre el símbolo de "salvar" véase mi conferencia: "El porvenir de la terapia psicoanalítica" (*Zentralblatt f. Psychoanalyse*, núm. 1, 1910) y el ensayo titulado "Aportaciones a la psicología de la vida erótica. I. Sobre un tipo especial de la elección de objeto en el hombre" (*Jahrbuch, f. Ps.* Tomo I, año 1910)[67]. Los ladrones, los asaltantes nocturnos y los fantasmas de los que se siente miedo antes de acostarse y con los que luego se sueña a veces, proceden de una misma reminiscencia infantil. Son los visitantes nocturnos que han despertado al niño para ponerle en el orinal y evitar que mojase la cama o han levantado cuidadosamente las sábanas para observar la posición de sus manos durante el reposo. En el análisis de algunos de estos sueños de angustia he logrado que el sujeto reconociese la persona del visitante. El ladrón era, casi siempre, representación del padre, y los fantasmas correspondían más bien a personas femeninas vestidas con el largo camisón de dormir.

f) Ejemplos de representaciones. El cálculo y el discurso oral en el sueño.

Antes de situar el cuarto de los factores que rigen la formación de los sueños en el lugar que le corresponde quiero comunicar algunos de los ejemplos por mí reunidos que esclarezcan la acción conjunta de los otros tres factores hasta el momento examinados, aporten pruebas de afirmaciones anteriormente consignadas y permitan deducir conclusiones incontrovertibles. En la exposición de la elaboración onírica que venimos

[67] Véase también los trabajos siguientes: Rank, "Belege zur Rettung Phantasie" (*Zentralblatt f. Ps. A.* I, 1910, pág. 331); Reick "Zur Rettugssymbolik (*ibídem*, pág. 499). Rank, "Die Geburtszettungsphantasie im Traum und Dichtung" (*Int. Zeitschz f. Psych.* II, 1914).

desarrollando nos ha sido muy difícil demostrar por medio de paradigmas la exactitud de nuestras deducciones. Los ejemplos correspondientes a cada uno de los principios establecidos, sólo dentro de la totalidad de un análisis onírico, conservan toda su fuerza probatoria. Separados de su contexto pierden, casi por completo, su atractivo. Pero una interpretación total —aunque no sea muy profunda— adquiere en seguida amplitud más que suficiente para hacer perder al lector el hilo de la cuestión a cuyo esclarecimiento se la destinaba. Este motivo técnico explica y disculpa que acumulemos ahora una gran cantidad de casos y ejemplos, cuyo único lazo de unión es su general relación con el texto del apartado precedente.

Comenzaremos con algunos ejemplos de formas de representación extrañas o poco corrientes. Una señora sueña lo que sigue: <<La criada está subida en una escalera, como para limpiar los cristales de la ventana, y tiene a su lado un chimpancé y un gato de "Gorila" (luego rectifica: de Angora). Al acercarse la sujeto, coge la criada aquellos animales y se los arroja. El chimpancé se abraza a ella, haciéndola experimentar una gran sensación de repugnancia>>. Este sueño alcanza su objeto por un medio extraordinariamente sencillo, esto es, tomando en sentido literal y representándola conforme al mismo, una corriente expresión figurada. La palabra "mono" es, en efecto, a más de un nombre zoológico, un insulto usual, y la escena del sueño no significa otra cosa que *ir arrojando insultos a diestro y siniestro*. En mi colección de sueños existen, como veremos, otros muchos ejemplos de este sencillo artificio por la elaboración onírica.

Muy análogamente procede este otro sueño: "Una mujer con un niño de cráneo singularmente mal conformado. La sujeto ha oído que este defecto obedece a la posición que el niño ocupó en el seno materno. El médico dice que por medio de una compresión podía corregirse la deformidad, aunque corriendo el peligro de dañar el cerebro del niño. La sujeto piensa que tratándose de un chico tiene menos importancia tal defecto". Este sueño contiene la representación plástica del concepto abstracto "impresiones infantiles", oído por la sujeto en las explicaciones relativas a su tratamiento.

En el ejemplo siguiente adopta la elaboración onírica un camino algo distinto. El sueño contiene el recuerdo de una excursión al lago de Hilmteich, cerca de Graz: "Fuera hace un tiempo horrible. El hotel es malísimo; las paredes chorrean agua y las camas están húmedas". (La última parte del contenido aparece en el sueño menos directamente de lo que aquí la exponemos). El significado de este sueño es *superfluo* (*überflüssig*). La elaboración onírica hace tomar forzadamente un sentido equívoco a este concepto abstracto contenido en las ideas latentes, sustituyéndolo por *rebosante* (*überfliessend*) o descomponiéndolo en *über-flüssig* (*super-líquido* o *más que líquido*) y lo representa luego por medio de una acumulación de impresiones análogas: agua fuera (un tiempo horrible); agua chorreando en las paredes y agua (humedad) en las camas; todo *líquido y más que líquido* (*flüssig und überflüsig*). No podemos extrañar que la representación onírica relegue a la ortografía a segundo término ateniéndose en el primero a la similicadencia para el cumplimiento de sus fines, pues la rima nos da ya un ejemplo de tales libertades. En un extenso sueño de una muchacha, muy penetrantemente analizado por Rank, va la sujeto paseando por entre los sembrados y corta bellas *espigas* de cebada y de trigo. Luego ve venir a un joven amigo suyo y procura evitar encontrarse con él. El análisis muestra que se trata de un "beso inocente". (*Ein Kuss in Ehren* = un beso inocente; *ein Kuss in Aehren* = un beso entre las espigas.) Las espigas, que no deben ser arrancadas sino cortadas, sirven en este sueño, y tanto por sí mismas como por su condensación con "honor" (*Ehre*) y "honras" (*Ehrungen*) para la representación de toda una serie de otros pensamientos.

Hay, en cambio, otros casos en los que el sueño ve extraordinariamente facilitada la representación de sus ideas latentes por el idioma, el cual pone a disposición toda una serie de palabras usadas primitivamente en sentido concreto y ahora en sentido abstracto. El sueño no tiene entonces más que devolver a estas palabras su anterior significado o avanzar un poco más en su transformación de sentido. Ejemplos: un individuo sueña que su hermano se halla encerrado en un *baúl*. En la interpretación queda sustituido el *baúl* por un *armario* (*schrank*) y la idea latente correlativa revela ser la de que *su hermano debiera restringir sus gastos* (*sich einschraenken*); literalmente, "estrecharse, meterse dentro de un armario". Otro sujeto sube en su sueño a una montaña desde la cual descubre un panorama extraordinariamente amplio. El análisis nos muestra que el sujeto se identifica de este modo con un hermano suyo, editor de una revista (*Rundschau*) que se ocupa de nuestras relaciones con los países del lejano Oriente, o sea, con *el hombre que pasa revista al espacio que le rodea* (*Rundschauer*).

Las primitivas sagas nórdicas hacen, según Henzen, abundantísimo empleo de estos sueños de frase hecha o juego de palabras, hasta el punto de no encontrarse en ellas casi ninguno que no contenga un equívoco o un chiste.

La reunión de tales formas de representación y su ordenamiento conforme a los principios en que se basan constituiría una labor especial. Muchas de estas representaciones podrían ser calificadas de chistosas, y experimentamos la impresión de que no hubiéramos logrado nunca solucionarlas si el sujeto mismo no nos las hubiese explicado.

1. —Un individuo sueña que le preguntan un nombre del que le resulta imposible acordarse, por más esfuerzos que hace. El sujeto mismo nos da la interpretación siguiente: *Eso no puede ocurrírseme ni en sueños.*

2. —Una paciente relata un sueño cuyos personajes eran todos de proporciones gigantescas. Esto quiere decir —añade— que se trata de un suceso de mi temprana infancia, pues claro es que entonces tenían que parecerme grandísimas las personas adultas que me rodeaban. La propia persona de la sujeto no aparecía en el contenido manifiesto de este sueño.

El retorno a la infancia es expresado también, en otros casos, por la conversión del tiempo en espacio, y las personas y escenas de que se trate se nos muestran, entonces, situadas a gran distancia de nosotros al final de un largo camino, o como si las contemplásemos a través de unos gemelos vueltos del revés.

3. —Un individuo que gusta de expresarse en formas abstractas e indeterminadas, hallándose, por lo demás, dotado de un vivo ingenio, sueña, dentro de un más amplio contexto, que se encuentra en una estación y ve llegar un tren. Pero luego presencia cómo *el andén es acercado al tren, el cual permanece inmóvil*, absurda inversión de la realidad. Este detalle es un indicio de que en el contenido latente hay también algo invertido. El análisis nos conduce, en efecto, al recuerdo de un libro de estampas en una de las cuales se veían varios hombres andando cabeza abajo sobre las manos.

4. —Este mismo sujeto nos relata en otra ocasión un breve sueño cuya técnica recuerda la de los jeroglíficos. "Va en automóvil con su tío, el cual le da un beso." La interpretación que no hubiéramos hallado nunca si el sujeto no nos la hubiese proporcionado inmediatamente después de su relato es la del "autoerotismo". En la vida despierta hubiéramos podido dar idéntica forma a un chiste elaborado con los mismos materiales.

5. —El sujeto *hace salir* de detrás de una cama a una señora. Interpretación: *le da la preferencia* (juego de palabras: *hervorziehen* = hacer salir; *Vorzug* = preferencia) (1914).

6. —El sujeto se ve vestido con uniforme de oficial y sentado a una mesa enfrente del Kaiser: se sitúa en *contraposición* a su padre.

7. —El sujeto somete a tratamiento médico a una persona que padece una *fractura* (*Knochenbruch = rotura de un hueso*). El análisis revela esta fractura como representación de un *adulterio* (*Ehebruch = rotura del matrimonio*).

8. —Las horas representan, con frecuencia, en los sueños épocas de la vida infantil del sujeto. Así, en uno de los casos por mí observados, las seis menos cuarto de la mañana representaban la edad de cinco años y tres meses a la que tuvo efecto la vida del sujeto el importante suceso del nacimiento de un hermanito.

9. —Otra representación de fechas de la vida del sujeto: una mujer se ve en compañía de dos niñas, cuyas edades se diferencian en un año y tres meses. La sujeto no recuerda familia ninguna conocida en la que se dé tal circunstancia, pero luego interpreta por sí misma la escena onírica diciendo que las dos niñas son representaciones de su propia persona y que la diferencia de edad entre ellas existente corresponde al intervalo que separó los dos importantes sucesos traumáticos de su infancia (uno cuando tenía tres años y medio y otro al cumplir cuatro años y nueve meses).

10. —No es de extrañar que las personas sometidas a tratamiento psicoanalítico sueñen frecuentemente con las circunstancias del mismo y expresen en sus sueños las ideas y esperanzas que en ellos despierta. La imagen elegida para representar la cura es generalmente la de un viaje, casi siempre en *automóvil*, esto es, en un vehículo complicado y nuevo. La velocidad del automóvil, contrastando con la lentitud del tratamiento psicoanalítico, proporciona a las burlas del sujeto un amplio campo en el que explayarse. Cuando lo *inconsciente* tiene que hallar representación en el sueño a título de elemento de las ideas de la vigilia, encuentra una apropiada sustitución en lugares *subterráneos*, los cuales representan, en otros casos exentos de toda relación con la cura psicoanalítica, los genitales femeninos o el seno materno. "Abajo" constituye muchas veces, en el sueño, una referencia a los *genitales*,

y "*arriba*", en contraposición, al *rostro*, la *boca* o el *pecho*. La elaboración onírica simboliza generalmente con *animales salvajes* los instintos apasionados —del soñador o de otras personas— que infunden temor al sujeto, o sea, con un mínimo desplazamiento, las personas mismas a que dichos instintos corresponden. De aquí a la representación del temido *padre* por animales feroces, perros o caballos salvajes —representación que nos recuerda el totemismo—, no hay más que un paso. Pudiera decirse que los animales salvajes sirven para representar la *libido*, temida por el *yo* y combatida por la represión. La neurosis misma, o sea, la "persona enferma", es separada con frecuencia de la persona total del sujeto y representada como figura independiente en el sueño.

11. —(H. Sachs.) "Por la *Interpretación de los sueños* sabemos que la elaboración onírica conoce varios caminos para representar sensiblemente una palabra o un giro verbal. Así, puede aprovechar la circunstancia de ser equívoca la expresión que ha de representar y utilizar el doble sentido para acoger en el contenido manifiesto del sueño el segundo significado en lugar del primero, entrañado en las ideas latentes.

Ejemplo de ello es el breve sueño siguiente en el que se aprovechan con gran habilidad, como material de representación, las impresiones diurnas recientes apropiadas para tal empleo.

Durante el día inmediatamente anterior al sueño, me había sentido resfriado y había decidido acostarme y no abandonar el lecho para nada en toda la noche. Antes de acostarme estuve recortando y pegando en un cuaderno varios artículos de periódico, con cuidado de colocar cada uno en el lugar que le correspondía. El sueño me hace continuar esta ocupación, en la forma siguiente:

"Me esfuerzo en pegar un recorte en el cuaderno, *pero no cabe en la página* (*er geht aber nicht auf die Seite*), lo cual me causa gran dolor".

En este momento, despierto y compruebo que el dolor experimentado en el sueño perdura como dolor físico real que me obliga a faltar a mi propósito de permanecer en el lecho. El sueño, cumpliendo su misión de "guardián del reposo", me había fingido la realización de dicho deseo con la representación de la frase *er geth aber nicht auf die Seite* (frase de doble sentido: "pero no cabe en la página" y "pero no tiene que levantarse").

Puede decirse que la elaboración onírica se sirve para la representación de las ideas latentes de todos los medios que encuentra a su alcance, aparezcan o no lícitos a la crítica del pensamiento despierto, exponiéndose, de este modo, a las burlas y a la incredulidad de todos aquellos que sólo de oídas conocen la interpretación de los sueños, sin haberla ejercido nunca. La obra de Stekel titulada *El lenguaje de los sueños* contiene gran número de ejemplos de este género, pero evito tomar de ella documento ninguno porque la falta de crítica y la arbitrariedad técnica del autor habrían de hacer dudar aun a los lectores más libres de prejuicios.

12. —De un trabajo de V. Tausk "Los vestidos y los colores al servicio de la representación onírica", (*Int. Zeitschr. f. Ps.* A. II, 1914), tomo los siguientes ejemplos:

a) A. sueña ver a su antigua ama de llaves vestida con un vistoso traje negro (*Luesterkleid*), muy ceñido por detrás. —Interpretación: Acusa de concupiscente (*luestern*) a la mujer de referencia.

b) C. sueña ver en la carretera de X a una muchacha rodeada de un *blanco* halo de luz y vestida con una blusa *blanca*.

El soñador había visto su primera escena de amor en dicha carretera y con una muchacha llamada *Blanca*.

c) La señora D. sueña ver al anciano *Blasel* (un conocido actor vienés octogenario) vistiendo *armadura completa* y tendido en un diván. Luego se levanta, salta por encima de mesas y sillas, se mira al espejo y esgrime su espada como luchando con un enemigo imaginario.

Interpretación: La sujeto padece una *antigua enfermedad* de la vejiga. Durante el análisis permanece tendida en un diván y cuando se mira al espejo encuentra que no obstante sus años y su enfermedad, está aún muy fuerte. (*Der alte Blasel = el anciano Blasel; ein altes Blasenleiden = una antigua enfermedad de la vejiga; Ruestung = armadura; ruestig = fuerte*).

13. —El sujeto sueña que es una mujer próxima a dar a luz y se ve tendido en la cama. Su estado se le hace muy penoso y exclama: <<Preferiría...>> (en el análisis y después de recordar a una persona que le asistió durante una enfermedad, agrega: "partir piedras"). A la cabecera de la cama cuelga un mapa cuyo borde inferior es mantenido tenso por un listón de madera (*Holzleiste*). *El soñador coge este listón* (*Leiste*) por sus dos extremos y lo arranca de golpe. Pero en vez de quebrarse por su parte media, como era de esperar dada la manera de arrancarlo, queda el listón dividido longitudinalmente en dos. Con este acto de violencia alivia el sujeto su estado y facilita el parto.

Sin que yo intervenga para nada interpreta el soñador por sí mismo el arrancamiento del *listón* (*Leiste*) como un *acto* (*Leistung*) decisivo, por medio del cual acaba con su desagradable situación (en la cura) y se liberta de su disposición femenina... La absurda rotura del listón en sentido longitudinal queda explicada por el sujeto, y su destrucción, son un símbolo de la castración. Esta es representada con gran frecuencia, en el sueño, por medio de la presencia de dos símbolos del pene, o sea, por una tenaz antítesis optativa. La *ingle* (*Leiste*) es una región del cuerpo próxima a los genitales. Concretando su interpretación, dice luego el sujeto, que el significado de su sueño es el de que vence la amenaza de castración que ha provocado su disposición femenina[68].

[68] *Inter. Zeitschr. f. Psych.* II, 1914.

14. —En un análisis que hube de llevar a cabo en francés se presentó la labor de interpretar un sueño en el que el sujeto me vio convertido en elefante. Naturalmente, le pregunté cómo había llegado a representarme bajo tal forma. La respuesta fue: "*Vous me trompez*" (Usted me engaña). (Tomper = engañar; Trompe = trompa).

La elaboración onírica consigue representar frecuentemente un muy árido material —por ejemplo, nombres propios—, utilizando de un modo harto forzado, relaciones muy lejanas. En uno de mis sueños me ha encomendado el viejo Brücke un trabajo. Compongo un preparado y extraigo de él algo que parece un trozo de papel de plata todo arrugado. (De este sueño nos ocuparemos más adelante con mayor detalle.) Después de buscar mucho, asocio la palabra *Staniol* (*hoja de estaño*) y veo que me refiero a *Stannius*, autor de una obra muy estimable sobre el sistema nervioso de los peces. El primer trabajo científico que mi maestro me encomendó se refería realmente al sistema nervioso de un pez, al "Ammocoetes", nombre imposible de representar plásticamente.

No quiero dejar de incluir aquí un sueño de singular contenido, muy notable también como sueño infantil y fácilmente solucionado en el análisis. Una señora nos hace el siguiente relato: "Recuerdo que siendo niña soñé repetidas veces que Dios usaba un puntiagudo gorro de papel. Por aquella época infantil me solían poner, durante las comidas, un gorro semejante, que me tapaba la vista por los lados, para quitarme la costumbre de mirar lo que les servían a mis hermanos y protestar en caso de desigualdad. Como me habían dicho que Dios lo sabía y lo veía todo, mi sueño no podía significar sino que también yo me enteraba de todo a pesar del gorro con que trataban de impedírmelo".

El examen de los *números* y los *cálculos* que aparecen en nuestros sueños nos muestran muy instructivamente el mecanismo de la elaboración onírica y cómo maneja ésta el material con que labora, o sea, las ideas latentes. Los números soñados son considerados, además, por la superstición vulgar, como especialmente significativos y prometedores. Elegiré, pues, algunos ejemplos de este género entre los de mi colección:

I. Sueño de una señora poco tiempo antes de la terminación de su tratamiento:

"Quiere pagar algo. Su hija le coge del bolsillo 3 *florines* y 65 *céntimos*. Pero ella le dice: ¿Qué haces? No cuesta más de 21 céntimos". Mi conocimiento de las circunstancias particulares de la sujeto me dio la explicación de este sueño sin necesidad de más amplio esclarecimiento. Se trataba de una señora extranjera que tenía a una hija suya en un establecimiento pedagógico en Viena y podía continuar acudiendo a mi consulta mientras su hija permaneciese en él. El curso y, por lo tanto, el tratamiento terminaban dentro de tres semanas. El día del sueño le había indicado la directora del establecimiento la conveniencia de dejar en él a su hija un año más. Esta indicación había despertado en la sujeto la idea de que siendo así podría ella prolongar a su vez por un año el tratamiento. A esto se refiere, indudablemente el sueño, pues un año es igual a 365 días; mientras que las tres semanas que faltan para el final del curso y el del tratamiento pueden sustituirse por 21 días (aunque no por otras tantas horas de tratamiento). Las cifras que en las ideas latentes se referían a espacios de tiempo quedan referidas, en el contenido manifiesto, a cantidades de dinero, no sin quedar expresado simultáneamente un sentido más profundo, pues "time is money", el tiempo vale dinero, 365 céntimos son 3 florines 65 céntimos. La pequeñez de las cantidades incluidas en el sueño constituye una abierta realización de deseos. El deseo ha disminuido el coste de su tratamiento y el de los estudios de su hija.

II. En otro sueño conducen los números a relaciones más complicadas. Una señora joven, pero casada hace ya bastantes años, recibe la noticia de que una amiga suya de casi su misma edad acaba de prometerse en matrimonio. A la noche inmediata, sueña lo siguiente: "Se halla en el teatro con su marido. Una parte del patio de butacas está desocupada. Su marido le cuenta que Elisa L. y su prometido hubieran querido venir también al teatro, pero no habían conseguido sino muy malos puestos, 3 por 1 florín 50 céntimos, y no quisieron tomarlos. Ella piensa que el no haber podido ir aquella noche al teatro no es ninguna desgracia".

¿De dónde procede la cantidad de 1 florín 50 céntimos? De un motivo indiferente del día anterior. Su cuñada había recibido, como regalo de su hermano, el marido de la sujeto, la suma de 150 florines y se había apresurado a gastarlos comprándose una joya. Observaremos que 150 florines son 100 veces 1 florín y 50 céntimos. ¿De dónde procede ahora el número 3, coeficiente de los billetes de teatro? Para él no hallamos más enlace que la circunstancia de que Elisa L., la amiga prometida, es 3 meses menor que la sujeto. La significación del detalle de hallarse vacía una parte del patio de butacas nos lleva a la solución del sueño. Dicho detalle es una clara alusión a un pequeño suceso que motivó las burlas de su marido. Deseando asistir a una cierta representación, había comprado las localidades con tanto adelanto que tuvo que pagar un sobreprecio. Mas luego, cuando llegó con su marido al teatro, advirtió que sus precauciones habían sido inútiles, pues una parte del patio de butacas estaba casi vacía. No había, pues, necesidad de haberse *apresurado tanto* a tomar las localidades.

Sustituyamos ahora el sueño por las ideas latentes: "Ha sido un *disparate* casarme tan joven; *no tenía necesidad ninguna de apresurarme tanto*. Por el ejemplo de Elisa L. veo que no me hubiese faltado un marido y, además, uno *cien veces* mejor

(Schatz = marido, novio, tesoro) si hubiese esperado (antítesis del *apresuramiento* de la cuñada). Con el mismo dinero (la dote) hubiera podido comprarme *tres* maridos como éste". Observamos que los números incluidos en este sueño han cambiado de contexto y de significado en un grado mucho mayor que los de ejemplos anteriores, y ésta más amplia labor de la deformación onírica nos revela que las ideas latentes han tenido que vencer una resistencia intrapsíquica especialmente intensa. No dejaremos tampoco inadvertida la circunstancia de que este sueño contiene un elemento absurdo: el de que dos personas tienen que tomar tres localidades. Anticipando una afirmación que más adelante justificaremos al tratar de la interpretación de lo absurdo en el sueño, indicaremos que este absurdo detalle del contenido manifiesto debe ser representación de la más acentuada de las ideas latentes: Fue un *disparate* casarme tan pronto. El 3 (3 meses de diferencia en la edad) contenido en una relación absolutamente secundaria de las dos personas comparadas es hábilmente utilizado luego para la producción del desatino necesario al sueño. El empequeñecimiento de la cantidad real de 150 florines a un florín 50 céntimos, corresponde al *desprecio del marido* (o "tesoro") existente en los pensamientos reprimidos de la sujeto.

III. Otro ejemplo nos muestra el procedimiento que el sueño sigue en sus cálculos y que tanto ha contribuido a desacreditarle. Un individuo sueña lo siguiente: "Se halla en casa de B. (una familia antigua conocida suya) y dice: Ha sido un disparate que no me hayan dado ustedes a Mali. —Luego pregunta a la muchacha así llamada: ¿Qué edad tiene usted? —Respuesta: Nací en 1882. —¡Ah! Entonces tiene usted 28 años".

Dado que el sujeto tiene este sueño en 1898, es indudable la inexactitud del cálculo, y la ineptitud matemática del soñador puede, por lo tanto y en caso de no hallar otra mejor explicación, ser comparada a la del paralítico. Mi paciente pertenece a aquellas personas a quienes no hay mujer que no interese. Durante varios meses le había sucedido, en mi consulta, una señora joven, de la cual me habló varias veces y con la que extremaba su cortesía cada vez que la encontraba al salir de mi gabinete. Según él, debía de tener esta señora unos 28 años, circunstancia que aclara el resultado del cálculo efectuado en el sueño. La cifra que en él aparece —1882— correspondía al año del casamiento del sujeto. Este no había podido menos de entablar conversación con las otras dos personas femeninas que encontraba en mi casa, las dos criadas, nada jóvenes, que alternativamente le abrían la puerta, y encontrándolas poco asequibles a sus deseos de charlar, lo atribuyó a que le consideraban ya como un hombre serio y "sentado".

IV. A B. Dattner debo la comunicación e interpretación del sueño numérico siguiente, caracterizado por su transparente determinación, o más bien superdeterminación.

"Mi patrón, guardia de seguridad, empleado en las oficinas de Policía, sueña que está de servicio en la calle, circunstancia que constituye una realización de deseos. En esto, se le acerca un inspector que lleva en el cuello del uniforme el número *22-62* o *22-26*. La cifra total constaba, de todos modos, de varios doses. Ya la división del número 2262 en el relato del sueño permite deducir que los elementos que lo integran poseen un significado aparte. El sujeto recuerda que el día anterior estuvieron hablando en la oficina de los años de servicio que lleva cada uno. El motivo de esta conversación fue la jubilación de un inspector que tenía 62 años. El sujeto tiene ahora 22 años de servicios y le faltan 2 años y 2 meses para jubilarse con el 90 por 100 de su sueldo. El sueño le finge primero el cumplimiento de un deseo que abriga hace ya mucho tiempo; el de su promoción a la categoría de inspector. El inspector que se le aparece llevando en el cuello el número 2262, es él mismo; está de servicio en la calle, otro de sus deseos; ha servido ya 2 años y 2 meses y puede jubilarse, como el inspector de 62 años, con el sueldo completo"[69].

Reuniendo estos ejemplos con otros análogos que más adelante expondremos podemos afirmar que la elaboración onírica no calcula ni acertada ni erróneamente; se limita a reunir en forma de cálculo matemático, números entrañados en las ideas latentes y que pueden servir de alusiones a un material no representable. Al obrar así, considera los números como material propio para la expresión de sus propósitos y los maneja en la misma forma que a las demás representaciones y que a los nombres y los discursos orales reconocibles como representaciones verbales.

Es un hecho probado que la elaboración onírica no puede crear discursos originales. Por amplios que sean los discursos o diálogos —coherentes o desatinados— que en el sueño se desarrollen, nos demuestran siempre en el análisis que la elaboración no ha hecho sino tomar de las ideas latentes fragmentos de discursos reales, oídos o pronunciados por el sujeto, manejándolos, además, con absoluta arbitrariedad. No sólo los arranca de su contexto primitivo, sino que acogiendo unos y rechazando otros, forma nuevas totalidades, resultando así, que un discurso onírico coherente en apariencia se disgrega luego en tres o cuatro trozos al ser sometido al análisis. La elaboración del sueño suele hacer caso omiso, en este proceso, del sentido que las palabras poseían en las ideas latentes atribuyéndoles otro

[69] Jung, Marcinowski y otros autores han publicado análisis de sueños numéricos. Estos entrañan con frecuencia operaciones complicadísimas que son resueltas, sin embargo, por el sujeto, con asombrosa seguridad. Véase también "Ueber unbeweste Zahlenbehandlung", Jones (*Zentralblatt f. Ps. A.* II, 1912, págs. 241 y siguientes).

completamente nuevo[70]. Un más detenido examen nos permite distinguir en el discurso onírico dos clases de elementos: unos precisos y compactos y otros que sirven de aglutinante entre los primeros y que han sido probablemente agregados para llenar un hueco, como agregamos al leer aquellas letras o sílabas que un defecto de impresión ha dejado en blanco. El discurso onírico presenta así la estructura de una argamasa constituida por grandes trozos de materias heterogéneas unidas entre sí mediante un fuerte cemento.

Esta descripción no es, de todos modos, exacta sino con respecto a aquellos discursos orales que presentan un marcado carácter sensorial y son reconocidos por el sujeto como oídos o pronunciados en el sueño. Los demás, aquellos de los que el soñador no puede asegurar que fueron dichos u oídos por él durante el sueño (aquellos que no presentaron una coacentuación acústica o motora) son simplemente ideas iguales a las que surgen en nuestra actividad intelectual despierta y pasan muchas veces al sueño sin modificación ninguna. La lectura parece constituir asimismo un manantial —tan generoso como difícil de determinar— del material oral indiferente de nuestros sueños. Pero todo lo que en éstos muestra un marcado carácter de discurso oral resulta derivado de discursos reales oídos o dichos por el sujeto.

En los análisis expuestos con otro distinto fin hemos encontrado ya ejemplos de la derivación de tales discursos oníricos. Así, en el sueño *inocente* de la señora que llega tarde al mercado (parte I, cap. V, inciso *a*, apartado I), en el que la frase "No

[70] La neurosis procede también en análoga forma. Una paciente mía padece alucinaciones auditivas en las que oye, contra su voluntad, trozos de canciones, cuya relación con su vida anímica no consigue explicarse. No se trata, desde luego, de una paranoica. El análisis demostró que modificando o fragmentando el texto de dichas canciones, alteraba su sentido, creando en esta forma conexiones su propia persona.

queda ya" sirve para identificarme con el carnicero, mientras que un fragmento de la otra "No he visto nunca cosa semejante. No lo compro" cumple la misión de dar al sueño un aspecto inocente. El día del sueño había reñido la sujeto a su cocinera, diciéndole: "¡No he visto nunca cosa semejante! ¡Hágame el favor de conducirse más correctamente!" e incluye luego en su sueño la primera parte de esta frase, indiferente en sí, para aludir con ella a la segunda, muy adaptada a la fantasía entrañada en el sueño, pero que de ser incluida en él hubiera relatado dicha fantasía. Daremos aquí un análogo ejemplo como muestra de otros muchos que conocemos y que prueban todos lo mismo:

«Un amplio patio en el que están quemando unos cadáveres. El sujeto dice: "Me voy; no puedo ver esto". Luego encuentra a dos muchachos, aprendices de carnicero y les pregunta: "Qué ¿os ha gustado?" Uno de ellos responde: "No; no estaba bueno"» Como si hubiese sido carne humana.

El inocente motivo de este sueño es el que sigue: el sujeto fue de visita con su mujer después de cenar, a casa de unos vecinos, gente buena pero nada *apetitosa* (atractiva). La señora de la casa, una amable anciana, se hallaba cenando a su llegada y *obligó* al sujeto a probar de su cena. (Para designar estas apremiantes invitaciones a tomar algo se usa entre hombres una expresión compuesta, de sentido sexual.) El sujeto rehusó repetidamente, alegando que no tenía apetito, pero la buena señora insistió, diciendo: "No; no se me irá usted sin tomar algo". Tuvo, pues, que probar lo que le ofrecían, y al acabar dijo: "Está muy bueno". Después, al volver a casa con su mujer, criticó tanto la pesadez de la señora como la calidad de lo ofrecido. El "no puedo ver esto" que no aparece claramente en el sueño como dicho es un pensamiento que se refiere a los encantos físicos de la señora y quiere decir que el sujeto no encuentra placer ninguno en contemplarla.

Más instructivo aún es el análisis de otro sueño que comunicaré aquí a causa de la clara oración que constituye su centro, pero cuyo esclarecimiento dejaremos para cuando tratemos de los afectos en el sueño. <<Es de noche. Estoy en el laboratorio de Brücke y oigo llamar suavemente a la puerta. Abro y doy paso al profesor Fleischl (difunto) que entra con varios amigos y se sienta a su mesa después de cambiar conmigo algunas palabras." Luego sigue un segundo sueño: "Mi amigo Fliess ha venido inesperadamente a Viena en el mes de julio. Le encuentro en la calle con mi amigo P. (difunto) y voy con ellos a un lugar indeterminado, donde se sientan frente a frente en una mesita, acomodándome yo en una de las cabeceras. Fliess habla de su hermana y dice: "en tres cuartos de hora quedó muerta", y luego algo como: "este es el umbral" Viendo que P. no le comprende, se dirige Fliess a mí y me pregunta qué es lo que sobre él he contado a P. Embargado entonces por singulares afectos quiero decir a Fliess que P. (no puede saber nada porque) no vive. Pero, dándome perfecta cuenta de que me expreso mal, digo: *Non vixit*. Luego miro penetrantemente a P., que palidece bajo mi mirada, tomando sus ojos un enfermizo color azul y se va luego disolviendo poco a poco hasta desvanecerse por completo. Ello me causa extraordinaria alegría, haciéndome comprender que Ernesto Fleischl no era tampoco sino una aparición, un *revenant*, y pienso que tales personas (apariciones) no subsisten sino mientras uno quiere, siendo suficiente nuestro deseo para hacerlas desaparecer.>>

Este acabado sueño reúne muchos de aquellos caracteres de la elaboración onírica que nos parecen enigmáticos; la crítica ejercida durante el sueño, al reconocer el error de decir *non vixit* en lugar de *non vivit*, la inalterable tranquilidad que conservo ante la aparición de personas que el sueño mismo declara difuntas; por último, lo absurdo de mi deducción final y la alegría que me produce. Me encantaría pues, poder comunicar aquí su solución completa. Pero en la vida real soy incapaz de conducirme como lo hago en este sueño y sacrificar a miras personales las consideraciones que debo a personas muy queridas. Por mucho que quisiera encubrirlo, el sentido del sueño, que me es bien conocido, habría de avergonzarme. Me limitaré, pues, a interpretar, primero aquí y luego más adelante, al tratar de los afectos en el sueño, algunos de los elementos del que ahora nos ocupa.

La escena en la que aniquilo a P. con la mirada constituye el centro del sueño. Los ojos de mi amigo van adquiriendo un extraño color azul y todo él se disuelve luego. Esta escena es la evidente reproducción de otra realmente vivida. Siendo auxiliar en el Instituto Fisiológico, tenía mi clase por la mañana temprano y Brücke averiguó que había llegado varias veces un tanto retrasado. Un día se presentó en el laboratorio a la hora fijada para el comienzo de la clase, esperó mi llegada y me amonestó enérgicamente. Pero lo más terrible no fueron sus palabras, sino la fulminante mirada de sus ojos azules bajo la que quedé realmente aniquilado —como P. en el sueño, el cual invierte, en favor mío, los papeles—. Todos los que conocieron al ilustre hombre de ciencia recordarán sus hermosos ojos azules, cuyo fuego no lograron debilitar los años, y aquellos que le vieron irritado comprenderán sin dificultad los afectos que me sobrecogieron en la ocasión citada.

Durante mucho tiempo me fue imposible encontrar el origen del *non vixit* con el que ejecuto a P. en mi sueño, hasta que recordé que tales dos palabras no aparecían claramente como dichas u oídas, sino como *vistas*, y entonces supe inmediatamente de dónde procedían. En el basamento de la estatua del Emperador José, se lee la siguiente bella inscripción:

Saluti patriae *vixit*
non diu sed totus.

De esta inscripción había extraído yo aquellas palabras que se adaptaban a la serie de pensamientos hostiles dada a mis ideas latentes y que habían de significar: "Este no tiene nada que decir aquí, pues no vive". En seguida recordé que mi sueño se desarrolló pocos días después de la inauguración del monumento a Fleischl en el claustro de la Universidad, ocasión en la que vi también el de Brücke emplazado en el mismo lugar y pensé con dolor (en lo inconsciente) que la prematura muerte de mi amigo P. le ha privado de ocupar un puesto al lado de estos ilustres hombres de ciencia. En mi sueño, le elevo el monumento que sus altas dotes y su amor a la ciencia le habrían seguramente conquistado. Mi pobre amigo se llamaba también José, como el Emperador, en cuyo monumento consta la inscripción antes citada[71].

Según las reglas de la interpretación onírica, no tenemos aún el derecho de sustituir el *non vivit* que nos es necesario por el *non vixit* que nos proporciona mi recuerdo de dicha inscripción. Pero observo que en la escena de mi sueño confluyen una corriente de ideas hostiles y otra de ideas cariñosas referidas a mi amigo P.; superficial la primera y encubierta la segunda, corrientes que alcanzan ambas su representación de las palabras *non vixit*. Por sus méritos científicos elevo a P. un monumento, pero por haberse hecho culpable de un mal deseo (expresado al final del sueño) le aniquilo. Al acabar de redactar la frase precedente en el análisis que voy efectuando me doy cuenta de que en su estructura ha debido de influir el recuerdo de otra muy conocida. ¿Dónde encontramos una antítesis análoga y una yuxtaposición de dos reacciones contrarias que hallándose referidas a una misma persona y aspirando ambas a una plena justificación, procuran, sin embargo, no estorbarse?

---

[71] Un elemento superdeterminante: Como excusa de mi retraso alegué haber estado trabajando hasta altas horas de la noche y no haberme despertado a tiempo para llegar puntualmente al laboratorio, salvando la larga distancia que separa la calle del *Emperador* José de la de Wehringer.

Recordemos el *Julio César* shakespeariano y el discurso en que Bruto trata de justificar su crimen: "Porque César me amaba, le lloro; porque era valeroso, le honro; pero porque era ambicioso le maté". Ésta frase presenta idéntica estructura que la redactada por mí en el análisis y entraña la misma antítesis que hemos llegado a descubrir en las ideas latentes de mi sueño. Habré, pues de suponer que desempeño en éste el papel de Bruto. Veamos si existe algún otro indicio que agregándose a esta sorprendente conexión colateral pueda confirmar tal hipótesis. El sueño me dice que mi amigo ha venido a Viena en el mes de *julio*, detalle carente de toda base real. Que yo sepa, jamás ha venido Fliess en tal época a Viena. Pero el mes de *Julio* debe su nombre a *Julio César* y podía constituir muy bien el indicio buscado, o sea, la alusión en el sueño a la idea de que me arrogo el papel del regicida romano[72].

En realidad, he encarnado una vez tal figura, pues a la edad de 14 años representé, ante un auditorio infantil, la escena que Schiller hace desarrollarse entre Bruto y César en su conocido poema. El papel de César fue desempeñado entonces por mi sobrino John, que había venido de Inglaterra y se hallaba pasando una temporada con nosotros. Este sobrino mío, un año mayor que yo, puede ser considerado como una especie de *revenant*, pues con él vuelve a surgir ante mí el camarada de mis primeros juegos infantiles. Hasta que cumplí cuatro años fuimos inseparables, queriéndonos mucho y peleándonos otro tanto, y esta relación infantil ha fijado decisivamente como ya hube de indicarlo en otro lugar, la orientación de mis sentimientos en mi trato ulterior con personas de mi edad. Posteriormente ha hallado en mis sueños este sobrino mío, múltiples encarnaciones que reavivaban cualquiera de

[72] Además, "César-Kaiser".

las facetas de su personalidad indeleblemente impresa en mi memoria inconsciente. Sin duda debió de tratarme con dureza en alguna ocasión y yo debí de mostrarme valeroso, rebelándome contra mi tirano, pues mis familiares me han relatado que interpelado una vez por mi padre con la frase: "¿Por qué has pegado a John?", le respondí: "Le pego porque él me ha pegado antes". Si tenemos en cuenta que para designar estas riñas infantiles se emplea familiarmente la palabra *Wichsen* ("zurra"), habremos de deducir que la escena relatada es la que transforma el "*non vivit*" en "*non vixit*". La elaboración onírica no desdeña servirse de esta clase de conexiones. Mi hostilidad contra P., carente de todo fundamento real, se deriva, sin duda, de mí complicada relación afectiva infantil con mi sobrino. En efecto, siendo P. muy superior a mí por todos conceptos, podía considerarlo como una nueva edición de mi compañero de niñez.

Más adelante habremos de volver sobre este sueño.

g) Sueños absurdos. Los rendimientos intelectuales en el sueño.

Muchos de los sueños cuyo análisis hemos desarrollado en páginas precedentes muestran un contenido manifiesto total o fragmentariamente *absurdo*. No creemos, pues, conveniente, aplazar por más tiempo la investigación del origen y significado de esta singular circunstancia que, como ya señalamos, ha ofrecido a los detractores del fenómeno onírico un principalísimo argumento para no ver en él sino un desatinado producto de una actividad mental reducida y disgregada.

Comenzaremos por exponer algunos ejemplos en los que la *absurdidad* del contenido manifiesto no es sino una apariencia que se desvanece en cuanto profundizamos algo en el sentido del sueño. Todos ellos coinciden —a primera vista, casualmente— en presentar como personaje principal al difunto padre del sujeto correspondiente.

I. Sueño de un paciente cuyo padre ha muerto hace seis años:

"A su padre le ha sucedido una gran desgracia. Viajaba en el tren de la noche. Ha habido un descarrilamiento y ha muerto con la cabeza aplastada entre las paredes del vagón. El sujeto le ve luego tendido en la cama, mostrando una gran herida que parte del borde de la ceja izquierda y se extiende verticalmente hacia abajo. Se asombra de que su padre haya podido desgraciarse. (Luego agrega en su relato: puesto que estaba ya muerto). Los ojos del cadáver conservan una gran claridad".

Según la opinión dominante sobre los sueños habríamos de explicarnos éste en la forma siguiente: el sujeto ha olvidado, al principio, mientras se representa el accidente, que su padre descansa ya en la tumba hace varios años. Luego, en el curso de su sueño, despierta en él tal recuerdo y le hace asombrarse del mismo sin dejar de soñar. Pero el análisis nos muestra, en seguida, el error de una tal explicación. El sujeto había encargado a un escultor el *busto* de su padre y dos días antes del sueño relatado había ido a ver la escultura al estudio del artista. Este busto es el que le parece haberse *desgraciado* (haber salido mal). El escultor no conoció en vida a su modelo y hubo de guiarse por un retrato. El mismo día del sueño había mandado el sujeto a un antiguo criado de la familia a casa del artista para ver si confirmaba su opinión de que la cabeza del busto resultaba como *aplastada* por los lados, siendo demasiado corta la distancia de sien a sien. A estos antecedentes se agrega, para la construcción del sueño, el siguiente material mnémico: cuando se hallaba atormentado por preocupaciones profesionales o familiares, acostumbraba el padre del sujeto apretarse la cabeza entre las manos, colocándosela sobre las sienes, como si el esfuerzo mental hubiese dilatado su cráneo y quisiera comprimirlo. Teniendo cuatro años fue el sujeto testigo de un accidente que le ocurrió a su padre. Manejando éste una pistola, que creía descargada, se le disparó, y el fogonazo le ennegreció los ojos (*los ojos conservan una gran claridad*). Cuando el padre del sujeto se hallaba triste o preocupado surcaba su rostro una profunda arruga en el mismo lugar que luego ocupa la herida en el sueño. Esta sustitución alude al segundo motivo del mismo. El sujeto había dejado caer una placa fotográfica que contenía el retrato de su hija pequeña, y al recogerla, vio que una hendidura del cristal atravesaba la frente de la niña hasta detenerse en una ceja, simulando una profunda arruga. En esta ocasión, no pudo por menos de recordar, supersticiosamente, que un día antes de morir su madre se le había roto también una placa con su retrato.

Así, pues, la absurdidad de este sueño es simplemente el resultado de la imprecisión con que nos expresamos al juzgar el parecido de un retrato, usando generalmente un giro en el que confundimos la reproducción con el modelo. Así, acostumbramos decir, por ejemplo ante un retrato de nuestro padre: *¿No encuentras que papá está muy mal?* Por último, observamos que en este sueño hubiera sido facilísimo evitar el absurdo hasta el punto de que, si un sólo ejemplo nos diera derecho a sentar un juicio, diríamos que tal apariencia de absurdidad es voluntaria o permitida.

II. Un segundo ejemplo, muy análogo, tomado de mi colección de sueños propios. (Mi padre murió en 1896).

"Mi padre ha desempeñado, después de su muerte, una misión política entre los magiares, logrando la unión de los partidos". Enlazado con esta idea veo imprecisamente un pequeño cuadro cuyo contenido es el que sigue: "Una numerosa reunión; como si fuese un Parlamento. Los circunstantes rodean a una persona que se halla encaramada en una silla. Recuerdo que mi padre presentaba, en su lecho de muerte, un extraordinario parecido con Garibaldi y celebro que haya llegado a cumplirse lo que tal semejanza prometía".

Todo esto es suficientemente absurdo. Mi sueño se desarrolló por los días en que los húngaros se habían colocado fuera de la ley, ejerciendo una sistemática *obstrucción*, conducta que los llevó a la gravísima crisis resuelta luego por Koloman Széll. La pequeñez de las imágenes que constituyen la escena de mi sueño posee una significación particular y hemos de tenerla en cuenta para el esclarecimiento de dicha escena. La corriente representación onírica visual de nuestros pensamientos presenta imágenes que nos dan la impresión de ser de tamaño natural. Pero la escena de mi sueño es la reproducción de un grabado en madera que ilustraba una "Historia de Austria" y representaba a María Teresa en el Parlamento de Presburgo, o sea, la famosa escena del *Moriamur pro rege nostro*[73]. Como allí María Teresa, aparecía en mi sueño mi padre, rodeado de la multitud. Pero, además, está sobre una silla (*Sthul*). Es, pues, un *juez* (*Stuhlrichter*). (*Los ha unido*; actúa aquí de intermediaria la expresión corriente: "No necesitamos *juez ninguno*", empleada para indicar el acuerdo de dos o más personas). El parecido que en su lecho de muerte presentaba mi padre con Garibaldi fue advertido por todos cuantos le vimos en tal ocasión. Una elevación *posmortal* de la temperatura enrojeció intensamente sus mejillas. A la cualidad *posmortal* de este fenómeno corresponden en el contenido manifiesto del sueño las palabras *después de su muerte*. Lo que más hubo de atormentarle en sus últimos días fue una absoluta parálisis intestinal (*obstrucción*). A esta circunstancia se enlaza toda clase de pensamientos irrespetuosos. Un amigo mío, de mi edad, cuyo padre murió

[73] No recuerdo qué autor menciona un sueño en el que pululaban innumerables figurillas pequeñísimas y cuya fuente resultó ser una estampa de Jacques Callot que el sujeto había contemplado aquel día. Los grabados de este autor suelen contener, realmente, gran cantidad de diminutas figurillas. Una serie de ellos representa los horrores de la guerra de los Treinta años.

antes de comenzar sus estudios universitarios, me relató una vez, entre burlas, el dolor de una parienta suya que, al amortajar el cadáver de su padre, muerto de repente en la calle, encontró que en el momento de la muerte o después de ella (*posmortalmente*) se había producido una evacuación del intestino. La hija se lamentaba de ver manchado el recuerdo de su padre por este feo detalle. Llegamos aquí al deseo que toma cuerpo en mi sueño. ¿Quién no aspira, en efecto, a *parecer limpio de toda impureza ante sus hijos, después de la muerte*? ¿Y dónde queda ya la absurdidad de este sueño? Lo que le ha prestado una tal apariencia es únicamente el hecho de haber sido reproducida en él, punto por punto, una expresión corriente ("aparecer después de la muerte ante nuestros hijos"), cuyo sentido literal contiene un absurdo que la costumbre nos hace dejar inadvertido. Tampoco aquí podemos rechazar la impresión de que la apariencia de absurdidad ha sido creada voluntariamente[74].

III. En el ejemplo que sigue sorprendemos ya a la elaboración onírica en la voluntaria creación de un absurdo, para el que no ofrece pretexto ninguno el material dado. Trátase del sueño provocado por mi encuentro con el conde de Thun en la estación de ferrocarril". (Véase la parte I, cap. V, inciso *b*, apartado V).

<<Voy en un coche de un caballo y digo al cochero que me lleve a una estación. Luego, contestando no sé qué objeción que el cochero me opone como si hubiese ya retenido demasiado tiempo sus servicios y se hallase fatigado, añado: "Por la vía no puedo ir con usted". Al decir esto me

[74] Adición de 1909: La frecuencia con que nuestros sueños resucitan a personas fallecidas ha despertado un indebido asombro y ha dado origen a singulares explicaciones, que revelan claramente la general incomprensión con la que siempre ha tropezado el fenómeno onírico. Y, sin embargo, el esclarecimiento de estos sueños no es nada difícil. El pensamiento "¿Qué diría de esto mi padre,

si viviera?" es corrientísimo, y este, si no puede representarlo el sueño sino con la presencia de la persona de que se trate. Así, un joven que ha heredado una considerable fortuna de su abuelo y al que se le reprochan sus excesivos dispendios, sueña que el abuelo ha resucitado y le pide cuentas del empleo de la herencia. Aquello que consideramos como rebelión contra el sueño, esto es, la oposición de nuestro convencimiento de que la persona de referencia ha muerto hace ya tiempo, es, en realidad, la idea consoladora de que es mejor que el muerto no haya visto aquello o la satisfacción de que no pueda ya oponerse a nuestros deseos.

Otro género de absurdidad que hallamos en estos sueños con parientes fallecidos, no expresa ya la burla y la irrisión, sino que constituye la representación de una insospechable idea reprimida. La solución de estos sueños sólo se nos hace posible teniendo en cuenta que el fenómeno onírico es incapaz de distinguir entre lo real y lo simplemente deseado.

Ejemplo: Un individuo que ha asistido con todo cariño a su padre durante la enfermedad que le llevó al sepulcro, tiene poco tiempo después el siguiente sueño: "Su padre ha resucitado y dialoga con él como antes, pero (lo singular es que) está, sin embargo, muerto, aunque no lo sabe". Comprenderemos este sueño si a "*está, sin embargo, muerto*" agregamos "*a consecuencia del deseo del sujeto*" y a "aunque no (lo) sabe" añadimos "que el sujeto tenía tal deseo". Durante la enfermedad de su padre había deseado el sujeto, piadosamente, que la muerte viniera a poner término a los padecimientos del enfermo, ya que no había esperanza alguna de curación. Pero luego, perturbado por el dolor de la irreparable pérdida, llegó a reprocharse gravemente aquel piadoso deseo, como si con él hubiera contribuido, en realidad, a abreviar la vida del enfermo. El resurgimiento de tempranos impulsos infantiles hizo posible la encarnación de este reproche en un sueño, pero la contradicción existente entre el estímulo del sueño y los pensamientos diurnos tenía necesariamente que darle un carácter absurdo.

Los sueños con personas queridas que la muerte nos ha arrebatado plantean a la interpretación onírica difíciles problemas, cuya satisfactoria solución no siempre nos es dado conseguir. Estas dificultades dependen probablemente de la intensa ambivalencia sentimental dominante en las relaciones del sujeto con la persona fallecida. Es muy corriente que en tales sueños aparezca primero vivo el protagonista, surja después, de repente, la idea de que está muerto y vuelva luego a ser resucitado. Estas alternativas, que en principio nos desorientan, expresan la *indiferencia* del sujeto. ("Me es igual que esté vivo o muerto"). Naturalmente no es esta indiferencia, real, sino simplemente deseada; tiende a negar las disposiciones sentimentales del sujeto, muy intensas y a veces contrapuestas, y se constituye así en representación onírica de su *ambivalencia*. La explicación de otros sueños de este género se consigue aplicando la regla siguiente: Cuando el parece como si hubiera recorrido ya en el coche una distancia que se acostumbra a recorrer en ferrocarril>>. Sobre esta absurda y embrollada escena nos suministra el análisis las siguientes aclaraciones: aquella tarde tomé un coche de un caballo para ir a una apartada calle de Dornbach. El cochero ignoraba la situación de tal calle, pero como es costumbre del oficio, en lugar de preguntarme el camino echó a andar a la aventura hasta que dándome cuenta de lo que sucedía, le indiqué la ruta que había de seguir, no sin hacerle, de paso, algunas observaciones irónicas. Partiendo de la persona de este cochero se forma una concatenación de ideas que me conduce hasta la del aristócrata al que después encontré en la estación. Me limitaré, por ahora, a indicar que la afición de los aristócratas a guiar sus carruajes sustituyéndose al cochero, es cosa que despierta en nosotros, plebeyos burgueses, cierta extrañeza. El conde de Thun dirige también el carro (coche) del Estado austríaco. La frase inmediata del sueño se refiere a mi hermano, al que identifico, por lo tanto, con el cochero de mi historia. Este año no he querido que me acompañe como otras veces en mi viaje por Italia. ("*Por la vía no puedo ir con usted*"). Mi negativa ha sido una especie de castigo por haberse quejado de que llegaba a *fatigarle* (circunstancia que pasa al sueño sin modificación ninguna) en mi afán de no dejar de ver nada interesante, obligándole a correr todo el día de un lado para otro. Mi hermano salió conmigo aquella tarde para acompañarme a la estación, pero poco antes de

---

sueño no conviene en la muerte de la persona en él resucitada, es señal de que el sujeto se identifica con dicha persona y sueña, por lo tanto, con su propia muerte. A esta identificación se opone luego, de repente, la reflexión de que se trate de alguien fallecido hace ya tiempo. De todos modos, ha de confesar que la interpretación onírica no ha logrado aún arrancar a los sueños de este género todos sus secretos.

llegar, se bajó del coche para tomar el tranvía de Purkersdorf sin atender mi indicación de que podía acompañarme un rato más, tomando el mismo tren que yo y yendo en él hasta la mencionada localidad. El sueño refleja estos hechos en la circunstancia de que "he recorrido en el coche una distancia *que se acostumbra a recorrer en ferrocarril*", pero invierte la realidad, pues lo que yo había dicho a mi hermano era "que el recorrido que iba a hacer en tranvía podía hacerlo conmigo en el tren". Toda la confusión del sueño proviene de que sustituyo en él el "tranvía" por el "coche", sustitución que favorece, por otro lado, la identificación de mi hermano con el cochero. De todo esto resulta algo totalmente disparatado y que parece imposible desembrollar, llegando casi a constituir una contradicción a una frase mía anterior. ("*Por la vía no puedo ir con usted*"). Pero teniendo en cuenta la dificultad de confundir un coche con un tranvía hemos de deducir que la confusión y el absurdo de toda esta enigmática historia han sido voluntariamente producidos.

¿Mas con qué objeto? Descubrimos ya cuál es la significación de la absurdidad del sueño y por qué motivos es permitida o creada. En el caso que nos ocupa hallamos para este problema la solución siguiente: necesito que mi sueño entrañe un absurdo y algo incomprensible porque entre las ideas latentes hay un determinado juicio relacionado con el hecho de *ir en un vehículo* (*fahren*), que demanda representación. En casa de aquella sociable e ingeniosa señora que en otra escena del mismo sueño aparece convertida en "ama de llaves", me fueron planteadas, una noche, dos adivinanzas que no conseguí resolver. Todas las demás personas presentes las conocían ya y rieron de mis inútiles esfuerzos por desentrañarlas. Hallábanse basadas, respectivamente, en el doble sentido de las palabras *Nachkommen* (*nachkommen*, verbo, "seguir, venir detrás"; *Nachkommen*, sustantivo "descendencia") y *Vorfahren* (*vorfahren*, verbo, "ir a algún lado con el coche"[75]; *Vorfahren*, sustantivo, "antepasados"), y su texto era el siguiente:

> El dueño lo manda,
> el cochero lo hace,
> todos lo tenemos,
> descansa en la tumba.

Solución: *Vorfahren* ("ir a algún lado con el coche" —"antepasados"—). Lo que más desorientaba era que la segunda adivinanza comenzaba con los dos mismos versos que la primera.

> El dueño lo manda,
> el cochero lo hace,
> no todos lo tenemos,
> descansa en la cuna.

Solución: *Nachkommen* ("seguir, venir detrás" —"descendencia"—).

Cuando luego vi *pasar en coche* (*vorfahren*) al conde de Thun y recordé, aprobándolas, las palabras de Fígaro sobre los grandes señores cuyo único mérito es haberse tomado el trabajo de nacer, de constituir la *descendencia* (*Nachkommen*) de otros, se convirtieron estas adivinanzas en ideas intermedias para la elaboración onírica. La facilidad de confundir a un aristócrata con su cochero y nuestra antigua costumbre de dar a los cocheros el apelativo de "señor cuñado" (*Herr Schwager*), permitieron que la condensación onírica incluyera a mi hermano en la misma representación. Pero la idea latente que actúa detrás de todo ello es la siguiente: *es un disparate*

[75] *N. del T.* —Y también: "para el coche ante casa" y "pasar en coche delante de alguien".

enorgullecerse de sus antepasados. Por mi parte, prefiero ser el fundador de una estirpe, esto es, el que por sus méritos propios alcanza renombre y lo transmite a su descendencia. El desatino del sueño refleja, pues, el juicio: "Es un disparate...", contenido en las ideas latentes.

Así, pues, el sueño es hecho absurdo cuando el juicio "esto es un desatino" aparece incluido en el contenido latente, o en general, cuando alguna de las series de ideas del sujeto entraña burla o crítica. Lo absurdo llega a ser, de este modo, uno de los medios que la elaboración onírica utiliza para representar la contradicción, debiendo ser agregado, por lo tanto, como tal, a la inversión de una relación de material entre las ideas latentes y el contenido manifiesto, y al empleo de la sensación motora de coerción, pero la absurdidad del sueño no puede ser traducida por un simple "no", sino que ha de reproducir, simultáneamente, la disposición de las ideas latentes y la oposición contra la burla o el insulto. Sólo con este propósito produce la elaboración onírica algo risible. Transforma, aquí, nuevamente, *una parte del contenido latente en una forma manifiesta*[76].

En realidad, hemos tropezado ya con un ejemplo convincente de esta significación de un sueño absurdo. El sueño de la representación de una ópera de Wagner que dura hasta las siete y cuarto de la mañana, siendo dirigida la orquesta desde lo alto de una torre, etc. —sueño que interpretamos sin necesidad de análisis—, afirma abiertamente lo que sigue: "El mundo marcha al *revés* y la sociedad está *loca*. Nunca alcanzan las cosas aquellos que las desean y poseen algún mérito, sino aquellos otros que no las merecen ni saben apreciarlas". Con

[76] Veamos, pues, que la elaboración onírica parodia la idea que le es indicada como risible, creando relación con ella algo que posee también este carácter. Análogamente obra Heine, cuando para burlarse de los malos versos del rey de Baviera, lo hace en otros todavía peores.

esto alude la sujeto a su propio destino comparándolo con el de su prima. Tampoco es casual, en modo alguno, que los ejemplos que se nos han ofrecido para ilustrar la absurdidad de los sueños traten todos del difunto padre del sujeto, pues en estos sueños aparecen reunidas de un modo típico las condiciones de la creación de sueños absurdos. La autoridad de que el padre se halla investido provoca tempranamente la crítica del hijo, y sus severas exigencias educativas inclinan al niño a espiar atentamente toda posible debilidad de su progenitor, viendo en ella una justificación de sus propias faltas. Pero el respeto y el cariño con que nuestro pensamiento envuelve a la figura paterna, sobre todo después de su muerte, agudizan la censura que aleja de la consciencia toda manifestación de crítica.

IV. Un nuevo sueño absurdo en el que interviene el difunto padre del sujeto.

"Recibo una carta del Ayuntamiento de mi ciudad natal reclamándome el pago de una cantidad por la asistencia prestada en el hospital el año 1851, a una persona que sufrió un accidente en mi casa. La pretensión del Ayuntamiento me hace reír, pues en 1851 no había yo aún nacido, y mi padre, al que quizá pudiera referirse, ha muerto ya. Voy a buscarle a la habitación contigua. Le encuentro en la cama y le doy cuenta de la carta. Para mi sorpresa, recuerda que en el citado año de 1851, se emborrachó una vez y tuvieron que encerrarle o custodiarle. Esto sucedió cuando trabajaba para la casa T... "Entonces, ¿también tú has bebido?" le pregunto. Y luego añado: "Te casaste poco después, ¿no?" Echo la cuenta de que yo nací en 1856, fecha que me parece seguir inmediatamente a la otra."

Guiándonos por nuestras últimas deducciones interpretaremos la intensidad con que este sueño evidencia su absurdidad como indicio de una polémica particularmente empeñada y apasionada en las ideas latentes. Pero comprobamos con singular asombro que dicha polémica se desarrolla aquí abiertamente y que el padre es francamente designado como la persona a la que van dirigidas las burlas. Una tal franqueza parece contradecir nuestros asertos sobre la actividad de la censura durante la elaboración onírica. Pero esta singular circunstancia queda aclarada cuando descubrimos que el padre no es sino una figura encubridora y que la persona combatida es otra, mencionada únicamente, en el sueño, por una alusión. Lo general es que nuestros sueños nos muestren en rebelión contra personas ajenas a nosotros, detrás de las cuales se esconde la de nuestro padre, en este ejemplo, hallamos la situación inversa y es el padre el que se constituye en encubridor de otros. Por este motivo puede aludir aquí abiertamente el sueño a la figura paterna —sagrada para él en toda otra ocasión—, pues en el fondo existe la convicción de que no se refiere realmente a ella. La motivación del sueño es la que nos descubre este estado de cosas. En efecto, el día anterior me habían dicho que un colega, más antiguo que yo en la profesión y cuyos juicios eran generalmente acatados, había expresado su disconformidad y su asombro al saber que uno de mis pacientes llevaba ya *cinco años* sometido a tratamiento psicoanalítico. Las frases iniciales del sueño indican, bajo un trasparente encubrimiento, que dicho colega tomó a su cargo durante algún tiempo los deberes que mi padre no podía ya cumplir (*pago, asistencia en el hospital*), y cuando nuestras relaciones de amistad comenzaron a enfriarse surgió en mí aquel mismo conflicto sentimental que en las diferencias con nuestro padre es provocado por el reconocimiento de todo lo que él mismo ha hecho antes por nosotros. Las ideas latentes se defienden con gran energía contra el reproche de que *no avanzo con toda la rapidez que debiera*, reproche que se refiere primero al tratamiento de mi paciente y se extiende luego a otros temas distintos. ¿Conoce acaso mi colega alguien que pueda avanzar más de prisa en estas cuestiones? ¿Y no sabe que esta clase de estados patológicos se consideran incurables y duran toda la vida? ¿Qué son *cuatro* o *cinco* años comparados con la vida entera, sobre todo cuando, como sucede en este caso, ha logrado el tratamiento hacer mucho menos penosa la existencia del enfermo?

Gran parte de la impresión de absurdidad de este sueño es producida por la yuxtaposición inmediata y sin transición alguna de frases pertenecientes a sectores distintos de las ideas latentes. Así, la frase: "Voy a buscarle a la habitación contigua, etc.", abandona el tema del que han sido tomadas las precedentes y reproduce, con toda fidelidad, las circunstancias en las que le comuniqué a mi padre mis esponsales con la que hoy es mi mujer, decididos por mí sin consultar a nadie. Quiere, pues, recordarme el noble desinterés que mi anciano padre demostró en aquella ocasión, y oponerlo a la conducta de una tercera persona. Advierto ahora que si el sueño puede permitirse en este caso burlarse del padre o denigrarle es porque él mismo es ensalzado en las ideas latentes y presentado a otros como modelo. En la naturaleza de toda censura está el dejar libre paso a conceptos inciertos sobre las cosas prohibidas, antes que a los estrictamente verdaderos. La frase inmediata, que contiene el recuerdo de *haberse emborrachado una vez, teniendo que ser encerrado*, no entraña nada que pueda referirse realmente a mi padre. La persona a la que él mismo encubre no es nada menos que la del gran *Meynert*, cuyos trabajos he seguido con fervorosa veneración y cuya conducta para conmigo se transformó, después de un corto período de predilección, en franca hostilidad. El sueño me recuerda, en primer lugar, su propia confesión de que en su juventud había contraído la costumbre de *embriagarse con cloroformo*, teniendo que ingresar a consecuencia de ello en el *hospital*; y en segundo, una conversación que tuve con él poco tiempo antes de su muerte. Habíamos sostenido una empeñadísima polémica sobre la histeria masculina, cuya existencia negaba él, y cuando en su última enfermedad, fui a visitarle y le interrogué sobre su estado, me hizo una amplia descripción de sus síntomas, y terminó con las palabras: "He sido siempre un acabado caso de histeria masculina". Resultaba, pues, que había terminado por aceptar lo que tan tenazmente hubo antes de combatir, cosa que me satisfizo y *asombró* en extremo. La posibilidad de encubrir en esta escena la figura de Meynert con la de mi padre no depende de una analogía existente entre ambas personas, sino que constituye la representación —muy sintética, pero perfectamente suficiente— de una frase condicional dada en las ideas latentes: "Si yo fuera hijo de un profesor o de un consejero áulico *hubiera progresado*, con seguridad, *más rápidamente*". En mi sueño, confiero a mi padre tales dignidades. El absurdo más grosero y perturbador del sueño reside en el manejo de la fecha *1851* que me parece idéntica a la de *1856*, *como si la diferencia de cinco años no significara nada*. Esto es precisamente lo que en las ideas latentes demanda una representación. *Cuatro* o *cinco* años fue el tiempo que gocé del apoyo del colega inicialmente citado, y el plazo que tuvo que esperar mi prometida a que yo me pusiera en condiciones de contraer matrimonio. Asimismo, y por una casual coincidencia que las ideas latentes se apresuran a aprovechar, es también éste, el tiempo que lleva mi paciente antes mencionado acudiendo a mi consulta y sometiéndose al tratamiento psicoanalítico. *¿Qué son cinco años?*, preguntan las ideas latentes. *Eso no es nada para mí.* Tengo mucho tiempo por delante y del mismo modo que en aquellas otras ocasiones, acabé por conseguir lo que me proponía, contra lo que se esperaba; también en este caso terminaré por alcanzar un éxito completo". La cifra *51*, aislada de la fecha *1851*, muestra, además, una segunda determinación contraria a la anterior. La edad de 51 años es la más peligrosa para el hombre. Algunos de mis colegas que no parecían padecer enfermedad ninguna, han muerto en poco tiempo, al alcanzarla; entre ellos uno que después de largos años de espera acababa de recibir el deseado título de Profesor.

V. Otro sueño absurdo que maneja cifras.

"Uno de mis conocidos, el señor M., ha sido atacado en un artículo nada menos que por el propio Goethe. Todos reconocemos la injusticia de tan violento ataque, pero como es natural, dada la personalidad del atacante, ha quedado M. totalmente aniquilado y se lamenta con gran amargura ante varias personas reunidas en torno de una mesa. Sin embargo, no ha disminuido su veneración por Goethe. Intento aclarar las circunstancias de tiempo, que me parecen inverosímiles. Goethe murió en 1832. Por lo tanto, su ataque tiene que ser anterior a esta fecha y M. debía de ser por entonces muy joven. Me parece plausible que tuviera unos 18 años. Mas no sé, con seguridad, en qué año estamos y de este modo todo mi cálculo se hunde en las tinieblas. El ataque a M. se halla contenido en un artículo de Goethe titulado *Naturaleza*."

Sin gran dificultad encontramos los medios de justificar la insensatez de este sueño. M., al que conocí en una *comida*, me pidió hace poco que reconociera a su hermano mayor, el cual presentaba síntomas de *perturbación mental*, dependiente de una *parálisis progresiva*. Durante mi visita, se desarrolló una desagradable escena, en la que el enfermo me reveló sin que yo le diese motivo ni ocasión para ello, las faltas de su hermano, aludiendo a su *disipada juventud*. En este reconocimiento pregunté al paciente la fecha de su nacimiento y le hice verificar luego pequeños cálculos para investigar el grado de debilitación de su memoria, pruebas que sostuvo aún satisfactoriamente. Advierto ya, que me conduzco en mi sueño como un paralítico. (*No sé, con seguridad, en qué año estamos*). Otra parte del material del sueño procede de una segunda fuente. Un amigo mío, director de una revista médica, había acogido en ella, *abrumadora* crítica contra el último libro de mi amigo Fl. de Berlín. El autor de esta crítica era un *joven* nada capacitado aún para enjuiciar obras científicas de importancia. Creyéndome con cierto derecho a intervenir en el asunto escribí al director de la revista, el cual me contestó que sentía mucho haberme disgustado con la inserción de aquella crítica, pero que no podía poner remedio ninguno al hecho consumado. En vista de esto, le notifiqué mi decisión de no colaborar más en su publicación, *esperando, sin embargo, que lo sucedido no influyera para nada en nuestras relaciones personales*. La tercera fuente de este sueño reside en el relato que de la enfermedad de su hermano me había hecho pocos días antes una paciente mía. Dicho individuo había tenido un ataque de locura frenética en el cual exclamó a grandes gritos: "*¡Naturaleza! ¡Naturaleza!*" Los médicos habían opinado que tal exclamación provenía del ensayo de Goethe así titulado y constituía una indicación del exceso de trabajo que había pesado sobre el enfermo, en sus estudios. Por mi parte, me parecía más plausible dar a dicha palabra el sentido sexual en que suele ser empleada corrientemente, y el hecho de que el infeliz enfermo atentara poco después contra su integridad física, mutilándose los genitales, pareció darme la razón. Cuando sufrió el primer ataque de locura, tenía este individuo dieciocho años.

Teniendo en cuenta que el libro de mi amigo, tan duramente criticado, ("Llega uno a preguntarse si es la obra de un loco o somos nosotros los que hemos perdido la razón", manifiesta otro crítico) trata de las *circunstancias temporales* de la vida y refiere la duración de la vida de Goethe a un múltiplo de una cantidad de significación biológica, resulta fácil deducir que mi sueño me sitúa en el lugar de mi amigo. (*Intento aclarar las circunstancias de tiempo*). Pero me conduzco como un paralítico y el sueño cae en el absurdo. Esto quiere decir que en las ideas latentes existe el siguiente juicio irónico "Naturalmente, es él quien está loco y vosotros sois unos genios que sabéis mucho de estas cosas. ¿No será más bien al revés?" Esta *inversión* aparece ampliamente representada en el contenido del sueño: Goethe ha atacado a un hombre actualmente joven, lo cual es absurdo, mientras que a cualquier joven literato actual le es posible criticar duramente al inmortal escritor. En el sueño calculo tomando como punto de partida el *año de la muerte de Goethe*; mientras que en mi visita al paralítico, le hice calcular partiendo del *año de su nacimiento*.

He prometido, anteriormente, demostrar que ningún sueño es animado sino por sentimientos egoístas. Voy, pues, a justificar el que en este caso haga mío el pleito de mi amigo, sustituyéndome a él. El convencimiento crítico de mi pensamiento despierto no basta para justificar tal sustitución. Pero la historia del infeliz enfermo de 18 años y la diferente interpretación de sus exclamaciones —*¡Naturaleza! ¡Naturaleza!*— alude a la oposición en la que mi aserto de la existencia de una etiología sexual de las psiconeurosis me ha colocado con respecto a la mayoría de los médicos. Puedo, en efecto, decirme: "También contra ti se han dirigido y continuarán dirigiéndose duras críticas, como las que han acogido el libro de tu amigo". De este modo puedo ya sustituir en las ideas latentes la tercera persona singular por la primera plural y decir "nosotros" en lugar de "él". "Sí, tenéis razón; somos dos locos". La mención del breve ensayo de Goethe titulado "Naturaleza" —tan extraordinariamente bello— me advierte que *mea res agitur*, pues su lectura en una conferencia de educación popular fue lo que me decidió a emprender el estudio de las ciencias naturales.

VI. No he cumplido aún la promesa hecha en páginas anteriores de demostrar el carácter puramente egoísta de otro sueño en el que no toma parte mi *yo*. Al mencionar un breve sueño en el que el profesor M. me decía: "Mi hijo, el miope..."

(parte I, cap. V, inciso *β*, apartado III) indiqué que se trataba de un sueño preliminar, seguido de otro principal en el que desempeñaba yo un papel. He aquí dicho sueño principal que nos plantea la aclaración de un producto verbal ininteligible:

"A causa de ciertos acontecimientos de que ha sido teatro la ciudad de Roma, se ha hecho necesario poner a salvo a los niños. La escena se desarrolla luego ante una doble puerta monumental de estilo antiguo. (En el mismo sueño sé que se trata de la Porta romana de Siena). Me veo sentado al borde de una fuente, muy triste y casi lloroso. Una figura femenina —una camarera o una monja— trae a los dos niños y se los entrega a su padre, que no soy yo. El de más edad es, desde luego, mi hijo mayor. No me es posible ver el rostro del otro. La mujer que los ha traído pide al primero un beso de despedida, pero el niño se lo niega y dice tendiéndole la mano: *Auf Geseres*. Y luego a nosotros dos (o a uno de nosotros): *Auf Ungeseres*. Tengo idea de que esto último significa una preferencia."

Este sueño se halla edificado sobre una multitud de pensamientos que me sugirió la representación de una obra teatral titulada: *La nueva judería*. Entre las ideas latentes resulta fácil descubrir toda una serie referente al problema semita de las preocupaciones que nos inspira el porvenir de nuestros hijos, carentes de una patria propia y al cuidado de darles una educación que los haga independientes.

"Junto a los ríos de Babilonia, allí nos sentábamos y aún llorábamos". Siena es famosa, como Roma, por sus bellas fuentes. En el sueño, tengo que componer, con fragmentos de lugares conocidos, una sustitución de Roma. Cerca de la Porta romana de Siena vimos un gran edificio, muy iluminado, que nos dijeron era el manicomio. Poco antes del sueño oí decir que un correligionario mío había tenido que abandonar su puesto en un manicomio del Estado, después de haber luchado mucho tiempo para conseguirlo.

La frase *Auf Geseres* pronunciada cuando la situación del sueño hacía esperar la de "Hasta la vista" (*Auf Wiedersehen*), y su contraria: *Auf Ungeseres*, desprovistas por completo de sentido, despiertan especialmente nuestro interés.

Según los datos que me han proporcionado los entendidos en estas materias, *Geseres* es una palabra netamente hebrea, derivada del verbo *goiser*, y su más aproximada traducción es "fatalidad". El "argot" popular judío ha desnaturalizado esta significación sustituyéndola por la de "lamentaciones y quejas". *Ungeseres* es un neologismo inventado por mí en el sueño, y me resulta, al principio, totalmente incomprensible. Pero la pequeña observación que cierra el sueño indicándome que *Ungeseres* contiene una idea de preferencia, en comparación con *Geseres*, abre el camino a las asociaciones y con ellas a la solución buscada. Recuerdo, en efecto, que con respecto al caviar se da una análoga relación de preferencia, siendo más estimado el que *no tiene sal* (*ungesalzen*) que el *salado* (*gesalzen*). El pueblo ve en el caviar una representación de las "aficiones aristocráticas". Ocúltase aquí una burlona alusión a una persona de mi casa, de la que espero se ocupe del porvenir de mis hijos si yo llegase a faltar, pues es más joven que yo. Esta circunstancia queda confirmada por la aparición, en el sueño, de otra persona de mi servidumbre, nuestra buena niñera, personificada en la camarera (o la monja) que trae a los niños. Fáltanos aún un elemento intermedio que facilite el paso desde el pan "sin sal—salado" al de *Geseres—Ungeseres*. Dicho elemento es indudablemente el pan *gesauert—ungesauert* ("con levadura"—"sin levadura"). En su fuga de Egipto, no tuvo el pueblo judío tiempo de dejar fermentar la masa de su pan, y en memoria de esto, comen hoy sus descendientes pan sin levadura (pan ázimo) durante la época de Pascua. Al llegar a esta parte del análisis surgió en mí una repentina asociación. Recordé, en efecto, que hallándome paseando con mi amigo de Berlín, por las calles de Breslau, ciudad a la que fuimos a pasar las últimas vacaciones de Pascua y que visitábamos por vez primera, se acercó a mí una niña, preguntándome por una calle. Después de manifestar mi desconocimiento de la topografía de la ciudad, dije a mi amigo: "confiemos en que más adelante demuestre esta chica mayor penetración para elegir las personas que hayan de guiarla en la vida". Poco después se ofreció a mi vista una placa en la que ponían: "Doctor Herodes. Consulta de..." y se la indiqué a mi acompañante, comentando: "es de esperar, que por lo menos, sea *médico de niños*". Mi amigo me iba exponiendo, mientras tanto, sus opiniones sobre la significación biológica de la *simetría bilateral* y comenzó una de sus frases con las palabras: "Si tuviéramos un ojo en la mitad de la frente, como el cíclope (*Kylop*)..." Estas palabras conducen a la frase del profesor M., en el sueño preliminar: "Mi hijo, el miope (*Myop*)..." y con ella a la fuente principal de la palabra *Greseres*. Hace muchos años, cuando dicho hijo del profesor M. —pensador hoy de gran valía— ocupaba aún un sitio en los *bancos escolares*, contrajo una enfermedad de la vista que el médico declaró grandemente peligrosa, pues si bien no tenía importancia mientras continuase siendo *unilateral*, podía extenderse *al otro ojo* y adquirir entonces extrema gravedad. El ojo atacado curó sin dificultad al poco tiempo, pero entonces enfermó el otro. La madre del paciente llamó, aterrorizada, al médico haciéndole acudir desde la capital a la lejana finca donde se hallaba pasando el verano. Pero el facultativo la tranquilizó en la misma forma que la primera vez, exponiendo que se trataba del mismo caso: "Ahora, como antes, se trata de una afección *unilateral* y lo mismo que antes curó *en un lado*, curará ahora en el *otro*". Y empleando la palabra *Geseres* en el sentido que le da el "argot" popular judío, añadió: "Ve usted cómo no había motivo para tantos temores y lamentaciones (*Geseres*)". El enfermo curó, en efecto, sin complicación ninguna.

Veamos ahora las relaciones de este sueño con mi persona y las de mis familiares. El *banco escolar* en el cual se inició el hijo del profesor M. en los caminos de la sabiduría, ha pasado a ser propiedad de mi hijo mayor —aquel en cuyos labios pone mi sueño las enigmáticas palabras de despedida— por donación de la madre de su anterior propietario. Fácilmente puede adivinarse cuál es uno de los deseos que se enlazan a esta transferencia. Pero, además, tiene dicho *banco* una forma especial encaminada a evitar la *miopía* y *la unilateralidad* que el niño podría contraer si permaneciera, durante las largas horas de clase y estudio, en una posición viciosa. De aquí, en el sueño, el *miope* (detrás *cíclope*) y mi recuerdo, luego, de la discusión sobre la *bilateralidad*. La unilateralidad que deseo evitar a mi hijo se refiere tanto a su desarrollo físico como a su desarrollo intelectual. La misma escena del sueño, dentro de toda su insensatez, parece querer alejar de mí esta preocupación. Observamos, en efecto, que el niño se vuelve primero a un lado, pronunciando unas palabras de despedida y da luego frente al lado opuesto y pronuncia las palabras contrarias, como para restablecer el equilibrio. *¡Obra, pues, atendiendo a la simetría bilateral!*

Hemos de deducir, por lo tanto, que el sueño muestra con frecuencia una máxima sensatez allí donde más disparatado parece. En todos los tiempos han gustado de disfrazarse con los atributos de la locura aquellos que tenían algo que decir y no podían decirlo sin peligro. Aquel a quien se referían las palabras prohibidas, las toleraba mejor cuando podía reír al oírlas y mitigar su escozor con el pensamiento de que el atrevido crítico gozaba fama de loco. Del mismo modo que el sueño, procede en el drama de Shakespeare el desdichado príncipe que se ve forzado a fingir la demencia, y siendo así, podemos decir de él lo que, sustituyendo las circunstancias verdaderas por otras chistosamente incomprensibles, dice Hamlet de sí mismo: "No estoy loco sino cuando sopla el Nordeste; cuando sopla el sur, distingo perfectamente una garza de un halcón"[77].

Así, pues, hemos resuelto el problema de la absurdidad de los sueños descubriendo que las ideas latentes de los mismos no son nunca absurdas —por lo menos las de los sueños de personas psíquicamente sanas—, y comprobando que la elaboración onírica produce sueños absurdos o con las ideas latentes, elementos que entrañan crítica, insulto o burla y tiene que representarlos en su peculiar forma expresiva. Fáltanos ahora demostrar que la acción conjunta de los tres factores hasta el momento examinados —y de otro más que aún nos queda por investigar— es lo que constituye la elaboración onírica, la cual no hace, fuera de esto, sino llevar a cabo una traducción de las ideas latentes, ateniéndose a las cuatro condiciones que le son prescriptas, y, además, que la cuestión de si el alma labora en el sueño con todas sus facultades o sólo con una parte de las mismas, se halla defectuosamente planteada y se aparta de las circunstancias reales. Mas como existen numerosos sueños en los que se juzga, critica y reconoce y en los que surge asombro o extrañeza de algunos de sus elementos, se construyen complicadas argumentaciones o se emprenden tentativas de aclaración, habré de rebatir con la exposición de ejemplos apropiados las objeciones que aparecen fundadas en tales fenómenos.

Mi respuesta a dichas objeciones es la siguiente: *aquello que en los sueños se nos muestra como una aparente actividad de la*

[77] Este sueño nos da también un buen ejemplo del principio general de que todos los sueños de una misma noche se basan en el mismo material mnémico, aunque luego los recordemos separadamente. La escena onírica que me muestra huyendo de Roma con mis hijos, se halla, además, deformada por su referencia regresiva a un análogo suceso de mi infancia. Su sentido es que envidio a unos parientes míos que tuvieron ocasión, hace ya muchos años, de trasladar a sus hijos a otras tierras.

función del juicio, no debe ser considerado como un rendimiento intelectual de la elaboración onírica, pues pertenece al material de ideas latentes y ha llegado desde ellas como un producto terminado al contenido manifiesto. Aún más: gran parte de los juicios que *después de despertar* hacemos recaer sobre el sueño recordado y gran parte de las sensaciones que la reproducción de este despierta en nosotros, pertenecen al contenido latente y deben ser incluidos en la interpretación del sueño.

I. En páginas anteriores hemos expuesto ya un ejemplo que confirma estas afirmaciones. Una paciente no quiere relatarnos su sueño alegando que es *demasiado obscuro*. Ha visto en él a una persona de la que *no sabe si es su marido o su padre*. El análisis nos revela que las ideas latentes tratan del recuerdo de una historia oída por la paciente en su juventud y relativa a una criada que había tenido un niño *no sabiéndose claramente quién era el padre*. Así, pues, la representación onírica se extiende aquí hasta el pensamiento despierto y deja que uno de los elementos de las ideas latentes sea representado por un juicio emitido en la vida despierta, sobre la totalidad del sueño.

II. Un caso análogo: uno de mis pacientes tiene un sueño que le parece muy interesante, pues en cuanto despierta se dice: "esto tengo que contárselo al doctor". Al analizar este sueño hallamos clarísimas alusiones a unas relaciones amorosas iniciadas por el sujeto durante su tratamiento y de las que se había propuesto *no contarme nada*[78].

---

[78] La advertencia o el propósito. "Esto se lo tengo que contar al doctor", incluidos en el sueño mismo, corresponden siempre, cuando se trata de sueños de personas sometidas al tratamiento psicoanalítico, a una intensa resistencia contra la confesión de estos y es seguida muchas veces del olvido de lo soñado.

III. Un tercer ejemplo soñado por mí.

"Voy con P. en dirección al hospital a través de un sitio lleno de casas y jardines. Mientras tanto surge en mí la idea de que yo he visto varias veces, en sueños, estos lugares. Pero ando un poco desorientado y P. me indica un camino que conduce a un restaurante (instalado en un salón y no en un jardín). Llegado a él pregunto por la señora Doni y oigo que vive al fondo, en un pequeño cuarto y con tres niños. Me dirijo allá y antes de llegar encuentro a una persona imprecisa que viene con mis dos hijas pequeñas, a las que tomo conmigo después de permanecer un rato ante ellas. Una especie de reproche contra mi mujer, por haberlas dejado allí."

Al despertar, experimento una gran satisfacción que atribuyo a mi esperanza de averiguar ahora, con el análisis de este sueño, lo que significa el *yo he soñado ya con esto* dentro del mismo sueño[79]. Pero el análisis no me da luz ninguna sobre esto, limitándose a demostrarme que mi satisfacción pertenece al contenido latente y no a un juicio sobre el sueño. Es la *satisfacción por haber tenido hijos en mi matrimonio.* P. es una persona que ha seguido durante algún tiempo en la vida mí mismo camino, realizando primero iguales progresos que yo y adelantándome luego, considerablemente, en posición económica y social. Pero no ha tenido hijos en su matrimonio. En este caso no necesitamos realizar un análisis completo, pues la simple mención de los dos motivos del sueño basta para la demostración deseada. Días antes, leí en el periódico la esquela mortuoria de una señora llamada *Dona A... y* (nombre que convierto en *Doni* en mi sueño), muerta de resultas de un *parto.* Mi mujer me dijo luego que la comadrona que había asistido

[79] Tema que ha sido objeto de una amplia discusión en la "Revue philosophique" (*La paramnesia en el sueño*).

a aquella señora era la misma que la había asistido a ella en sus dos últimos partos. El nombre *Dona* me había llamado la atención por haberlo hallado poco antes en una novela inglesa. El otro motivo del sueño nos es revelado por la fecha en que éste se desarrolló. Fue la noche anterior al cumpleaños de mi hijo mayor, dotado, según parece, de felices aptitudes poéticas.

IV. Idéntica satisfacción experimenté también al despertar del absurdo sueño antes citado de que mi padre había desempeñado, después de su muerte, una importante misión política entre los magiares, hallándose motivada en este caso por la persistencia de la sensación que acompañaba a la última frase del sueño. "Recuerdo que mi padre presentaba en su lecho de muerte un extraordinario parecido con Garibaldi y *celebro* que haya llegado a cumplirse lo que tal semejanza prometía..." (A esto se agrega una continuación olvidada). El análisis me proporciona el material correspondiente a esta laguna. Tratase de la mención de mi hijo segundo, al que puse el nombre de una gran personalidad histórica que se había atraído poderosamente mi admiración, sobre todo durante mi estancia en Inglaterra. Durante el embarazo de mi mujer concebí el propósito de poner al esperado descendiente, si resultaba ser varón, el nombre de dicha personalidad, y en cuanto me presentaron al recién nacido, le saludé ya, *muy satisfecho*, con dicho nombre. No es difícil observar que los padres suelen transferir en su pensamiento a sus hijos, la consecución de aquellas aspiraciones que ellos se han visto obligados a reprimir e incluso hemos de ver en esta circunstancia uno de los medios que facilitan dicha ineludible represión. El pequeño ser adquirió el derecho de ser incluido en este sueño por haberle sucedido aquel día el accidente —disculpable en los niños y en los moribundos— de haber ensuciado sus ropas. Recuérdese en relación con esto la alusión *Stuhlrichter* (*Stuhlrichter* = juez; *Stuhl* = silla;

Stuhlgang = deposición) y el deseo del sueño: aparecer limpio de toda impureza ante nuestros hijos después de la muerte.

V. Habiendo de presentar ahora ejemplos de juicios emitidos en el sueño y que permanecen limitados a él sin extenderse a la vigilia o, por lo contrario, son transferidos a ella, facilitaré considerablemente mi labor utilizando, con este fin, sueños ya expuestos para la demostración de otras particularidades del fenómeno onírico. El sueño del ataque de Goethe contra M. parece contener toda una serie de actos de juicio. "Intento aclarar las circunstancias de tiempo, que me parecen inverosímiles." ¿No equivale esto a un sentimiento crítico contra el desatino de que Goethe haya atacado literalmente a un joven conocido mío? "Me parece plausible que tuviera dieciocho años". Esto semeja el resultado de un cálculo, si bien desatinado. Por último, el "no sé, con seguridad en qué año estamos" sería un ejemplo de inseguridad o de duda en el sueño.

Pero el análisis de este caso me ha revelado que la expresión verbal de estos actos de juicio, aparentemente realizados por vez primera en el sueño, es susceptible de una distinta inteligencia que los hace valiosísimos para la interpretación onírica y desvanece al mismo tiempo todo absurdo. Con la frase "intento aclarar las circunstancias de tiempo" me sitúo en el lugar de mi amigo que intenta realmente aclarar las circunstancias temporales de la vida. Con esto pierde la frase toda significación de juicio contrario a la insensatez de las precedentes. La interpolación de "que me parecen inverosímiles" debe ser enlazada con la frase posterior: "me parece plausible". Aproximadamente con las mismas palabras había yo respondido a la señora que me relató la historia de la enfermedad de su hermano: <<*Me parece inverosímil* que la exclamación "¡Naturaleza! ¡Naturaleza!" tenga alguna relación con Goethe; *creo más plausible* que tuviera para el enfermo la conocida significación sexual.>> Existe aquí evidentemente un juicio, pero, no ha sido formulado en el sueño, sino en la realidad y en una ocasión que es recordada y aprovechada por las ideas latentes. El contenido manifiesto se apropia este *juicio* como otro cualquier fragmento de las ideas latentes.

El número 18, con el que es disparatadamente enlazado el juicio en el sueño, conserva aún la huella de la totalidad de la que fue desglosado el juicio real. Por último, el "no sé, con seguridad, en qué año estamos" tiene por objeto establecer mi identificación con el paralítico, para lo cual había surgido realmente en mi visita al mismo un punto de apoyo.

En la solución de los aparentes actos de juicio del sueño podemos recordar la regla señalada al principio para la realización de la labor interpretadora, esto es, la de que hemos de echar a un lado, considerándola como una vana apariencia, la conexión de los elementos oníricos establecida en el sueño y buscar aisladamente la derivación de cada uno de dichos elementos. El sueño es un conglomerado que ha de ser fragmentado de nuevo para los fines de la investigación. Pero, por otra parte, observamos que se exterioriza en los sueños una fuerza psíquica que establece dicha aparente conexión, esto es, somete el material construido por la elaboración onírica a una *elaboración secundaria*. Tenemos aquí manifestaciones de aquel poder que más tarde examinaremos como el cuarto de los factores que intervienen en la elaboración onírica.

VI. Continuaré buscando otros ejemplos de actos de juicio en los casos ya comunicados. En el sueño absurdo de la reclamación del Ayuntamiento pregunto a mi padre: "Te casaste poco después ¿no?" y luego *echo la cuenta de que nací en 1856, fecha que me parece suceder inmediatamente a la otra (1851)*. Este fragmento onírico reviste, por completo, la forma de una *conclusión*: mi padre se casó en 1851, poco después de tener el ataque; yo soy su primogénito y nací en 1856; luego, esta fecha es inmediatamente posterior a la del matrimonio de mi padre. Sabemos que esta conclusión aparece falseada por la realización de deseos y que la frase dominante en las ideas latentes expresa: "Cuatro o cinco años no son nada". Pero cada uno de los términos de la deducción posee, tanto por lo que respecta a su contenido como por lo que a su forma se refiere, una determinación diferente: El enfermo, cuya paciencia admira y critica mi colega, es quien en realidad piensa casarse en cuanto alcance su completa curación. La conversación que en el sueño sostengo con mi padre, semeja un *interrogatorio* o un *examen* y me recuerda así a un catedrático de la Universidad que, al hacer la lista de sus alumnos, acostumbraba a tomar una completa filiación de cada uno. "¿Nació usted en...?" —1856 —"*¿Patre*?" —A esta pregunta tenía uno que contestar con el nombre de su padre en latín o agregándole una desinencia latina, y los estudiantes opinábamos que el señor profesor y consejero áulico deducía del nombre del padre del matriculado *conclusiones* que el de este último no le hubiera facilitado por sí solo. Resulta, pues, que el *deducir* del sueño no es sino la repetición del *deducir* que aparece formando parte del material de las ideas latentes. Descubrimos aquí algo nuevo. Siempre que en el contenido manifiesto aparece una deducción, podemos asegurar que procede del contenido latente, pudiendo hallarse incluida en él a título de parte integrante del material recordado o de enlace lógico entre varias de las ideas que lo integran. Pero la deducción en el sueño constituye siempre la representación de una deducción efectuada en las ideas latentes[80].

---

[80] Estos resultados rectifican, en algunos puntos, los datos antes expuestos sobre la representación de las relaciones lógicas. Pero en dicha exposición, nos limitábamos a describir la conducta general de la elaboración onírica, sin entrar en el examen de sus rendimientos más sutiles y minuciosos.

El análisis de este sueño continúa ahora como sigue: al recuerdo del interrogatorio del catedrático sucede el de la lista de los estudiantes de la Universidad, documento que en mis tiempos se redactaba en latín, y luego el de la marcha que seguí en mis estudios. Los *cinco* años que constituían la duración oficial de la carrera de Medicina, fueron nuevamente poco para mí, pues proseguí mis estudios más allá de este plazo sin solicitar el examen de doctorado, dando lugar a que se me creyera insuficientemente preparado y se dudaba de verme llegar alguna vez a la *conclusión* de mi carrera. Entonces me decidí *rápidamente* a doctorarme y obtuve brillantemente mi título *contra lo que el aplazamiento había hecho pensar*. Este recuerdo refuerza las ideas latentes que opongo enérgicamente a los que me critican: "aunque no queráis creerlo nunca, porque encontráis que me tomó demasiado tiempo, llego, sin embargo, siempre a la *conclusión*. Así os lo he demostrado ya muchas veces".

Este mismo sueño contiene en su principio algunas frases a las que es difícil negar su carácter de argumentación, y de una argumentación nada absurda que hubiera podido desarrollarse idénticamente en el pensamiento despierto. En el sueño *me causa risa la carta del Ayuntamiento, pues en 1851 no había yo aún nacido, y mi padre, al que pudiera referirse, ha muerto ya*. No sólo son exactas ambas circunstancias, sino que coinciden perfectamente con los argumentos que hubiera alegado si en realidad hubiese recibido una tal reclamación. Por el análisis antes efectuado sabemos que este sueño se halla basado en ideas latentes saturadas de amarga burla. Aceptando, además, que la censura ha de haberse mostrado en este caso altamente rigurosa, comprenderemos que la elaboración onírica tiene que haber encontrado en él todas las condiciones para la creación de una *irreprochable refutación de una imputación desatinada*, conforme al modelo contenido en las ideas latentes. Pero en el análisis nos muestra que la elaboración onírica no es encargada aquí de una libre creación ulterior, sino que tiene que utilizar, para sus fines, un material dado en las ideas latentes. Es como si una ecuación compuesta de cifras y signos matemáticos (un +, un −, un exponente y un radical) fuese transcrita por una persona ignorante que, copiando fielmente cifras y signos, trastrocase por completo su orden de sucesión. Los dos argumentos pueden ser referidos al material siguiente: me es desagradable pensar que algunas de las hipótesis en que fundo mi solución psicológica de las psiconeurosis habrán de tropezar con la burla y la incredulidad. Así, he de afirmar que las impresiones recibidas por el sujeto cuando tenía dos años e incluso otras del primer año de su existencia dejan una huella duradera en su vida anímica, y aunque dislocadas y exageradas por el recuerdo, pueden constituir la primera y más profunda base de un síntoma histérico. Algunos pacientes a los que expongo estas explicaciones en el momento oportuno del tratamiento suelen parodiarlas declarándose dispuestos a buscar recuerdos del tiempo *en que aún no habían nacido a la vida*. Análoga acogida esperaba, en mi opinión, al descubrimiento del insospechado papel que en los más tempranos sentimientos sexuales de las enfermas neuróticas hubo de desempeñar la persona del padre (véase el tomo I, páginas 330 y siguientes). Y, sin embargo, mis investigaciones me han llevado a la convicción de la absoluta exactitud de ambas hipótesis. Para reforzar mi convencimiento evoco algunos ejemplos de enfermas cuyo padre murió hallándose ellas en su más tierna infancia y en las que determinados fenómenos —inexplicables de otro modo— demostraron que la niña había conservado, sin embargo, inconscientemente, recuerdos de la persona tan tempranamente desaparecida de su vida. Sé que estas dos afirmaciones mías reposan en *deducciones* que habrán de ser enérgicamente combatidas.

Así, pues, el aprovechamiento material *de estas deducciones*, cuya discusión espero por la elaboración onírica y para la creación de *deducciones inatacables*, es un rendimiento de la realización de deseos.

VII. En un sueño al que antes aludimos de pasada queda manifiestamente expresado el asombro ante el tema que comienza a iniciarse.

"El anciano Brücke ha debido encargarme un trabajo que se refiere *extrañamente* a la preparación anatómica de la parte inferior de mi propio cuerpo —al abdomen y las piernas— que veo colocada ante mí como en la sala de disección, aunque no siento su falta ni experimento terror ninguno. Luisa N. está a mi lado y realiza conmigo el trabajo. El abdomen ha sido vaciado, separando la masa intestinal y muestra unas veces su parte superior y otras su parte inferior, mezclándose y confundiéndose ambos aspectos. Gruesos núcleos de carne roja aparecen visibles (en el sueño pienso al verlos en las hemorroides). Había también que limpiar cuidadosamente algo que se veía sobre ellos y que parecía papel de plata muy arrugado[81]. Luego volvía a poseer mis piernas y caminaba por la ciudad pero, sintiéndome fatigado, tomaba un coche. Con gran asombro mío entró este por el portal de una casa cuyas puertas se abrieron ante él, dándole paso a través de un pasaje que desembocaba de nuevo en la calle. Por último, camino atravesando diversos lugares, acompañado por un guía alpino que lleva mi equipaje. Durante un rato me lleva también a mí, en vista de la fatiga de mis piernas. El terreno era pantanoso e íbamos por la orilla. Hay mucha gente sentada en el sueño.

---

[81] "Staniol" (hoja de estaño) alusión a Stannius y al sistema nervioso de los peces, etc., como ya vimos anteriormente.

Parecen indios o gitanos. Entre ellos una muchacha. Antes había yo andado sin ayuda ninguna sobre aquel suelo escurridizo continuamente admirado de poder moverme con tanta facilidad después de la preparación. Por fin, llegamos a una pequeña casa de madera en cuyo fondo se abría una ventana. El guía me deja entonces en el suelo y coloca sobre el alféizar de la ventana dos tablones, dispuestos allí de antemano, para formar un puente sobre el abismo que se extiende al otro lado. Siento ahora verdaderamente miedo por mis piernas. Pero en vez del peligroso paso esperado, veo dos hombres tendidos en unos bancos de madera, adosados a la pared de la casita y junto a ellos algo como dos niños durmiendo. Como si no fueran los tablones sino los niños los que hubieran de hacer posible el paso. En este punto del sueño, despierto sobresaltado."

Aquellos que hayan tenido alguna ocasión de examinar la enorme labor que lleva a cabo la condensación onírica podrán representarse fácilmente el número de páginas que habría de ocupar un análisis detallado de este sueño. Por fortuna para la coherencia de nuestra exposición no tengo que tomar de él sino el ejemplo de admiración dentro del sueño mismo, que se nos ofrece en su principio con la interpolación del adverbio "extrañamente". Comenzaré por exponer el motivo ocasional del sueño. No es otro que la visita del Luisa N., la misma señora que luego se me muestra ayudándome en mi trabajo anatómico. "Préstame algo que leer", me había dicho. Yo le ofrecí "She" de Rider Haggard, y queriéndole dar alguna explicación sobre esta obra, añadí: "Es un libro algo *extraño*, pero lleno de un oculto sentido... Lo eterno femenino; la inmortalidad de nuestros afectos..." "Lo he leído ya" —me interrumpió— ¿No tienes nada tuyo?" "No; las obras que me han de inmortalizar no han sido escritas todavía". "Entonces, ¿cuándo vas a publicar las *aclaraciones* que nos tienes anunciadas y de las que dijiste que estarían a nuestro alcance?" Adivinando que mi interlocutora hablaba aquí por cuenta ajena, guardé silencio y pensé en la violencia que me cuesta dar a la publicidad mi trabajo sobre los sueños, en el que me veo obligado a revelar tantas intimidades. "Lo mejor que saber pueden no te es dado decirlo a los niños" (*Das Beste was du wissen kannst, Darfst du Buben doch nicht sagen*, del *Fausto* de Goethe). La preparación anatómica de una parte de *mi propio cuerpo* es, por lo tanto, el *autoanálisis* enlazado a la comunicación de mis sueños. La intervención del viejo Brücke está perfectamente justificada, pues ya en mis primeros años de labor científica había ido dejando impublicado un descubrimiento hecho por mí, hasta que su enérgica autoridad me obligó a darlo a conocer. Pero los demás pensamientos que se enlazan a mi conversación con Luisa N. poseen raíces demasiado hondas para hacerse conscientes, y quedan desviados hacia el material que la mención de la citada obra de Rider Haggard ha despertado simultáneamente en mí. A este libro y a otro del mismo autor, titulado *Heart of the world* se refiere el juicio "extrañamente". Asimismo, numerosos elementos del sueño están tomados de ambas fantásticas novelas. El terreno pantanoso por el que es uno llevado en brazos y el abismo que hay que franquear pasando por unos tablones traídos al efecto proceden de *She*; los indios, la muchacha y la barraca de madera, de *Heart of the world*. En ambas novelas es una mujer la figura principal y se trata de peligrosas expediciones. "She" desarrolla una aventurada exploración de lo desconocido, donde jamás puso su planta un ser humano. La fatiga de mis piernas era una sensación que experimentaba realmente por aquellos días y correspondía a un estado general de cansancio, susceptible de ser concretado en la pregunta: ¿Cuánto tiempo podrán sostenerme aún mis piernas? (¿Cuánto tiempo puede quedarme de vida?) En *She* termina la aventura con la muerte de la protagonista que, habiendo salido a la conquista de la inmortalidad para sí y para los suyos, perece en el misterioso fuego central. En las ideas latentes ha surgido, sin duda, un análogo temor. La "casita de madera" es, indudablemente, el "ataúd", o sea, la tumba. También en la representación de este pensamiento, el más indeseado de todos, por medio de una realización de deseos ha realizado la elaboración onírica una obra maestra. Me he hallado, en efecto, ya una vez en una tumba, pero fue en una tumba etrusca descubierta cerca de Orvieto: una estrecha cámara con dos bancos de piedra adosados a las paredes y sobre los que yacían dos esqueletos. La casita de mi sueño presenta exactamente esta misma disposición, sustituyéndose tan sólo la madera a la piedra. El sueño parece decir: "si has de ir a la tumba, que sea a la tumba etrusca", y con esta sustitución transforma la más triste de las expectativas en otra muy deseada. Desgraciadamente, no puede el sueño transformar en su contrario, como ya veremos en páginas ulteriores, más que la representación que acompaña al afecto y no el afecto mismo. De aquí el sobresalto con que despierto. Al final de este sueño alcanza también una representación la idea de que quizá los hijos consigan aquello que ha sido negado al padre, nueva alusión a la extraña novela, en la que la identidad de una persona permanece conservada a través de una serie de generaciones durante dos mil años.

VIII. En el desarrollo de otro sueño hallamos igualmente una expresión del asombro que su contenido manifiesto despierta en mí, pero enlazada esta vez con una tentativa de aclaración tan singular y tan ingeniosamente buscada, al parecer, que sólo por ella hubiera sometido el sueño completo a un minucioso análisis, aunque no hubiese presentado otras particularidades interesantes. En la noche del 18 al 19 de julio voy durmiendo en el tren y oigo entre sueños: "Hollthurn, diez minutos". En seguida pienso en las holoturias —en un museo de historia natural— y luego, en que es éste el lugar donde un puñado de hombres de valor se defendió, en vano, contra el poder inmensamente superior de su monarca. ¡Sí; la contrarreforma en Austria! Como si fuese un lugar de Steiermark o del Tirol. Veo ahora, imprecisamente, un pequeño museo en el que se conservan los restos o las conquistas de aquellos hombres. Quisiera bajarme, pero lo dejo para más tarde. Sentadas sobre el andén hay varias mujeres —vendedoras de fruta— que tienden hacia nosotros sus cestos, con ademán grandemente invitador. He dudado en bajar porque no sabía si tendría tiempo y resulta que aún estamos parados. De repente me encuentro en otro departamento, en el que las pieles y los asientos son tan estrechos, que tropieza uno inmediatamente con el respaldo[82]. Experimento asombro, pero *quizá es que he cambiado de coche durmiendo*. Varias personas, entre ellas dos jóvenes ingleses, hermano y hermana. Veo claramente una hilera de libros colocada en un estante adosado a la pared. Entre ellos dos volúmenes muy gruesos y encuadernados en tela: *Wealth of nations* y *Matter and Motion* (de Maxwell). El joven pregunta a su hermana si ha olvidado un libro de Schiller. Los libros parecen tan pronto pertenecerme como ser propiedad de los otros dos. Quiero mezclarme en la conversación para confirmar o apoyar algo... Despierto bañado en sudor, pues están cerradas todas las ventanillas. El tren se halla parado en la estación de Marburgo."

Al sentar mi sueño por escrito recuerdo otro fragmento olvidado hasta entonces: <<Refiriéndome a una determinada obra digo a los hermanos: "It is from...", pero rectifico al punto: "It is by..." El joven advierte entonces a su hermana: "Lo ha dicho bien">>.

[82] También a mí me resulta esta descripción perfectamente incomprensible, pero sigo el principio de reproducir el sueño con aquellas palabras que surgen al redactarlo por escrito. La forma verbal es también una parte de la representación onírica.

El sueño comienza oyendo yo gritar el nombre de la estación —*Marburgo*— en la que el tren se había detenido, nombre que queda sustituido por el de *Hollthurn*. Pero la mención de *Schiller*, nacido en *Marburgo* demuestra que fue éste realmente el nombre que oí medio dormido[83]. A pesar de ir en primera, hice este viaje en condiciones muy incómodas. El tren iba abarrotado y subí en un departamento en el que viajaba un matrimonio de aspecto distinguido, pero que no tuvo la suficiente urbanidad para ocultar el desagrado que mi intrusión le producía o no creyó que valía la pena disimularlo. Mi cortés saludo quedó incontestado: la señora que se hallaba sentada al lado de su marido, de espaldas a la máquina, se apresuró a colocar su sombrilla en el asiento frontero, junto a la ventanilla, cerró la puerta de golpe, y advirtiendo la mala impresión que me había producido la enrarecida atmósfera del departamento, pronunció luego unas frases malhumoradas sobre lo molesto que le sería que alguien abriese las ventanillas. Según mi experiencia de viajero, esta desconsiderada conducta es característica de las personas que poseen billete de favor. En efecto, cuando vino el revisor, y después de picar un billete, pagado sin rebaja alguna, se dirigió a mis compañeros de viaje, resonó una voz amenazadora: "Mi marido tiene pase". La señora era una matrona de imponente aspecto y cara de vinagre. El marido no pronunció palabra alguna ni se movió en todo el tiempo. A pesar del calor y del enrarecimiento del aire en el vagón cerrado a piedra y lodo, logré dormirme.

---

[83] Cualquier estudiantillo alemán sabe que Schiller no nació en Marburgo sino en Marbach, y también lo sabía yo al redactar este análisis, no obstante, incurrí en el error. Es éste uno de aquellos errores (véase el tomo I, Pág. 253) que se deslizan como sustitución de una voluntaria falsedad cometida en otro lugar. En nuestra *Psicopatología de la vida cotidiana* intentamos dar una explicación de este fenómeno. (Véase el tomo I de estas *Obras Completas*).

En mi sueño, tomo tremenda venganza de mis desagradables compañeros de viaje. No puede imaginarse qué graves insultos y humillaciones se esconden detrás de los inconexos fragmentos de su primera mitad. Una vez satisfecha esta necesidad se impone un segundo deseo: el de cambiar el coche. El fenómeno onírico varía tantas veces la escena sin que tales mutaciones nos extrañen, que la sustitución de mis poco amables compañeros por otros agradablemente recordados no me hubiera causado el menor asombro. Pero en el caso presente hay algo que se opone a la mutación de la escena y hace necesaria una explicación. ¿Cómo es que me encuentro de repente en otro departamento si no recuerdo haber bajado del primero? No puede haber sino una explicación: *sin duda he cambiado de coche durmiendo*, suceso extraño, desde luego, pero no sin ejemplo en los anales de la neuropatología. Sabemos, en efecto, de enfermos neuróticos que emprenden viajes hallándose en un estado de obnubilación no revelado al exterior por signo alguno y que, al recobrar la conciencia en un punto cualquiera del trayecto, se preguntan asombrados cómo han podido llegar hasta allí. De este modo, explico en mi sueño mi conducta como uno de esos casos de "automatismo ambulatorio".

El análisis permite una solución diferente. La tentativa de explicación que tanto me impresiona, si he de atribuirla a la elaboración onírica, no es original sino copiada de la neurosis de uno de mis pacientes. Ya en otro lugar he relatado el caso de un individuo de gran cultura y extremadamente bondadoso, que después de la muerte de sus padres comenzó a acusarse de experimentar tendencias homicidas, atormentándose con las medidas de precaución que se veía obligado a tomar para no hacerse reo de un crimen. Era éste un caso de graves representaciones obsesivas con plena conservación del conocimiento. Siempre que salía a la calle se le imponía la obsesión de darse cuenta de por dónde desaparecían los transeúntes que con él se cruzaban y si alguno se escapaba a sus miradas le quedaba la penosa sensación de que podía haberle asesinado. Entre ellos extrañaba este caso una fantasía fratricida, pues "todos los hombres son hermanos". Dada la imposibilidad de llevar a cabo la labor a que su obsesión le obligaba, renunció el enfermo a salir y se pasaba la vida encerrado en su casa. Pero aun así no le fue posible hallar la tranquilidad, pues cada vez que leía en los periódicos la noticia de un crimen despertaba en su conciencia la sospecha de haber sido él el homicida. La convicción de no haber salido de su casa desde muchas semanas antes, le protegió por algún tiempo de tales acusaciones hasta el día en que surgió en él la idea de haber podido *salir en estado de inconsciencia* y haber cometido así el crimen sin darse cuenta. A partir de este día cerró la puerta de la escalera, entregó la llave a su anciana criada y le prohibió terminantemente que se la entregase, aunque fuera él mismo a pedírsela.

De aquí procede, pues, la tentativa de explicación de que he cambiado de coche en estado de inconsciencia, explicación que se halla perfectamente concluida en las ideas latentes y ha sido transferida sin modificación alguna al sueño manifiesto en el cual ha de servir para identificarme con la persona de dicho paciente. Su recuerdo fue despertado en mí por una asociación próxima. Pocas semanas antes había hecho yo un viaje nocturno con dicho sujeto. Se hallaba ya curado y me acompañaba a casa de unos parientes suyos de provincias que habían solicitado mi visita. Tuvimos un vagón para nosotros solos, pudimos dejar las ventanillas abiertas durante toda la noche y conversamos agradablemente hasta que llegó el momento de dormir. La raíz principal de la enfermedad de este individuo se hallaba constituida por impulsos hostiles de relación sexual contra su padre durante su infancia. Identificándome con él confesaba yo algo análogo. La segunda escena de mi sueño se resuelve, en efecto, en una fantasía cuyo tema es el de mis dos maduros compañeros de viaje se conducen tan groseramente conmigo porque he venido a estorbar con mi presencia sus acostumbradas caricias nocturnas. Esta fantasía se refiere, a su vez, a una escena infantil en la que el niño, impulsado sin duda por la curiosidad sexual, penetra en la alcoba paterna, siendo expulsado por la autoridad del padre.

Creo innecesario continuar acumulando ejemplos que no harían sino confirmar lo que ya nos han mostrado los que anteceden, o sea, que los actos de juicio que aparecen en el sueño no son sino reproducción de un modelo dado en las ideas latentes. Y generalmente, una reproducción descentrada e incluida en un contexto inadecuado, aunque, algunas veces, como sucede en el último de los ejemplos expuestos, sea tan hábilmente utilizada que da al principio la impresión de la existencia de una actividad intelectual independiente en el sueño. Partiendo de aquí podríamos dirigir nuestra atención a aquella actividad psíquica que, aunque no parece colaborar regularmente en la formación de los sueños, procura, cuando lo hace, fundir sensata y admisiblemente los elementos oníricos de origen heterogéneo. Pero creemos más urgente ocuparnos de las manifestaciones afectivas que surgen en el sueño y compararlas con los afectos que el análisis descubre en las ideas latentes.

h) Los afectos en el sueño.

Una atinada observación de Stricker ha atraído nuestra atención sobre el hecho de que las manifestaciones afectivas del sueño no pueden ser comprendidas en el juicio despectivo que al despertar hacemos recaer sobre el contenido manifiesto de este. En efecto, "cuando soñamos con ladrones y sentimos miedo, los ladrones son imaginarios, pero el miedo es real", como cualquier otro afecto que en sueños experimentamos. El testimonio de nuestra sensación nos demuestra que dichos afectos son perfectamente equivalentes a los de igual intensidad surgidos en la vigilia. Más aún que en su contenido de representaciones apoya el sueño en su contenido afectivo su aspiración a ser comprendido entre las experiencias reales de nuestra alma. Si tal inclusión parece inaceptable a nuestro pensamiento despierto es porque somos incapaces de evaluar psíquicamente un afecto fuera de su conexión con un contenido de representaciones. En cuanto al afecto y la representación no se corresponden en forma e intensidad queda ya desconcertada nuestra facultad de juicio.

Ha despertado siempre extrañeza el que las representaciones oníricas no traigan consigo, muchas veces, aquellos afectos que nuestro pensamiento despierto considera necesariamente concomitantes a ellas. Strümpell opinó, a este respecto, que las representaciones eran despojadas, en el sueño, de sus valores psíquicos. Pero sucede que también hallamos en él el fenómeno contrario, o sea, la aparición de intensas manifestaciones afectivas concomitantes a un contenido que no parece dar ocasión alguna para un desarrollo de afecto. Sueños que nos muestran en una situación espantosa, peligrosa o repulsiva, no nos hacen experimentar el menor miedo ni la más mínima repugnancia y, por lo contrario, en otros, nos aterrorizamos de cosas inofensivas y nos regocijamos de cosas pueriles.

Este enigma del sueño se desvanece más rápida y completamente que ningún otro en cuanto pasamos del contenido manifiesto al latente, ahorrándonos así más amplia explicación. El análisis nos enseña que *los contenidos de representaciones han pasado por desplazamientos y sustituciones, mientras que los afectos han permanecido intactos*. No es, por lo tanto, extraño que el contenido de representaciones, transformado por la deformación onírica, no corresponda ya al afecto, el cual se ha conservado idéntico a sí mismo. Pero en cuanto el análisis vuelve a colocar en su lugar primitivo el contenido verdadero, todo vuelve a entrar en un orden lógico y no hay ya motivo ninguno de asombro[84]. Los afectos constituyen la parte más resistente de aquellos complejos psíquicos que han experimentado la acción de la censura y, por lo tanto, la que mejor puede guiarnos en nuestra labor de interpretación. Esta circunstancia se nos revela en las psiconeurosis aún más claramente que en el sueño. En ellas, acaba siempre por demostrarse plenamente justificado el afecto, por lo menos en lo que respecta a su cualidad, pues su intensidad puede ser incrementada por desplazamientos de la atención neurótica. El histérico que se asombra de experimentar un miedo increíble ante objetos totalmente inofensivos y el neurótico obsesivo que no puede explicarse por qué se convierten para él en fuentes de amargos reproches actos insignificantes, yerran al atribuir la máxima importancia al contenido de representaciones —el objeto inofensivo o el acto insignificante— y combaten inútilmente sus síntomas tomando dicho contenido como punto de partida de sus reflexiones. El psicoanálisis interviene entonces y les muestra el camino acertado, reconociendo la perfecta justificación del afecto y buscando la representación a la que en realidad corresponde, representación que ha sido reprimida y sustituida por otra. Presuponemos, al obrar así, que el desarrollo de afecto

[84] Un sueño de mi nieto, observado por mí cuando el pequeño tenía apenas veinte meses, muestra ya, si no me equivoco mucho, que la elaboración onírica ha conseguido transformar el material dado en una realización de deseos, permaneciendo, en cambio, inmodificado el afecto correspondiente y manifestándose así durante el reposo. La noche anterior al día en que su padre tenía que salir para el frente de batalla, se oyó exclamar al niño, sollozando entre sueños: "Papá, papá... nene". Esto no puede significar, sino que papá se queda junto al nene, mientras que el llanto reconoce la próxima separación. El niño sabía ya expresar perfectamente el concepto de la separación. La palabra "fort" (fuera), sustituida por un largo "oooh" singularmente acentuado, fue una de las primeras que usó, y varios meses antes de este sueño, jugaba ya a "estar fuera" (a irse) con sus juguetes, juego que se hallaba enlazado con su primera victoria sobre sí mismo, esto es, la de dejar que su madre se marchase sin protestar con una rabieta.

y el contenido de representaciones no constituyen, contra lo que estamos acostumbrados a admitir, una unidad orgánica inseparable, sino que se hallan simplemente soldados entre sí y pueden ser aislados por medio del análisis. La interpretación de los sueños nos demuestra que así sucede, en efecto.

Expondré, primero, un ejemplo en el que el análisis explica la aparente ausencia de afecto en una representación que debía provocarlo.

I. "La sujeto ve un desierto y en él tres leones, uno de los cuales está riendo; pero no siente miedo ninguno. Sin embargo, debe de haber salido luego huyendo, pues quiere trepar a un árbol, pero encuentra que su prima, la profesora de francés, está ya arriba, etc".

El análisis nos proporciona el material siguiente: El motivo —indiferente— del sueño ha sido una frase de su composición de inglés: La melena es el adorno del *león*. Su padre llevaba una frondosa barba que enmarcaba su rostro como una *melena*. La profesora que le daba lección de inglés se llamaba Miss *Lyons* (*lions-leones*). Un conocido suyo le había mandado las *Baladas* de *Loewe* (*Loewe-león*). Así, pues, son éstos los tres leones de su sueño. ¿Por qué habría de sentir miedo de ellos? Ha leído una historia en la que un negro, perseguido por haber incitado a otros a rebelarse, se refugia en un árbol huyendo de una trama de feroces mastines que siguen sus huellas. Luego, surgen diversos recuerdos chistosos, como el de una receta para cazar leones, publicada en la revista humorística *Fliegende Blaetter*: "Se toma un desierto, se cierne la arena y los leones quedan en el cedazo"; y el de la anécdota de un empleado al que se reprochaba mostrar poco interés en conquistarse el favor de su jefe y que respondió: "No; también yo he intentado trepar por la cucaña de la adulación, pero cuando quise hacerlo *ya había otra arriba*". Todo este material se nos hace comprensible cuando averiguamos que el día del sueño había recibido la sujeto la visita del jefe de su marido, el cual se mostró muy cortés con ella y le besó la mano. Pero la señora *no le tuvo miedo ninguno* (no mostró la menor cortedad), a pesar de saber que su visitante era un *animal considerable* (un personaje importante) y uno de los más admirados *leones* ("elegantes") de la pequeña ciudad en que vivía. Este "león" puede, por lo tanto, compararse al del "Sueño de una noche de verano" de Shakespeare, que despojado de su máscara resulta ser Sung, el carpintero, e idénticamente sucede con todas las demás fieras que el sueño nos muestra y ante las que no experimentamos temor alguno.

II. Como segundo ejemplo citaré nuevamente el sueño de aquella muchacha que vio muerto y yacente en el ataúd al hijo de su hermana sin experimentar ante tal escena el menor dolor o tristeza. El análisis nos reveló por qué. Este sueño no hacía sino encubrir su deseo de volver a ver al hombre amado, y el afecto tenía que corresponder al deseo y no a su encubrimiento. No había, pues, motivo ninguno de tristeza.

En algunos sueños conserva, por lo menos, el afecto, cierta conexión con el contenido de representaciones al que en realidad corresponde y que ha sido objeto de una sustitución. En otros queda, en cambio, absolutamente en un lugar cualquiera del contenido manifiesto, allí separado de dichas representaciones y aparece incluido donde resulta posible adaptarlo a la nueva ordenación de los elementos del sueño. Sucede, entonces, lo mismo que antes comprobamos al examinar los actos de juicio del fenómeno onírico. Si en las ideas latentes existe una conclusión importante, el sueño manifiesto contendrá otra pero esta última puede aparecer desplazada y referida a otro distinto material. No pocas veces sigue este desplazamiento el principio de la antítesis.

III. Con el ejemplo siguiente sometido por mí a un minucioso y complejo análisis, ilustraré una tercera y última posibilidad:

"Un castillo a la orilla del mar. Luego no está ya en tal lugar sino a la orilla de un canal que desemboca en el mar. El gobernador es un cierto señor P. Estoy con él en un gran salón con tres ventanas ante las que se alza el extremo de una muralla almenada. He sido agregado a la guarnición en calidad de oficial de marina voluntario. Tememos la llegada de una escuadra enemiga pues nos hallamos en guerra. El señor P. tiene el propósito de marcharse y me da instrucciones para la defensa, en el caso de que se confirmaran nuestros temores. Su mujer está enferma y se encuentra con los niños en el castillo amenazado. Cuando el bombardeo comience, deberá ser evacuado el salón. El gobernador respira trabajosamente y quiere marcharse, pero le retengo preguntándole de qué manera podré enviarle noticias si fuese necesario. Me responde algo y cae, en el acto, muerto. Quizá le he fatigado innecesariamente con mis preguntas. Después de su muerte, que no me causa ninguna impresión, pienso si la viuda permanecerá en el castillo y si debo comunicar la muerte del gobernador a la superioridad y tomar el mando, como me corresponde por ser el oficial de mayor categoría. Me asomo a la ventana e inspecciono los barcos que pasan: son barcos mercantes que surcan rápidamente las obscuras aguas. Unos tienen varias chimeneas y otros una cubierta convexa (como los techos de las estaciones de ferrocarril vistos en un sueño preliminar no relatado). En esto llega mi hermano y se coloca a mi lado junto a la ventana examinando conmigo el canal. La aparición de un barco nos sobresalta y exclamamos: "¡Ahí viene el barco de guerra!" Luego vuelven a pasar en sentido contrario los mismos buques que ya vi antes, y entre ellos, un barquito cómicamente cortado por la mitad. Sobre la cubierta aparecen extraños objetos semejantes a copas o cajitas. Simultáneamente exclamamos: "Es el barco del desayuno."

El rápido movimiento de los barcos, el profundo color azul de las aguas y el negro humo de las chimeneas forman un conjunto sombrío e inquietante.

Los lugares de este sueño corresponden a diversas reminiscencias visuales de mis viajes a la costa adriática (Huraware, Duino, Venecia, Aquileia). Poco tiempo antes había aprovechado las vacaciones de Pascua de Resurrección para hacer con mi hermano una breve excursión a Aquileia, que nos resultó agradabilísima. La *guerra naval* que por esta época se desarrollaba entre España y los Estados Unidos y las inquietudes que me inspiraban la suerte de mis allegados residentes en América, intervienen también en este sueño, cuyo contenido nos ofrece en dos ocasiones fenómenos afectivos. Primeramente, observamos la ausencia de un afecto cuyo desarrollo era de esperar, ausencia que el sueño mismo acentúa (*la muerte del gobernador no me causa impresión ninguna*), y luego me *sobresalta* la aparición del buque de guerra, y experimento durante el reposo todas las sensaciones correspondientes a este afecto. La inclusión de los afectos en el contenido manifiesto aparece llevada a cabo en este sueño, bien estructurado, de manera a evitar toda contradicción chocante. No hay, en efecto, razón ninguna para que me asuste la muerte del comandante, y en cambio, está justificado que la aparición de un buque de guerra ante una plaza cuyo mando he tomado me produzca sobresalto. El análisis demuestra que el señor P. es un sustituto de mi propio Yo (en el sueño soy yo su sustituto). Así, pues, soy yo el gobernador que muere de repente. Las ideas latentes tratan del porvenir de los míos si yo muriera de un modo prematuro —siendo éste el único pensamiento doloroso que en ellos aparece—. El sobresalto concomitante en el sueño a la aparición del buque de guerra debe ser separado de esta representación y unido a la idea de mi muerte prematura. Inversamente muestra el análisis que la región de las ideas latentes de la que ha sido tomado el buque de guerra entraña las más serenas reminiscencias. Hallándonos en Venecia, un año antes de este sueño, supimos que se hallaba anunciada la visita de la escuadra inglesa y se preparaban grandes festejos para recibirla. Asomados a la ventana de nuestro cuarto en la Riva Schiavoni, esperamos mi mujer y yo la aparición de los navíos. Hacía una hermosísima tarde, pero las azules aguas de la laguna se mostraban más agitadas que de costumbre. De repente gritó mi mujer con infantil regocijo: *¡Ahí viene el barco de guerra inglés!* Esta misma frase privada de su último elemento es la que me sobresalta en mi sueño. Vemos de nuevo que las frases oídas o pronunciadas en los sueños proceden siempre de la realidad. Más adelante demostraré que tampoco el elemento "inglés" ha quedado inempleado por la elaboración onírica. Al pasar de las ideas latentes al contenido manifiesto transformo, pues, la alegría en sobresalto, con lo cual procuro expresión a un fragmento del contenido latente. Nos demuestra este ejemplo que la elaboración onírica puede separar el estímulo afectivo de aquellos elementos a los que se halla enlazado e incluirlo en cualquier otro lugar del contenido manifiesto.

Aprovecharé aquí la ocasión que accesoriamente se me ofrece de someter a un detallado análisis un elemento —*el barco del desayuno*— cuya aparición en el sueño cierra desatinadamente una situación racional. Parando mayor atención en dicho elemento, recuerdo que el "barco del desayuno" era negro y que la forma en que se hallaba cortado en su parte más ancha le hacía presentar, por este extremo, una amplia semejanza con un objeto que nos había llamado la atención en los museos de antigüedades etruscas: una taza rectangular de barro negro con dos asas, y sobre ella, objetos parecidos a tazas de té o de café. En conjunto, semejaba uno de nuestros modernos servicios para el *desayuno*. Según se nos explicó, se trataba del servicio de tocador (*toilette*) de las damas etruscas, y las tacitas estaban destinadas a contener los afeites y los polvos. Bromeando nos dijimos que no estaría mal llevar a nuestra huésped un tal objeto como recuerdo nuestro. Así, pues, el objeto que el sueño nos muestra significa "vestido negro" (toilette = tocador y vestido), o sea luto, y alude directamente a un fallecimiento. Por su otro extremo recuerda la "canoa" en la que las tribus primitivas colocaban los cadáveres, abandonándolos en el mar. A esta circunstancia se enlaza el retorno de los barcos en mi sueño:

Serenamente, en el bote salvado,
entra en el puerto el anciano.

Es el retorno después del *naufragio* (*Schiffbruch*), pues el "barco del desayuno" se muestra *roto* (*abge*brochen) por la mitad (*brechen-roper*; *Bruch* = *rotura*; *Schiff Bruch* = *naufragio*). ¿Pero de dónde procede el nombre de "barco del desayuno"? Aquí es donde interviene el elemento "inglés" que antes vimos sobraba. En efecto, a la palabra alemana *Fruehstueck* (desayuno) corresponde la inglesa *breakfast*, que equivale, literalmente, a *romper el ayuno* (desayunar). El *romper* (*brechen*) pertenece de nuevo al *naufragio* (*Schiffbruch*). El *ayunar* se agrega al *vestido negro*.

Pero de este "barco del desayuno" no ha creado el sueño más que el nombre. La cosa ha existido y me recuerda una de las horas más agradables de mi último viaje. Desconfiando de los hoteles de Aquileia nos habíamos traído de Goerz la comida, a la que luego agregamos una botella de excelente vino de Istria y mientras nuestro vaporcito surcaba lentamente el canal Delle Mee y luego la desierta laguna de Grado, desayunamos alegremente sobre cubierta. Este era, pues, el "barco del desayuno" y precisamente detrás de esta reminiscencia de unas horas, en las que gozamos alegremente de la vida, oculta el sueño los sombríos pensamientos referentes a un desconocido e inquietante porvenir.

Este proceso, en el que los afectos quedan separados de los contenidos de representaciones que provocaron su desarrollo, es el más singular de todos aquellos a los que la elaboración onírica los somete, pero no es la única transformación que sufren en su paso desde el contenido latente al manifiesto, ni tampoco la más importante. Si comparamos los afectos de las ideas latentes con los del sueño, vemos, en el acto, lo que sigue: todo afecto incluido en el contenido manifiesto lo está también en las ideas latentes, pero no inversamente. El sueño es, en general, menos rico en afectos que el material psíquico de cuya elaboración ha surgido. Cuando reconstruimos las ideas latentes, observamos cómo aspiran a imponerse en ellas los más intensos impulsos anímicos, luchando, casi siempre, con otros que se les oponen. Volviendo luego la vista al sueño manifiesto correspondiente, lo hallamos, en cambio, incoloro y desprovisto de todo intenso matiz afectivo. No sólo el contenido de nuestro pensamiento, sino muchas veces también su matiz afectivo queda rebajado por la elaboración onírica al nivel de lo indiferente. Pudiera decirse que la elaboración lleva a cabo una *represión de los afectos*. Tomemos por ejemplo el sueño de la monografía botánica (parte II, inciso *a*). A este sueño corresponde en mi pensamiento una apasionada defensa de mi libertad de obrar como lo hago y encauzar mi vida como lo crea conveniente. El sueño surgido de estos pensamientos se expresa indiferentemente: "He escrito una monografía botánica y tengo ante mí un ejemplar. Lleva varias ilustraciones en colores y algunos ejemplares de plantas disecadas". Al fragor del combate ha sucedido el sepulcral silencio del abandonado campo de batalla.

El sueño puede mostrar también, desde luego, manifestaciones afectivas de una cierta intensidad, pero por el momento queremos limitarnos a examinar el hecho indiscutible de que muchos sueños cuyas ideas latentes entrañan profunda emoción, presentan un contenido manifiesto en absoluto indiferente.

No podemos exponer aquí una completa explicación teórica de esta represión afectiva que tiene efecto durante la elaboración onírica, pues nos obligaría a penetrar minuciosamente en la teoría de los afectos y en el mecanismo de la represión. Nos limitaremos, pues, a indicar dos ideas. Por determinadas razones hemos de representarnos el desarrollo de afectos como un proceso centrífugo orientado hacia el organismo interno, análogo a los procesos motores o secretorios de inervación. Del mismo modo que la emisión de impulsos motores hacia el mundo exterior aparece suspendida durante el estado de reposo, podría quedar también dificultada la estimulación centrífuga de afectos por el pensamiento inconsciente durante dicho estado. Los sentimientos afectivos nacidos durante el desarrollo de las ideas latentes serían ya de por sí harto débiles, no pudiendo, por lo tanto, representar gran energía los que pasan al sueño. Según esto, la "represión de los afectos" no sería una consecuencia de la elaboración onírica, sino del estado de reposo. Esto puede ser cierto, pero tiene que haber aún algo más. Hemos de recordar que todo sueño algo complejo se nos revela como el resultado de una transacción entre poderes psíquicos en pugna. Por un lado, las ideas que constituyen el deseo tienen que combatir la oposición de una instancia censora; por otro, hemos visto muchas veces, que en el mismo pensamiento inconsciente aparecía emparejada cada idea con su antítesis contradictoria. Dado que todas estas series de ideas son susceptibles de afecto no habremos de incurrir en grave error considerando la represión afectiva como consecuencia de la coerción que ejercen los elementos antitéticos unos sobre otros y la censura sobre las tendencias por ella reprimidas. *La coerción de los afectos sería entonces la segunda consecuencia de la censura onírica, como la deformación de los sueños fue su primer efecto.*

IV. Incluiré aquí un sueño en el que el indiferente matiz afectivo del contenido manifiesto puede ser explicado por la antinomia de las ideas latentes. Tratase de un breve sueño propio que habrá de causar al lector viva repugnancia.

"Una colina. Sobre ella, algo como un retrete al aire libre: un largo banco, en uno de cuyos extremos se abre un agujero. El borde posterior de este agujero aparece cubierto de excrementos de todos los tamaños y épocas. Detrás de un banco, un matorral. Subido en el banco me pongo a orinar. El largo chorro de orina lo limpia todo. Los excrementos se disuelven y caen por el agujero. Como si al final quedase aún algo."

¿Por qué no experimenté, en este sueño, repugnancia ninguna? Nada más sencillo: el análisis me demuestra que en él intervienen las ideas más agradables y satisfactorias. Al comenzar la labor analítica, recuerdo en seguida el *establo de Augías*, cuya limpieza lleva Hércules a cabo. Identificándome con este personaje mitológico me eleva el sueño a la categoría de semidiós. La colina y el matorral pertenecen a Ausée, donde actualmente se hallan mis hijos. Soy el descubridor de la etiología infantil de la neurosis y, de este modo, he preservado a mis hijos de tal enfermedad. El banco es la perfecta reproducción (fuera, claro está, del agujero) de uno que tengo en casa, regalo de una paciente reconocida. Su presencia en el sueño me recuerda cuánto me veneran mis pacientes. Incluso la repugnante exposición de excrementos humanos resulta susceptible de una risueña interpretación. Por grande que sea la repugnancia que ahora al recordarlo me inspira, constituye este cuadro, en el sueño, una reminiscencia de la bella tierra de Italia, en cuyas pequeñas ciudades suelen presentar los *water-closet* una parecida ornamentación. El chorro de orina que todo lo limpia es una innegable alusión a mi grandeza. En esta misma forma sofoca Gulliver un gran incendio en el reino de Liliput, aunque atrayéndose con este acto la enemistad de la más diminuta de las reinas. Pero también Gargantúa, el superhombre de Rabelais toma de este modo, venganza de los parisienses, colocándose encima de la Iglesia de Nuestra Señora y evacuando su vejiga sobre la ciudad. La noche en que tuve este sueño había estado hojeando las ilustraciones de Garnier a la obra de Rabelais. Pero aún encuentro otra prueba de que soy yo este superhombre. Durante mi estancia en París había sido la plataforma de Nuestra Señora mi lugar favorito, y en cuanto podía disponer de algunas horas de libertad por la tarde, subía a las torres y paseaba entre las monstruosas y grotescas esculturas que lo decoran. La rápida desaparición de los excrementos bajo el impulso del chorro de orina alude al lema *"Afflavit et dissipati sunt"*, con el que me propongo encabezar un ensayo sobre la terapia de la histeria.

Veamos ahora el motivo ocasional del sueño. La tarde anterior había sido muy calurosa —era verano— y durante ella había pronunciado yo, continuando una serie de lecciones, mi conferencia sobre la conexión de las perversiones con la histeria. Pero me hallaba en un estado de ánimo un tanto deprimido y hablé sin entusiasmo, pareciéndome desagradable y falto de interés todo lo que decía. Fatigado y sin hallar el menor placer en mi duro trabajo, ansiaba dar fin a aquel ahondar en las suciedades humanas e ir a reunirme con mis hijos y emprender luego un viaje a la bella nación italiana. En este estado de ánimo salí del aula y me dirigí a la terraza de un café para tomar, al aire libre, una modesta colación, pues tampoco sentía apetito. Pero uno de mis oyentes, que había salido acompañándome, me pidió permiso para sentarse a mi lado mientras yo sorbía el café y mordisqueaba unos pasteles, y comenzó a dirigirme grandes alabanzas diciendo que mis lecciones le habían instruido altamente, que ahora lo veía todo de un modo muy distinto, que había logrado limpiar el "establo de Augías" de los errores y prejuicios acumulados sobre la teoría de las neurosis, etc., etc. En definitiva: que era un gran hombre. No era, ciertamente, mi humor el más apropiado para soportar tanto sahumerio, y con el fin de poner término a la repugnancia que aquella adulación me producía, abrevié mi estancia en el café y volví a casa. Antes de acostarme hojeé las obras de Rabelais y leí una novela corta de C. F. Meyer titulada "Las cuitas de un muchacho". De este material surgió luego el sueño. La novelita de Meyer aportó a él la reminiscencia de escenas infantiles (*cf.* la última escena de mi sueño con el conde de Thum). Mi estado de ánimo, saturado de repugnancia y de tedio, pasa al sueño en tanto en cuanto le es dado aportar casi todo el material del contenido manifiesto. Pero por la noche despertó el estado de ánimo contrario: más enérgicamente acentuado y sustituyó al primero. El contenido manifiesto tuvo entonces que estructurarse de manera a hacer posible la expresión de dos tendencias antitéticas —la manía de empequeñecerse y la exagerada estimación de sí mismo por medio del mismo material—. De esta transacción resultó un contenido manifiesto equívoco, y de la recíproca coerción de los contrarios, un matiz afectivo indiferente.

Conforme a la teoría de la realización de deseos, no hubiera sido posible este sueño si la serie de ideas de la manía de grandezas, serie antitética y acentuada de placer, aunque reprimida, no hubiera venido a agregarse a la de la repugnancia, pues los elementos penosos o displacientes de nuestros pensamientos diurnos no encuentran acogida en el sueño y sólo pueden pasar a él cuando prestan, simultáneamente, su forma a una realización de deseos.

La elaboración onírica puede realizar aún, con los afectos de las ideas latentes, algo más que darles paso al contenido manifiesto o anularlos, reprimiéndolos. Puede, en efecto, transformarlos en el afecto contrario. Sabemos ya, que todo elemento del sueño puede constituir tanto su propia representación como serlo del elemento contrario. Por lo tanto, no sabremos nunca *a priori* cuál de estas dos significaciones darle, y habremos de atenernos a lo que el contexto decida.

La conciencia popular ha entrevisto este estado de cosas, pues las vulgares "claves de los sueños" proceden, con frecuencia, siguiendo este principio del contraste. Esta transformación en lo contrario es facilitada por la íntima conexión asociativa que enlaza en nuestro pensamiento la representación de un objeto a la de su contrario. Como todo otro desplazamiento, se halla esta inversión al servicio de los fines de la censura, pero es también, con frecuencia, obra de la realización de deseos, pues esta realización de deseos no consiste sino en la substitución de algo desagradable por su contrario. Del mismo modo que las representaciones de objetos, pueden también aparecer invertidos en el sueño los afectos de las ideas latentes, y es muy probable que esta inversión de los afectos sea obra de la censura en la mayoría de los casos. La *represión* y la *inversión de los afectos* son también utilizadas en la vida social, en la que ya encontramos un proceso análogo al de la censura onírica para el *disimulo*. Cuando hablamos con una persona a la que quisiéramos decir algo hostil, viéndonos obligados a callarlo por consideraciones de orden social, habremos de ocultar las manifestaciones de nuestros afectos con el mismo cuidado que ponemos en atenuar la expresión de nuestros pensamientos. En efecto, si mientras le dirigimos palabras corteses le miramos con gesto de odio o de desprecio, el efecto que nuestra actitud producirá a dicha persona no será muy distinto del que hubiéramos logrado arrojándole a la cara nuestro desprecio sin atenuación alguna. La censura nos aconseja, pues, que reprimamos, ante todo, nuestros afectos. Aquellos que llegan a ser maestros en el arte del disimulo consiguen fingir el afecto contrario al que verdaderamente sienten y sonríen cuando quisieran morder, o se muestran cariñosos con los que desearían aniquilar.

Conocemos ya un acabado ejemplo de una tal inversión de los afectos en el sueño y al servicio de la censura. En el "sueño de la barba de mi tío" siento gran cariño hacia mi amigo R., mientras que en las ideas latentes le califico de imbécil. De este ejemplo de inversión de los afectos, extrajimos el primer indicio de la existencia de una censura onírica. No es tampoco necesario suponer a este respecto que la elaboración onírica crea en todas sus partes un tal afecto contrario, pues generalmente lo encuentra ya dado en el material latente y se limita a reforzarlo con la energía psíquica de los motivos de repulsa, hasta hacerle alcanzar intensidad suficiente para constituirse en elemento dominante de la formación del sueño. En el citado sueño de "la barba de mi tío" procede probablemente el cariñoso afecto contrario, de una fuente infantil (como nos indica la continuación del sueño), pues las relaciones entre tío y sobrino han constituido luego para mí, por la especial naturaleza de mis más tempranas experiencias infantiles (véase el análisis del sueño *non vixit*), la fuente de todas mis amistades y todos mis odios.

Un sueño comunicado por Ferenczi nos ofrece un excelente ejemplo de una tal inversión de los afectos[85]: un individuo de avanzada edad es despertado una noche por su mujer, asustada de oírle reír entre sueños a grandes carcajadas. El durmiente relató luego haber soñado lo siguiente: <<Una persona conocida entra a verme estando yo en la cama. Quiero encender la luz, pero no lo consigo y todos mis intentos resultan vanos. Entonces, se levanta mi mujer de la cama para ayudarme mas no logra tampoco el resultado apetecido, y avergonzada de mostrarse en paños menores ante un extraño, vuelve a acostarse. Me parece tan cómico todo esto que no puedo reprimir la risa. Mi mujer me pregunta: "¿De qué te ríes?", pero yo sigo riendo hasta que despierto.>> Al día siguiente se sintió el sujeto muy deprimido y tuvo un fuerte dolor de cabeza, "de tanto como se había reído aquella noche".

---

[85] *Intern. Zditschs. f. Psych.* IV, 1916.

Analíticamente considerado es este un sueño mucho menos divertido. La persona "conocida" que entra a ver al sujeto es en las ideas latentes "la gran incógnita" —la muerte—, cuya imagen ocupó durante el día anterior los pensamientos del sujeto, anciano ya y enfermo de arterioesclerosis. La risa incoercible que le acomete es una sustitución del llanto enlazado a la idea de que ha de morir. La luz que ya no puede encender es la luz de la vida. Esta melancólica idea se halla, quizá, relacionada con recientes tentativas de realizar el coito, fracasadas totalmente, sin que sirviera de nada el auxilio de su mujer en ropas menores. El sujeto advierte, pues, que va ya cuesta abajo. La elaboración onírica supo transformar la triste idea de la impotencia y de la muerte en una escena cómica, y los sollozos en carcajadas.

Existe un cierto género de sueños que merecen el calificativo de "hipócritas" y plantean un difícil problema a la teoría de la realización de deseos. Mi atención recayó sobre ellos cuando la señora M. Hilferding puso a discusión en la Asociación Psicoanalítica de Viena los sueños siguientes, cuyo relato desarrolla Rosegger en una narración —*Fremd gemacht*— incluida en la obra titulada *Waldheimat* (tomo II, pág. 303).

He aquí la parte que de dicha narración nos interesa: <<Gozo, en general, de un apacible reposo. Pero durante una larga época quedó perturbada la serenidad de mis noches por el resurgimiento de mi pasado de oficial de sastre que venía a interrumpir, como un fantasma inexorable, mi modesta vida de estudiante y literato.>>Este continuo retorno de mi pretérita actividad manual en mis sueños no podía ser atribuido a que su recuerdo ocupara vivamente mis pensamientos diurnos. Un ambicioso que ha abandonado su piel de filisteo para escalar las alturas y hacerse un lugar en la sociedad tiene otras cosas que hacer. Pero, en esta época de lucha tampoco me preocupaban mis sueños. Sólo después, cuando me acostumbré a meditarlo todo, o quizá cuando el filisteo comenzó a resurgir algo en mí, fue cuando me di cuenta de que siempre que soñaba, volvía a ser, en mi sueño, el antiguo oficial de sastre y que, de este modo, llevaba ya mucho tiempo trabajando gratis, por las noches, para mi maestro. Mientras me veía a su lado, cosiendo o planchando, tenía, sin embargo, perfecta conciencia de que no era ya aquél mi lugar ni aquellas mis ocupaciones propias; pero siempre acababa por explicarme mi presencia allí alegando alguna causa racional, por ejemplo, la de que estaba en vacaciones o de veraneo y había ido al taller para ayudar un poco a mi maestro. Con frecuencia, me inspiraba, la tarea, intenso desagrado y lamentaba tener que perder en ella un tiempo que hubiera podido ocupar en cosas más útiles y gratas. Mientras tanto tenía que aguantar, además, los regaños del maestro cuando una prenda no salía a su gusto. En cambio, no se hablaba jamás de remuneración ni salario alguno. Muchas veces, viéndome encorvado sobre la labor en el oscuro taller, me proponía dejar el trabajo y despedirme. En una ocasión llegué a hacerlo así, pero el maestro no se dio por enterado y continué trabajando sin chistar.

«¡Cuán bienvenido era para mí el despertar después de aquellas largas horas de tedio! Pero en vano me proponía siempre rechazar lejos de mí, con toda energía, aquel inoportuno sueño cuando volviera a presentarse, gritándole: "No eres sino una vana fantasía... Sé que estoy en mi lecho y quiero dormir"... La noche siguiente volvía a trasladarme al taller.» Así pasaron varios años sin que nada cambiase. Pero una vez, hallándonos trabajando en casa de aquel labrador para el que di mis primeras puntadas de aprendiz, se mostró el maestro muy descontento de mi trabajo y mirándome ceñudamente, me dijo: "Quisiera saber en qué estás pensando". Al oír estas palabras, imaginé que lo más razonable sería abandonar mi sitio, decir al maestro que si estaba allí era únicamente por hacerle un favor ayudándole y marcharme. Pero no lo hice y consentí que el maestro tomase un aprendiz y me ordenase que le hiciera sitio en mi banco. Fui a sentarme en un rincón y seguí cosiendo. Aquel mismo día fue admitido otro oficial, que por cierto resultó ser aquel bohemio que había trabajado con nosotros diecinueve años antes y se cayó un día al arroyo yendo a la taberna. Cuando quiso sentarse no había ya sitio para él. Miré entonces interrogativamente al maestro, el cual me dijo: "No tienes habilidad ninguna para este oficio; *puedes irte, estás despedido*." Tanto sobresalto me produjeron estas palabras, que desperté de mi sueño.

>>La luz del alba comenzaba a penetrar por las ventanas en mi sereno hogar. En torno mío, mis amadas obras de arte adornaban la habitación. En la biblioteca, elegantemente tallada, me esperaban el eterno Homero, el gigantesco Dante, el incomparable Shakespeare, el glorioso Goethe, todos los inmortales. Desde la habitación vecina llegaban las vocecitas de mis hijos parloteando con su madre. Me parecía haber hallado de nuevo, después de mucho tiempo, esta vida apacible, idílica, tierna, luminosa y henchida de poesía en la que tantas veces he sentido profundamente toda la felicidad a que el hombre puede aspirar. Sin embargo, me desazonaba la idea de no haberme anticipado a mi maestro, dando así lugar a que me despidiera.

>>Pero ¡cosa singular! desde aquella noche en que fui despedido gozo de completa tranquilidad y no sueño ya con mi lejano pasado de obrero manual, tan alegre en su falta de aspiraciones y que, sin embargo, ha proyectado después una tan larga sombra sobre mi vida.>>

En esta serie de sueños del poeta, que en su juventud había sido oficial de sastre, resulta muy difícil reconocer el dominio de la realización de deseos. Todo lo que puede serle grato pertenece a su vida despierta. En cambio, sus sueños parecen arrastrar de continuo la sombra fantasmal de una insatisfactoria existencia, por fin, superada. El examen de algunos casos análogos me ha permitido arrojar alguna luz sobre los sueños de este género.

Recién doctorado, trabajé algún tiempo en un instituto químico sin adelantar lo más mínimo en las cuestiones científicas en él estudiadas, razón por la cual no me ha sido nunca grato ocupar mi pensamiento despierto con el recuerdo de aquella época de mis estudios, tan estéril como humillante para mi amor propio. En cambio, sueño con gran frecuencia hallarme en el laboratorio donde efectúo análisis, me suceden diversas cosas, etc. Estos sueños son tan displacientes como los de examen y nunca muy claros ni precisos. En la interpretación de uno de ellos, recayó, por fin, mi atención sobre la palabra "análisis", que me proporcionó la clave de su inteligencia. Después de aquella época he llegado a ser un "analítico" y efectúo "análisis" que son muy alabados, aunque claro es que no *análisis químicos* sino *psicoanálisis*. De este modo, se me hicieron ya comprensibles tales sueños. Cuando el éxito de esta clase de análisis me ha enorgullecido durante el día y me siento inclinado a vanagloriarme de los grandes progresos realizados en tal materia me presenta el sueño, por la noche, aquellos otros análisis en los que fracasé y que no me dan ciertamente motivo ninguno de orgullo. Tratase, pues, de sueños primitivos que castigan al *parvenu*, como los del oficial de sastre que ha llegado a ser un festejado poeta. Pero ¿cómo es posible que el sueño, situado ante el conflicto entre el orgullo del *parvenu* y la autocrítica, se ponga al servicio de esta última y tome como contenido un advertencia razonable en lugar de una ilícita realización de deseos? Ya indiqué antes que la respuesta a esta interrogación entraña no poca dificultad. Podríamos concluir que la base del sueño se hallaba constituida primeramente por una presuntuosa fantasía ambiciosa, pero que, en su lugar, ha pasado al contenido manifiesto una atenuación y humillación de la misma.

Hemos de recordar que en la vida anímica existen tendencias masoquistas a las que podemos atribuir tal inversión. No tendría nada que oponer a que los sueños de este género fueran separados de los *sueños de realización* de deseos y considerados aparte, como *sueños punitivos*, pues no vería en ello una restricción de la teoría de los sueños hasta aquí defendida, sino simplemente un medio de facilitar la comprensión de este estado de cosas a aquellos que no llegan a concebir la coincidencia de los contrarios. Pero un más penetrante examen de estos sueños nos proporciona aún otros datos. El impreciso contexto de uno de mis sueños con el laboratorio me volvía a la juventud y me situaba en el año más estéril y sombrío de mi carrera médica, cuando sin colocación ni clientela ninguna ignoraba cómo podría ganarme la vida. Pero al mismo tiempo me mostraba en el trance de elegir mujer entre varios partidos que se me ofrecían. Me situaba, pues, de nuevo, en plena juventud y, sobre todo, en la época en que también era joven la mujer que compartió mi vida en aquellos años difíciles. De este modo, se me reveló el deseo constante de todo hombre cercano ya a la vejez como el inconsciente estímulo provocador de este sueño. La lucha empeñada en otros estratos psíquicos entre la vanidad y la autocrítica había determinado, ciertamente, el contenido manifiesto, pero su producción como tal sueño se debía únicamente al deseo de juventud, más profundamente arraigado. Cuántas veces nos decimos despiertos: "Hoy me va muy bien y, en cambio, aquellos tiempos fueron muy duros para mí, pero entonces poseía algo mejor que todo: la juventud."

Otro género de sueños, muy frecuentes en mí, y también de carácter hipócrita, tienen por contenido mi reconciliación con personas a las que me ligaron lazos de amistad rotos o debilitados después. El análisis descubre siempre en estos sueños un motivo que podría incitarme a prescindir del resto de consideración que aún guardo a tales antiguos amigos y a tratarlos como extraños o como enemigos. Pero el sueño se complace en pintar la relación contraria.

Al juzgar los sueños comunicados por un poeta en una narración literaria, hemos de tener en cuenta que probablemente ha excluido de su relato aquellos detalles del contenido manifiesto que creyó insignificantes o perturbadores. Tales sueños nos plantean, de este modo, enigmas que una exacta reproducción del contenido manifiesto explicaría en el acto.

O. Rank me ha llamado la atención sobre uno de los cuentos de Grimm —titulado "El sastrecillo valeroso" o "Yo maté siete de un golpe"— en el que se incluye un análogo sueño de un *parvenu*. El sastrecillo que ha conquistado fama de héroe y se ha casado con la hija del rey, sueña una noche con su antiguo oficio y pronuncia palabras que despiertan sospechas en la princesa. A la noche siguiente, hace ésta penetrar en la alcoba a varios hombres de armas con la consigna de espiar las palabras que se le escapen a su marido durante el reposo y apoderarse de él si tales palabras confirman sus sospechas. Pero el sastrecillo, avisado, sabe rectificar su sueño.

La complicación de los procesos de supresión, sustracción e inversión mediante los cuales pasan los afectos de las ideas latentes a constituir los del sueño manifiesto se nos evidencia en apropiadas síntesis de sueños totalmente analizados. Expondré aquí todavía varios ejemplos que ilustrarán algunas de las afirmaciones antes expuestas sobre el fenómeno afectivo en los sueños.

V. En el sueño del extraño trabajo que el viejo Brücke me ha encomendado —el de disecar la mitad inferior de mi propio cuerpo— *echo de menos, en el mismo sueño, el espanto que tal labor debía, naturalmente, producirme*. Esta circunstancia constituye, en más de un sentido, una realización de deseos. La preparación anatómica representa el amplio autoanálisis contenido en mi libro sobre los sueños y cuya publicación me es en extremo desagradable, hasta el punto de que teniendo terminado el manuscrito hace más de un año, no me he decidido aún a enviarlo a la imprenta. Sin embargo, abrigo el deseo de dominar esta sensación que me retiene de dar a conocer mi trabajo y por este motivo no experimento, en el sueño, terror

(*Grauen*) ninguno. Pero la palabra *Grauen* (terror) tiene también otro sentido (*grauen = encanecer*), que tampoco quisiera que pudiera serme aplicada. Hace ya tiempo que mis cabellos han comenzado a "encanecer", indicándome que no debo ya retrasar aquello que desee llevar a cabo en la vida. Ya vimos que al final del sueño queda representada la idea de que habré de abandonar a mis hijos la continuación de mi obra y la alegría de llegar al fin después de difícil peregrinación.

Hemos expuesto antes dos sueños que transfieren a los instantes inmediatamente posteriores al despertar la expresión de la satisfacción. En el primero, aparece motivado este afecto por la esperanza de averiguar lo que significa el "Yo he soñado ya esto" dentro del sueño mismo y corresponde, en realidad, al nacimiento de los primeros hijos. El segundo se muestra enlazado al convencimiento de que se cumplirá ahora aquello que "signos anteriores anunciaron", y se refiere, verdaderamente, al nacimiento de mi segundogénito. Ambos contenidos manifiestos muestran afectos idénticos a los dados en sus ideas latentes respectivas, pero esta circunstancia no nos autoriza a suponer que ha tenido efecto un simple paso de dichos afectos de un contenido a otro. El sueño no muestra nunca tanta sencillez. En efecto, profundizando un poco más en el análisis de estos ejemplos descubrimos que tal satisfacción, exenta de toda censura, queda incrementada por un refuerzo suministrado por otra fuente sobre la que habría de recaer el veto de esta y cuyo afecto despertaría la más enérgica oposición si no se ocultara detrás del de idéntica cualidad procedente de la fuente permitida, deslizándose así a su amparo. Por desgracia, no me es posible demostrar esta circunstancia en el sueño a que nos venimos refiriendo, pero un ejemplo tomado de otra distinta esfera aclarará suficientemente estas opiniones.

Supongamos el caso siguiente: hay una persona que me inspira odio hasta el punto de hacer surgir en mí una viva tendencia a alegrarme de que le ocurra alguna desgracia. Pero como mis sentimientos morales no se pliegan a esta tendencia, no me atrevo a exteriorizar mis malos deseos, y si la desgracia recae sobre dicha persona, sin culpa alguna por su parte, reprimiré mi satisfacción y me esforzaré en sentir y exteriorizar la compasión debida. Todos nos hemos hallado alguna vez en esta situación. Pero puede también suceder que la persona odiada cometa una extralimitación cualquiera y atraiga sobre sí, de este modo, merecidas calamidades. Entonces, podremos dejar libre curso a nuestra satisfacción ante el justo castigo recibido por el culpable y nos exteriorizaremos en esta forma, coincidiendo, al hacerlo así, con toda persona imparcial. Sin embargo, no dejaremos de observar que nuestra satisfacción resulta más intensa que la de los demás, habiendo recibido un refuerzo de la fuente de nuestro odio, a la que hasta entonces había impedido la censura proporcionar afecto ninguno, pero que ha sido ahora libertada de toda coerción por la transformación de las circunstancias. Este caso se realiza en la sociedad siempre que una persona antipática o perteneciente a una minoría mal vista incurre en alguna falta. Su castigo no suele entonces ser proporcionado al delito, pues se agrega a éste la mala voluntad que contra el sujeto se abriga y que ha debido resignarse antes a permanecer estéril. Los jueces cometen, sin duda, así, una injusticia, pero la satisfacción que en su interior les produce la sensación de una represión durante tanto tiempo mantenida les impide darse cuenta de ello. En estos casos, se halla perfectamente justificado el afecto en lo que a su cualidad se refiere, pero no en lo que respecta a su medida, la autocrítica, tranquilizada en un punto, descuida fácilmente el examen del segundo. Una vez abierta la puerta entra fácilmente más gente de la que al principio se pensó admitir.

El singularísimo rasgo que presenta el carácter neurótico de reacciones a un estímulo con afectos cualitativamente justificados pero desmesurados cuantitativamente, queda explicado de este modo, en tanto en cuanto puede ser objeto de una explicación psicológica. Pero el exceso procede de fuentes afectivas inconscientes y reprimidas hasta el momento, que logran hallar un enlace asociativo con el motivo real y a cuyo desarrollo de afecto abre el camino deseado una fuente de afecto lícita y libre de toda objeción. De este modo, echamos de ver que entre la instancia anímica reprimida y la represora no debemos limitarnos a tener en cuenta, únicamente, las relaciones de coerción recíproca, pues merecen también igual atención aquellos casos en los que por medio de una acción conjunta y una mutua intensificación, producen ambas instancias un efecto patológico.

Apliquemos ahora estas observaciones sobre mecánica psíquica a la inteligencia de las manifestaciones afectivas del sueño. Una satisfacción exteriorizada en el sueño y que, naturalmente, existe también en las ideas latentes, no queda siempre explicada en toda su extensión por este descubrimiento. En todos los casos tendremos que buscarle en las ideas latentes una segunda fuente sobre la que gravita la presión de la censura y que bajo esta presión no hubiera producido satisfacción sino el afecto contrario, pero que es colocada por la presencia de la primera fuente onírica en situación de sustraer su afecto de satisfacción a la represión y agregarlo, en calidad de refuerzo, a la satisfacción procedente de otra fuente distinta. Los afectos del sueño resultan, pues, compuestos por aportaciones de diversas fuentes y superdeterminados con respecto a las ideas latentes: *Todas las fuentes susceptibles de producir el mismo afecto se unen, a este fin, en la elaboración onírica*[86].

El análisis del acabado sueño cuyo nódulo central se halla constituido por las palabras "non vixit", nos aclara un poco este complicado estado de cosas. Este sueño muestra concentradas

[86] De un modo análogo he explicado el extraordinario efecto placentero de los chistes tendenciosos. (Véase *El chiste y su relación con lo inconsciente*, tomo III de estas *Obras Completas*).

en dos puntos de su contenido manifiesto, exteriorizaciones afectivas de diversas cualidades. Sentimientos hostiles y displacientes en el mismo sueño (se dice, "Embargado entonces por singulares afectos..."), se acumulan y superponen en el momento en que aniquilo a mi amigo y adversario con las dos palabras indicadas. Al final del sueño siento gran regocijo y acepto la opinión —reconocidamente absurda— de que existen fantasmas que podemos hacer desaparecer con sólo desearlo.

No he comunicado aún la motivación de este sueño, esencialísima y que nos hace penetrar profundamente en su inteligencia. Mi amigo de Berlín —al que he designado con las letras Fl.— me había escrito que pensaba someterse a una operación quirúrgica y que unos parientes suyos, residentes en Viena, me tendrían al corriente de su estado durante aquellos días. Las primeras noticias posteriores a la operación no fueron nada satisfactorias y me pusieron en cuidado. Hubiera querido acudir al lado de mi amigo, pero precisamente por entonces me hallaba aquejado de una dolorosa enfermedad que convertía en atroz tortura cada uno de mis movimientos. Las ideas latentes me demuestran que la vida de mi amigo llegó a inspirarme serios temores. Su única hermana, a la que no llegué a conocer, había muerto en plena juventud, después de brevísima enfermedad. (*En el sueño, habla Fl. de su hermana y dice: "En tres cuartos de hora quedó muerta"*). Imaginando que la naturaleza de mi amigo no era mucho más resistente, debí figurarme que después de recibir peores noticias, emprendía, por fin, el viaje... y llegaba demasiado tarde, cosa que me hubiera reprochado eternamente[87]. Este reproche de haber llegado tarde pasa a

[87] Esta fantasía, desarrollada en las ideas latentes inconscientes, es la que exige con todo imperio las palabras "non vivit" en lugar de "non vixit". "Has llegado tarde, no vive ya". En nuestro anterior examen de este sueño vimos ya, que también su contenido manifiesto se hallaba orientado en este sentido.

constituir el centro del sueño, pero queda representado en una escena en la que Brücke, el venerado maestro de mis años de estudiante, me lo hace presente acompañándolo de una terrible mirada de sus azules ojos. No pudiendo reproducir el sueño esta escena tal como fue vivida, la transforma atribuyéndome el papel aniquilador, inversión que es, sin duda alguna, obra de la realización de deseos. Los cuidados que me inspira la vida de mi amigo, el reproche de no acudir a su lado, la vergüenza que ello me produce (mi amigo ha venido *inesperadamente* a Viena), y mi necesidad de considerarme perfectamente disculpado por la enfermedad que me impide moverme, son los elementos que componen la tempestad de sentimientos que se desarrolla en la región correspondiente de las ideas latentes y es claramente percibida durante el reposo.

En la motivación del sueño había aún algo más que produjo en mí un efecto totalmente contrario. Al darme las primeras noticias, nada tranquilizadoras, en los días que siguieron a la operación, se me hizo la advertencia de que no las comunicase a nadie, advertencia que me ofendió, por el juicio que sobre mi discreción significaba. Sabía, desde luego, que mi amigo no había encargado a nuestro intermediario nada semejante, y que se trataba de una oficiosidad de este último, pero el reproche en ella oculto me desagradó extraordinariamente... porque no era del todo injustificado. Aquellos reproches, en los que no hay algo de verdad no suelen indignarnos tanto. Mi amigo Fl. no podía, ciertamente, tener motivo ninguno para dudar de mi discreción, pero una vez, en años juveniles, hablé más de lo conveniente y ocasioné un disgusto entre dos personas que me honraban con su amistad contando a una algo que sobre ella había dicho la otra. Los reproches de que por entonces se me hizo objeto permanecen grabados para siempre en mi memoria. Uno de los amigos, entre los que sembré en aquella ocasión la discordia era el profesor Fleischl; el otro puede ser sustituido por el nombre de *José*, que era también el de mi amigo y adversario P., resucitado por mi sueño.

Del reproche de que no sé guardar nada para mí, testimonia, en el sueño la pregunta de Fl. ("¿Qué es lo que sobre él ha contado a P.?") La intervención de este recuerdo es lo que transfiere desde el presente al tiempo en que iba al laboratorio de Brücke el reproche de que llego tarde. Sustituyendo en la escena del aniquilamiento la persona de mi interlocutor por un "José", hago que esta escena represente no sólo el reproche de que llego tarde, sino también el otro, más rigurosamente sometido a la censura, de que no sé guardar ningún secreto. La labor de condensación y desplazamiento del sueño, así como los motivos de este, se hacen aquí evidentes.

Mi disgusto ante la advertencia de conservar el secreto mitigado ya en el momento del sueño, extrae, en cambio, un refuerzo de fuentes muy profundas, y se convierte, de este modo, en una impetuosa corriente de sentimientos hostiles contra personas que en realidad me son muy queridas. La fuente que proporciona este refuerzo mana en lo infantil. He relatado ya, que tanto mis calurosas amistades como mis enemistades con personas de mi edad, se enlazan a mis relaciones infantiles con mi sobrino John, un año mayor que yo. Ya he indicado repetidamente las características de estas relaciones. Como un sobrino me dominaba por su mayor edad tuve que aprender tempranamente a defenderme, y vivimos así, inseparablemente unidos y queriéndonos mucho, pero también peleándonos, pegándonos —y *acusándonos*—. Todos mis amigos posteriores han constituido y constituyen, en cierto sentido, encarnaciones de esta figura de mi infantil compañero, y fantasmales reapariciones de esta (*revenants*). Mi sobrino mismo retornó a mi casa en mis años de adolescencia, siendo entonces cuando representamos la escena entre César y Bruto. Un íntimo amigo y un odiado enemigo han sido siempre necesidades imprescindibles de mi vida sentimental y siempre he sabido procurármelos de nuevo. No pocas veces quedó reconstituido tan completamente este ideal infantil, que amigo y enemigo coincidieron en la misma persona, aunque, naturalmente, no al mismo tiempo ni en períodos alternados como sucedió en mis primeros años.

No podemos emprender aquí la investigación de la forma en que dadas estas conexiones puede un motivo de afecto retroceder hasta otro análogo infantil, para hacerse sustituir por él en el desarrollo de afecto. Es ésta una cuestión que pertenece a la psicología del pensamiento inconsciente y hallaría su lugar en una explicación psicológica de las neurosis. Para la interpretación que de momento nos ocupa supondremos que en este punto del análisis surge una reminiscencia infantil —exacta o fantaseada— cuyo contenido es el que sigue: los dos niños comienzan a pelearse por la posesión de un objeto, que dejaremos aquí indeterminado, aunque el recuerdo o la fantasía lo concretan perfectamente. Ambos alegan haber *llegado antes* y tener, por lo tanto, mejor derecho. Pero como ninguno quiere ceder, vienen a las manos. Por determinadas indicaciones del sueño podría suponerse que la razón no estaba esta vez de mi parte (*dándome cuenta de mi error* o *de que me expreso mal*); pero la fuerza decide en mi favor y quedo dueño del campo de batalla. El vencido acude a mi padre y abuelo suyo para acusarme, pero yo me defiendo con las palabras ya indicadas en mi anterior examen de este sueño y que me fueron repetidas por mi padre en años posteriores: "Le pego porque él me ha pegado antes". Esta reminiscencia, o más probablemente, fantasía, que surge en mí durante el análisis del sueño —sin garantía ninguna y sin que yo mismo sepa cómo— constituye en las ideas latentes un elemento intermedio que reúne los sentimientos afectivos de las mismas como la concha de una fuente monumental recoge las aguas de los surtidores para verterlas después en la taza. Partiendo de este elemento intermedio, emprenden las ideas latentes los caminos que siguen: <<Te está muy bien empleado haber tenido que dejarme libre el puesto a la fuerza. ¿Por qué quisiste arrojarme antes de él? No te necesito para nada. Ya encontraré otro con quien jugar, etc.>> Estos pensamientos siguen luego caminos que vuelven a llevarlos a la representación onírica. En una ocasión hube de reprochar un tal *ôte-toi que je m'y mette* a mi difunto amigo José. Siguiendo mis huellas había entrado como aspirante en el laboratorio de Brücke, institución en la que el ascenso no solía ser rápido. Mi amigo, que sabía su vida limitada y al que ninguna relación de amistad ligaba con su inmediato superior, manifestó claramente su impaciencia en varias ocasiones. Dado que dicha persona padecía una grave enfermedad, el deseo de verle conseguir un ascenso, esto es, dejar su puesto, podía encubrir otro menos piadoso. Años antes había yo abrigado también, y más vivamente aún, el deseo de que se produjese una vacante. Todo escalafón da siempre motivo a represiones de deseos de este género. Recordemos al príncipe Hal —de la obra de Shakespeare— que no supo resistir a la tentación de probarse la corona del rey, su padre, junto al lecho en que éste yacía enfermo. Mi sueño castiga tan desconsiderada impaciencia, pero como era de esperar, no lo hace en mi propia persona, sino en la de mi amigo[88].

"Porque era ambicioso, le maté". Porque no podía esperar que el otro le dejara el puesto fue él expulsado del que ocupaba en la vida. Este pensamiento surgió en mí mientras asistía a la inauguración del monumento erigido al otro en la Universidad. Una parte de la satisfacción experimentada en el sueño significa, pues: ha sido un justo castigo. Te está bien empleado.

---

[88] Extrañará, quizá, el lector, que el nombre José desempeñé con tanta frecuencia un importante papel en mis sueños (véase el de mi tío José). Pero es que detrás de las personas de este nombre puedo ocultar fácilmente mi propio Yo, pues también se llamaba así el onirocrítico que la Biblia nos da a conocer.

En el entierro de mi amigo, hizo un joven la observación de que el orador que había pronunciado el discurso necrológico se había expresado como si el mundo no pudiese continuar subsistiendo sin aquel hombre, observación, a primera vista, poco oportuna, pero que respondía al honrado sentimiento del hombre sincero que ve perturbado su dolor por una inútil exageración. A estos conceptos se enlazan luego las ideas latentes de mi sueño: <<En realidad, nadie es insustituible. ¡A cuántos amigos y conocidos he acompañado yo a la tumba! Pero yo vivo todavía; les he sobrevivido a todos y conservo mi puesto.>> Un tal pensamiento en el instante en que temo no encontrar ya en vida a mi amigo si acudo a su lado, no puede significar, sino que me alegro de sobrevivir nuevamente a alguien, de que el que ha muerto haya sido él y no yo, y de que conservo mi puesto, como antes en la escena infantil fantaseada. Esta satisfacción de conservar mi puesto, procedente de lo infantil, encubre la parte principal del afecto acogido en el sueño. Me alegro de sobrevivir a mi amigo y lo manifiesto con el ingenuo egoísmo que campea en la conocida anécdota: "El marido a su mujer: Si uno de nosotros muriere, me iría a vivir a París."

No puede ocultarse a nadie lo mucho que nos es preciso vencernos para analizar y comunicar nuestros propios sueños, que parecen revelarnos como el único ser perverso entre todas las nobles criaturas que nos rodean. Encuentro, por lo tanto, muy comprensible que los *revenants* nos subsistan sino mientras queremos y que podamos hacerlos desaparecer con sólo desearlo. Esto ha sido lo que ha motivado el castigo de mi amigo José. Por otro lado, los *revenants* son las sucesivas encarnaciones de mi infantil amigo, y de este modo, se refiere también mi satisfacción a haber logrado sustituir siempre con otras las amistades perdidas. También para la que ahora estoy a punto de perder encontraré sustitución. Nadie es insustituible.

Mas ¿dónde permanece aquí la censura onírica? ¿Por qué no acude a oponerse enérgicamente a este proceso mental tan groseramente egoísta y no transforma en profundo displacer la satisfacción que a él se muestra enlazada? A mi juicio, obedece esta conducta a que otros procesos mentales por completo irreprochables provocan también satisfacción y encubren con este afecto el de igual carácter emanado de las fuentes infantiles prohibidas. Durante la solemne inauguración del monumento en la Universidad surgieron también en mí los pensamientos siguientes: «He perdido ya muchos y muy queridos amigos, unos me han sido arrebatados por la muerte; otros no han sabido conservar mi amistad. Pero, afortunadamente, he logrado sustituirlos, pues tengo hoy uno que significa para mí más que todos los otros y al que conservaré siempre, pues he llegado ya a una edad en la que es difícil entablar amistades nuevas.» La satisfacción de haber hallado tal sustitución de los amigos perdidos puede pasar al sueño sin dificultad ninguna, pero detrás de ella se desliza la satisfacción hostil procedente de una fuente infantil. El cariño infantil contribuye, sin duda, a reforzar el actual; pero también el odio infantil se ha abierto camino en la representación. El sueño contiene, además, una clara alusión a otro proceso mental del que también emana satisfacción. Mi amigo ha tenido hace poco una hija, después de larga espera. Sé cuánto sintió la muerte de su joven hermana y le he escrito que transferirá a la niña todo el cariño que su hermana le inspiraba y logrará así olvidar, por fin, la irreparable pérdida.

Así, pues, también esta serie de pensamiento va a enlazarse a aquella idea intermedia del contenido latente, de la que luego parten diversos caminos en direcciones contrarias: Nadie es insustituible. Mira, todos son *revenants*; todo lo que hemos perdido vuelve a nosotros. En este punto quedan estrechados los lazos asociativos de los elementos —tan contradictorios— de las ideas latentes por la circunstancia casual de que la hija recién nacida de mi amigo ha recibido el nombre de "Paulina", nombre que es también el de una compañera de mis juegos infantiles, niña de mí misma edad y hermana de mi más antiguo amigo y adversario. Esta coincidencia me produce satisfacción y aludo a ella sustituyendo en mi sueño un *José* por otro *José* y escogiendo luego, para designar a mi amigo de Berlín, las iniciales Fl. coincidentes con las de otro personaje del sueño —el profesor Fleischl—. Partiendo de aquí, conduce una concatenación de ideas a los nombres de mis propios hijos, en cuya elección no me ha guiado nunca la moda del día sino el deseo de rememorar a personas queridas. Estos nombres hacen que mis hijos sean también, en cierto modo, *revenants*. Y, en definitiva, ¿no constituyen nuestros hijos, nuestro único acceso a la *inmortalidad*?

Añadiré aún algunas observaciones sobre los afectos del sueño, considerados desde un diferente punto de vista. En el alma del durmiente puede hallarse contenida una inclinación afectiva —lo que denominamos estado de ánimo— a título de elemento dominante y contribuir entonces a determinar el sueño. Este estado de ánimo puede surgir de los sucesos y pensamientos del día y puede tener fuentes somáticas. En ambos casos aparecerá acompañado de procesos mentales correspondientes a su naturaleza. Mas para la formación de los sueños es indiferente que este contenido de representaciones aparezca condicionado primariamente por la inclinación afectiva o despertado por una disposición sentimental de origen somático. La formación de los sueños se halla siempre sujeta a la limitación de no poder representar sino lo que constituye una realización de deseos ni tomar su fuerza motriz psíquica más que del deseo. El estado de ánimo dado de momento recibirá el mismo trato que la sensación surgida durante el reposo (véase el cap.VI, inciso *b*, apartado 5), la cual es despreciada, o transformado su sentido en el de una realización de deseos. Los estados de ánimo displacientes dados durante el reposo se constituyen en fuerzas impulsoras del sueño despertando enérgicos deseos que el mismo ha de cumplir y el material al que se hallan ligados es elaborado hasta hacerlo utilizable para la expresión de una realización de deseos. Cuanto más intenso y dominante es en las ideas latentes el estado de ánimo displaciente, más seguramente aprovecharon las tendencias optativas reprimidas la ocasión que de conseguir una representación se les ofrece, pues encuentran ya realizada, por la existencia actual de un displacer que en caso contrario habrían de engendrar por sí propios la parte más penosa de la labor que les sería necesario llevar a cabo para pasar el sueño manifiesto. Con estas observaciones rozamos de nuevo el problema de los sueños de angustia, que demostrarán ser el caso límite del rendimiento onírico.

i) La elaboración secundaria.

Llegamos, por fin, a la exposición del cuarto de los factores que participan en la formación de los sueños.

Prosiguiendo la investigación del contenido manifiesto en la forma antes iniciada, o sea, inquiriendo en las ideas latentes, el origen de aquellos fenómenos que atraen nuestra atención en dicho contenido, tropezamos con elementos para cuyo esclarecimiento precisamos de una hipótesis totalmente nueva. Recuérdense los casos en los que, sin dejar de soñar, nos asombramos o indignamos de un fragmento del mismo contenido manifiesto. La mayor parte de estos sentimientos críticos del sueño no van dirigidos contra el contenido manifiesto, sino que demuestran ser partes del material onírico tomadas de él y adecuadamente utilizadas. Así nos lo han probado con toda claridad los ejemplos correspondientes. Pero hay algo que no consiente una tal derivación y para lo que no encontramos en el material onírico elemento ninguno correlativo. ¿Qué significa, por ejemplo, el juicio crítico <<Esto no es más que un sueño>>, tan frecuente dentro del sueño mismo? Es ésta una verdadera crítica del sueño, idéntica a la que pudiera desarrollar nuestro pensamiento despierto. En algunas ocasiones, no constituye sino un elemento precursor del despertar y en otras, más frecuentes, aparece a su vez precedida de un sentimiento displaciente apaciguado luego al comprobar que no se trata sino de un sueño. La idea "No es más que un sueño" dentro del sueño mismo tiende a disminuir la importancia de lo que el sujeto viene experimentando y conseguir así que tolere una continuación. Sirve, pues, para adormecer a cierta instancia, que en el momento dado tendría motivos más que suficientes para intervenir y oponer su veto a la prosecución del sueño. Pero es más cómodo seguir durmiendo y tolerar el sueño, "porque no es más que un sueño". Imagino que esta despreciativa crítica surge cuando la censura —nunca totalmente adormecida— se ve sorprendida por un sueño que ha logrado forzar el paso. No pudiendo ya reprimirlo, sale al encuentro de la angustia o del displacer que la sorpresa ha provocado, con la observación indicada. Trátase, pues, de una manifestación de "*esprit d'escalier*" por parte de la censura psíquica.

Tenemos aquí una evidente demostración de que no todo lo que el sueño contiene procede de las ideas latentes, pues existe una función psíquica, no diferenciable de nuestro pensamiento despierto, que puede proporcionar aportaciones al contenido manifiesto. La interrogación que se nos plantea es la de si se trata de algo excepcional o si la instancia psíquica que ejerce la censura participa también regularmente en la formación de los sueños.

Esto último es, indudablemente, lo cierto. No puede negarse que la instancia censora, cuya influencia no hemos reconocido hasta aquí sino en restricciones y omisiones observadas en el contenido manifiesto, introduce también en el mismo, ciertas interpolaciones y ampliaciones. Estas interpolaciones son, con frecuencia, fácilmente reconocibles, pues aparecen tímidamente expuestas, siendo iniciadas con un "como si", no poseen muy elevada vitalidad y son siempre incluidas en lugares en los que pueden servir de enlace entre dos fragmentos del contenido manifiesto o para la consecución de una coherencia entre dos partes del sueño. Muestran, además, una menor consistencia mnémica que las derivaciones legítimas del material onírico y, cuando el sueño sucumbe al olvido, son lo primero que desaparece hasta el punto de que, a mi juicio, nuestra frecuente observación de que hemos soñado muchas cosas, pero no hemos retenido sino algunos fragmentos dispersos, obedece precisamente a la rápida desaparición de estas ideas aglutinantes. Cuando realizamos un análisis completo descubrimos tales interpolaciones por la ausencia en las ideas latentes de material que a ellas corresponda. Pero después de una minuciosa investigación, podemos afirmar que es éste el caso menos frecuente. La mayor parte de las veces nos es posible referir tales ideas interpoladas a un material dado en las ideas latentes, pero a un material que ni por su valor propio ni por superdeterminación podía aspirar a ser acogido en el sueño. La función psíquica cuya actuación en la elaboración de los sueños examinamos ahora, no parece elevarse a creaciones originales sino muy en último extremo, y utiliza, mientras le es posible, aquellos elementos del material onírico que resultan adecuados a sus fines.

Pero lo que caracteriza y delata a esta parte de la elaboración onírica es su tendencia. Esta función procede, en efecto, como el maligno poeta afirma que proceden los filósofos, esto es tapando con sus piezas y remiendos las soluciones de continuidad del edificio del sueño. Consecuencia de esta labor es que el sueño pierde su primitivo aspecto absurdo e incoherente y se aproxima a la contextura de un suceso racional. Pero no siempre corona el éxito estos esfuerzos. Existen muchos sueños, así construidos, que parecen, a primera vista, irreprochablemente lógicos y correctos; parten de una situación posible, la continúan por medio de variaciones libres de toda contradicción y la conducen —aunque con mucho menor frecuencia— a una conclusión adecuada. Estos sueños son los que han sido objeto de una más profunda elaboración por la función psíquica análoga al pensamiento despierto; parecen poseer un sentido, pero este sentido se halla también a mil leguas de su verdadera significación. Si los analizamos, nos convencemos de que es en ellos en los que la elaboración secundaria maneja con mayor libertad el material dado y respeta menos las relaciones del mismo. Son éstos sueños que, por decirlo así, han sido interpretados ya una vez, antes que en la vigilia los sometiéramos a la interpretación. En otros sueños, no ha conseguido avanzar esta elaboración tendenciosa sino hasta cierto punto, hasta el cual se muestran, entonces, coherentes, haciéndose después disparatados o embrollados y volviendo luego, a lo mejor, a elevarse, por segunda vez, hasta una apariencia de comprensibilidad. Por último, hay también sueños en los que falta por completo esta elaboración y se nos muestran como un desatinado montón de fragmentos de contenido.

No quisiéramos negar perentoriamente a este cuarto poder estructurador del sueño, que pronto se nos revelará como algo ya conocido en realidad —es el único de los cuatro factores de la elaboración onírica con el que ya nos hallamos familiarizados—; no le quisiéramos negar, repetimos, la capacidad de aportar al sueño creaciones originales. Pero desde luego, podemos afirmar que su influencia se manifiesta, predominantemente, como la de los otros tres, en la selección del material onírico de las ideas latentes. Existe un caso en el que la labor de aplicar al sueño una especie de fachada le resulta ahorrada casi totalmente por la preexistencia en las ideas latentes, de una tal formación. Estas formaciones, dadas ya de antemano en las ideas latentes, son las que conocemos con el nombre de "*fantasías*" y equivalen a aquellas otras, productos del pensamiento despierto, a las que calificamos de "*ensoñaciones*" o "*sueños diurnos*" (*Tagtraume*). El papel que en nuestra vida anímica desempeñan no ha sido aún, completamente determinado por los psiquiatras. M. Benedikt ha iniciado un estudio muy prometedor, a mi juicio, sobre él. Por otra parte, la significación de los sueños diurnos no ha escapado a la certera y penetrante mirada del poeta; recordemos la descripción que de ellos hace un personaje secundario del *Nabab* de Daudet. El estudio de las psiconeurosis nos conduce al sorprendente descubrimiento de que estas fantasías o sueños diurnos constituyen el escalón preliminar de los síntomas histéricos —por lo menos de toda una serie de ellos. Estos síntomas no dependen directamente de los recuerdos sino de las fantasías edificadas sobre ellos. La frecuencia de las fantasías diurnas nos ha facilitado el conocimiento de estas formaciones, pero además de tales fantasías conscientes existen otras —numerosísimas— que por su contenido y su procedencia de material reprimido tienen que permanecer inconscientes. Una más minuciosa investigación de los caracteres de estas fantasías diurnas nos muestra con cuánta justicia se les ha dado el mismo nombre que a nuestros productos mentales nocturnos, o sea, el de *sueños*. Comparten, en efecto, con los sueños nocturnos gran número de sus cualidades esenciales y su investigación nos habría podido proporcionar el acceso más inmediato y fácil a la comprensión de los mismos.

Como los sueños, son estas ensoñaciones realizaciones de deseos que tienen, en gran parte, como base, las impresiones provocadas por sucesos infantiles, y sus creaciones gozan de cierta benevolencia de la censura. Examinando su construcción, comprobamos que el motivo optativo que ha actuado en su producción ha revuelto el material de que se hallan formadas y ha constituido, luego, con él, ordenándolo en forma diferente, una nueva totalidad. Con relación a las reminiscencias infantiles a las que se refieren, son lo que algunos palacios barrocos de

Roma respecto de las ruinas antiguas cuyos materiales se han utilizado en su construcción.

En la "elaboración secundaria" del contenido onírico, que hemos atribuido al cuarto de los factores de la formación de los sueños, volvemos a hallar la misma actividad que en la creación de los sueños diurnos puede manifestarse libremente, no coartada por otras influencias. Pudiéramos afirmar sin más dilación que este, nuestro cuarto factor, intenta constituir con el material dado, *algo como un sueño diurno*. Pero en aquellos casos en los que aparece ya constituido de antemano tal sueño diurno, relacionado con las ideas latentes del nocturno, se apoderará de él y tenderá a hacerlo pasar al contenido manifiesto. Existen, pues, sueños que no consisten sino en la repetición de una fantasía diurna, que ha permanecido, quizás, inconsciente. Así, el del muchacho que se ve conducido por Diomedes en su carro de guerra. La segunda mitad de aquel sueño en el que creo el neologismo "*autodidasker*" es, asimismo, una fiel reproducción de una fantasía diurna inocente sobre mis relaciones con el profesor M. De la complicación de las condiciones que el sueño ha de cumplir en su formación, depende el que la fantasía preexistente no constituya —como es lo más frecuente— sino una parte del sueño o que sólo un fragmento de la misma llegue a pasar el contenido manifiesto. De ordinario, es manejada entonces esta fantasía como cualquier otro elemento del material latente, pero muchas veces continúa constituyendo, en el sueño, una totalidad. En mis sueños, suelen aparecer fragmentos que se distinguen del resto por la distinta impresión que producen. Parecen más fluidos, más coherentes y sin embargo, más fugitivos que los demás elementos del mismo sueño, y estos caracteres me indican que se trata de fantasías inconscientes relacionadas con el sueño y acogidas por él, pero no me ha sido nunca posible determinarlas. Por lo demás, estas fantasías son acumuladas, condensadas y superpuestas del mismo modo que todos los demás elementos de las ideas latentes. Sin embargo, puede observarse la existencia de una escala gradual, que va desde el caso en el que constituyan, casi inmodificadas, el contenido manifiesto o por lo menos la fachada del sueño, hasta el caso contrario, en el que no se hallan representadas en dicho contenido, sino por uno de sus elementos o por una lejana alusión al mismo. En general, el destino de estas fantasías dadas en las ideas latentes depende de las ventajas que puedan ofrecer para satisfacer las exigencias de la censura y las imposiciones de la condensación.

Al escoger los ejemplos destinados a ilustrar la interpretación onírica, he procurado eludir, en lo posible, aquellos sueños en los que desempeñaban un papel importante las fantasías inconscientes, pues la introducción de este elemento psíquico hubiera exigido amplias explicaciones sobre la psicología del pensamiento inconsciente. Pero, de todos modos, no es posible eludir, en estas materias, todo contacto con las "fantasías", pues se trata de formaciones que pasan muchas veces íntegras al sueño o se transparentan —y éste es el caso más frecuente— bajo su contenido manifiesto. Expondré, pues, un sueño que aparece compuesto por dos fantasías contrarias, aunque coincidentes en algunos puntos. Una de estas fantasías es más profunda que la otra y viene a constituir su interpretación[89].

[89] En mi *Fragmento del análisis de una histeria*, he analizado un sueño parecido, compuesto por la superposición de varias fantasías. Mientras no he analizado sino más propios sueños, basados generalmente en discusiones y conflictos ideológicos y sólo muy pocas veces en fantasías diurnas, he apreciado muy por bajo el valor de estas últimas. En otras personas resulta mucho más fácil demostrar la completa analogía del sueño nocturno con el diurno. Los histéricos suelen sustituir alguna vez un ataque por un sueño, siéndonos entonces fácil comprobar que la fantasía diurna es el grado preliminar de ambos productos psíquicos.

El contenido de este sueño —único del que no conservo anotaciones minuciosas— es, aproximadamente, el que sigue: El sujeto —un joven soltero— se halla sentado en un café, al que tiene costumbre de ir todos los días. Varias personas entran a buscarle; entre ellas una que quiere prenderle. Dirigiéndose a sus contertulios, dice: Me voy. Luego volveré y pagaré—. Pero estas palabras son recibidas con burlas y protestas: "No, no; ya sabemos lo que eso quiere decir"—. Uno de los consumidores le grita: "Otro que se va"—. Luego es conducido a un estrecho local en el que se encuentra una mujer con un niño en brazos. Uno de sus acompañantes dice: "Aquí está el señor Müller"—. Un comisario de policía o un funcionario semejante hojea un montón de documentos y repite mientras tanto: "Müller, Müller, Müller". Luego le dirige una pregunta a la que el sujeto contesta con un "sí". A continuación, mira a la mujer que encontró al entrar y ve que le ha salido una poblada barba.

Los dos componentes de este sueño resultan fácilmente separables. El más superficial es una *fantasía que gira sobre la prisión del sujeto*, y nos parece constituir un producto original de la elaboración onírica. Pero detrás de ella, resulta fácilmente visible el material primitivo, al que la elaboración onírica ha impuesto una ligera transformación material que es la *fantasía del matrimonio* del sujeto, y los rasgos comunes a ambos productos resaltan con particular intensidad, como en las fotografías compuestas de Galton. La promesa de volver a su puesto en la tertulia del café, incrédulamente acogida por los amigos, la exclamación: "¡Otro que se va" (que se casa)!" y el "sí" con el que contesta al funcionario son detalles fácilmente visibles de la fantasía nupcial. El hojear un montón de papeles repitiendo una y otra vez el mismo nombre corresponde a un detalle secundario, pero bien reconocible de los festejos nupciales, esto es, la lectura de los telegramas de felicitación dirigidos todos a las mismas personas. Con la presencia personal de la novia en el sueño, vence la fantasía nupcial a la de prisión que la encubre. Un dato proporcionado por el sujeto nos explica por qué esta novia muestra, al final, una hermosa barba. Yendo de paseo con un amigo suyo, tan poco inclinado al matrimonio como él, se habían cruzado con una preciosa morena. "¡Lástima que a estas mujeres tan morenas —dijo el amigo— suela salirles luego barba corrida en cuanto pasan de la primera juventud!"

Naturalmente, no faltan, en este sueño, elementos que han sido objeto de más profunda deformación. Así la frase: "Luego pagaré" alude a la conducta poco agradable que algunos suegros observan en el pago de la dote. Vemos claramente que el sujeto encuentra mil reparos contra el matrimonio, reparos que le impiden entregarse con gusto a la fantasía nupcial. Uno de estos reparos —el de que al casarse pierde el hombre su libertad— queda encarnado en la transformación de la fantasía en una escena de prisión.

El descubrimiento de que la elaboración onírica se sirve con preferencia de una fantasía preexistente en lugar de crear otra original, utilizando el material de las ideas latentes, nos da la solución de uno de los problemas más interesantes del sueño. En el capítulo I de la presente obra (parte I, inciso *c*) expusimos el célebre sueño en el que Maury, golpeado en la nuca por la caída de una de las varillas que sostenían las cortinas de su cama, ve desarrollarse una larga serie de escenas de la Revolución Francesa. Dada su coherencia y su íntima relación con el estímulo despertador, insospechado por Maury, nos queda como única hipótesis posible la de que todo este denso sueño fue compuesto y se desarrolló en el brevísimo espacio de tiempo transcurrido entre la caída de la varilla sobre el cuello del sujeto y el despertar provocado por el golpe. No pudiendo atribuir al pensamiento despierto tal rapidez, hubimos de reconocer a la elaboración onírica, como atributo peculiar, una singular aceleración de los procesos mentales.

Contra esta conclusión que se hizo pronto popular, han elevado vivas objeciones autores más modernos (Le Lorrain, Eggers y otros), poniendo en duda la exactitud de la comunicación de Maury e intentando demostrar que la rapidez de nuestros rendimientos intelectuales despiertos no es menos de la que pueda atribuirse a la elaboración onírica. La discusión se desarrolla sobre problemas de principio que no podemos entrar a examinar aquí. Sin embargo, he de confesar que la argumentación de Eggers contra el sueño antes citado de Maury, no me ha parecido muy convincente. Por mi parte, propondría la siguiente explicación de este sueño: ¿sería muy inverosímil que el sueño de Maury representase una fantasía conservada en su memoria desde mucho tiempo antes y despertada —pudiera decirse, aludida— en el momento de percibir el sujeto el estímulo interruptor del reposo? Esta hipótesis hace desaparecer la dificultad que nos plantea la composición de tan larga y detallada historia en el brevísimo tiempo de que para ello ha dispuesto el durmiente, pues supone la preexistencia de la historia completa. Si la varilla hubiese caído sobre el cuello de Maury hallándose éste despierto, habría, quizá, provocado la siguiente idea: parece como si me guillotinaran. Pero Maury está dormido y la elaboración onírica aprovecha rápidamente el estímulo dado para la producción de una realización de deseos, como si pensase (claro es que esto debe ser tomado figuradamente): "He aquí una buena ocasión para dar cuerpo a la fantasía optativa que en tal o cual épico me inspiró esta o aquella lectura". Que la novela soñada presenta todas las características de aquellas fantasías que suelen construir los jóvenes bajo el imperio de poderosas impresiones es cosa, a mi juicio, indiscutible. ¿Quién no se siente arrastrado —y mucho más siendo francés e historiador— por las descripciones de los años del Terror, en los que la aristocracia francesa, flor de la nación, mostró cómo se puede morir con ánimo sereno y conservar hasta el último momento un sutilísimo ingenio y las más exquisitas maneras? ¡Y cuán atractivo resulta imaginarse ser uno de aquellos hombres que besaban sonrientes la mano de sus compañeros de infortunio antes de subir con paso firme al cadalso, o si la ambición de la fuerza que impulsa nuestra fantasía a identificarnos con una de aquellas formidables individualidades que sólo con el poder de sus ideas y de su ardiente elocuencia se impusieron a la ciudad en la que latía convulsivamente por entonces el corazón de la Humanidad, enviaron millares de hombres a la muerte, con fervorosa convicción de servir a un elevadísimo ideal e iniciar una completa transformación de Europa y cayeron a su vez bajo la cuchilla de la guillotina —Danton los girondinos! Un detalle del sueño de Maury —en medio de una inmensa multitud —parece indicar que la fantasía que lo constituye era de este carácter ambicioso.

Estas fantasías ha largo tiempo preexistentes, no se desarrollan necesariamente durante el reposo, en toda su extensión; basta con que sean, por decirlo así, "preludiadas". Quiero decir, con esto, lo siguiente: cuando la música inicia unos compases, cesando en seguida y alguien comenta, como sucede en el *Don Juan*: "Esto es de *Las bodas de Fígaro* de Mozart, surge en mí, de repente, una plenitud de reminiscencias de las que, por el momento, no llega nada hasta la conciencia. Así, pues, los compases preludiados y la frase a ellos referente constituyen la chispa que pone simultáneamente en movimiento todas las partes de un conjunto. Exactamente lo mismo puede muy bien suceder en el pensamiento inconsciente. El estímulo despertador pone en movimiento la estación psíquica que abre el acceso a toda la fantasía de la guillotina. Pero esta fantasía no se desarrollará durante el reposo, sino luego, en el recuerdo del sujeto despierto. Al despertar, recordamos en detalle la fantasía que fue rozada en conjunto durante el sueño, sin que tengamos medio alguno de comprobar que recordamos realmente algo soñado.

Esta misma explicación, o sea, la de que se trata de fantasías preexistentes que son puestas en movimiento como conjuntos por el estímulo despertador, puede también aplicarse a otros sueños distintos de los orientados hacia dicho estímulo, por ejemplo, al sueño de batallas soñado por Napoleón antes de despertar por la explosión de la "máquina infernal". Entre los sueños reunidos por Justina Zobowolska en su disertación sobre la duración aparente en el fenómeno onírico, me parece el del autor dramático Casimir Bonjour (citado por Macario, 1857), el más demostrativo. Sentado en un sillón dispuesto entre bastidores, se preparaba este autor a asistir a la primera representación de una de sus obras, cuando vencido por la fatiga, se quedó dormido en el momento de alzarse el telón. Durante su reposo, asistió a la representación de los cinco actos de los que su obra constaba y observó la impresión que cada una de las escenas producía en el público. Terminado el último acto, oyó encantado cómo aclamaba el público el nombre del autor y lo recibía con grandes muestras de entusiasmo. Cuál no sería su sorpresa al despertar en este momento y ver que la representación no había pasado aún de los primeros versos de la primera escena. No había, pues, dormido arriba de dos minutos. No parece muy aventurado afirmar, con respecto a este sueño, que el desarrollo de los cinco actos de la obra y la observación de las impresiones que cada escena iba despertando en el público, no necesitan constituir una creación original producida durante el reposo, sino que puede reproducir una labor anterior de la fantasía, en el sentido ya indicado. Justina Zobowolska hace resaltar, con otros autores, como un carácter común a todos los sueños de acelerado curso de representaciones, el de ser particularmente coherentes, a diferencia de los demás, y el de su recuerdo es más bien sumario que detallado. Estas particularidades serían precisamente las que habrían de presentar las fantasías preexistentes rozadas por la elaboración onírica. Pero los autores citados no llegan a deducir esta conclusión. De todos modos, no quiero afirmar que todos los sueños enlazados con un estímulo despertador puedan quedar explicados en esta forma, ni que con ello deje de constituir un problema el curso acelerado de las representaciones en el sueño. No podemos dejar fuera de esta investigación el examen de las relaciones de la elaboración secundaria del contenido manifiesto con los demás factores de la elaboración onírica. ¿Habremos de suponer que los factores de la formación de los sueños, o sea, la tendencia a la condensación, la precisión de eludir la censura y el cuidado de la representabilidad con los medios psíquicos del sueño, construyen, primeramente, con el material dado, un contenido manifiesto interino, que es luego elaborado hasta satisfacer, en lo posible, las exigencias de una segunda instancia? Esta es apenas verosímil. Más bien habremos de aceptar que las exigencias de dicha instancia plantean desde el principio una de las condiciones que ha de satisfacer el sueño, y que esta condición ejerce una influencia inductora y de selección, sobre todo el material de las ideas latentes, del mismo modo que las demás condiciones derivadas de la condensación, la censura de la resistencia y la representabilidad. Pero de las cuatro condiciones de la formación onírica, es ésta la de exigencias menos imperiosas. La identificación de esta función psíquica, que lleva a cabo lo que denominamos elaboración secundaria del contenido manifiesto con la labor de nuestro pensamiento despierto, resulta del siguiente proceso reflexivo: nuestro pensamiento despierto (preconsciente) se conduce ante cualquier material de percepción, del mismo modo que la función de que ahora tratamos con respecto al contenido manifiesto. Es inherente a su naturaleza ordenar dicho material, establecer relaciones e incluirlo en un contexto inteligible. En esta labor solemos incluso ir más allá de lo debido. Así, los trucos del prestidigitador nos engañan porque se apoyan en ésta nuestra costumbre intelectual. Nuestra tendencia a reunir inteligiblemente las impresiones sensoriales dadas nos hace caer con frecuencia en singularísimos errores y hasta falsear la verdad del material que a nuestra percepción se ofrece. Los ejemplos que demuestran este estado de cosas son demasiado conocidos para que hayamos de reproducirlos aquí nuevamente. En la lectura dejamos pasar inadvertidas erratas que alteran el sentido y leemos como si éste no apareciese modificado. Un redactor de un periódico francés apostó que introduciría, como si fuese una errata, las palabras "por delante" o "por detrás" en cada una de las frases de un largo artículo y que ningún lector lo notaría, y ganó la apuesta. En otro periódico hallé hace varios años un cómico ejemplo de falsa conexión. Después de la famosa sesión de la Cámara francesa, en la que Dupuy puso fin, con la serena frase: *La séance continue*, a la confusión y al espanto producidos por la explosión de una bomba arrojada por un anarquista al hemiciclo, fueron citados a declarar, como testigos, los espectadores que asistían a la sesión desde la tribuna pública. Entre ellos se hallaban dos provincianos que visitaban por primera vez la Cámara. Uno de ellos, llegado a la tribuna pocos momentos antes del atentado, declaró que había oído una detonación, pero que creyó que era costumbre del Parlamento disparar una salva cuando un orador terminaba su discurso. El otro, que había llegado antes y oído ya varios discursos, expresó el mismo juicio, pero con la variante de haber creído que la salva no se disparaba sino cuando el orador había obtenido gran éxito con sus palabras.

Así, pues, la instancia psíquica que aspira a hacer comprensible el contenido manifiesto y lo somete con este fin a una primera interpretación, a consecuencia de la cual queda más dificultada que nunca su exacta inteligencia, no es otra que nuestro pensamiento normal. Como ya lo hemos indicado repetidas veces, es norma regular de la interpretación onírica prescindir en todo caso de la aparente coherencia que un sueño pueda ofrecernos y seguir siempre, tanto con los elementos claros como con los confusos, el mismo procedimiento, esto es, la regresión al material del que han surgido.

Vemos ahora de qué depende esencialmente la gradual escala cualitativa de los sueños, que va desde la confusión a la claridad y a la que nos referimos en páginas anteriores. Nos parecen claras aquellas partes del sueño sobre las que ha podido actuar la elaboración secundaria y confusas aquellas otras en las que ha fallado totalmente la intervención de tal instancia. Dado que las partes confusas del sueño son también con gran frecuencia, las más débilmente animadas, podemos concluir que también depende, en parte, de la elaboración secundaria la mayor o menor intensidad plástica de los diversos productos oníricos.

La conformación definitiva del sueño tal y como queda estructurado bajo la acción del pensamiento normal, puede ser comparada a aquellas enigmáticas inscripciones con las que el semanario humorístico *Fliegende Blaetter* entretuvo durante tanto tiempo a sus lectores. Trátase de que una frase vulgar, chistosa o chocarrera, dé la impresión de contener una inscripción latina. Con este fin, se forma, utilizando las letras de que la frase se compone y alterando su reunión en sílabas, aunque no su primitivo orden de sucesión, una nueva totalidad. Aquí y allá resultará constituida una verdadera palabra latina, otras nos parecerán abreviaturas de términos de tal idioma y, por último, en otros puntos de la inscripción nos dejaremos engañar por las apariencias y atribuiremos a lagunas de la misma falta de sentido de algunos de sus fragmentos, en los que no hallamos sino letras aisladas. Si no queremos caer en la trampa, habremos de desechar toda idea de que pueda tratarse de una inscripción y atenernos tan sólo a las letras de las que consta, formando con ellas palabras de nuestra lengua.

De los cuatro factores de la elaboración onírica, es la elaboración secundaria el que más frecuentemente ha sido observado y estudiado por los investigadores. H. Ellis describe con viva plasticidad su función (*Introducción*, pág. 10):

<<Podemos imaginar que las cosas suceden de la forma siguiente. La conciencia del reposo se dice: Ahí viene nuestra maestra, la consciencia de la vigilia, que tanto valor da a la razón, la lógica, etc., etc. ¡Deprisa! ¡Vamos a cogerlo todo y a ordenarlo como sea antes que llegue a tomar posesión de la escena!>>

Delacroix afirma con especial precisión la identidad de esta forma de laborar con la del pensamiento despierto (pág. 526):

Cette fonction d'interprétation n'est pas particulière au rêve, c'est le même travail de coordination logique que nous faisons sur nos sensations pendant la veille.

De esta misma opinión son J. Sully y Justina Zobowolska:

Sur ces succesions incohérentes d'hallucinations, l'esprit s'efforce de faire le même travail de coordination logique qu'il fait pendant la veille sur les sensations. II relie entre elles par un lien imaginaire toutes ces images décousues et bouche les écarts trop grands qui si trouvaient entre elles (pág. 93).

Algunos autores hacen comenzar esta actividad ordenadora e interpretadora durante el mismo sueño y continuar, luego, en la vigilia. Así, Paulhan (pág. 547):

Cependant j'ai souvent pensé qu'il pourrait y avoir une certaine déformation ou plutôt reformation du rêve dans le souvenir... La tendance systématisant de l'imagination pourrait fort bien achever après le reveil ce qu'elle a ébauché pendant le sommeil. De la sorte, la rapidité réelle de la pensée serait augmentée en apparence par les perfectionnements dus à l'imagination éveillée.

Leroy et Zobowolska (pág. 592):

...dans le rêve, au contraire, l'interprétation et la coordination se font non seulement à l'aide des données du rêve, mais encore à l'aide de celles de la veille

Como no podía menos de suceder, se ha exagerado la importancia de este factor de la elaboración onírica, único generalmente reconocido, atribuyéndole la creación total del sueño, creación que tendría efecto en el momento de despertar, según opinan Goblot y Foucault, los cuales atribuyen al pensamiento despierto la facultad de crear el sueño con los pensamientos surgidos durante el reposo.

De esta concepción, dice Leroy y Zobowolska: *On a un pouvoir placer le rêve au moment du réveil et ils ont attribué à la pensée de la veille la fonction de construire le rêve avec les images présentes dans la pensée du sommeil.*

Al estudio de la elaboración secundaria, añadiré el de una nueva aportación de la elaboración onírica, descubierta por las sutiles observaciones de H. Silberer. Este investigador ha logrado sorprender *in fraganti*, como ya lo indicamos en otro lugar, la transformación de ideas en imágenes, forzándose a una actividad intelectual en ocasiones en las que se hallaba muy fatigado o medio dormido. En estos casos, se le escapaba la idea elaborada y surgía en su lugar una visión que demostraba ser una sustitución de la idea más abstracta. En estos experimentos sucedió que la imagen surgida, equivalente a un elemento onírico, no representaba la idea sometida a la elaboración sino algo distinto, la fatiga misma, la dificultad que entrañaba la labor propuesta o el disgusto por tenerla que llevar a cabo, esto es, el estado subjetivo o la forma funcional de la persona que se imponía el esfuerzo mental, en lugar del objeto de tal esfuerzo. Silberer dio a este caso, muy frecuente en él, el nombre de "fenómeno *funcional*", para diferenciarlo del fenómeno "*material*" esperado.

<<Ejemplo: Estoy tumbado, por la tarde, en el sofá y casi vencido por el sueño, pero me esfuerzo en meditar sobre un problema filosófico. Intento comparar las opiniones de Kant y Schopenhauer sobre el tiempo. Mi adormecimiento no me permite hacerme presentes simultáneamente ambas concepciones, como para compararlas sería necesario. Después de varias tentativas inútiles, consigo hacerme bien presente la teoría kantiana y, creyendo haberla dejado fuertemente impresa en mi cerebro, paso a la de Schopenhauer, para luego efectuar la comparación. Pero cuando he conseguido evocar los conceptos de Schopenhauer y quiero iniciar el paralelo, encuentro que las ideas de Kant se me han vuelto a escapar y resultan estériles todos mis esfuerzos para rememorarlas. Este inútil esfuerzo para hallar en el acto los conceptos kantianos, perdidos en cualquier rincón de mi cerebro, se me representan de pronto —tengo los ojos cerrados— en un símbolo plástico semejante a una imagen onírica: <<Pido un determinado dato a un malhumorado secretario, que, encorvado sobre una mesa, se niega a atenderme. Luego, incorporándose, a medias, me dirige una mirada de disgusto y repulsa>>.

He aquí otros ejemplos del mismo autor referentes al estado intermedio entre el sueño y la vigilia:

<<Ejemplo núm. 2. —Circunstancias: Por la mañana, al despertarme. Me hallo en un estado de adormecimiento. Reflexiono sobre un sueño de aquella noche y siento que voy acercándome al estado de conciencia despierta, pero deseo continuar adormecido.

Escena: Meto un pie en un arroyo como para atravesarlo, pero lo retiro en seguida y pienso en renunciar a mi propósito.

Ejemplo núm. 3. —Circunstancias: Quiero permanecer todavía en la cama, pero sin dormirme.

Escena: Me despido de alguien y quedo en volverle a ver pronto.>>

Silberer ha observado principalmente el "fenómeno funcional" —la "representación del estado en lugar de la del objeto"— en el momento de conciliar el reposo y en el de despertar. Naturalmente, es este último caso el único importante desde el punto de vista de la interpretación de los sueños. Por medio de excelentes ejemplos ha mostrado este investigador que los fragmentos finales del contenido manifiesto de muchos sueños, fragmentos a los que siguen inmediatamente la interrupción del reposo, representan el propósito o el proceso mismo del despertar. Representaciones de este género son el acto de atravesar un umbral, el de salir de una habitación para entrar en otra, el de partir de viaje, el de volver a casa, el de separarnos de alguien que nos acompaña, el de sumergirnos en el agua y varios otros. He de observar, sin embargo, que tanto en mis sueños como en los de otras personas, he encontrado los elementos referentes al simbolismo del umbral con mucha menor frecuencia de lo que las comunicaciones de Silberer hacen esperar.

No es inverosímil que este "simbolismo del umbral" pueda servir también para explicar algunos elementos situados en la parte central del contenido manifiesto refiriéndolos, por ejemplo, a fluctuaciones de la profundidad del reposo o a una tendencia a despertar. Pero no conocemos ejemplo ninguno que pudiera confirmar esta hipótesis. Más frecuentemente parece existir una superdeterminación esto es, el hecho de que una parte del sueño que extrae su contenido material del acervo de ideas latentes quede utilizado, además, para la representación de un estado de actividad anímica.

El interesantísimo fenómeno funcional de Silberer ha sido causa de grandes errores —claro está que sin culpa alguna por parte de su descubridor—, pues la antigua tendencia a la interpretación simbólica-abstracta de los sueños ha creído hallar en él un firme apoyo. La predilección por la "categoría funcional" llega tan lejos en algunos investigadores, que les hace hablar de fenómeno funcional siempre que en el contenido de las ideas latentes aparecen actividades intelectuales o procesos sentimentales, aunque este material tiene el mismo derecho que todo el restante a entrar en el sueño a título de resto diurno.

Hemos de reconocer que los fenómenos de Silberer representan una segunda aportación del pensamiento despierto a la formación de los sueños, aunque, desde luego, menos constante y de menor importancia que la designada con el nombre de "elaboración secundaria". Habíamos visto que una parte de la atención activa de la vigilia permanece dirigida sobre el sueño durante el estado de reposo, lo fiscaliza y critica y se reserva el poder de interrumpirlo, y estuvimos muy próximos a reconocer en esta instancia onírica que permanece despierta, al censor que ejerce una influencia tan intensamente coercitiva sobre la estructura del sueño. Al estudio de esta cuestión, aportan las observaciones de Silberer el hecho de que en determinadas circunstancias, interviene asimismo una especie de autoobservación que agrega también algo al contenido manifiesto. Sobre las probables relaciones de esta instancia autoobservadora; que puede alcanzar, quizá, gran intensidad en cerebros filosóficos, con la percepción endopsíquica, la manía observadora, la conciencia y el censor onírico habremos de tratar en otro lugar[90].

Resumiremos aquí la amplia discusión que llena este larguísimo capítulo dedicado a la elaboración onírica. Se nos planteó el problema de si el alma empleaba en la formación de los sueños todas sus facultades, desplegándolas sin coerción alguna, o sólo una parte de las mismas coartadas, además, en su labor. Nuestras investigaciones nos llevan a rechazar este planteamiento del problema por considerarlo inadecuado a las circunstancias verdaderas. Pero si hemos de permanecer

[90] Zur Einführung des narzissmus, de *Jahrb. d. Psychoan*, IV, 1914.

sobre el terreno en que la interrogación nos sitúa, habremos de responder afirmativamente a las dos hipótesis, aparentemente contrarias e incompatibles contenidas en ella. La labor anímica que se desarrolla en la formación de los sueños se divide en dos funciones: establecimiento de las ideas latentes y transformación de las mismas en contenido manifiesto. Las ideas latentes son perfectamente correctas y en su formación han intervenido todas nuestras facultades psíquicas. Pertenecen a nuestro pensamiento preconsciente, del cual surgen también mediante cierta transformación las ideas conscientes. Pero estos enigmas, por muy interesantes y obscuros que sean, no presentan una relación especial con el sueño y no tenemos por qué tratar de ellos en conexión con los problemas oníricos. En cambio, la segunda función que transforma las ideas inconscientes en el contenido latente es peculiar a la vida onírica y característica de la misma. Esta elaboración onírica propiamente dicha se aleja del modelo del pensamiento despierto mucho más de lo que han opinado los investigadores que menos valor han concebido a la función psíquica en el sueño. No es que sea negligente, incorrecta, olvidadiza e incompleta en comparación con el pensamiento despierto; lo que sucede es que constituye algo cualitativamente distinto y, por lo tanto, nada comparable a él. No piensa, calcula ni juzga; se limita a transformar. Puede describírsela por entero, teniendo en cuenta las condiciones a las que su producto tiene que satisfacer. Este producto —el sueño— ha de ser sustraído, en primer lugar, a la *censura*, y con este fin se sirve la elaboración onírica del *desplazamiento de las intensidades psíquicas*, hasta lograr la trasmutación de todos los valores psíquicos. La reproducción de las ideas ha de llevarse, exclusiva o predominantemente a cabo por medio de un material de huellas mnémicas visuales y acústicas, y de esta condición nace para la elaboración el *cuidado de la representabilidad* al que atiende mediante nuevos desplazamientos. Por último, han de ser creadas (probablemente) intensidades mayores de las que durante la noche aparecen dadas en las ideas latentes y a este fin responde la amplia *condensación* realizada con los elementos de dichas ideas. Las relaciones lógicas del material de ideas latentes son poco atendidas, pero encuentran al fin una oculta representación en particularidades *formales* de los sueños. Los afectos de las ideas latentes pasan por transformaciones menos amplias que su contenido de representaciones. En general, son reprimidos, y cuando permanecen conservados, quedan separados de las representaciones y reunidos los de igual naturaleza. Sólo una parte de la elaboración onírica la superelaboración de amplitud inconstante por el pensamiento normal, fragmentariamente despierto, se adapta a la concepción de la mayoría de los investigadores que nos han precedido en estos estudios sobre la actividad total de la formación de los sueños.

Apéndice[91]

I
El sueño y la poesía

"Aquello, que ignorado o desatendido
por los hombres vaga durante la noche
a través del laberinto de nuestro pecho".
Goethe.

Desde muy antiguo, han advertido los hombres que sus productos oníricos nocturnos delataban ciertas analogías con las creaciones de la poesía y muchos poetas y pensadores han dedicado preferente atención al examen de las relaciones de forma, contenido y efecto, fácilmente visibles entre los dos fenómenos comparados. Los datos e hipótesis producto de esta labor, aunque no han llegado a concretarse en un conocimiento, caracterizan tan precisamente la esencia de dichos dos fenómenos, que la investigación propiamente científica no pierde nada con hacerse cargo de ellos. Ante todo, interesará al investigador de los sueños comprobar la estimación y comprensión que el enigma onírico ha hallado en los psicólogos intuitivos, la forma en que los poetas han sabido utilizar en sus obras su conocimiento de la vida onírica y, por último, qué conexiones resultan, quizá, visibles entre las singulares facultades del alma "durmiente" y el alma "inspirada".

El investigador psicoanalítico verá, en primer lugar, con agrado, que los juicios intuitivos de los hombres de genio

[91] Del Dr. Otto Rank.

han atribuido siempre al sueño una significación, hipótesis que, si bien es opuesta a las opiniones de la ciencia oficial y de la mayoría intelectual, puede aducir, en su apoyo, un antiquísimo prejuicio popular, finalmente sancionado por la psicología. En muy diversos textos hallamos expresada la convicción de que la vida onírica encierra la clave del conocimiento del alma humana, o sea del hombre en general. Así, en el *Diario* de Hebbel (6 agosto 1838): "El alma humana es una maravillosa esencia y el sueño constituye el punto central de todos sus secretos". Y el poeta Jean Paul, que dedicó a sus sueños especial atención y cuidadoso estudio, escribe: "Realmente, algunos cerebros nos instruirían más con sus sueños que con sus ideas y algunos poetas nos regocijarían más con sus sueños verdaderos que con los que imaginan, del mismo modo que la inteligencia más árida llega a dar quince y raya en materia de profecías, a todos los sabios del mundo, en cuanto es encerrada en un manicomio". Luego, en otro lugar, completa este pensamiento, añadiendo: "Me admira, sobre todo, cómo no es utilizado el sueño para estudiar en él, el proceso de representación involuntario de los niños, de los animales, de los locos, y hasta de los poetas, de los músicos y de las mujeres".

De un modo análogo estima F. Künberger, el sueño: "Realmente, si los hombres estuvieran más atentos a observar e interpretar los sutiles signos de la Naturaleza, habría de atraer su atención esta vida onírica y hallarían que la Naturaleza les murmura en ella, la primera sílaba del gran enigma de cuya solución sedientos".

Lichtenberg, el espiritual filósofo, al que debemos finas observaciones sobre este tema, escribe una vez: "Recomiendo nuevamente el examen de los sueños. Tanto en el sueño como en la vigilia, vivimos y sentimos, y ambos estados forman, igualmente, parte de nuestra existencia. Una de las prerrogativas del hombre es el soñar y el saber que sueña. Pero aún no se ha aprovechado acertadamente de ella. El sueño es una vida que, unida a la nuestra, constituye aquello que denominamos existencia humana. Los sueños penetran en la vigilia y no puede decirse dónde acaban y empieza ésta".

Nietzsche, al que también en este sector hemos de reconocer como precursor directo del psicoanálisis, descubre *análogas relaciones del sueño con la vida despierta*[92]: "Aquello que vivimos en sueños, siempre que lo vivamos con frecuencia, pertenece, al fin y al cabo, a la totalidad de nuestra alma, como cualquier otra cosa realmente vivida: Por ello somos más ricos o más hombres, tenemos una necesidad más o menos, y en pleno día, incluso en los más serenos instantes de nuestro espíritu despierto, somos llevados un poco de la mano por los hábitos de nuestros sueños".

Los siguientes párrafos de *Aurora* muestran que Nietzsche no retrocedía ante las consecuencias de su juicio sobre los sueños: "¡De todo queréis ser responsables! ¡Sólo de vuestros sueños, no! ¡Qué miserable debilidad y qué falta de lógica! ¡Nada es más propiamente vuestro que vuestros sueños! ¡Nada hay que más sea vuestra propia obra! ¡Todo lo sois en tales comedias —materia, forma, duración, actores y espectadores! Pero es aquí donde os espantáis y avergonzáis de vosotros mismos. Ya Edipo, el sabio Edipo, supo consolarse con la idea de que no somos responsables de nuestros sueños[93]. De esto deduzco, que la mayoría de los hombres tiene que reprocharse

[92] Cf. tomo I, pág. 13 y siguientes.

[93] Nietzsche comete aquí un doble error, circunstancia muy significativa para la determinación de su posición con respecto al complejo de Edipo: no es Edipo sino su madre quien busca consuelo en la falta de significación de los sueños. Edipo, en cambio, no se deja consolar por tal idea.

sueños execrables. Si así no fuera ¡cómo se hubiera explotado su poesía nocturna en favor del orgullo del hombre!".

Análogamente valora Tolstoi el sueño: "Despierto, puedo engañarme sobre mí mismo; en cambio, el sueño me proporciona la justa medida del grado de perfección moral que he conseguido alcanzar".

Lichtenberg opina: "Si relatáramos sinceramente nuestros sueños revelarían éstos nuestro carácter más claramente que nuestra fisonomía".

En el mismo sentido se ha expresado hace poco Gerhart Hauptmann: "Haber investigado todos los grados y clases del sueño, significaría conocer el alma humana mucho más profundamente que ningún psicólogo actual". (Emanuel Quint).

Una observación del *Diario* de Habbel presenta ya un matiz francamente psicoanalítico: "Si un hombre pudiera decidirse a *anotar todos sus sueños, sin distinción alguna, sin consideraciones de ningún género, con toda fidelidad y todo detalle, agregando a ello un comentario que entrañase aquello que de tales sueños le fuera dado explicar refiriéndolo a recuerdos de su vida o de sus lecturas*, hacía a la Humanidad un valioso presente. Pero tal y como es hoy la Humanidad no habrá quien lo haga. Sólo intentarlo secretamente y para la propia reflexión tendría ya algún mérito".

Pero los poetas no se limitan a reconocer la significación de la vida onírica para el conocimiento de los hombres, sino que saben también exponer, sobre la *esencia de los sueños*, muchas cosas interesantes, que han coincidido singularmente, numerosas veces, con los resultados de la investigación psicoanalítica. La antiquísima norma de los onirocríticos y de las "claves de los sueños", de adaptar la interpretación al oficio o profesión del sujeto, aparece frecuentemente aludida en las creaciones poéticas y comentada con la indicación de que las ideas del día continúan desarrollándose en el sueño. La opinión de que cada individuo sueña conforme a sus intereses e inclinaciones es expresada, muchas veces, en forma muy aproximada a la del principio de la realización de deseos.

Así, escribe Chaucer (*The Parliament of Foules*, página 99 y siguiente):

> "The wery hunter, slepinge in his bed,
> To wode ayein his minde goth anoon;
> The juge dremeth how his plees ben eped;
> The carter dremeth, how his cartes goon;
> The rich of gold; the knigh fight witch his foon;
> The seke met he drinketh of the tonne;
> The lover met he hath his lady wonne".

Análogamente ha descrito Shakespeare en los famosos versos de *Romeo y Julieta* la labor de la *Queen Mab*:

"Este es su tren de ceremonia, y en él galopa todas las noches por entre los sexos de los enamorados, para que sueñen en amores; o sobre las rodillas de los cortesanos, para hacerles soñar en doblarlas; o sobre los dedos de los abogados, para que sueñen con sus honorarios; o sobre los labios de las bellas damas, para que sueñen caricias... Algunas veces se coloca sobre la punta de la nariz de un cortesano, que entonces husmea un destino que le halaga; o sobre la nariz de un beneficiado que ronca, a quien cosquillea para que sueñe con una canongía".

Para tomar también un ejemplo de la poesía alemana, citaremos unos versos de Johann Peter Uz[94].

"Todos somos lo que nuestros sueños nos muestran. En ellos bebe Anacreonte, busca el poeta sus rimas y revolotea en derredor del Helikon, deduce conclusiones sobre las mónadas

[94] Comunicados por Winterstein. Zbl. f. Ps. A. II, 192.

el aficionado a la ontología y sueñan con besos las muchachas, pues ¿qué puede haber más importante para ellas?

La siguiente poesía erótica griega nos muestra que en épocas más ingenuas, no espantaba la representación poética de satisfacciones oníricas groseramente sexuales: "Curado a poca costa: —Sthenelais, la que inflama a toda la ciudad, la que es pagada con fuego, aquella a la que todos los poseídos por el deseo cubren de oro, me ha hecho feliz en un sueño, en el que ha pasado, desnuda, a mi lado, una noche entera, hasta las primeras luces del alba, todo me la ha concedido. Nunca más me arrodillaré ante ella, beldad cruel; nunca más volveré a llorar y a implorarla; todo me lo ha concedido ya el sueño".

Citaremos también, como pareja de la poesía anterior, la historieta griega "del sabio juez que ofreció a una cortesana la imagen de unas monedas reflejadas en el espejo, como satisfacción del pago que demandaba a un pretendiente que se jactaba de haberla gozado en sueños". Por último, también aparece relacionada con nuestro tema la fábula de Endimión, el bello adolescente que recibía la tierna visita de su amada Selene en cuanto las fatigas de la caza cerraban sus ojos y al cual concedió Zeus, su padre inmortal, reposo y juventud eternos. Esta encantadora fantasía ha sido incluida por Wieland en su *Muzarión*, transformándola en un sueño de deseos eróticos.

No sólo la continuación de las ideas diurnas durante el estado de reposo y en el sentido deseado por el sujeto, sino también la *segunda fuente importante de los sueños —la vida infantil—* ha sido adivinada por los poetas. Así escribe Dryden sobre el sueño (*The Cock and the Fox*):

> "Sometimes forgotten things long const behind
> Rush forward in the brain and come to mind.
> The nurse's legends ave for truth received,
> And the man dreams but what the boy believed".

Lenau ha descrito también bellísimamente este retorno del soñador a la época infantil, ensalzándolo como un poder consolador y realizador de deseos del sueño.

E. T. A. Hoffmann, que dedicó gran atención a los sueños y a los estados análogos, escribe en *Kater Murr* (I, 1): "El primer despertar a la conciencia permanece eternamente incognocible. —Si de repente lo descubriéramos, creo que nos mataría el sobresalto. ¿Quién no ha sentido la tremenda angustia de los momentos inmediatos al despertar de un profundo sueño y de la inconsciencia del reposo, cuando sintiéndonos a nosotros mismos tenemos que recordarnos nuestro propio ser? —Mas para no divagar más, concretaré diciendo que a mi juicio, toda intensa impresión psíquica recibida durante aquella época de nuestro desarrollo, deja tras de sí una semilla que germina y crece con el florecimiento de nuestra capacidad espiritual, de manera que todo el placer y todo el dolor de aquellas horas de nuestro crepúsculo matutino continúan viviendo en nosotros, y de este modo, son realmente las tiernas y melancólicas voces de los seres queridos las que resuenan en nuestros sueños".

Jean Paul intenta fundamentar la fórmula de Hebbel: "Todos los sueños no son, quizá, sino reminiscencias", en la forma siguiente: "Nuestro más lejano pretérito, del que tantas cosas posteriores han dependido, nos visita y excita a los soñadores mucho más que el vacío del día inmediatamente anterior". —"Según una bella observación de Herder, nos sitúa siempre el sueño en las pasadas horas de nuestra juventud. Nada más natural, pues esta época, de horizontes más limitados que las posteriores, es la que más profundas huellas deja en la roca de la memoria".

Hebbel sospechó, por lo menos, el problema de la regresión planteado por esta tendencia a lo infantil. "Aquellos sueños que nos presentan algo totalmente nuevo, quizá fantástico, no son, para mí, tan importantes como aquellos otros que matan hasta el más mínimo recuerdo del presente y arrastran de nuevo al hombre a la prisión de un lejano estado pretérito. Pues en los primeros, no actúa sino la misma facultad en la que reposa el arte y todo lo que se aproxima más o menos a él, facultad a la que acostumbramos a dar el nombre de fantasía; por lo contrario, en los segundos, actúa una fuerza singularísima y enigmática que vuelve a encerrar a la estatua en el bloque de mármol en que fue esculpida". (*Diario*, 6 de agosto, 1838.)

Nietzsche (*Humano, demasiado humano*) reconoce también claramente este fenómeno. "En el reposo y en el sueño, volvemos a pasar por toda una serie de evoluciones anteriores... El sueño nos trae de nuevo, lejanos estados de la civilización humana y nos proporciona el medio de comprenderlos mejor".

Es también grandemente satisfactorio ver cómo determinados prejuicios tenacísimos, que constituían un obstáculo para todo conocimiento del sueño, han sido trasmutados en profundos juicios por la osada, concepción antitética de los poetas, por profundos juicios. Así, Strindberg (*Buch der Liebe*), después de exponer la opinión teosófica de que cuando contemplamos las cosas desde la llanura astral se nos muestran invertidas, agrega la observación siguiente: "Por esta razón, debemos interpretar muchas veces los sueños mediante una inversión, o sea, por antífrasis, y en Swedenborg hallamos una indicación sobre esta pervertida manera de ver las cosas". La aparente incomprensibilidad de las imágenes oníricas depende, según Hebbel, de que no comprendemos el lenguaje de los sueños, compuestos de elementos aislados comparables a letras. (*Diario*, 1842): "Sueños dementes y que, sin embargo, nos parecen razonables mientras los soñamos. —El alma compone, con un alfabeto que no comprende aún, figuras desatinadas, como un niño con las 24 letras del nuestro. Pero esto no quiere decir en modo alguno, que dicho alfabeto sea desatinado en sí".

La concepción del sueño como *guardián de reposo*, tan opuesta, aparentemente, a la sensación subjetiva experimentada al despertar a consecuencia de un estímulo, ha sido ya defendida por Jean Paul. "Cuando ante un estímulo exterior, aunque sea de una cierta intensidad, sabe hallar el espíritu una historia soñada que motive y envuelva dicho estímulo, *sirve precisamente este sueño para prolongar el reposo*".

También la antiquísima superstición del poder adivinador del sueño —la más profundamente arraigada de todas— ha sido recogida por Hebbel, el cual ha trasmutado acertadamente su valor: "Los antiguos intentaban servirse de los sueños para predecir al hombre lo que habría de ocurrirle. Pero se equivocaban. Lo que pueden los sueños revelarnos, es más bien lo que el sujeto hará". Y en otra forma: "El sueño, profeta—. ¿Cómo puede decirte el sueño lo que te habrá de suceder?" Lo que harás, eso sí te lo revela".

Después de estas muestras, no nos asombrará averiguar que los hombres de excepción, cuya vida espiritual se halla consagrada en alto grado a la autoobservación y la autorepresentación, han llegado en la inteligencia de los sueños a las más profundas opiniones. Si la observación de las relaciones con los sueños diurnos y el descubrimiento de los restos de la infancia no constituye sino una descripción —aunque muy aguda y penetrante— del contenido manifiesto, hallamos, en cambio, algunas sutiles observaciones sobre la actuación de factores oníricos latentes y sobre la dinámica de la vida instintiva a ellos correspondientes. Cuando, por ejemplo, dice Goethe a Eckermann (12 de marzo 1828): "Ha habido en mi vida, épocas en las que me dormía con lágrimas aun en los ojos; pero en mis sueños llegaban a consolarme y hacerme feliz las más amables figuras, y a la mañana siguiente me levantaba contento y fortificado", hallamos en estas palabras del poeta, a más del carácter optativo de los sueños, la *transformación del estado de ánimo por inversión de los afectos* obra de la elaboración onírica.

Algo muy análogo nos comunica Gottfried Keller (*Baechtold*, I, 307): "Extraño, sobre todo, el que, en épocas muy tristes para mí, no he tenido casi exclusivamente sino sueños alegres y encantadores".

La tendencia *realizadora de deseos del sueño* aparece claramente expresada en el *Savonarola* de Lenau, obra en la que el protagonista sueña con las delicias del Paraíso, después de sufrir en su prisión la tortura del potro. E. T. A. Hoffmann conoce también este carácter del sueño, y acentúa, además, el origen infantil de las imágenes oníricas consoladoras: "Cuando, miserable, fatigado y destrozado por el penoso trabajo, descansaba sobre mi dura yacija, acudía el sueño y vertía sobre mí, abanicándome la ardorosa frente con suaves brisas, toda la bienaventuranza de un momento feliz, que me hacía entrever las delicias del cielo y cuya memoria reposa en lo más profundo de mi alma". (*Doge und Dogaresse*).

La convicción aquí expresada de la existencia de un sentimiento onírico opuesto al contenido manifiesto no retrocede ante la extrema consecuencia de su aplicación al *sueño de angustia*, que es relacionado con *impulsos eróticos reprimidos*". Así, Zacarías Werner, que después de una vida dedicada a los placeres, se refugió en el ascetismo, dice: "En el castillo de las siete colinas —era el placer mi compañero durante el día—, y el horror mi nocturno camarada".

El sueño de opresión, tan afín al de angustia, ha sido referido directamente por Shakespeare, en el pasaje ya citado de *Romeo y Julieta*, al acto sexual. "Es ésta la bruja que oprime el pecho de las muchachas que duermen boca arriba y les enseña a soportar el peso de los hombres cuando lleguen a ser mujeres".

Un lírico moderno, J. R. Becker, ha versificado directamente la concepción psicoanalítica del sueño de angustia. (*Poseías*, Berlín, 1912.). "Los deseos en los que he pensado durante el día —y las ansias que por el día no he podido satisfacer —se convierten en las angustias de mi noche. —Arden en una demencia —a la que no puedo escapar—; me veo rodeado de fuego y de llamas—; veo a mi madre en la mujer amada —y a mi padre ser pasto de los perros...".

La concepción dinámica indicada en la teoría de la angustia, según la cual *lo insatisfecho y lo reprimido de la vida anímica* intenta realizarse en el sueño, ha encontrado con tanta frecuencia una expresión poética como científica. En el *Wallenstein* de Schiller, la orgullosa condesa de Tersky está convencida de que la empresa del general tiene que ser coronada por el éxito, y ahogan en germen, todo presentimiento contrario. Pero se lamenta de que tales melancólicos presentimientos, ahuyentados durante el día, "atacan su corazón por las noches, surgiendo en sombríos sueños". Análogamente se expresa Grillparzer, en los conocidos versos: "Aquello que oprime nuestro corazón durante el día—, pero que nuestros labios mantienen fielmente secreto—, es despojado de sus ligaduras por el reposo —y se manifiesta en nuestros años". Complemento de estos versos son otros del mismo autor, en los que hallamos la teoría de la realización de deseos: "...Los sueños —no crean los deseos—, son éstos los que los provocan—; y aquello que la mañana ha venido a ahuyentar —tuvo su semilla oculta en ti".

Parecidos pasajes hallamos en las poesías de autores modernos más próximos al psicoanálisis, tales como Arthur Schnitzler. "Los sueños son cobardes ansias—, desvergonzados deseos, que la luz del día —rechaza hasta los rincones de nuestra alma—, de los cuales sólo de noche se atreven a salir." (*Der Schleier der Beatrice.*) Y también Viktor Hardung. "...En el sueño—, que engendramos por un secreto placer —y por ansia, angustia y deseos inconfesados; —por pasiones desconocidas de la clara luz del día —y que, aunque lo neguemos, nos poseen... (*Godiva*).

Jean Paul y Hebbel expresan parecidos pensamientos. El último de estos autores escribe en su *Sueño de una noche de*

San Silvestre: "El sueño ayuda a los elementos reprimidos de la Naturaleza humana, o más bien, de la Naturaleza en general, a conseguir su derecho.... y si no se adapta a la ley que nos rige en la vigilia, rompe nuestros acostumbrados peso y medida y resuelve todas nuestras formas de percepción y asimilación, es porque constituye por sí mismo la expresión de una más alta ley". —Y Jean Paul, refiriéndose particularmente a los sentimientos asociales, trabajosamente reprimidos por los hombres civilizados, dice: "... el extenso reino de los instintos y las inclinaciones surge en los sueños y toma cuerpo ante nosotros. El sueño ilumina hasta las más secretas profundidades de nuestro corral epicúreo, de nuestro establo de Augías, y nos muestra vagando libres entre las sombras de la noche, a aquellos siniestros y fieros animales que la razón mantenía encadenados durante el día".

Pero la más amplia anticipación que de las teorías psicoanalíticas sobre el sueño las podemos hallar en la literatura, nos es ofrecida nuevamente por Nietzsche en un pasaje de *Aurora*, titulado "Vivir e imaginar", en el que queda reconocido el sueño como un medio de la satisfacción alucinatoria de los instintos: "Acaso esta crueldad del azar (es la satisfacción de los instintos) se nos representaría con colores aún más vivos si todos los instintos pudiesen ser satisfechos tan fundamentalmente como el *hambre*, que no se contenta con alimentos *soñados*, pero la parte más considerable de los instintos, esto es, los que llamamos morales, se satisface con ello, si es lícito, suponer que nuestros sueños poseen el valor y el sentido de una compensación, hasta cierto grado, de la falta accidental de tal "alimento" durante el día... Estas imaginaciones (del sueño) que proporcionan a nuestros instintos... un campo de acción y una descarga —y todo el mundo puede presentar ejemplos concluyentes— son interpretaciones de nuestras excitaciones nerviosas durante el reposo, interpretaciones muy libres y muy arbitrarias... Si este texto que, en general, suele ser el mismo una noche que otra, recibe, comentarios tan variados y si la razón creadora *se representa* hoy, para idénticas excitaciones nerviosas, *causas* distintas de las de ayer, ello se debe a que el apuntador de dicha razón ha sido distinto del de ayer —otro instinto que se hallaba hoy en su más vivo pleamar y quería satisfacerse, emplearse, ejercitarse y descargarse"[95].

Todas estas opiniones sobre la esencia de los sueños, opiniones que forman en conjunto una teoría del fenómeno onírico muy cercana a la concepción psicoanalítica del mismo, no son, en realidad, sino productos accidentales del conocimiento intuitivo de las almas, al que el poeta da forma artística en sus obras. Pero el poeta no ha llegado a este conocimiento por un camino empírico ni por un camino especulativo, y el que los sueños encuentren en las obras poéticas un empleo práctico que corresponde por completo a su valoración y estimación psicoanalíticas, no es sino un testimonio de que la experiencia del escritor ha sido verdadera e inmediata.

Ante todo, nos llama la atención la frecuencia con que la poesía —tanto la popular como la literaria— ha empleado los sueños para la descripción de complicados estados del alma. Son innumerables las obras literarias —epopeyas, novelas, dramas y poesías— en las que los sueños intervienen intensamente en la acción y en la vida anímica de los personajes, desde los poemas homéricos hasta el de los Nibelungos y desde éste a los de Milton, Klopstock, Wieland, Hebbel, Lenau y otros, sin hablar de la novela que, en determinadas orientaciones, por ejemplo, la romántica, ha considerado los sueños como un imprescindible requisito. Poetas como Tieck, Hoffmann y Juan Pablo gustan extraordinariamente de hacer soñar a sus

[95] Esta teoría coincide esencialmente con la de los sueños típicos.

personajes y dar a estos sueños una influencia decisiva sobre el desarrollo de la acción. También en el drama hallamos utilizados los sueños, aunque con mucha menos frecuencia y significación, mientras que la comedia se presta mejor que ninguna otra creación literaria a incluir en un sueño la acción entera, como sucede en las conocidas obras de Calderón, Shakespeare, Holberg, (*Jeppe para Bierge*), Grillparzer, Hauptmann (*Schluck und Jau*) y Fulda (*Schlaraffenland*) y aún más precisamente en las modernas creaciones poéticas relacionadas con los sueños —y no independientes por completo de la investigación onírica científica— de Strindberg (*Ein Traumspiel*), Paul Appell, Franz Molnar, Streicher y otros. Algunas narraciones poéticas aparecen también desarrolladas como sueños. Así, *Christmas Carol* de Dickens y la singularísima obra *Die andere Seite* del dibujante Alfred Kubin, cuya significación psicoanalítica ha sido expuesta por el doctor Hanns Sachs (*Imago*, 1, 1912, pág. 197). Por último, la poesía lírica, cuya intima esencia se halla tan próxima al sueño, ha gustado siempre de tales revestimientos. Los trovadores y maestros cantores alemanes han empleado infinitas veces el sueño en sus creaciones, ensalzándolo directamente como realizador de deseos. Walther von der Vogelweide tiene bellísimas poesías de este género, sobre las que ya nos ha llamado *Riklin* la atención. Así también, Hanns Sachs, cuyas numerosas poesías relacionadas con los sueños habrían de ser objeto de un estudio especial[96]. Habremos de mencionar también la lírica del romanticismo y de las escuelas afines: Heine, Chamisso, Mörike, Uhland, Droste, Keller, Hebbel, Byron (*The dream*) y otros varios poetas han escrito poesías relacio-

[96] Sobre estas poesías de ese género; de Hanns Sachs, véase la obra de Hampe. Nagele expone numerosos ejemplos de sueños en la poesía épica, y Klaiber en la lírica. Véase también, en la revista *Kunstwart*, XX, 4, una interesante colección de *Sueños en obras poéticas*.

nadas con los sueños. El *Leteo* de C. F. Meyer, el *Geburtsnacht Traum* de Hebbel y las baladas de Spitteler, tituladas *El padre*, *El entierro* y *El banquete* son de lo más impresionante que la lírica nos ofrece bajo este aspecto.

Para los psicoanalíticos resulta especialmente atractivo comprobar que los sueños imaginados por los poetas e incluidos en sus obras aparecen construidos conforme a las leyes empíricamente descubiertas y se ofrecen a la observación psicológica como sueños 1ealmente soñados. La investigación filológica de los sueños fingidos por la creación poética ha facilitado también, accesoriamente, la deducción de algunas reglas del fenómeno onírico. Así, refiriéndose a la poesía popular francesa, dice Mentz que: "*los sueños soñados por una persona en una misma noche se hallan siempre enlazados unos a otros y representan un todo unitario*" (pág. 45), y del estudio de las baladas populares anglo-escocesas, en las que aparecen sueños constituidos por dos cuadros sucesivos, deduce Jaehde que "*el primero de estos cuadros se limita a indicar obscura y simbólicamente, lo que el segundo muestra con toda claridad*". Esto se refiere especialmente, como ya sabemos[97], al simbolismo, familiar al poeta como medio de expresión. En el libro tercero de los *Amores* (Elegía V) describe Ovidio detalladamente un sueño en el que el calor fue interpretado como símbolo de la ardiente pasión erótica, la vaca como personificación de la mujer amada y el toro como la del apasionado amante[98]. Otro simbolismo sexual diferente, pero también familiar a la investigación onírica, es empleado por Byron en el canto VI de su "Don Juan", donde el protagonista, disfrazado de mujer, comparte el lecho de la bella Dudú, la cual despierta espantada de un sueño sexual simbólicamente

[97] Véase en páginas anteriores el estudio de Freud sobre el simbolismo onírico.

[98] Comunicado por Abraham en la *Zentralblatt für Psychoanalyse*, II, pág. 160.

representado y relacionado con el mito del pecado original[99]. La descripción de los misterios de Eleusis desarrollada por Goethe[100] en la duodécima de sus *Elegías romanas*, demuestra que un poeta puede ver claramente la significación de ciertos símbolos típicos: "El neófito vagó luego entre círculos de extrañas figuras. Parecía flotar en un sueño: *largas serpientes replaban* por el suelo y bellas adolescentes pasaban llevando en sus manos *cerradas arquetas rodeadas de espigas*... Sólo después de diversas pruebas le fue revelado lo que el sagrado círculo ocultaba extrañamente en sus imágenes. Y era el secreto *que la divina Demeter mostróse también una vez propicia a un héroe* y concedió a Savon, el vigoroso rey de los cretenses, el *suave secreto* de su cuerpo inmortal. ¡Y fue Creta feliz! *El lecho nupcial de la diosa se cubrió de espigas y los campos dieron ricas cosechas*".

Un autor moderno, Moritz Heimann, ha acertado también a representar, por medios de símbolos perfectamente correctos, el sueño típico de nacimiento en su tragedia *Der Feind und der Bruder* (Berlín, S. Fischer, 1911). No se ha emprendido todavía una investigación de conjunto sobre los sueños utilizados en la representación poética, pero los aislados estudios existentes nos proporcionan ya valiosos datos sobre el conocimiento poético de las almas y la esencia de la creación artística. Es muy satisfactorio que el primer estudio de este género, basado en las teorías psicoanalíticas, proceda de la importancia de la psicología analítica de los sueños y supo aplicarla con éxito a su especialidad. El material elegido para esta primera investigación no podía ser más apropiado y favorable —los sueños en la obra de Gottfried Keller titulada *Enrique el Verde*. Como muestra, reproduciremos un párrafo de este pequeño trabajo de Ottokar

---

[99] Cf. Rosenstein, *ibídem*, pág. 161.

[100] Winterstein, *ibídem*, pág. 291 y siguientes.

Fischer, que contiene toda una serie de confirmaciones de la teoría psicoanalítica de los sueños:

"El sueño revela al soñador una gran parte inconsciente e insospechada de su acervo de ideas, y con ella, el contenido verdadero de sus deseos ocultos e inconfesados. Es en el sueño donde Enrique comienza a sentir una infinita añoranza de su patria, pues durante la vigilia no ha tenido tiempo de entregarse a sus sentimientos. Todo aquello que durante el día permanece desatendido por el sujeto o no puede manifestarse en su forma verdadera —el reproche, el dolor o la añoranza— pasa al primer término en el sueño. Puede decirse que todos los sueños descritos en *Enrique el Verde* son sueños de añoranza.

"La novela se basa en las relaciones entre madre e hijo. En el centro de los sueños de Enrique hallamos siempre el recuerdo de su madre y su deseo de volver junto a ella, pero también la vergüenza que le produce confesarse estos pensamientos, considerados por él como debilidades sentimentales. Se confirma aquí, de nuevo, la observación general de que los sueños entrañan ideas que en la vigilia rechazamos con desagrado. En realidad, se considera Enrique harto culpable por no escribir a su madre ni querer pensar siquiera en ella, pero estos sus sentimientos verdaderos, permanecen inconscientes en él, siendo el sueño quien se los muestra por vez primera" (pág. 17 y siguientes).

Si esta investigación se limita a probar que las leyes generales del fenómeno onírico aparecen también en vigor en los sueños imaginados por los poetas o aprovechados por ellos en sus obras, conocemos otro estudio —cuyo autor no pertenece tampoco a la carrera de Medicina— en el que se lleva a cabo la labor de aplicar detalladamente la técnica analítica de interpretación a un sueño incluido en una obra literaria. En este "Análisis del sueño de Egmont", ha demostrado Alfred Robitsek que el sueño atribuido por el poeta a su protagonista presenta ante el análisis todas las características de un sueño realmente soñado. Dividiéndolo en sus elementos y relacionando cada uno de ellos con los fragmentos correspondientes de la obra, se consiguió "descubrir sus conexiones con ideas de la vigilia y "restos diurnos", interpretar su simbolismo, hallar el contenido latente oculto detrás del manifiesto y revelar, así, en conjunto como en detalle, su carácter de realización de deseos". Tanto en esta labor como en la deducción de sus conclusiones, podía guiarse el autor por una análoga investigación anterior. Nos referimos al análisis efectuado por Freud de los delirios y los sueños contenidos en la *Gradiva* de Jensen[101], análisis que permitió referir las imágenes oníricas entretejidas por el poeta para la descripción del estado de alma de su protagonista, a las ideas en las que dichas imágenes se basaban, e incluir, así, a estas últimas en la actividad anímica total del sujeto. Tales resultados nos fuerzan a deducir que el autor poseía un conocimiento intuitivo de los mecanismos de la formación de los sueños, y esta deducción trae también obligadamente consigo la conclusión de que, en su producción artística, extrae el poeta sus materiales de aquella misma fuente hasta el cual se abre trabajosamente paso el analítico con su técnica, esto es, de lo inconsciente[102].

Nos hallamos aquí, de nuevo, ante el interesante problema que constituyó nuestro punto de partida, o sea, el de la afinidad de la creación poética con la producción de los sueños. Desde muy tempranas épocas, sospecharon los hombres la existencia de una conexión entre ambos fenómenos, y los antiguos la interpretaron a su ingenuo modo, pretendiendo que aquellos

[101] *N. del T.* —Véase el tomo III de estas *Obras Completas*.

[102] En un poema titulado *Faira*, cuyo original completo me ha sido imposible hallar, dice Jensen sobre los sueños: "La vida es muchas veces un sueño que contemplamos con los ojos abiertos y el sueño es la vida del alma prisionera, un mudo mensajero divino de *Vanaheim*, el palacio de luz oculto en las profundidades del mar y cuyas cristalinas paredes revelan todo lo que dentro de él existe".

mortales a quienes los dioses hacían objeto de su predilección, recibían de ellos en un sueño los dones poéticos. Así lo creyeron y relataron de Homero y Hesíodo, los grandes poetas épicos, y de Esquilo, el primer poeta dramático. Esta creencia no fue tampoco rechazada por épocas posteriores, más ilustradas, pues los poetas mismos continuaron aceptando la existencia de una tal fuente de su inspiración, como nos consta de Píndaro y de algunos otros[103]. La tenaz persistencia de una cierta idea que, bajo formas distintas, resurge siempre de nuevo nos demuestra que la creencia de que la poesía tiene su origen en el sueño es "un antiguo tema indo-germano" (Henzen). Como ejemplo, citaremos dos poesías de Hanns Sachs, las tituladas *Dichterweihe* y *Zueignung*. Goethe tiene también una poesía en la que podemos reconocer una última ramificación de dicho tema. Tampoco obró Richard Wagner al azar cuando puso precisamente en boca de Hanns Sachs los versos siguientes: "Amigo mío, observar e interpretar nuestros propios sueños es hacer obra de poeta. Creedme, el más verdadero delirio del hombre es el que sus sueños le muestra. Toda la poesía no es sino una interpretación de los sueños verdaderos. ¿Qué apostáis a que el sueño os anunció ya alguna vez que habíais de salir hoy victorioso?" (*Los maestros cantores*, acto III).

También Hebbel ha dicho algo análogo en la poesía epigramática *Sueño y poesía*: "Los sueños y las creaciones poéticas se hallan íntimamente hermanados, ambos se sustituyen o se completan recíprocamente en silencio..." Y también en varias anotaciones de su *Diario*: "Cada día me confirmo más en la idea de que el sueño y la poesía son algo idéntico" o "Los hombres deben imaginarse el estado de inspiración poética

---

[103] Cf. el relato de Beda sobre el poeta Caedmon. (*Beda Historia eccla.*, Holdes, lib. IV, cap. 25).

(cuán profundamente lo siento en este instante) como un estado análogo al del que sueña. —*Se prepara en el alma del poeta algo que él mismo ignora*".

Semejantes observaciones y confesiones no son raras en los poetas. Así sabemos que Goethe "se sintió llevado por un obscuro instinto y como en sueños" al escribir muchas de sus poesías. En sus recuerdos de juventud, dice Paul von Heyse generalizando sus experiencias personales: "El último estadio de toda invención artística se desarrolla en medio de una enigmática excitación inconsciente, muy semejante al estado del hombre que sueña".

La comprobación de tales relaciones se debe, con frecuencia, a particularísimos sucesos. Poetas como Hebbel o Gottfried Keller concedían gran atención a sus sueños, observaron que su producción poética dependía, en cierto sentido, de su vida onírica. El 6 noviembre de 1834 escribe Hebbel en París: "Cuando componía aún obras poéticas, soñaba poéticamente. Ahora ya no". En otra ocasión, anota una serie de extraños sueños y continúa luego, en verso: "Pero entonces no sabía aún escribir tragedias. Desde que me es dado escribirlas, no tengo ya sueños. ¿No serán acaso los sueños sino poesías incompletas? ¿Será una buena poesía un sueño completo?"

Keller, que acostumbra a atribuir sus propias observaciones a su héroe favorito, Enrique el Verde, en el que ha reflejado gran parte de su personalidad, escribe: "Cuando no trabajo durante el día, produce mi fantasía durante mi reposo, creaciones originales, pero este fantasma, amable y burlón suele llevarse consigo sus obras y borrar cuidadosamente todas las huellas de su labor". (*Baechtold*, I, 308).

"Desde que mi fantasía y su facultad constructiva permanecen desocupadas durante el día, laboran nocturnamente desocupadas durante mi reposo, y crean un cúmulo de sueños aparentemente lógicos y razonables". (*Enrique el Verde*, 4, 102).

Otras veces, en lugar de esta relación sustitutiva entre el sueño y la poesía, hallamos una relación estimulante y hasta una identidad. Vienen a incluirse aquí, aquellos casos en los que algunos versos o rimas o hasta poesías enteras, surgidos en el sueño, demostraron poseer un gran valor poético, como en el conocido ejemplo del *Kubla Khan* de Coleridge, cuya autenticidad ha sido, sin embargo, puesta recientemente en duda por H. Ellis. Otros poetas han utilizado también sus sueños para la creación poética o les han dado una forma tal. Así, las poesías de Uhland tituladas *El arpa* y *La queja*, el *Sueño* de Hebbel y algunas composiciones de Mörike, Keller y otros se hallan basadas en sueños de sus autores. También narradores como Stevenson, Ebers y Lynkeus (J. Popper) han confesado que deben a sus sueños algunos temas. Se llega incluso a atribuir al sueño rendimientos artísticos superiores a los que el sujeto puede producir despierto. El ejemplo más famoso de este género sería la *Sonata del Diablo* de Tartini, pero también ha sido puesta en duda su autenticidad, y las creaciones poéticas semejantes, como el *Músico Kreisler* de Hoffmann, carecen de valor probatorio.

Es comprensible que esta cercana afinidad existente entre el sueño y la poesía haya incitado a algunos literatos y pensadores a encerrar en uno de tales dos fenómenos el enigma del otro, hipótesis que tenía que resultar muy atractiva para los poetas y filósofos de la escuela romántica. Ya en 1796, desarrolló Tieck en su prólogo a *La Tempestad* de Shakespeare, el programa formal de una tal estética. Citaremos de él, el párrafo siguiente: "Shakespeare, que con tanta frecuencia revela en sus obras, cuán familiarizado se halla con los más sutiles sentimientos del alma humana, se observaba probablemente en sus sueños, y aplicaba a sus obras el resultado de tal observación. El filósofo y el poeta pueden ampliar indudablemente en gran manera su experiencia investigando la marcha de los sueños".

Schopenhauer, influido por la filosofía india, reconocía un extremo "idealismo de los sueños", y ha expresado también, con relación al arte, análogas teorías. En un lugar de sus obras póstumas, en el que trata del "arte poético", escribe: "Por lo tanto, opino que la grandeza del Dante consiste en que mientras que otros poetas temen la verdad del mundo real, tiene él *la verdad del sueño*. Como él nos hace ver cosas inauditas, por las que somos engañados. Cada uno de los cantos de su *Comedia* presenta hasta tal punto la verdad del sueño, que parece haber sido soñado por la noche y escrito a la mañana... En general, para hacernos una idea de la actividad del genio en los verdaderos poetas, y de la independencia de esta actividad de toda reflexión, bastará con que observemos nuestra propia actividad poética en el sueño", "...cuánto sobrepasan tales descripciones, todo lo que pudiéramos crear voluntaria y reflexivamente. Cuando despierte usted de un sueño altamente animado y dramático, repáselo usted y admire su propio género poético. De este modo podemos decir que un gran poeta, por ejemplo, Shakespeare, es un hombre que puede hacer despierto, lo que todos los demás en sueños".

Análogamente se expresa Jean Paul: "La fantasía puede desarrollar en el sueño, más bellamente que en otra ocasión ninguna, sus jardines suspendidos, colmándolo de flores, y poblándolos preferentemente con figuras femeninas, tan frecuentemente expulsadas de los jardines reales. *El sueño es un arte poético involuntario*[104] y muestra que el poeta trabaja con el cerebro físico más que ningún otro hombre... El verdadero poeta no es, al escribir, más que el oyente y no el profesor de gramática de sus caracteres... los contempla vivir, como en los sueños, y luego los oye...

[104] La frase en itálicas es de Kant en la *Antropología*.

En su obra de juventud *El origen de la tragedia*, ensalza Metzscha al sueño como una de las fuentes del arte: "pues de la misma manera que el filósofo se halla respecto de la realidad de la existencia, está el hombre impresionable por lo artístico respecto de la realidad del sueño; la contempla atenta y gustosamente, puesto que según estas imágenes interpreta la vida, y en estos sucesos se ejercita para la vida. No solamente son las imágenes agradables y risueñas las que experimenta en sí, con aquella comprensión ilimitada; también pasan ante él, lo serio, lo melancólico, lo triste, lo sombrío, los obstáculos repentinos, las burlas del ocaso, las esperanzas angustiosas, en fin, toda la "divina comedia" de la vida con su "Infierno", y no como un juego de sombras —puesto que él vive y padece en estas escenas— ni tampoco sin aquella fugitiva sensación de la apariencia, y tal vez recordará alguno, como yo lo recuerdo, haber exclamado con éxito, entre los peligros y espantos del sueño, para darse ánimos: "¡Es un sueño! ¡Quiero continuar soñándolo!"[105]. Me han contado de algunas personas que pudieron continuar soñando, durante tres y más noches consecutivas, la casualidad de un mismo sueño: hechos que atestiguan que nuestro íntimo ser, el fundamento común de todos nosotros experimenta el sueño con hondo placer y alegre necesidad".

Las analogías entre el sueño y la poesía han sido estudiadas especialmente por los tratadistas de estética de orientación idealista, tales como Vischer y Volkelt. Así, dice Vischer "que todas las figuras creadas por los grandes poetas se hallan envueltas en un hálito de sueño". "Aquello que no tiene carácter de sueño, no es bello, ni acabado, ni poético, ni verdaderamente artístico".

---

[105] Cf. Los versos de Hebbel: "El más largo sueño se muestra siempre acompañado por sentimiento tranquilizador de que todo aquello no en nada, a pesar de ser tan tormentoso".

Recientemente, ha acentuado Arthur Bonus la importancia del sueño para la comprensión de la técnica artística y ha visto en el sueño el medio más favorable para hacerse cargo de la verdadera esencia de la creación artística. La más amplia tentativa de aplicar la psicología de los procesos oníricos a la explicación del fenómeno fundamental estético ha sido, hasta ahora, la emprendida por Arthur Drews en su estudio *La relación estética y el sueño* (1911). Partiendo del problema de la doble situación llena de contradicciones del sujeto —problema que es también el más accesible, psicoanalíticamente[106]—, refiere su *simultánea* posición ante la obra de arte como realidad y como apariencia, a la disociación real de nuestro pensamiento en una conciencia superior y una subconsciencia, disociación característica de la vida onírica. "La obra de arte no puede ejercer tal efecto sugestivo sino eludiendo la conciencia superior y dirigiéndose a la subconsciencia. Pero la primera califica de apariencia este contenido plástico, concreto y sensorial de la segunda. Así, pues, la relación estética "sólo se hace posible porque la creencia en la apariencia y la visión de la misma existen en dos esferas de conciencia separadas, que se elevan a la más alta unidad de la conciencia estética". En la conciencia inferior misma no se diferencia lo ideal de lo real". "Toda esta actividad simbolizante, que es reconocida cada día más generalmente como el nódulo de la conducta estética, no es sino la actividad de la conciencia del sueño, actividad que consiste en crear símbolos, revestir de una forma objetiva sus propios estados subjetivos y transformarlos en imágenes, figuras y sucesos." "Dada esta coincidencia entre el contenido de la conciencia onírica y la apariencia estética no podemos dudar de que la conducta estética reposa en la

[106] Cf. Rank y Sachs: *Die Bedeutung der Psychoanalyse für die Geisteswissenschaften*, Cap. V.

libre actividad de la conciencia onírica". "La conciencia onírica muestra una disminución de la inteligencia hasta lo infantil, lo rudimentario y lo ingenuo" y según Drews "puede considerarse análogamente a la conducta estética, con su tendencia instintiva a la simbolización y a la personificación, como un retorno atávico temporal a las concepciones de la infancia de la humanidad para las que todo objeto aparece dotado de vida". Este último punto de vista había sido ya utilizado por Du Prel en sus investigaciones, basadas en el estudio de los sueños, "sobre la psicología de la lírica", fenómenos que intenta considerar como una especie de "concepción paleontológica" del Universo. Este autor descubre en todos los órdenes de la producción artística, aquel "proceso de condensación de series de representaciones", que el examen de la elaboración onírica nos ha revelado, y lo considera como un elemento esencial de la intuición[107]. Al obrar así, se basa en la concepción de que "el pensar reposa en un proceso inconsciente, cuyo resultado final surge luego totalmente terminado en la conciencia. Esto sucede especialmente en la verdadera producción artística y en general en todo rendimiento genial; pero también lo hallamos cotidianamente en pequeño, siempre que surge, en nosotros, aquello que denominamos una "ocurrencia" y los franceses un "aperçu".

Aunque todos estos resultados de una psicología de la obra de arte, basada en el estudio de los sueños, son en extremo dignos de atención y se acercan grandemente a la teoría psicoanalítica por el papel que atribuyen a lo inconsciente, tienen el defecto de ser demasiado generales y carecer de pruebas

[107] Fundándose en una frase de Mozart sobre la naturaleza de su producción artística, ve Du Prel "el secreto de la concepción musical en la condensación de representaciones auditivas" (Phil. D. Mysk, pág. 89). Recientemente ha intentado también Hans Thoma explicar la creación pictórica por una contemplación "interior" semejante al estado de sueño.

de detalle que puedan convencernos. Sólo con la ayuda de la comprensión analítica de la elaboración de los sueños y del conocimiento de lo inconsciente, se ha hecho por fin posible establecer un verdadero paralelo entre el sueño y la poesía. Nuestra profunda visión de los mecanismos de los productos oníricos y de su sentido y contenido permite también una mejor apercepción del proceso de creación artística. Para ello, nos prestan preciosos servicios de las fantasías o sueños diurnos que vienen a constituir un reino intermedio entre el mundo de la poesía y el del sueño. Estos productos del estado de vigilia, a los que el idioma mismo relaciona ya íntimamente con nuestros productos nocturnos, muestran claramente algo que en el sueño no puede recibir con frecuencia sino una expresión deformada. De este modo, nos revelan determinados caracteres de la actividad de la fantasía que el sueño no nos descubre sino después de un trabajoso estudio y que la poesía, creada para un público, apenas nos deja entrever. Entre estos caracteres hallamos, ante todo, la posición egocéntrica del sujeto y luego el sentido de realización de deseos y el matiz erótico de sus creaciones. Estos sueños diurnos, reconocidos por algunos poetas como grados preliminares de su creación artística, corresponden a sueños nocturnos no deformados del mismo modo que la obra poética corresponde, en diversos sentidos, a un sueño idealizado. Nos facilitan la aplicación a la psicología del artista de las conclusiones deducidas en la investigación de la psicología del sujeto de un sueño y muestran visiblemente que tanto las fuerzas instintivas inconscientes como el contenido psíquico, son los mismos en ambos casos y que sólo la estructuración designada con el nombre de "elaboración secundaria" se diferencia esencialmente en ellos. Pero en el fondo también se crea el poeta en su obra una realización diversamente deformada y simbólicamente disfrazada de sus más secretos deseos y también procura una satisfacción y una descarga temporales (catarsis) a determinados impulsos reprimidos en la infancia, pero que continúan actuando poderosamente en lo inconsciente.

No solamente puede deducirse esto de los sueños, como de un proceso análogo, sino que determinadas imágenes oníricas nos permiten descubrir estos impulsos instintivos generalmente humanos y perseguir detalladamente sus transformaciones hasta la obra de arte. Nos referimos a los sueños típicos, que ya nos han proporcionado datos decisivos sobre diversas fuentes psíquicas del sueño.

Así, el sueño de desnudez, ampliamente discutido en páginas anteriores, (parte I, cap. V, inciso *α*) ha proporcionado la ocasión de examinar las formaciones análogas de la fantasía poética y mostrar en ellas la actuación de los mismos impulsos instintivos coartados por la censura psíquica[108]. El cuento de Andersen, ya citado en este libro, y el episodio de Nausicaa de la *Odisea* podrían ser considerados como tipos normativos de un extenso grupo de creaciones de la fantasía que demuestran ser productos diferentemente amplios y diversamente disfrazados de la represión del placer del exhibicionista infantil, placer que encuentra en los sueños exhibicionistas una tan característica expresión. Como tales formaciones típicas de impulsos exhibicionistas reprimidos, se revelaron los temas poéticos —comprobables también en los mitos— de la suntuosidad en el vestido (*Monna Vanna*), del encadenamiento (*Odisea*), de la deformidad física (*Der arme Heinrich*) y de la invisibilidad (*Lady Godiva*), temas que poseen un modelo en situaciones oníricas paralelas (escasez de vestido, coerción, etc.) y a los que corresponden también ciertos síntomas neuróticos (urticaria) o fantasías y ciertas perversiones (fetichismo de los vestidos). Todas estas formas del tema de la desnudez extraen su fuerza

---

[108] Cf. Rank: "Die Nacktheit in Sage und Dichtung" *Imago*, tomo II, 1913.

impulsora de la curiosidad sexual del niño orientada hacia sus padres, y tanto los impulsos que tienden a la satisfacción del placer prohibido como las tendencias coercitivas y represoras del Yo deformado por la civilización encuentran una expresión en ellas. Pero mientras que la leyenda exterioriza la situación onírica correspondiente —como materializándola— parece tender la poesía a hacerla más íntima y delicada.

El aprovechamiento de los sueños típicos para la comprensión de otros distintos temas poéticos más generalizados no ha sido aún llevado a cabo con toda amplitud, en parte, porque la vida onírica no ha sido aun suficientemente analizada en este sentido y, en parte, porque las numerosas elaboraciones de que ha sido objeto el material poético no permiten siempre —aunque sí muchas veces— la aplicación de las conclusiones de la investigación de los sueños. De todos modos, parece singular y digno de especial mención el hecho de que las escasas investigaciones hasta ahora emprendidas hayan extraído todas, a la luz, las fuentes eróticas de la creación poética.

Esta última circunstancia se da especialmente en el más importante de aquellos grupos que hemos reconocido como representantes del complejo de Edipo. La tragedia de Sófocles titulada *Edipo, rey*, cuya comprensión psicológica nos ha sido facilitada por la interpretación onírica, no representa sino una expresión especialmente clara y precisa de las tendencias que abriga el niño con respecto a sus padres en cuanto ve en su padre un molesto competidor que le roba el cariño y las caricias de la madre. Una investigación de la formación de las fantasías poéticas, basada en el principio de la represión secular en la vida anímica de la humanidad, puede mostrarnos que a través de la literatura mundial se extienden representaciones más o menos encubiertas, deformadas o atenuadas del mismo conflicto primitivo, conflicto cuya elaboración atrae siempre de nuevo a los poetas. Otto Rank ha mostrado en un amplio material la significación de la fantasía del incesto para la creación poética y la comprensión psicológica de sus obras y ha llamado, simultáneamente, la atención sobre la ubicuidad del tema incestuoso en los más importantes poetas de la literatura mundial. Quedan aún por determinar y esclarecer algunas cuestiones, especialmente, la conexión con el destino personal del poeta.

Así mismo, precisan de un particular estudio de los problemas de la forma estética y la técnica literaria en cada caso individual. Ernest Jones ha dedicado al tema de *Hamlet* una minuciosa investigación. Apoyándose en un amplio conocimiento de la literatura existente sobre su tema, intentó aproximarse al problema por los más diversos caminos y encontró por fin la solución en la fantasía del incesto, como ya lo indicamos en páginas anteriores (véase la parte I, cap. V, inciso *β*) al tratar de los sueños típicos[109]. Pero Jones no ha limitado su investigación al protagonista del drama, sino que ha demostrado también cómo los demás personajes presentan un correcto sentido psicológico adaptado a la solución propuesta, revelándose como disociaciones y duplicaciones de la unidad anímica que hemos de buscar en el Yo del poeta. La objeción de que análogamente a como sucede en el Edipo, no se trata aquí sino de la estructuración dramática de un antiguo tema mítico, cuyo contenido aprovecha el poeta, ofrece ocasión al psicoanálisis para indicar que también las creaciones de la fantasía popular aparecen sometidas a las mismas leyes que los rendimientos individuales y que el poeta no sólo es guiado en la elección de la materia por los complejos en él predominantes, sino que experimenta la necesidad de transformarla conforme a un íntimo sentido propio. Del mismo modo que en la leyenda de Edipo, en la que tantas

---

[109] El libro de Erich Wulffen, *Shakespeares Hamlet ein Sexual problem* (Berlín, 1913), no puede ser relacionado con estas investigaciones por no constituir sino un comentario vulgar y lleno de errores de la teoría psicoanalítica.

elaboraciones se basan, hemos de ver la expresión universal de determinados sentimientos primitivos de la infancia de la raza humana, se nos muestran el tema de Hamlet, en sus tradiciones mitológicas, como una reacción deformada a los mismos combates psíquicos que impulsan al poeta a verter en uno de tales moldes preexistentes sus análogos conflictos psíquicos.

II
El sueño y el mito

> "El sueño nos sitúa en lejanos estados de la civilización humana y nos da, de este modo, un medio de comprenderlos mejor".
> Nietzsche.

La importancia del sueño para la formación de los mitos y las fábulas ha sido observada y reconocida, a largo tiempo, por los investigadores. Mitólogos renombrados como Laistner, Mannhart, Roscher y, últimamente, Wundt han estudiado amplia y minuciosamente la importancia de la vida onírica y, dentro de ella, del sueño de angustia para la comprensión de algunos grupos de mitos o por lo menos de temas. Especialmente la pesadilla o sueño de opresión (*alptraum*), con sus numerosas relaciones con temas mitológicos, ofrecía favorable ocasión a estos estudios, y algunos de sus elementos, tales como la parálisis motora, la exclamación del propio nombre, etc., parecen haber hallado realmente una cristalización en los correspondientes relatos míticos. Por otro lado, la unilateralidad de estos estudios y su limitación a un único fenómeno onírico ha incitado a autores posteriores a proseguir la investigación de la influencia de la vida onírica sobre las creaciones populares. Friedrich von der Leyen, que poco después de la aparición de la *Interpretación de los sueños* acentúo la importancia de los resultados psicoanalíticos para la investigación de las fábulas, se ha ocupado en sus más amplias publicaciones posteriores de otros tipos de sueños, pero, por desgracia, se ha limitado a hacer resaltar las analogías existentes en el contenido manifiesto de estos.

Por muy interesantes que sean estos paralelos, no responden a la importancia de la vida onírica para la formación de los mitos. La hipótesis de que algunas singulares experiencias oníricas han sido aprovechadas en la creación de relatos fabulosos no agota, desde luego, el problema. También aquí ha avanzado poco a poco, la investigación psicoanalítica, desde la simple descripción hasta el descubrimiento de las fuerzas impulsoras inconscientes, comunes a la producción de los sueños y a la de los mitos.

En una serie de ejemplos ha mostrado Riklin que "la realización de deseos y el simbolismo" siguen en las fábulas, las leyes descubiertas en el sueño por la investigación analítica. Jones ha logrado verificar la teoría mitológica de la pesadilla —haciéndola, al mismo tiempo, más amplia y profunda— utilizando el contenido *latente* de estos singulares sucesos nocturnos para la explicación de determinadas formas de la superstición medioeval (creencia en las brujas, en el Diablo, en los vampiros, etc.). Abraham ha emprendido, con éxito, la interpretación de la leyenda de Prometeo, demostrando que las reglas de la teoría onírica analítica eran perfectamente aplicables a los productos de la fantasía popular. Por último, Rank ha comprobado la exactitud de la interpretación psicoanalítica de los mitos en la tan discutida cuestión del simbolismo, el cual se reveló aquí libre de toda objeción. La investigación del mito del nacimiento del héroe demostró que el abandono del recién nacido, en una caja o sobre las aguas, era una expresión simbólica y tendenciosamente deformada del proceso del nacimiento, lo mismo que en los sueños de nacimiento anteriormente discutidos. De este modo, se hizo posible referir a la psicología de los pueblos muchos símbolos oníricos aparentemente individuales y aplicar, por otro lado, las significaciones deducidas de la investigación de los sueños al esclarecimiento de tradiciones míticas. Por este camino se consiguió, al mismo tiempo, iniciar una más profunda comprensión de varios hechos de la historia de la civilización, pues el símbolo se reveló, con frecuencia, como residuo de una identidad primitivamente real.

Estas diversas relaciones del simbolismo con el sueño, el mito y la historia de la civilización se nos muestran claramente en el siguiente ejemplo: Si hoy encontramos utilizado el fuego en el sueño como símbolo del amor, el estudio de la historia de la civilización nos enseña que esta imagen, rebajada actualmente hasta la categoría alegórica, tuvo primitivamente una significación real, importantísima para el desarrollo de la humanidad. El encender fuego representó realmente, alguna vez, el acto sexual, esto es, mostró adscritas las mismas energías libidinosas y sus representaciones correspondientes. En la India, en la que este acto era representado con la imagen del coito, nos ofrece un clásico ejemplo. En el *Rig Veda*, hallamos los párrafos siguientes:

"Este es el elemento fecundador (el palo que se frota con un movimiento de rotación, una madera horizontalmente colocada y ligeramente cóncava). Traed ahora a la madre de la raza (la madera horizontal). Vamos a frotar a Agni conforme a la vieja usanza. En las dos maderas, reposa Agni, semejante a la semilla vertida ya en el seno de la hembra encinta... En ella, que espera con las piernas abiertas, penetra él sabiamente (el madero masculino)[110]". Cuando el indio enciende el fuego, recita una oración relacionada con un mito. Al coger el pedazo de madera, dice: "Tú eres el lugar en el que nace el fuego" y coloca encima dos tallos de hierba: "Vosotros sois los dos testículos". Luego coge la madera inferior: "Tú eres Urvaci". A continuación, frota la madera con manteca: "Tú eres fuerza"; la coloca sobre la madera inferior y dice: "Tú eres Pururavas", etc., etc. Interpreta, pues, la madera puesta en el suelo y lige-

[110] L. v. Schroeder. *Mysterium und Minus in Rig Veda*, pág. 260.

ramente cóncava, como representante de la diosa receptora, y el palo que ha de frotarse contra ella, como el miembro sexual del dios fecundante. Sobre la difusión de esta representación, dice el conocido etnólogo Leo Frobenius: "El producir fuego haciendo girar un palo contra una madera horizontal excavada en su centro, método que hallamos usado por la mayoría de los pueblos, representaba, pues, entre los antiguos indios, el acto sexual. Pero no son los indios los únicos representantes de esta concepción, pues la comparten con ellos las razas del África meridional. La madera horizontal recibe aquí el nombre de los genitales femeninos y la vertical el de los masculinos". Schinz observó ya esta circunstancia en diversas tribus y desde entonces se ha comprobado la difusión de esta por toda el África meridional, especialmente entre las tribus residentes en el Sudeste.

En el mito del robo del fuego por Prometeo, hallamos aún más claras indicaciones de la significación simbólica sexual del acto de encender el fuego. Ya en 1859, reconoció el mitólogo Kuhn la base simbólica sexual de este mito. Como en la leyenda de Prometeo, relacionan también otras tradiciones la procreación con el fuego divino, o sea, con el *rayo*. Así, refiriéndose a la leyenda de Sémele, cuyo cuerpo era pasto de las llamas mientras daba nacimiento a Dioniso, dice Otto Gruppe[111], que "constituye, probablemente, uno de los pocos restos que aún hallamos de Grecia del antiguo tipo de leyendas relacionadas con el acto de prender fuego del sacrificio" y que su nombre significó, quizá, primitivamente, la "mesa" o la "tabla", esto es, la madera horizontal en la que surge la chispa quemando a la "madre" al nacer. En la historia del nacimiento de Alejandro Magno, adornada con numerosos mitos, se nos relata que

[111] *Griech. Mythol u. Relig.* Gesch. Bd. II (München 1906), página 1415 y siguientes.

Olimpia, su madre, soñó la noche anterior a su boda con una espantosa tormenta durante la cual *la hería un rayo en el vientre* del que surgían en el acto inmensas llamas[112].

A este género de leyendas pertenece también la famosa fábula del mago Virgilio que se vengó de los desprecios de una bella, apagando todos los hogares de la ciudad y obligando a todos sus habitantes a tomar el fuego necesario para encenderlos de nuevo en los genitales de la desdeña. Frente a este *mandato* de encender el fuego hallamos otras tradiciones de sentido análogo a la de Prometeo, que contienen la *prohibición* correlativa. Así, la bella fábula del Amor y Psiquis, en la que se prohíbe a la curiosa amante encender la luz para ver a su nocturno adorado. Así también, la fábula de Periandro, al que su madre visitaba todas las noches bajo la misma condición, fingiéndose una incógnita enamorada.

Correlativamente a la madera horizontal, constituye todo hogar, estufa, chimenea, lámpara, etc., un símbolo femenino. En las misas negras servía de altar el órgano genital de una mujer desnuda y yacente.

Según relata Heródoto, el griego Periandro fue visitado una noche por una imprecisa aparición que pretendía ser el espíritu de su mujer, y al pedirle que para confirmar su personalidad le dijera algo sólo de ellos conocido, le recordó el fantasma "que una vez había metido el pan en un horno frío", aludiendo así a la circunstancia de haber yacido con el cadáver de Melissa.

A este conjunto pertenecen, además de las numerosas costumbres nupciales relacionadas con el fuego, las historietas de la "lámpara de la vida" tan difundidas en el folklore y que emplean este mismo simbolismo, tomando muchas veces forma

[112] Hécuba soñó, asimismo, hallándose embarazada de París, que paría una antorcha encendida, cuyo fuego se comunicaba a toda la ciudad. (Cf. la leyenda del incendio del Templo de Éfeso en la noche del nacimiento de Alejandro).

de sueños. Un hombre sueña que está en el cielo con su mujer y que San Pedro les muestra las lamparillas que representan sus vidas. Viendo que en la suya queda ya muy poco aceite, intenta aumentarlo metiendo el dedo en la de su mujer y dejándolo luego escurrir en la suya. Pero cuando ya ha realizado este manejo cuatro o cinco veces, ve acercarse a San Pedro, y el sobresalto que experimenta al encontrarse sorprendido le hace despertar viendo entonces que ha estado introduciendo el dedo en los genitales de su mujer y chupándoselo luego[113]. Otra anécdota semejante, revela igual conocimiento y empleo de este simbolismo sexual: "Un cura dice refiriéndose a los genitales de una muchacha: "Eso se llama "la lámpara de la vida". Y la muchacha responsable: "Ahora comprendo por qué mi novio me metió esta mañana una mecha"[114]. Inversamente, en los *Les Cent Contes drolatiques*, de Balzac, dice la amante del rey, rechazando a un cura que la pretende: "La cosa que el rey ama, no necesita todavía los Santos Oleos".

La significación sexual se extiende poco a poco a todo aquello que entra en relación con el primitivo símbolo sexual. La chimenea por la que la cigüeña deja caer al niño se convierte en un símbolo femenino y el deshollinador en un símbolo fálico, como lo demuestra aún hoy en día su significación de "porte-bonheur", pues la mayoría de tales objetos fueron primitivamente símbolos de la fecundación, por ejemplo, la herradura, el trébol, la mandrágora y otros. Nuestras actuales costumbres idiomáticas conservan aún gran parte del simbolismo del fuego, pues hablamos del "fuego" del amor, de una pasión "ardiente", etc.

De un modo análogo podemos perseguir el camino de otros símbolos a través de diversos empleos y comprensiones.

---

[113] *Anthropophyteia*, tomo VII, págs. 255 y siguientes.

[114] *Ibidem*, tomo VII, pág. 310 (variante).

Un símbolo especialmente importante para la comprensión de los sueños, de los mitos y de las fábulas es la representación de los padres por las personas del rey y la reina o de otras de elevado rango. Aquellos sueños diurnos cuyo contenido les ha hecho merecer la denominación de "novelas de familia", sueños diurnos que se hallan al servicio de las fantasías ambiciosas del individuo, han facilitado la comprensión de las fantasías colectivas análogas de pueblos enteros y nos han enseñado a reconocer en las personas poderosas hostilmente opuestas al sujeto, personificaciones del padre y en las mujeres que tales personas le usurpan imágenes de la madre. El rey y la reina, personajes casi obligados de cada fábula, niegan muy pocas veces su carácter paterno y también el mito del héroe se sirve de este medio de representación para proporcionar una satisfacción libre de todo reproche a los impulsos ambivalentes dirigidos hacia los padres.

Como ejemplo, citaremos aquí una fábula extraordinariamente difundida en la que un sueño que constituye la base de todo su contenido nos indica, quizá, la conexión de este relato con una materia onírica típica. Esta fábula, cuyas variantes ha perseguido Th. Benfey por todo el mundo, comienza *soñando el hijo que llegará a ser más poderoso que su padre, esto es, que llegará a ser emperador*. Su sueño le inspira un tal orgullo que el padre, al que no ha querido confesar el motivo de este (esto es, el sueño), le da una paliza y le echa de su casa. Después de varias aventuras, llega a la corte del emperador, al cual no consiente tampoco en relatar su secreto (el sueño), siendo encerrado en un calabozo y condenado a morir de hambre. Pero habiendo conseguido abrir una brecha en la pared de su prisión, recibe por ella, todas las noches, la visita de la hija del rey que se ha enamorado de él y le trae comida. La adivinación de difíciles enigmas o la victoria lograda en competiciones atléticas (lanzamiento de pica, etc.) le conquistan, por fin, realmente, la mano de la hija del rey, y una vez casado con ella, aleja (mata) al monarca y se hace dueño del trono. Este breve extracto, que no refleja sino la variante más frecuente de esta fábula, ampliamente ramificada, muestra, sin embargo, suficientemente, que se trata de la conocida "novela de familiar", del ambicioso, el cual confiere (en su fantasía) a su padre la dignidad real y la suprime después, para tomar su puesto. Este puesto, es, como lo ha demostrado la investigación psicoanalítica de la formación individual y mítica de fantasías, una alusión a la posesión de la madre[115], sustituida en la fábula por una imagen fraternal (la hija del rey). Pero esta figura fraternal conserva su significación materna, pues continúa siendo la mujer que alimenta al sujeto (madre, nodriza), papel que procede del mito del abandono del recién nacido, perteneciente también a la novela de familia. El elevado medio (la corte del rey) en el que la fábula se desarrolla, no es sino una deformación puesta al servicio de las ideas de grandeza y relativa a la propia familia, y la disociación de las personas, que en algunas variantes va aún más allá, sirve a la satisfacción exenta de reproches de todas las pasiones referentes a los padres.

Una versión griega, que la historia atribuye a Esopo y ha sido citada por Benfey en su obra antedicha, muestra que, el conflicto con el padre por la posesión de la madre representado en el lenguaje de lo inconsciente (el emperador), constituye realmente la base de este grupo de fábulas. Esopo había amenazado de muerte a su hijo adoptivo Ainos, porque había seducido a una de las concubinas del rey (padre). Para salvarse y lograr el favor del rey, falsifica Ainos una carta, por la que Esopo resulta reo de alta traición, y la entrega a Licurgo, el cual condena a muerte a Esopo. Pero el verdugo, que es amigo suyo, le salva y le esconde en una fosa a la que va a llevarle, todos los días,

[115] En un análisis más minucioso de este grupo de fábulas, podría mostrarse fácilmente que las pruebas de fuerza física que el sujeto da en estas fábulas se hallan destinadas a acentuar su potencia en comparación con la de su padre.

la comida. Pasa el tiempo y Licurgo, que conocía la astucia de Esopo y la facilidad con que resolvía las situaciones más difíciles, lamenta haberle condenado a muerte, pues le sería útil en la guerra que contra Egipto ha iniciado. Llegado esto a conocimiento de Esopo, se presenta al rey, le ayuda contra el de Egipto y es repuesto en su cargo, en el que, mientras tanto, *le había sucedido su hijo*. Este se ahorca despechado. El conflicto entre padre e hijo que la fábula sitúa en la corte del rey, bajo la influencia de la "novela de familia", aparece aquí transferido nuevamente al terreno burgués de la propia familia, manifestándose también directamente que el hijo conquista a una de las concubinas del rey y no a su hija.

El drama de Calderón, *La vida es sueño*, cuyo tema se halla muy próximo al de este grupo de fábulas, nos presenta el mismo conflicto paterno, dentro del ambiente real. En este drama, sueña la madre que el hijo que lleva en su seno habrá de ver a su padre postrado a sus plantas. Muere luego, al dar a luz, y el hijo es encerrado en una solitaria torre (prisión) donde no ve sino a Clotaldo, que es el encargado de llevarle la comida (alimentación). Posteriormente, lamenta el padre esta severa medida y se decide a hacer una prueba que decida si su hijo es o no digno de sucederle en el trono. Adormecido por un narcótico, es llevado el prisionero a palacio y saludado al despertar como heredero de la corona de Polonia, pero su grosera y colérica conducta le hace incompatible con todos y vuelve a ser conducido nuevamente a su prisión del mismo modo que salió de ella, o sea, adormecido. Ya en la torre, tiene un sueño en el que pronuncia las palabras siguientes: "Clotaldo muera a mis manos—, mi padre bese mis pies". Al despertar y verse de nuevo en su prisión pide con asombro a su guardián que le explique lo sucedido. Clotaldo le dice que todo debe haber sido un sueño y, tomando ocasión de él, le prodiga sabios consejos que le inducen a reflexionar y renunciar a su fiero natural. Elegido luego rey por el pueblo se llega a confirmar la predicción y ve arrodillarse a su padre ante él, pero sabe ya mostrarse bondadoso. Vemos, pues, que los sueños que inician estos relatos parecen anunciar un lejano porvenir, pero no son, en realidad, sino expresiones simbólicas (emperador) de aquellos impulsos del complejo de Edipo que pueden llevar también, en la vida real, al éxito, al poder, a la fortuna y a la posesión de un elevado objeto sexual. Mas el sueño nos enseña que todos estos sentimientos y fantasías se refieren, en realidad, a los padres.

También aquí muestra la historia de la civilización la significación primitivamente real de una relación que hoy sólo simbólicamente sobrevive, pues el padre se hallaba investido, efectivamente, en la familia primitiva, con el máximo poder y disponía hasta de la vida de sus "súbditos". Sobre el origen de la monarquía en el patriarcado familiar, dice el filólogo Max Müller: "Cuando la familia comenzó a disolverse en el Estado, constituyó el rey, para su pueblo, aquello que el esposo y el padre había sido en la casa, esto es, el soberano y el protector[116]. Entre las diversas palabras existentes en sánscrito para designar al rey y la reina hay dos que significan, simplemente, padre y madre. Ganaka significa, en sánscrito, padre de "gan", engendrar, y aparece también en el Veda como nombre de un conocido rey. De este término se derivan el antiguo alemán "chuning" y el inglés "king". Madre es, en sánscrito, "gani" y corresponde a la palabra griega *yurn*, a la gética *quino*, a la eslava y a la inglesa *queen*. Reina significa, por lo tanto, primitivamente, madre o señora, y vemos de nuevo cómo el idioma de la vida de familia se fue constituyendo, poco a poco, en idioma político del

[116] La palabra padre se deriva de una raíz, "pa", que no significa engendrar sino proteger, mantener, alimentar. El padre, como procreador, era llamado en sánscito, "ganitar" (genitor). Max Müller: *Essays*, II, Leipzig, 1869.

más antiguo estado ario y cómo la fraternidad de la familia se convirtió en la *Yeattia* del Estado". Todavía perdura hoy en el lenguaje esta concepción paternal del soberano y de la suprema autoridad divina y eclesiástica. Algunos pequeños estados, en los que las relaciones de los príncipes con sus súbditos presentan un carácter más íntimo, designan a sus reyes con el nombre de "padre de la nación", e incluso para los pueblos del inmenso imperio ruso, es el emperador, el "padrecito", como lo fue Atila para el poderoso pueblo de los hunos (diminutivo de atta = padre). La suprema autoridad de la Iglesia católica es designada, como representante de Dios Padre en la tierra, con el nombre de Padre Santo y lleva en latín, el nombre de "Papa" con el que designan los niños a su padre.

Todavía hallamos otra fase evolutiva de la relación paterna, que ha cristalizado en un amplio grupo de fábulas, enormemente difundido. Así como en la vida anímica individual suelen volverse hacia el hermano los sentimientos celosos primitivamente orientados hacia el padre, hallamos también, en las llamadas fábulas fraternas[117] cuyo tipo más conocido nos muestra una de las de Grimm (núm. 60), la sustitución del padre por el hermano. La investigación comparativa de las fábulas, unida a la teoría psicoanalítica, permite descubrir una concatenación que va desde variantes ampliamente deformadas, en las que el hermano aparece como vengador del hermano, hasta versiones menos deformadas en las que el hermano suprime al hermano para apoderarse de su mujer. El hermano mayor representa, para el menor, la figura del padre y un grupo de

[117] Estas fábulas fraternas se hallan tan ampliamente difundidas y son tan importantes para la investigación de los mitos, que George Huesing las considera como el prototipo de toda la formación de los mitos. —En una extensísima obra (*The Legend of Perseus*) ha reunido Harland todas las variantes de este género de fábulas.

tradiciones que describen sin disfraz ninguno la castración del rival (otras veces sólo indicada simbólicamente) nos permite fijar, con toda seguridad la naturaleza sexual de la rivalidad[118].

El análisis detallado de estas tradiciones y otras análogas nos revela que no todos los mitos delatan tan abiertamente su significación real como la ingenua fábula de Edipo. Por lo contrario, hay muchos en los que las tendencias optativas censurables que le sirven de base aparecen deformadas y ocultas bajo disfraces simbólicos, como en la mayoría de nuestros sueños. En la formación de los mitos, volvemos a hallar aquellos mecanismos que el estudio del sueño nos ha revelado, o sea, la condensación, el desplazamiento de los afectos, la personificación de impulsos psíquicos y su disociación o multiplicación y, por último, la estratificación. Pero, además, nos es dado descubrir las tendencias que ponen en movimiento tales mecanismos. Si basados en este conocimiento, deshacemos todos los disfraces y deformaciones, tropezaremos, al final, con la *realidad psíquica* de aquellas fantasías inconscientes que perduran en los sueños de los hombres civilizados y reinaron antes en la realidad objetiva. La investigación psicoanalítica de los mitos, basada en la compresión de la vida onírica, va, por lo tanto, mucho más allá del simple punto de contacto constituido por un simbolismo común. En lugar de una simple comparación del sueño con el mito, construye una teoría genesíaca que permite concebir los mitos como los residuos deformados de fantasías optativas de naciones enteras, esto es, como los sueños seculares de la joven humanidad. Como el sueño en sentido individual, representa el mito en sentido filogénico una parte de la perdida vida anímica infantil, y el haber vuelto a hallar íntegramente en las tradiciones míticas de la época primitiva el conocimiento de

[118] *Las leyendas egipcias de Osiris y Bata*. Cf. Rank y Sachs, *I. c.* cap. II.

la vida anímica inconsciente que antes extrajo de la psicología individual es una de las más espléndidas confirmaciones de la exactitud y del valor de la observación psicoanalítica. Especialmente, el conflicto principal de la vida anímica infantil, o sea, la relación ambivalente respecto a los padres y a la familia, con todas sus conexiones (curiosidad sexual, etc.), ha demostrado construir el motivo principal de la formación de los mitos y el contenido esencial de las tradiciones míticas. Uno de los representantes principales de la interpretación astral de los mitos, Eduard Stucken, llega hasta admitir que todos los mitos son en último término, mitos de creación. Esta concepción se reduciría psicoanalíticamente a la curiosidad sexual infantil referente a los procesos del nacimiento, y a sus tentativas de llegar al conocimiento, proyectadas luego sobre el Universo. En particular, los mitos llamados "*de los padres del mundo*", cuyo contenido es la violenta separación de los padres, por el hijo, parecen reflejar todos los motivos primitivos del complejo de Edipo infantil, en un sentido más amplio[119]. El hecho de que numerosos sueños incluidos en los mitos, las fábulas y las antiguas tradiciones sean expuestos detalladamente en una forma que parece presuponer un asombroso conocimiento del simbolismo y de las leyes oníricas esenciales, muestra cuánto ha influido la vida onírica en la formación de los mitos y de qué modo sabían utilizar los antiguos narradores de mitos su comprensión de los sueños.

Desde el punto de vista psicoanalítico, no podemos considerar casual el amplio uso que la mayoría de estos sueños hace del simbolismo sexual. Así, la leyenda de Ciro atribuye a la madre del héroe, durante su embarazo, un sueño en el que vió manar

[119] Cf. Rank, Das Inzestmotiv, 1912, IX, 1, y Lorenz en *Imago*, II, 1913, págs. 22 y siguientes.

de su cuerpo una inmensa corriente de agua que inundó toda Asia y, cuando más adelante, refieren los adivinos este sueño al nacimiento de un hijo y a su futura grandeza, parecen conocer la estratificación de símbolos descubiertos por el psicoanálisis y según el cual, tales sueños, que por su contenido son sueños vesicales, pueden constituir también, cuando son soñados por mujeres, sueños de nacimiento. Las leyendas enlazadas con el diluvio universal se adaptan también a la significación de nacimiento del símbolo del agua, pues se enlaza siempre con ellas, una regeneración de la raza humana[120].

De la *Aethiopica* de Heliodoró tomamos otro ejemplo muy importante por su relación con la realización de deseos:

Thyamis, el soldado, ha robado a Chariklea y lucha con la tentación de hacerla suya violentándola. Después de haber dormido serenamente la mayor parte de la noche quedó perturbado su reposo por ciertos sueños, cuya interpretación le preocupó extraordinariamente al despertar. Pues a la hora en que los gallos cantan[121], le fue enviado por los dioses la siguiente visión: Vióse visitando en Menfis, su ciudad natal, el templo de Isis, el cual le pareció hallarse totalmente *iluminado por grandes antorchas*. Los altares y las aras aparecían colmados de los más diversos animales y *salpicados de sangre. En el pórtico y en los atrios hormigueaba una compacta multitud* que llenaba los ámbitos con sus palmoteos y sus gritos. Entró en el sagrario y se le apareció la diosa, que le entregó con su propia

[120] Cf. Rank: "La estratificación de los símbolos en el sueño relacionado con un estímulo interruptor del reposo, y su significación mítica". Cómo nuestros niños reaniman de nuevo esta significación, nos lo muestra el sueño de una niña de cuatro años, comunicando por C. G. Jung (Jahrb. f. Ps. A.).

2° 1910): "He soñado hoy con el arca de Noé, en la que había muchos animalitos, y abajo, una puerta que se abrió y por la que salieron todos".

[121] Los sueños soñados hacia la mañana eran considerados como verdaderos.

mano a Chariklea, diciéndole: "Thyamis, te entrego esta mujer. Teniéndola, no la tendrás. Serás injusto y la matarás, pero ella no morirá". Esta visión le dejó grandemente confuso e intentó descubrir su sentido; pero viendo que no podía conseguirlo, *adaptó la solución a sus deseos.* Las palabras "teniéndola no la tendrás", las interpretó en el sentido de que, teniéndola por esposa, no la tendría ya virgen. La frase "la matarás", la refirió a la violencia de la desfloración, de la cual no habría, sin embargo, de morir la joven, y de este modo explicó todo el sueño guiándose únicamente por sus deseos"[122].

Este mismo deseo de la desfloración, representado aquí con una forma simbólica de carácter sádico (asesinato) a la que no falta ni el detalle de la sangre, alcanza una representación simbólica igualmente típica en otro sueño de análogas condiciones preliminares, pero perteneciente a una tradición completamente distinta. Saxo Grammaticus (ed. Hoelder, página 319) relata la siguiente historia: "Thyri ruega a Gormo, su marido, en la noche de bodas que se abstenga durante tres noches de realizar el coito, pues no se entregará a él gustosamente antes de haber recibido en sueños una indicación de que su matrimonio había de ser fecundo. En estas singulares circunstancias sueña el esposo lo siguiente: "Dos pájaros, uno mayor que otro, bajan volando hasta posarse sobre los genitales de su mujer (prolapsos) y vuelven luego a emprender el vuelo. Al cabo de un buen rato retornan y se posan en sus manos, para luego volver de nuevo, como fortificados por el breve reposo. Esto se repite por tres veces, hasta que el pájaro más pequeño retorna solo y con las plumas cubiertas de sangre (*bennis cruore oblitis*). Asustado Gormo, se despierta gritando. Pero Thyri,

[122] No debemos olvidar que el relato de Heliodoro fue tomado por éste de otro contexto (quizá de un oráculo) y pudo, por lo tanto, tener primitivamente otro sentido.

su esposa, se mostró grandemente regocijada por aquel sueño y dijo que nunca se le hubiera entregado si aquellas imágenes oníricas no le hubiesen ofrecido la segura garantía de su felicidad". Este sueño de desfloración, característico en todos sus detalles, es interpretado por la esposa mediante un ligero desplazamiento de sus propias tendencias optativas, como el signo, menos ofensivo para su pudor, de que su unión será fecunda. El pájaro es aquí un claro símbolo fálico que llega incluso a mostrar una especial representación de los diversos estados del pene (grande y pequeño). El movimiento de los pájaros al volar, y en general, todo el ritmo del sueño, aluden al coito deseado y otros detalles característicos ("fortificados por un breve reposo... esto se repite por tres veces"), a la deseada repetición. Por último, el hecho de que al final del sueño quede sólo el más pequeño de los pájaros y con las plumas cubiertas de sangre, desvanece toda duda que aún pudiéramos abrigar con respecto a esta interpretación. La angustia del sujeto al final del sueño se explica legítimamente como expresión de la libido a la que se ha negado la derivación deseada y que no queda completamente satisfecha por el simbolismo onírico[123]. Este mecanismo corresponde por completo al caso análogo, conocido por repetida experiencia, en el que, en lugar de la satisfacción esperada, pero coartada de la libido (polución), surge la angustia. No puedo por menos de comunicar aquí un sueño de simbolismo sorprendentemente análogo, soñado por una mujer joven en circunstancias por completo semejantes[124]: Un individuo joven requiere realizar una noche el coito con su mujer, pero tiene que renunciar a ello por habérsele presentado a ésta, inesperadamente, la menstruación. Después de recha-

[123] Como la angustia en el sueño de "la lamparilla de la vida".

[124] Cf. Rank, *Aktuelle sexualregungen als Traumanlaesse.*

zar ciertos pensamientos de satisfacer su deseo en otra forma y no habiéndose mostrado propia la mujer a una encubierta proposición de "fellatio", se quedan dormidos y tienen sendos sueños referentes a los sucesos de aquella noche. Estos dos sueños presentan contenidos tan armónicos que parecen soñados por la misma persona. No debo ciertamente su conocimiento a una especial franqueza de los cónyuges, sino a su ignorancia del simbolismo onírico y los antecedentes sexuales citados para la mejor comprensión del sueño me fueron facilitados posteriormente a la interpretación y como verificación de la misma.

El sueño de la mujer, excitada también, probablemente, pero asqueada por la proposición de la "fellatio", es, según el relato que por escrito hizo a petición mía, como sigue:

"Mi marido arroja de una canal del tejado, *cogiéndolos con la mano*, a unos *gorriones* recién nacidos que estaban aún todos *mojados y yo le digo que no debe hacer eso*. Uno de estos pájaros, ya *crecido*, *viene a posarse en mi mano y yo juego* con él, pero me hiere en un dedo con un *pincho* en forma de *cola* o de *pico*, haciéndome exclamar: "No, eso no. Me haces daño". Entonces, coge mi marido uno de los *gorriones* pequeños y dice *que también se pueden comer*. Pero a mí *me da asco y vomito*". La claridad de este lenguaje onírico nos ahorra todo comentario y resulta aún más interesante por su coincidencia, en algunos detalles, con el sueño del marido. De estos detalles coincidentes —el vomitar y el pinchazo en el dedo— alude el primero a un desagradable suceso común, y el segundo indica que llevaron a cabo manipulaciones recíprocas o autoeróticas en los genitales[125].

Las coincidencias son tan evidentes y surgen tan ampliamente en las circunstancias preliminares y en el detalle, que

---

[125] En otro sueño, representa esta mujer, basándose en sus conocimientos de los falos alados de la escritura antigua, todo el órgano genital masculino, los testículos inclusive, con el simbolismo de las aves: "Me he visto perseguido

nos parece inútil todo comentario. En cambio, no queremos dejar pasar inadvertida una singular diferencia, esto es, la de que este sueño, tan análogo al anteriormente relatado, fue soñado por la mujer mientras que, en la historia de Saxo, es el marido quien lo sueña. Pero esta contradicción pierde su aparente importancia, cuando recordando el ejemplo que acabamos de comunicar, vemos que, en las circunstancias dadas, tienen las dos personas interesadas, sueños correspondientes a la situación que entre ambas se ha desarrollado y que para dejar a salvo el pudor femenino, pudo muy bien el narrador transferir al esposo un sueño en realidad casi común[126]. La intervención de una tal tendencia atenuante quedaría confirmada por la circunstancia de que las variantes posteriores de este sueño,

---

por leones, tigres y jabalíes que querían devorarme o realizar el coito conmigo. Para salvarme huí desesperadamente. Luego habían encerrado ya a dos de estas bestias. Después bajé por la falda de una montaña, a un corral en el que vi volar varios pájaros. Pero ya tenía *metido en una jaula un pajarito blanco* más bonito. Luego lo saqué, se lo enseñé a todos y les dije que aquel era mi pajarito al que tenía encerrado hace ya mucho tiempo. Dos de los *pájaros* que volaban por allí *se cayeron* después del tejado y yo los cogí, pero estaban ya *muertos*. Sin embargo, los apreté entre mis manos y *volvieron a la vida*. Parecían estar *unidos*, pero yo *no me fijé más* que en sus alas, de brillantes colores". Estos últimos detalles —"parecían estar unidos" y el fijarse *sólo* en las alas, como antítesis del otro pájaro completo— indican, claramente, si aún pudiera existir alguna duda, cual es el original sexual de este símbolo.

[126] Compárese esta sustitución a la del deseo sexual de Thyris por el de tener descendencia. No queremos dejar de mencionar que la significación de fecundidad encuentra en una segunda versión de la misma leyenda, una expresión completamente distinta y mucho más interesante en diversos sentidos. En esta variante, no ha contraído aún Thyris matrimonio y pone a su prometido la condición de que construya una casa donde no haya habido nunca otra y duerma en ella tres noches teniendo buen cuidado de observar sus sueños. El prometido tiene, entonces, tres sueños, en cada uno de los cuales se le aparecen tres bueyes, sueños que revelan a Thyris la escasez de las cosechas de los próximos tres años y la mueven a hacer provisiones. Henzen, que recuerda aquí justificadamente los sueños bíblicos de Faraón, de las siete vacas gordas y las siete flacas, hace

influidas indudablemente por Saxo, lo atribuyen, sin embargo, de nuevo, a la mujer, pero lo despojan de toda forma impúdica. De la investigación de Benezé tomamos el dato de que en la obra alemana *Salman und Morolf* se encuentra un sueño análogo, pero que apenas revela ya estar inspirado en el de Saxo. La mujer de Salman intenta reconciliarse con él contándole un sueño que ella interpreta como indicio de descendencia y en el cual vinieron a posarse dos halcones en su mano mientras ella dormía en los brazos de su marido. Resulta muy interesante comprobar que el sueño de Kriemhild (al principio del poema de los Nibelungos) pertenece también a esta serie: Kriemhild sueña con un halcón fuerte, bello y salvaje, al que ha amaestrado y que le fue robado por dos águilas. Pero este sueño, tan deformado y racionalizado, obtiene una interpretación que le acerca más que los otros al sentido primitivo, pues prescinde en absoluto de la significación de fecundidad e identifica al pájaro directamente con el hombre esperado. El motivo de la deformación onírica es aquí la repulsión sexual de la doncella, que no quiere saber nada del amor de los hombres. El sueño de Gudruna en la Saga de Volsunga es también muy análogo. En él, ve un bello halcón de doradas plumas, que viene a posarse en su mano, y lo interpreta como personificación del príncipe

---

resaltar que esta leyenda se basa en un antiguo simbolismo indogermánico, que representaba la fuerza fecundante de la naturaleza con la imagen del toro, y la fecundidad de la tierra con la de la vaca (en sánscrito, la palabra "gans" significa vaca y tierra). De este modo, también el sueño del Faraón podía entrañar, en el fondo, un deseo de fecundidad humana, o sea, una fantasía de potencia. La condición especial de que la casa sea nueva y se construya donde nunca haya habido otra, condición que otras veces toma la forma de un verdadero ceremonial (pureza absoluta del lecho, de las sábanas y de las prendas de los cónyuges), podía sustituir aquí a la pureza de la doncella. Todavía reina hoy la creencia de que le primer sueño soñado en un lugar en el que el sujeto se halla por vez primera queda siempre cumplido.

que vendrá a pretenderla, con el que se casará y al que amará infinitamente. "En la poesía popular francesa —dice Mentz— aparece el pájaro como anuncio simbólico de la fecundidad. El sueño muestra en estos casos, a la sujeto, un pájaro que surge de su boca o de su vientre". Las gestas de la Alemania superior dan al halcón el carácter de ave portadora de la felicidad y de la salvación, circunstancia que constituye un eco de su función creadora de placer sexual y de fecundidad.

Por último, citaremos aún una singular relación del sueño con la investigación de los mitos, relación que no podía florecer sino en el terreno del psicoanálisis. Hay sueños que, para la representación de situaciones psíquicas actuales, se sirven de determinados temas de fábulas conocidas en la infancia. El análisis descubre en estos casos, al mismo tiempo que el fundamento del empleo individual del motivo, la significación general del mismo, la cual revela siempre poseer un gran valor mitológico. Los pacientes neuróticos, que conservan mucho más claramente que el hombre normal la primitiva disposición, indican muchas veces, de este modo, el camino seguido por el creador de las fantasías colectivas en sus producciones. Así, nos cuenta Freud[127] de un joven que le relató un sueño de angustia, soñado cuando tenía cinco años y en el que vio siete lobos. El análisis demostró que el sueño se enlazaba con la fábula del lobo y las siete cabritas y tenía por contenido el miedo al padre como el mito mismo en el que la fábula se basa y que es el de Cronos, castrado por Zeus, su hijo menor. También aquí se confirma la teoría psicoanalítica fundamental de que, en la producción de los rendimientos normales, patológicos y sociales, tanto del individuo como del pueblo,

[127] Véase también: Freud, *De la historia de una neurosis infantil. Colección de ensayos sobre la teoría de las neurosis*, 4ª serie. (Se publica en estas *Obras Completas*, Tomo XVI).

intervienen decisivamente las mismas fuerzas impulsoras inconscientes, y que, por lo tanto, el conocimiento de uno de estos fenómenos coadyuva a la comprensión del otro en amplitud proporcional a la extensión que en la vida anímica ocupa lo generalmente humano.

VII
Psicología de los procesos oníricos

Entre los sueños que me han sido comunicados por otras personas, se encuentra uno que reclama ahora especialmente nuestra atención. Su verdadera fuente me es desconocida, pues me fue relatado por una paciente que lo oyó, a su vez, en una conferencia sobre el sueño y a la que hizo tal impresión que se apresuró a soñarlo por su cuenta, esto es, a repetir en sus propios sueños algunos de sus elementos para expresar con esta transferencia una coincidencia en un punto determinado.

Los antecedentes de este sueño prototípico son como sigue: Un individuo había pasado varios días sin un instante de reposo a la cabecera del lecho de su hijo gravemente enfermo. Muerto el niño, se acostó el padre en la habitación contigua a aquella en la que se hallaba el cadáver y dejó abierta la puerta por la que penetraba el resplandor de los cirios. Un anciano, amigo suyo, se quedó velando el cadáver. Después de algunas horas de reposo soñó que su hijo se acercaba a la cama en que se hallaba, le tocaba en el brazo y le murmuraba al oído, en tono de amargo reproche: "Padre, ¿no ves que estoy ardiendo?" A estas palabras despierta sobresaltado, observa un gran resplandor que ilumina la habitación vecina, corre a ella, encuentra dormido al anciano que velaba el cadáver de su hijo y ve que uno de los cirios ha caído sobre el ataúd y ha prendido fuego a una manga de la mortaja.

La explicación de este sueño conmovedor es harto sencilla y fue acertadamente desarrollada, según me comunica mi paciente, por el conferenciante. El resplandor entró por la puerta abierta en la estancia donde se hallaba reposando el sujeto y, al herir sus ojos, provocó la misma conclusión que hubiera provocado en estado de vigilia; esto es, la de que la llama de un cirio había producido un fuego en un lugar cercano al cadáver. Es también muy posible que, antes de acostarse, pensara el padre en la posibilidad de un tal suceso, desconfiando de que el anciano encargado de velar al cadáver pudiera pasar la noche sin pegar los ojos. Tampoco nosotros encontramos nada que objetar a esta solución y nos limitaremos a agregar que el contenido del sueño tiene que hallarse superdeterminado y que las palabras del niño habrán de proceder de otras pronunciadas por él en la vida real y enlazadas a circunstancias que hubieron de impresionar al padre. La queja, "Estoy ardiendo", pudo muy bien ser pronunciada por el niño durante su enfermedad, bajo los efectos de la fiebre, y las palabras "¿no lo ves?" habrán de corresponder a otra ocasión cualquiera ignorada por nosotros, pero seguramente saturada de afecto.

Una vez que hemos reconocido este sueño como un proceso pleno de sentido y susceptible de ser incluido en la coherencia de la actividad psíquica del sujeto, podemos dar libre curso a nuestro asombro de que, en tales circunstancias, en las que lo natural parecería que el sujeto despertase en el acto, haya podido producirse un sueño. Esta circunstancia nos lleva a observar que también en este sueño se da una realización de deseos. El niño se conduce afectivamente en él como si aún viviera y advierte por sí mismo a su padre de lo sucedido, llegando hasta su lecho y tocándole en el brazo, como lo hizo probablemente en aquel recuerdo del que el sueño toma la primera parte de sus palabras. Así, pues, si el padre prolonga por un momento su reposo, es en obsequio de esta realización de deseos. El sueño quedó antepuesto aquí a la reflexión del pensamiento despierto porque le era dado mostrar al niño nuevamente en vida. Si el padre hubiera despertado primero y deducido después la conclusión que le hizo acudir al lado del cadáver, hubiera abreviado la vida de su hijo en los breves momentos que el sueño se lo presentaba.

Sobre la peculiaridad que en este sueño atrae nuestro interés, no puede caber la menor duda. Hasta ahora, nos hemos ocupado, predominantemente, de averiguar en qué consiste el sentido oculto de los sueños, por qué camino nos es dado descubrirlo y cuáles son los medios de que se ha servido la elaboración onírica para ocultarlos. Los problemas de la interpretación de los sueños ocupaban hasta aquí el centro de nuestro campo visual; pero en este punto, tropezamos con el sueño antes mencionado que no plantea a la interpretación labor ninguna y cuyo sentido aparece dado sin el menor disfraz, pero que, sin embargo, conserva los caracteres esenciales que tan singularmente distinguen al fenómeno onírico de nuestro pensamiento despierto. Una vez que hemos agotado todo lo referente a la labor de interpretación, nos es dado observar cuán incompleta continúa siendo nuestra psicología del sueño.

Pero antes de dirigir nuestro pensamiento por estos nuevos derroteros, queremos hacer un alto y volver los ojos atrás con objeto de comprobar si en nuestro camino hasta aquí no hemos dejado inadvertido algo importante, pues no nos ocultaremos que hemos recorrido ya la parte cómoda y andadera del mismo. Hasta ahora, todos los senderos por los que hubimos de avanzar nos han conducido, si no me equivoco mucho, a lugares despejados, al esclarecimiento y a la comprensión total, pero desde el momento en que queremos penetrar más profundamente, ha de sernos imposible esclarecer totalmente el sueño, ya que todas nuestras rutas desembocarán en las tinieblas. Ha de sernos imposible esclarecer totalmente el sueño como proceso psíquico, pues esclarecer una cosa, significa referirla a otra conocida y, por el momento, no existe conocimiento psicológico ninguno al que podamos subordinar aquellos datos que como base de una aclaración pudiéramos deducir del examen psicológico del fenómeno onírico. Por el contrario, nos veremos obligados a establecer una serie de nuevas hipótesis relativas a la estructura del aparato anímico y al funcionamiento de las fuerzas que en él actúan, hipótesis que no podremos desarrollar mucho más allá de su primera conclusión lógica, so pena de ver perderse su valor en lo interminable. Aun cuando no cometamos falta alguna en nuestros procesos deductivos y tengamos en cuenta todas las posibilidades lógicamente resultantes, la probable imperfección de la concatenación de los elementos amenazarán echar por tierra todos nuestros cálculos. La más minuciosa investigación del sueño o de otra cualquier función aislada, no es suficiente para proporcionarnos deducción alguna sobre la construcción y el funcionamiento del instrumento anímico, pues para lograr un tal resultado, habremos de acumular todo lo que un estudio comparativo de una serie de funciones psíquicas nos demuestre como constantemente necesario. Así, pues, las hipótesis psicológicas que hemos extraído del análisis de los procesos oníricos habrán de esperar hasta que puedan ser agregados a los resultados de otras investigaciones encaminadas a llegar al corazón del mismo problema partiendo de otros distintos puntos de ataque.

a) El olvido de los sueños.

Dirigiremos, en primer lugar, nuestra atención a un tema del que se deriva una objeción a la que hasta ahora no hemos atendido y que pudiera parecer susceptible de echar por tierra los resultados de los esfuerzos que hemos dedicado a la interpretación de los sueños. Desde diversos sectores se nos ha objetado que, en realidad, desconocemos en absoluto el sueño que queremos interpretar, o, mejor dicho, que no poseemos garantía alguna de la exactitud de nuestro conocimiento del sueño (véase la parte I). Aquello que del sueño recordamos y a lo que aplicamos nuestra técnica interpretadora, aparece, en primer lugar, fragmentado por la infidelidad de nuestra memoria, particularmente incapaz para la conservación del sueño, y ha perdido, quizá, la parte más importante de su contenido. En efecto, cuando comenzamos a conceder atención a nuestros sueños, nos quejamos muchas veces de no lograr recordar, de todo un extenso sueño, más que un pequeñísimo fragmento y aun éste sin gran confianza en la exactitud de nuestro recuerdo. En segundo lugar, todo nos hace suponer que nuestro recuerdo del sueño no es solamente fragmentario, sino también infiel. Lo mismo que dudamos de que lo soñado haya sido realmente tan incoherente y borroso como en nuestra memoria aparece, podemos poner en duda que el sueño fuera tan coherente como lo relatamos, pues al intentar reproducirlo, hemos podido llenar con nuevos materiales, arbitrariamente elegidos, las lagunas dadas o producidas por el olvido, adornando y perfeccionando el sueño hasta hacer imposible determinar cuál fue su verdadero contenido. Así, hemos encontrado en varios autores (Spitta, Foucauld, Tannery), la hipótesis de que todo lo que en el sueño significa orden y coherencia, ha sido introducido en él *a posteriori* al intentar recordarlo y reproducirlo en un relato. Vemos pues, que corremos el peligro de que nos sea arrebatado de la mano el objeto mismo cuyo valor nos hemos propuesto determinar en estas investigaciones.

Hasta ahora, hemos venido haciendo caso omiso de esta advertencia en nuestras interpretaciones y hemos dedicado a los elementos más insignificantes e inseguros del contenido manifiesto la misma atención que a los más precisos y más seguramente recordados. En el sueño de la inyección de Irma encontramos la frase siguiente: "Me apresuro a llamar al Dr. M", y supimos que este pequeño detalle no hubiera llegado al sueño, si no hubiese sido susceptible de una derivación especial. En efecto, el examen de este elemento nos llevó a la historia de aquella desdichada paciente a cuyo lado hice acudir con toda premura a uno de mis colegas, más renombrado y antiguo que yo en la profesión. En el sueño aparentemente absurdo que trata como *quantité negligéable* la diferencia entre 51 y 56, aparecía mencionado varias veces el número 51, y en lugar de encontrar natural e indiferente esta repetición, dedujimos de ella la existencia de una segunda serie de pensamientos en el contenido latente, serie que habría de llevar al número 51 y, persiguiendo sus huellas, llegamos a los temores que me inspiraba la edad de 51 años, considerada por mí como un momento peligroso para la vida del hombre, idea que se hallaba en absoluta contradicción con la serie dominante, que entrañaba un orgulloso desprecio del tiempo. En el sueño "non vixit" hallé una interpolación insignificante, que al principio dejé desatendida: "Viendo que P. no le comprende, me pregunta Fl. etc.". Pero luego, cuando la interpretación quedó detenida, volví sobre estas palabras y encontré en ellas el punto de partida del camino que llevaba a una fantasía infantil dada en las ideas latentes como foco intermedio. En este camino me orientaron, además, los conocidos versos: "Pocas veces me habéis comprendido—, pocas veces os he comprendido yo—, sólo cuando nos encontramos en el fango—, pudimos comprendernos en seguida". Cualquier análisis podría proporcionarnos ejemplos de cómo precisamente los rasgos más insignificantes del sueño resultan imprescindibles para la interpretación y del retraso que sufre el análisis cuando los desatendemos al principio.

Análoga atención minuciosa hemos dedicado en la interpretación, a los matices de la expresión oral en la que el sueño nos era relatado, e incluso cuando esta expresión resultaba insuficiente o desatinada, como si el sujeto no hubiese conseguido construir la versión exacta de su sueño, la hemos aceptado tal y como nos era ofrecida, respetando todos sus defectos. Hemos considerado, pues, como un texto sagrado e intangible, algo que, en opinión de los autores, no es más que una rápida y arbitraria improvisación. Este contraste demanda un esclarecimiento.

Pero este esclarecimiento resulta favorable a nuestras opiniones, aunque sin quitar la razón a los investigadores citados.

Desde el punto de vista de nuestros nuevos conocimientos sobre el nacimiento del sueño, no existe aquí, en efecto, contradicción ninguna. Es cierto que deformamos el sueño al intentar reproducirlo, pues llevamos a cabo un proceso análogo al que describimos como una elaboración secundaria del sueño, por la instancia del pensamiento normal. Pero esta deformación no es, a su vez, sino una parte de la elaboración por la que pasan regularmente las ideas latentes a consecuencia de la censura. Los investigadores han sospechado u observado aquí la actuación manifiesta de la deformación onírica, pero a nosotros no puede impresionarnos este fenómeno, pues conocemos otra más amplia deformación, menos fácilmente visible, que ha actuado ya sobre el sueño en sus ideas latentes. La equivocación de los autores reside únicamente en que consideran arbitraria y, por lo tanto, no susceptible de solución ninguna y muy apropiada para inspirarnos un erróneo conocimiento del sueño, la modificación que el mismo experimenta al ser recordado y traducido en palabras. Esta opinión supone un desconocimiento de la amplitud que la determinación alcanza en lo psíquico. No hay en tales modificaciones, arbitrariedad ninguna.

En general, puede demostrarse, que cuando una serie de ideas ha dejado indeterminado un elemento, hay siempre otra que toma a su cargo tal determinación. Así, cuando nos proponemos decir al azar un número cualquiera, el que surge en nuestro pensamiento y parece constituir una ocurrencia totalmente libre y espontánea, se demuestra siempre determinado en nosotros, por ideas que pueden hallarse muy lejos de nuestro propósito momentáneo[128]. Pues bien, las modificaciones que el sueño experimenta al ser recordado y traducido en la vigilia no son más arbitrarias que tales números, esto es, no lo son en absoluto.

---

[128] Véase la *Psicopatología de la vida cotidiana*, tomo I de estas *Obras Completas*.

Se hallan asociativamente enlazadas con el contenido al que sustituyen y sirven para mostrarnos el camino que conduce a este contenido, el cual puede ser, a su vez, sustitución de otro.

Al analizar los sueños de mis pacientes, suelo someter esta afirmación a una prueba que jamás me ha fallado. Cuando el relato de un sueño me parece difícilmente comprensible, ruego al sujeto que lo repita, y he podido observar que sólo rarísimas veces lo hace con las mismas palabras. Pero los pasajes en los que modifica la expresión revelan ser, por este mismo hecho, los puntos débiles de la deformación del sueño, o sea, aquellos que menos resistencia habrán de oponer a la penetración analítica. El sujeto advierte, por mi ruego, que pienso esforzarme especialmente en la solución de aquel sueño y, bajo la presión de la resistencia, trata de proteger los puntos débiles de la deformación onírica, sustituyendo una expresión delatora por otra más lejana, pero de este modo llama la atención sobre la expresión suprimida y por el esfuerzo que se opone a la solución del sueño, me es también posible deducir el cuidado con el que él mismo ha tejido su trama.

Más descaminados andan los autores cuando adscriben tanta importancia a la duda que nuestro juicio opone al relato del sueño. Esta duda echa de menos la existencia de una garantía intelectual, aunque sabe muy bien que nuestra memoria no conoce, en general, garantía ninguna, no obstante, lo cual nos sometemos, con frecuencia mucho mayor de la objetivamente justificada, a la necesidad de dar fe a sus datos. La duda de la exacta reproducción del sueño o de datos aislados del mismo es nuevamente una derivación de la censura de la resistencia que se opone al acceso de las ideas latentes a la conciencia, resistencia que no queda siempre agotada con los desplazamientos y sustituciones por ella provocados y recae entonces, en forma de duda, sobre aquello cuyo paso ha permitido. Esta duda nos oculta fácilmente su verdadero origen, pues sigue la prudente conducta de no atacar nunca a elementos intensos del sueño y sí únicamente a los más débiles y borrosos. Pero sabemos ya, que entre las ideas latentes y el sueño ha tenido efecto una total trasmutación de todos los valores psíquicos, trasmutación necesaria para la deformación cuyos efectos se manifiestan predominantemente y a veces exclusivamente en ella. Cuando un elemento del sueño, ya borroso de por sí, se muestra además atacado por la duda, podemos ver en ello una indicación de que constituye un derivado directo de una de las ideas latentes proscritas. Sucede aquí, lo que después de una gran revolución sucedía en las repúblicas de la antigüedad o del Renacimiento. Las familias nobles y poderosas que antes ocupaban el poder quedaban desterradas, y todos los puestos eran ocupados por advenedizos, no tolerándose que permaneciera en la ciudad ningún partidario de los caídos, salvo aquellos que por su falta de poder no suponían peligro ninguno para los vencedores, y aun estos pocos quedaban despojados de gran parte de sus derechos y eran vigilados con desconfianza. En nuestro caso, esta desconfianza queda sustituida por la duda. De este modo, al iniciar todo análisis, ruego al sujeto que prescinda en absoluto de todo juicio sobre la precisión de su recuerdo y considere con una absoluta convicción la más pequeña posibilidad de que un elemento determinado haya intervenido en su sueño. Mientras que en la persecución de un elemento onírico no nos dedicamos a renunciar a toda consideración de este género, permanece el análisis estacionario. El desprecio de un elemento cualquiera trae consigo, en el analizado, el efecto psíquico de impedir la emergencia de todas las representaciones indeseadas que detrás del mismo se esconden. Este efecto no tiene, en realidad, nada de lógico, pues no sería desatinado que alguien dijese: "No sé con seguridad si este elemento se hallaba contenido en el sueño, pero con respecto a él se me ocurre de todos modos lo siguiente: ..." Mas el sujeto no dice nunca tal cosa, y precisamente este efecto perturbador del análisis es lo que delata a la duda como una derivación y un instrumento de la resistencia psíquica. El psicoanálisis es justificadamente desconfiado. Una de sus reglas, dice: *Todo aquello que dificulta la continuación de la labor es una resistencia.*

También resulta imposible fundamentar el olvido de los sueños mientras no lo referimos al poder de la censura psíquica. La sensación de que hemos soñado mucho durante una noche y sólo muy poco recordamos puede tener en una serie de casos, un sentido diferente, quizá el de que una amplia elaboración onírica no ha dejado en toda la noche tras de sí más que aquel solo sueño. Pero salvo en estos casos, no podemos dudar de que el sueño se nos va olvidando paulatinamente a partir del momento en que despertamos. Lo olvidamos incluso en ocasiones en que realizamos los mayores esfuerzos para que no se nos escape. Pero a mi juicio, así como suele exagerarse la amplitud de este olvido, se exagera también la de las lagunas que en el sueño creemos encontrar. Todo aquello que el olvido ha suprimido del contenido manifiesto puede ser reconstruido, con frecuencia, en el análisis. En toda una serie de casos, nos es dado descubrir partiendo del único fragmento recordado, no el sueño mismo, que tampoco es lo importante, sino las ideas latentes en su totalidad. Esta labor reclama ciertamente una gran atención y gran dominio de sí mismo en el análisis y esta misma circunstancia nos muestra que en el olvido del sueño no ha dejado de intervenir una intención hostil[129]. El estudio,

[129] Como el ejemplo de la significación de la duda y de la inseguridad en el sueño, con una reducción simultánea del contenido manifiesto a un solo elemento, reproduciré aquí tomándolo de mi obra titulada *Introducción al psicoanálisis* (tomos IV y V de estas *Obras Completas*) el sueño siguiente, cuya interpretación me fue dado hallar después de un corto aplazamiento:

Una paciente escéptica tiene un sueño un poco más largo que el anterior, en el curso del cual le hablan varias personas haciéndole grandes elogios de mi libro

durante el análisis, de un grado preliminar del olvido nos proporciona una prueba convincente de la naturaleza tendenciosa del olvido del sueño puesto al servicio de la resistencia[130].

sobre el chiste. Después, en el mismo sueño se hace mención de un *canal, quizá de otro libro en el que se habla de un canal o de algo que tiene alguna relación con un canal... no puede decir más... sus recuerdos del sueño son muy confusos.*

Esperaréis, quizá, que hallándose tan indeterminado el elemento "canal" escapará a toda interpretación. Cierto es que la misma tropieza en este caso con algunas dificultados, pero éstas no son debidas a la imprecisión como aquellas dificultades provienen de una causa común. A la imaginación del sujeto no acudió por el momento idea ninguna a propósito del concepto "canal" y naturalmente tampoco a mí se me ocurría nada sobre él. Pero, más tarde, al siguiente día de este primer intento de interpretación, recordó algo que a su juicio poseía quizá una relación con dicho elemento de su sueño. Tratábase de un chiste que había oído contar. En un barco destinado al servicio entre Dover y Calais, entabló un conocido escritor conversación con un inglés, citando éste, en el curso diálogo, la conocida frase de que "de lo sublime a lo ridículo no hay sino un paso", a lo cual respondió el escritor: "Sí; el Paso de Calais", juego con palabras con el que da a entender que halla a Francia sublime y ridícula a Inglaterra. Pero el Paso de Calais es un *canal*, el *Canal* de la Mancha. Anticipadamente a la interrogación que sin duda estáis pensando dirigirme sobre qué relación puedo hallar entre este recuerdo evocado por el sujeto y el sueño cuya interpretación buscamos, os diré que no sólo existe tal relación, sino que dicho recuerdo nos proporciona íntegramente la solución deseada. ¿O es que dudáis de que el mismo existiese antes del sueño como substrato inconsciente del elemento "canal" y creéis que ha sido aprovechado después para proporcionar una apariencia de interpretación? Nada de eso; la ocurrencia del sujeto testimonia, precisamente, del escepticismo que, a pesar de una naciente e involuntaria convicción, abriga con respecto a nuestras teorías, y esta resistencia es, con seguridad, el motivo común del retraso con qué surgió la ocurrencia y de la imprecisión del elemento correspondiente. Ahora vemos ya con toda claridad la relación que existe entre el elemento del sueño y su substrato inconsciente. El primero es como un fragmento del segundo o como una alusión al mismo, y lo que motiva su apariencia totalmente incomprensible en su aislamiento de dicho substrato.

[130] Sobre las intenciones que presiden el olvido, véase mi pequeño estudio sobre el mecanismo psíquico del olvido publicado en la *Revista de Psiquiatría y Neurología*, en 1898. Este estudio forma parte de mi obra *Psicopatología de la vida cotidiana*. (Véase el tomo 1 de estas *Obras Completas*).

Sucede muchas veces que, en medio de la labor de interpretación, emerge de repente un fragmento del sueño que hasta el momento se consideraba como olvidado. Este fragmento onírico arrancado del olvido resulta ser siempre el más importante y próximo a la solución del sueño, razón por la cual, se hallaba más expuestos que ningún otro a la resistencia. Entre los ejemplos de sueños reproducidos en la presente obra, hallamos uno de estos casos, en el que hube de completar *a posteriori*, un fragmento del contenido manifiesto del sueño realizado. Me refiero al sueño en el que tomo venganza de mis poco agradables compañeros de viaje, sueño que, por su grosero contenido, he dejado casi sin interpretar. El fragmento suprimido era el siguiente: *Refiriéndome a un libro de Schiller digo: It is from...; pero dándome cuenta de mi error, rectifico al punto: It is by... El joven advierte entonces a su hermano*: "Lo ha dicho bien".

El hecho de rectificarnos a nosotros mismos en el sueño, que tanta admiración ha despertado en algunos autores, no merece ocuparnos grandemente. Preferiremos, pues, mostrar el recuerdo que sirvió de modelo a este error de expresión cometido en el sueño. A los diecinueve años hice mi primer viaje a Inglaterra, y me hallaba un día a la orilla del Irish Sea, dedicado a la pesca de los animales marinos que la marea iba dejando al bajar sobre la playa, cuando en el momento en que recogía una estrella de mar (*Hollthurn y holoturias* son de los primeros elementos manifiestos de mi sueño), se me acercó una niña y me preguntó: Is it a starfish? Is it alive?... Yo respondí: Yes, he is alive —pero, dándome cuenta de mi error, rectifiqué en seguida. Esta falta gramatical quedó sustituida en el sueño, por otra en la que los alemanes solemos incurrir fácilmente. La frase: "El libro de Schiller" debe traducirse empleando la palabra "by" en vez de la palabra "from", como al principio lo hago. Después de todo lo que hemos averiguado sobre las intenciones de la elaboración onírica y sobre su falta de escrúpulos en la elección de medios, no puede ya asombrarnos comprobar que, si la elaboración ha llevado a cabo esta sustitución, ha sido porque la similicadencia de la palabra "from" con el adjetivo alemán "from" (piadoso) hace posible una enorme condensación. ¿Pero qué significa este inocente recuerdo de mi estancia en una playa, en conexión con el sueño? Pronto lo descubrimos; el sueño se sirve de él para demostrar con un ejemplo de carácter completamente inofensivo que coloco el artículo —o sea, lo sexual— en un lugar indebido (*Geschlechtswort*, artículo, significa literalmente, "palabra de género o de sexo"; *das Geschlechtiche* = lo sexual). Es ésta una de las claves de dicho sueño. Aquellos que conozcan la derivación del título del libro *Matter and Motion* y *Molière en Le Malade imaginaire: La matière est elle laudable?* (*a motion of the bowels*), podrán completar fácilmente la interpretación.

Por medio de una demostración *ad oculos* nos es posible probar asimismo que el olvido del sueño es en su mayor parte un efecto de la resistencia. Un paciente nos dice que ha soñado, pero que ha olvidado por completo su sueño. Por lo tanto, me hago cuenta de que no hubo tal sueño y continúo mi labor analítica. Pero de repente tropiezo con una resistencia, y para vencerla desarrollo ante el paciente determinada explicación y le ayudo a reconciliarse con una idea displaciente. Apenas he conseguido esta reconciliación, exclama el sujeto: "Ahora recuerdo ya lo que he soñado". La resistencia que había estorbado el desarrollo de su pensamiento despierto era la misma que había provocado el olvido del sueño, y una vez vencida en la vigilia surgió libremente el recuerdo.

En esta misma forma puede recordar el paciente, al llegar a determinado punto del tratamiento, un sueño que tuvo días antes y que hasta entonces reposaba en el olvido[131].

[131] E. Jones describe el caso análogo y muy frecuente de que durante el análisis de un sueño surja el recuerdo de otro de la misma noche, olvidado o ni siquiera sospechado hasta el momento.

La experiencia psicoanalítica nos ha proporcionado otra prueba de que el olvido del sueño depende mucho más de la resistencia que de la diferencia entre el estado de vigilia y el de reposo, como los autores suponen. Me sucede con frecuencia —y también a otros analitícos y a algunos pacientes sometidos a este tratamiento— que, habiendo sido despertado por un sueño, comienzo a interpretarlo inmediatamente en plena posesión de mi actividad mental. En tales casos, no he descansado hasta lograr la total comprensión del sueño y, sin embargo, me ha sucedido que luego al despertar había olvidado tan completamente la labor de interpretación como el contenido manifiesto del sueño, siendo mucho más frecuente la desaparición del sueño en el olvido, arrastrando consigo la interpretación, que la conservación del sueño en la memoria por la actividad intelectual desarrollada. Pero entre la labor de interpretación y el pensamiento despierto no existe aquel abismo psíquico con el que los autores quieren explicar exclusivamente el olvido de los sueños. Cuando Morton Prince intenta refutar mi explicación del olvido de los sueños alegando que no se trata sino de un caso especial de la amnesia de los estados anímicos disociados y afirma que la imposibilidad de aplicar mi explicación de esta amnesia especial a los demás tipos de amnesia le hace también inadecuada para llevar a cabo su más próximo propósito, recuerda con ello al lector que en todas sus descripciones de estos estados disociados no aparece ni una sola tentativa de hallar la explicación dinámica de tales fenómenos. De no ser así, hubiera tenido que descubrir que la represión y, correlativamente, la resistencia por ella creada es la causa tanto de estas disociaciones, como de la amnesia del contenido psíquico de las mismas.

Un experimento realizado por mí, mientras me hallaba consagrado a la redacción de la presente obra, me demostró que los sueños no son objeto de un olvido mayor ni menor del que recae sobre los demás actos psíquicos y que su adherencia a la memoria equivale exactamente a la de las funciones anímicas restantes. En mis anotaciones conservaba gran número de sueños propios, que no había sometido a análisis o cuya interpretación quedó interrumpida por cualquier circunstancia. Entre estos últimos, recogí algunos, soñados más de dos años antes, e intenté su interpretación con objeto de procurarme material para ilustrar mis afirmaciones. Los resultados de este experimento fueron todos positivos, sin excepción alguna, e incluso me siento inclinado a afirmar que esta interpretación realizada al cabo de tanto tiempo tropezó con menos dificultades que la emprendida recién soñados los sueños correspondientes, circunstancia explicable por la desaparición, en el intervalo de algunas de las resistencias que entonces perturbaron la labor analítica. Comparando las interpretaciones recientes con las realizadas al cabo de dos años, pude comprobar que estas últimas revelaban mayor número de ideas latentes, pero que entre ellas retornaban sin excepción ni modificación alguna, todas las halladas en la primera interpretación. Este descubrimiento no llegó a asombrarme demasiado, pues recordé que desde mucho tiempo atrás seguía con mis pacientes el procedimiento de interpretar aquellos sueños que recordaban haber soñado en años anteriores, del mismo modo que si fueran sueños recientes, empleando en la labor analítica el mismo procedimiento y obteniendo idénticos resultados. Cuando por primera vez llevé a cabo esta tentativa, me proponía al emprenderla comprobar mi sospecha de que el sueño se comportaba aquí en la misma forma que los síntomas neuróticos, hipótesis que demostró ser perfectamente exacta. En efecto, cuando someto al tratamiento psicoanalítico a un psiconeurótico —un histérico, por ejemplo— me es necesario esclarecer tanto los primeros síntomas de su enfermedad, desaparecidos mucho tiempo antes, como los que de momento le atormentan y le han movido a acudir a mi consulta, y siempre tropiezo con menos dificultades en la solución de los primeros que en la de los segundos.

Ya en mis *Estudios sobre la histeria*, publicados en 1895, pude comunicar la solución de un primer ataque histérico de angustia padecido por una mujer de cuarenta años cuando sólo había cumplido quince. Aquellos sueños que fueron soñados por el sujeto en sus primeros años infantiles y que con gran frecuencia se conservan con toda precisión en la memoria durante decenios enteros, presentan casi siempre gran importancia para la comprensión de la evolución y de la neurosis del sujeto, pues su análisis protege al médico contra errores e inseguridades que podrían confundirle.

Incluiré aquí, aunque no se halle muy estrechamente ligada a la materia, una observación relativa a la interpretación de los sueños que orientará, quizá, al lector deseoso de comprobar mis afirmaciones, analizando los suyos.

No creo que espere nadie poder interpretar fácilmente y sin el menor esfuerzo sus sueños. Ya para la percepción de fenómenos endópticos y de otras sensaciones sustraídas generalmente a la atención es preciso cierta práctica, aunque no existe ningún motivo psíquico que se rebele contra este grupo de percepciones. Con mucho mayor motivo ha de sernos más difícil apoderarnos de las "representaciones involuntarias". Aquel que a ello aspire deberá seguir fielmente las reglas analíticas que ya en diversas ocasiones hemos indicado y reprimir durante su labor toda crítica, todo prejuicio y toda parcialidad afectiva o intelectual. Su lema deberá ser el que Claude Bernard escogió para el investigador en el laboratorio fisiológico: *Travailler comme une bête*, esto es, con igual resistencia y despreocupación de los resultados que pueden obtenerse. Aquellos que sigan estas normas verán grandemente facilitada su labor.

La interpretación de un sueño no se consigue siempre al primer intento. Muchas veces sentimos agotarse nuestra capacidad de rendimiento después de seguir una concatenación de ocurrencias, y el sueño no nos dice ya nada. En tales casos, debemos interrumpir nuestra labor y dejarla para el día siguiente. Al volver sobre ella, atraerá nuestra atención otro fragmento del contenido manifiesto y hallaremos acceso a una nueva capa de ideas latentes. Este procedimiento puede ser calificado de interpretación onírica "*fraccionada*".

Lo más difícil es convencer al principiante de que no debe considerar terminada su labor una vez que haya conseguido una completa interpretación del sueño que se le muestre coherente, llena de sentido y explique todos los elementos del contenido manifiesto. En efecto, además de esta interpretación, puede haber aún otra distinta que se le ha escapado. No es realmente fácil hacerse una idea de la riqueza de los procesos mentales inconscientes que en nuestro pensamiento existen y demandan una expresión, ni tampoco de la habilidad que la elaboración despliega para matar siete moscas de una vez, como el sastre del cuento, hallando formas expresivas de múltiples sentidos. Nuestros lectores tenderán siempre a reprocharnos un excesivo derroche de ingenio, pero aquel que analizando sus sueños adquiera cierto conocimiento de la materia, tendrá que reconocer lo injusto y equivocado de una tal observación.

En cambio, no puedo agregarme a la afirmación expresada por H. Silberer de que todos los sueños —o sólo ciertos grupos de sueños— reclaman dos diversas interpretaciones que se hallan, además, íntimamente relacionadas entre sí. La primera de estas interpretaciones, a la que califica de interpretación *psicoanalítica*, daría al sueño un sentido cualquiera, generalmente de un carácter sexual-infantil; la segunda, más importante y designada por él con el nombre de interpretación *analógica*, mostraría aquellas ideas más fundamentales y con frecuencia muy profundas que la elaboración onírica ha tomado como materia. Silberer no ha demostrado esta afirmación con la comunicación de una serie de sueños analizados por él en ambos sentidos. A mi juicio, se halla total y absolutamente equivocado. La mayor parte de los sueños no reclaman segunda interpretación ninguna y, sobre todo, no son susceptibles de una interpretación analógica. En las teorías de Silberer, como en otros estudios de estos últimos años, se transparenta el influjo de una tendencia que quisiera velar las circunstancias fundamentales de la formación de los sueños y desviar nuestra atención de sus raíces instintivas. En algunos casos, en los que parecían confirmarse las afirmaciones de Silberer, me demostró después el análisis que la elaboración onírica había tenido que llevar a cabo la labor de transformar en un sueño una serie de ideas muy abstractas y no susceptibles de representación directa, labor que intentó solucionar apoderándose de un material ideológico distinto, más fácilmente representable, pero cuya relación con el primero era harto lejana, pudiendo ser calificada de alegórica. La interpretación abstracta de un sueño así formado es proporcionada siempre, directamente, por el sujeto. En cambio, la interpretación exacta del material suplantado tiene que ser buscada por los conocidos medios técnicos.

La pregunta de si todo sueño puede obtener una interpretación debe ser contestada en sentido negativo. No debemos olvidar que aquellos poderes psíquicos de los que depende la deformación de los sueños actúan siempre en contra de la labor interpretadora. Se nos plantea, pues, el problema de si con nuestro interés intelectual, nuestra capacidad para dominarnos, nuestros conocimientos psicológicos y nuestra experiencia en la interpretación de los sueños, conseguiremos dominar la resistencia interna. De todos modos, siempre lo conseguimos en grado suficiente para convencernos de que el sueño es un producto que posee un sentido propio e incluso para llegar a sospechar tal sentido. Un sueño inmediatamente posterior nos permite, muchas veces, confirmar nuestra primera interpretación y continuarla. Toda una serie de sueños que se suceden a través de semanas o meses enteros reposan, con frecuencia, sobre los mismos fundamentos y deben ser sometidos conjuntamente a la interpretación. En lo sueños sucesivos podemos observar, muchas veces, que uno de ellos toma como centro aquello que en el otro sólo aparece indicado en la periferia, e inversamente, de manera que ambos se completan recíprocamente para la interpretación. Ya hemos demostrado en varios ejemplos que los sueños diferentes, soñados en la misma noche, deben ser considerados siempre en el análisis como una totalidad.

En los sueños mejor interpretados solemos vernos obligados a dejar en tinieblas determinado punto, pues advertimos que constituye un foco de convergencia de las ideas latentes, un nudo imposible de desatar, pero que, al mismo tiempo, no ha aportado otros elementos al contenido manifiesto. Esto es, entonces, lo que podemos considerar como el ombligo del sueño, o sea el punto por el que se halla ligado a lo desconocido. Las ideas latentes descubiertas en el análisis no llegan nunca a un límite y tenemos que dejarlas perderse por todos lados, en el tejido reticular de nuestro mundo intelectual. De una parte más densa de este tejido se eleva luego el deseo del sueño.

Volvamos ahora a las circunstancias del olvido del sueño. Observamos que hemos omitido deducir de ellas una importante conclusión. Cuando la vida despierta muestra la evidente intención de olvidar el sueño formado durante la noche, sea en su totalidad inmediatamente después de despertar, o fragmentariamente, en el curso del día, y cuando reconocemos en la resistencia anímica el factor principal de este olvido, factor que ya ha actuado victoriosamente durante la noche, surge entre nosotros la interrogación de qué es lo que ha hecho posible la formación de los sueños, a pesar de tal resistencia. Tomemos el caso extremo en el que la vida despierta suprime por completo el sueño, como si jamás hubiese existido. Teniendo en cuenta el funcionamiento de las fuerzas psíquicas, hemos de decirnos que el sueño no se hubiera formado si la resistencia hubiera regido durante la noche como en la vigilia. Nuestra conclusión es que la resistencia pierde durante la noche una parte de su poder. Sabemos que no desaparece por completo, pues hemos visto que la deformación impuesta a los sueños dependía directamente de ella. Pero se nos impone la posibilidad de que quede disminuida durante la noche y que esta disminución de la resistencia sea lo que hace posible la formación del sueño, siendo, entonces, perfectamente natural que, al hallar de nuevo con el despertar todas sus energías, vuelva a suprimir en el acto aquello que tuvo que aceptar mientras se hallaba debilitada. La psicología descriptiva nos enseña que la condición principal de la formación de los sueños es el estado de reposo del alma, afirmación a la que, por nuestra parte, añadiremos a título de esclarecimiento que *el estado de reposo hace posible la formación de los sueños disminuyendo la censura endopsíquica*.

Nos inclinamos a considerar esta conclusión como la única que es posible deducir de los hechos del olvido del sueño y a desarrollar otras deducciones sobre las circunstancias energéticas del reposo y de la vigilia, pero preferimos dejar esta labor para más adelante. Una vez que hayamos profundizado algo más en la psicología del sueño, veremos que podemos representarnos aún de otro modo distinto la creación de las condiciones que hacen posible su formación. La resistencia opuesta al acceso de las ideas latentes a la conciencia puede, quizá, ser eludida sin necesidad de una previa debilitación. Es también plausible que los dos factores favorables a la formación de los sueños, o sea, la debilitación y la sustracción a la censura, dependan simultáneamente del estado de reposo. Interrumpiremos aquí estas consideraciones para reanudarlas más adelante.

Contra nuestro procedimiento de interpretación onírica existe aún otra serie de objeciones a la que dirigiremos ahora nuestra atención. En la labor analítica procedemos suspendiendo aquellas representaciones finales que en toda otra ocasión dominan el proceso reflexivo, dirigiendo nuestra atención sobre un único elemento del sueño y anotando después aquellas ideas involuntarias que con respecto al mismo surgen espontáneamente en nosotros. A continuación, tomamos el elemento siguiente del contenido manifiesto, repetimos con él la misma labor y nos dejamos llevar, sin que la dirección nos preocupe, por tales ocurrencias asociativas espontáneas con la esperanza de que al final, y sin más esfuerzo por nuestra parte, llegaremos hasta las ideas latentes de las que ha nacido el sueño. Contra esta conducta se elevarán, quizá, las siguientes objeciones: nada tiene de extraño que, partiendo de un elemento aislado del sueño, lleguemos a alguna parte. A toda representación puede enlazarse asociativamente algo, lo único notable es que esta concatenación arbitraria y exenta de todo fin lleve precisamente a las ideas latentes. Los analíticos se engañan aquí de buena fe. Siguen la cadena de asociaciones que parte de un elemento hasta que, por un motivo cualquiera, notan que se interrumpe. Luego, al tomar un segundo elemento como punto de partida, es muy natural que la asociación antes ilimitada, quede ya restringida, pues el recuerdo de la concatenación anterior hará surgir en el análisis algunas ocurrencias que presentarán puntos de contacto con las de dicha concatenación. Al ver esto, se imagina el psicoanalítico haber hallado una idea que representa un enlace entre los elementos del sueño. Procediendo con más absoluta libertad en lo relativo a la asociación de ideas, con la única exclusión de aquellas transiciones de una representación a otra que entran en vigor en nuestro pensamiento despierto, le resulta facilísimo reunir una serie de ideas intermedias a las que da el nombre de ideas latentes y presenta sin garantía ninguna como la sustitución psíquica del sueño, pero todo esto no es sino una pura arbitrariedad y un ingenioso aprovechamiento de la casualidad, y todo aquel que quiera tomarse este trabajo inútil hallará para cualquier sueño la interpretación que mejor le parezca.

Si se nos hicieran realmente tales objeciones, podríamos defendernos alegando la impresión que nuestras interpretaciones producen, las sorprendentes conexiones que el análisis nos revela entre los elementos del sueño, y la inverosimilitud de que algo que coincide y aclara tan ampliamente el sueño, como una de nuestras interpretaciones, pudiera conseguirse a no ser por el descubrimiento de enlaces psíquicos preexistentes. Podríamos también alegar, para justificarnos, que el procedimiento empleado en la interpretación de los sueños es idéntico al que aplicamos a la solución de los síntomas histéricos, sector en el que la exactitud del procedimiento queda demostrada por la aparición y desaparición de dichos síntomas. Pero no tenemos motivo ninguno para eludir el problema de cómo por la persecución de una concatenación de ideas que se desarrolla de un modo arbitrario y carente de fin, puede llegarse a un fin preexistente, pues si bien no podemos resolver este problema, sí no es dado suprimirlo.

En primer lugar, es inexacto que nos entreguemos a un curso de representaciones falto de fin cuando, como sucede en la labor de interpretación onírica, prescindimos de la reflexión y dejamos emerger las representaciones involuntarias. No es difícil demostrar que podemos renunciar a las representaciones finales conocidas, y que con la creación de estas representaciones surgen en el acto representaciones finales desconocidas, o como decimos con expresión no del todo correcta, inconscientes, que mantienen determinado el curso de las representaciones involuntarias. No nos es posible establecer ejerciendo una influencia sobre nuestra vida anímica, un pensamiento carente de representaciones finales, y en general ignoro si existe algún estado de perturbación psíquica en el que se dé un tal pensamiento[132]. Los psiquiatras han renunciado aquí demasiado pronto a la solidez del ajuste psíquico. Sé por experiencia, que ni en la histeria ni

---

[132] Después de escritas estas afirmaciones, se me ha llamado la atención sobre el hecho de que Hartmann profesa en esta importante cuestión psicológica, una idéntica teoría: "Con ocasión del estudio del papel de lo inconsciente en la creación artistíca (*Filosofía de lo inconsciente*, tomo 1, cap. 5) ha expresado Hartmann claramente la ley de la asociación de ideas guiada por representaciones finales inconscientes, aunque sin llegar a darse cuenta de todo el alcance de esta ley. A él corresponde, pues, demostrar que "toda combinación de representaciones sensibles cuando no debe ser atribuida puramente a la casualidad sino conducir a un fin determinado, necesita del auxilio de lo inconsciente" y que el interés consciente por una determinada asociación de ideas estimula a lo inconsciente a encontrar, entre las infinitas representaciones posibles, la correspondiente al fin. "Lo inconsciente lleva a cabo una selección adaptada a los fines del interés, y esta ley se aplica a la asociación de ideas en el pensamiento abstracto, como representar sensorial o combinar artístico, y a la ocurrencia chistosa. Por esta razón no se puede sostener que la asociación de ideas se limita a la de la idea estimulante con la estimulada, en el sentido de la pura psicología de asociaciones. Una tal limitación no aparecería justificada efectivamente sino cuando en la vida humana surgen estados en los que el hombre queda libre, no sólo de todo fin consciente sino también del dominio o de la colaboración de todo interés inconsciente. Pero es éste un estado que no surge casi nunca, pues aun en aquellos casos en que entregamos aparentemente, por completo, nuestra sucesión de ideas a la casualidad o cuando nos abandonamos al involuntario soñar de las fantasías, reinan siempre otros intereses principales y otros sentimientos y estados de ánimo diferentes, que ejercerán una influencia sobre la asociación de ideas" (*ibídem*, I, 246). En los sueños semi-inconscientes no aparecen nunca otras representaciones que las correspondientes al interés (inconsciente) principal del momento. "La acentuación de la influencia de los sentimientos y estados de ánimo sobre la sucesión libre de los pensamientos, aparece totalmente demostrada por el procedimiento metódico del psicoanálisis, incluso desde el punto de vista de la psicología de Harmann (N. E. *Pohorilles en la Intern. Zeitschr. f. Aertzl. Ps., A*, 1°, 1913, página 605). —Du Prel deduce el hecho de que solemos recordar de pronto un nombre en el que antes hemos estado pensando inútilmente, la existencia de un pensamiento inconsciente, pero orientado, sin embargo, hacia un fin, cuyos resultados surgen luego en la conciencia (*Philos. d. Mystik*, pág. 107).

en la paranoia se da un pensamiento no regulado y exento de representaciones finales, como tampoco en la formación ni en la solución de los sueños. Igualmente sucede, quizá, en las afecciones endógenas psíquicas, pues incluso los delirios de los dementes presentan, según una ingeniosa hipótesis de Leuret, un perfecto sentido, siendo únicamente algunas omisiones las que los hacen resultar incomprensibles. Siempre que he tenido ocasión de observar estos estados psíquicos, he podido llegar a un igual convencimiento. Los delirios son la obra de una censura que no se toma el trabajo de ocultar su actuación y que en lugar de prestar su colaboración a una transformación que no tropiece ya con objeciones de ningún género, tacha sin consideraciones aquello que no le agrada, con lo cual queda lo restante falto de toda coherencia. Esta censura se conduce del mismo modo que la ejercida sobre la prensa extranjera en la frontera rusa, censura que no deja llegar a los lectores sino periódicos mutilados y surcados de negros tachones.

El libre juego de las representaciones conforme a una concatenación asociativa arbitraria se da, quizá, en los procesos cerebrales orgánicos destructivos. Pero aquello que en las psiconeurosis presenta un tal carácter, puede ser explicado siempre por la actuación de la censura sobre una serie de ideas a la que representaciones finales ocultas han hecho pasar a primer término[133]. El hecho de que las representaciones (o imágenes) emergentes aparezcan ligadas entre sí por los lazos de las llamadas asociaciones superficiales —asonancia, equívoco verbal o

[133] Estas mismas reflexiones son también aplicables a los casos en los que las asociaciones superficiales aparecen desnudamente en el sueño, como sucede en los dos ejemplos comunicados por Maury: (pelerinage —Pelletier —pelle; kilómetro —kilogramo —Gilolo —Lobelia —López —Loterita—). Mis investigaciones con sujetos neuróticos me han demostrado cuál es la reminiscencia que de este modo queda representada. Tratase del acto de hojear un diccionario con el que se ha intentado satisfacer, en la pubertad, la curiosidad sexual.

coincidencia temporal sin relación interior de sentido—, esto es, por todas aquellas asociaciones que nos permitimos emplear en el chiste y en el juego de palabras, ha sido considerado como una señal evidente de la asociación exenta de representaciones finales. De esta clase son las asociaciones que nos llevan desde los elementos del contenido manifiesto a los elementos colaterales y de éstos a las verdaderas ideas latentes. En muchos análisis hemos encontrado ya ejemplos de este género que despertaron nuestra extrañeza. Toda asociación y todo chiste, por lejanos y forzados que sean, pueden constituir el puente entre dos ideas. Pero no es difícil comprender el motivo de esta indulgencia. *Siempre que un elemento psíquico se halla unido a otro por una asociación censurable o superficial, existe al mismo tiempo, entre ambos, una conexión correcta y más profunda que ha sucumbido a la censura de la resistencia.*

La presión de la censura y no la supresión de las representaciones finales es lo que constituye la base real del predominio de las asociaciones superficiales. Las asociaciones superficiales sustituyen en la representación a las profundas cuando la censura cierra estos caminos normales de enlace. Sucede en esto como cuando un obstáculo cualquiera corta la circulación por una vía importante y tienen que utilizarse los caminos de segundo orden.

Podemos distinguir aquí dos casos, que en realidad son uno solo: O la censura se dirige únicamente contra la conexión de dos ideas que se separan entonces con el fin de eludir sus efectos y pasan, sucesivamente, a la conciencia quedando oculta su conexión y apareciendo, en cambio, entre ambas un enlace superficial en el que no habíamos pensado y que generalmente surge de otro ángulo del complejo de representación, distinto de aquel del que parte la conexión reprimida, pero esencial; o ambas ideas quedan sometidas a la censura a causa de su contenido y entonces surgen ambas en una forma modificada y sustituida, y las dos ideas sustitutivas son elegidas de manera que reproduzcan, por medio de una asociación superficial, la asociación esencial en la que se hallan aquellas a las que han venido a sustituir. *Bajo la presión de la censura, ha tenido efecto, en ambos casos, un desplazamiento desde una asociación normal a otra superficial y aparentemente absurda.*

El conocimiento que de estos desplazamientos poseemos nos permite confiarnos sin cuidado ninguno, en la interpretación de los sueños, a las asociaciones superficiales. Los dos principios citados, esto es: el de que, con la supresión de las representaciones finales conscientes, pasa el dominio del curso de las representaciones, a representaciones finales ocultas, y el de que las asociaciones superficiales no son sino una sustitución desplazada de asociaciones reprimidas más profundas, son ampliamente utilizados por el psicoanálisis en las neurosis, pudiendo decirse que constituyen los dos apoyos principales de su técnica. Cuando solicito de un paciente que suprima toda reflexión y me comunique aquello que surja en su cerebro, presupongo que no puede prescindir de las representaciones finales relativas al tratamiento y me creo autorizado a concluir que todo lo que puede comunicarme, por inocente o arbitrario que parezca, se halla en conexión con su estado patológico. Otra representación final de la que el paciente no sospecha nada es la relativa a mi persona. El estudio completo y la completa demostración de estas explicaciones, pertenece, por lo tanto, a la exposición de la técnica psicoanalítica como método terapéutico. Alcanzamos, pues, aquí, uno de los puntos de enlace en los que según nos propusimos, hemos de abandonar el tema de la interpretación de los sueños[134].

[134] Estas afirmaciones, que en la época en que fueron publicadas por primera vez parecían harto inverosímiles, han sido demostradas y utilizadas posteriormente por los "estudios diagnósticos de asociación" de Jung y sus discípulos.

Las especulaciones que anteceden nos han permitido dejar firmemente establecido, a pesar de todas las objeciones, un hecho importantísimo: el de que no necesitamos situar también en la elaboración onírica todas las ocurrencias surgidas en la labor de interpretación. En ésta, seguimos un camino que va desde el sueño manifiesto a las ideas latentes. La elaboración onírica ha seguido el camino contrario y no es nada verosímil que estos caminos sean transitables en dirección inversa. Comprobamos más bien que, en la vigilia, surgen nuevas asociaciones de ideas que van a encontrarse con las ideas intermedias y las latentes en diferentes lugares, y podemos ver, en efecto, cómo el material reciente de ideas diurnas se interpola en las series de ideas de la interpretación. Además, la mayor intensidad de la resistencia durante la vigilia impone, probablemente, nuevos y más lejanos rodeos. Pero el número y la naturaleza de las ideas colaterales que de este modo tejemos durante el día carece de toda importancia psicológica con tal que nos lleven a las ideas latentes buscadas.

b) La regresión.

Una vez que nos hemos precavido contra las objeciones, o hemos indicado, por lo menos, cuáles son las armas que para nuestra defensa poseemos, no debemos aplazar por más tiempo la iniciación de nuestras investigaciones psicológicas para las que ya nos hallamos preparados. Ante todo, reuniremos los resultados principales que hasta ahora nos ha proporcionado nuestra investigación. El sueño es un acto psíquico importante y completo. Su fuerza impulsora es siempre un deseo por realizar. Su aspecto, en el que nos es imposible reconocer tal deseo, y sus muchas singularidades y absurdidades proceden de la influencia de la censura psíquica que ha actuado sobre él durante su formación. A más de la necesidad de escapar a esta censura, han colaborado en su formación una necesidad de condensar el material psíquico, un cuidado de que fuera posible su representación por medio de imágenes sensoriales, y, además —aunque no regularmente—, el cuidado de que el producto onírico total presentase un aspecto racional e inteligente. De cada uno de estos principios, parte un camino que conduce a postulados e hipótesis de orden psicológico. Deberemos investigar la relación recíproca existente entre el motivo optativo y las cuatro condiciones indicadas, así como las de estas últimas entre sí. Por último, habremos de incluir al sueño en la totalidad de la vida anímica.

Al principio del presente capítulo hemos expuesto un sueño que nos plantea un enigma cuya solución no hemos emprendido todavía. La interpretación de este sueño no nos opuso dificultad ninguna, pareciéndonos, únicamente, que había de ser completada. Nos preguntamos por qué en este caso se producía un sueño en vez del inmediato despertar el sujeto y reconocimos como uno de los motivos del primero, el deseo de representar al niño en vida. Más adelante, veremos que, en este sueño, desempeña también un papel otro deseo distinto, pero por lo pronto, dejaremos establecido que fue para permitir una realización de deseos por lo que el proceso mental del reposo quedó convertido en un sueño.

Fuera de la realización de deseos, no hay más que un solo carácter que separe, en este caso, los dos géneros de actividad psíquica. La idea latente sería: "Veo un resplandor que viene de la habitación en la que está el cadáver. Quizá haya caído una vela sobre el ataúd y se esté quemando el niño". El sueño reproduce sin modificación alguna el resultado de esta reflexión, pero lo introduce en una situación presente y percibida por los sentidos como un suceso de la vigilia. Este es, como sabemos, el carácter psicológico más general y evidente del sueño. Una idea, casi siempre la que entraña el deseo, queda objetivizada en el sueño y representada en forma de escena vivida.

¿Cómo podremos explicar esta peculiaridad característica de la elaboración onírica, o, hablando más modestamente, cómo podremos incluirla entre los procesos psíquicos?

Un examen más detenido nos hace observar que la forma aparente de este sueño nos muestra dos caracteres casi independientes entre sí. El primero es la representación en forma de situación presente, omitiendo el "quizá". El otro, es la transformación de la idea en imágenes visuales y en palabras.

La transformación que las ideas latentes experimentan por el hecho de quedar representado en presente lo que ellas expresan en futuro, no resulta, quizá, muy evidente en este sueño, circunstancia que depende del particular papel, realmente accesorio, que en él desempeña la realización de deseos. Tomemos otro sueño en el que el deseo onírico no se distinga de la continuación durante el reposo de los pensamientos de la vigilia, por ejemplo, el sueño de la inyección de Irma. En este sueño, la idea latente que alcanza una representación aparece en optativo: "¡Ojalá fuese Otto el culpable de la enfermedad de Irma!" El sueño reprime el optativo y lo sustituye por un simple presente: "Sí; Otto tiene la culpa de la enfermedad de Irma". Es ésta, pues, la primera de las transformaciones que todo sueño, incluso aquellos que aparecen libres de deformación, lleva a cabo con las ideas latentes. Pero esta primera singularidad del sueño no habrá de detenernos mucho y nos bastará recordar la existencia de fantasías conscientes y de sueños diurnos que proceden del mismo modo con su contenido de representaciones. Cuando Mr. Joyeuse, el célebre personaje de Daudet, vaga sin ocupación alguna a través de las calles de París para hacer creer a sus hijas que tiene un destino y se halla desempeñándolo, sueña con los acontecimientos que podrían proporcionarle un protector y una colocación y se los imagina en presente. El fenómeno onírico utiliza, por lo tanto, el presente en la misma forma y con el mismo derecho que el sueño diurno. El presente es el tiempo en que el deseo es representado como realizado.

El segundo de los caracteres antes mencionados es, en cambio, peculiar al sueño y lo diferencia de la ensoñación diurna. Este carácter es el de que el contenido de representaciones no es pensado, sino que queda transformado en imágenes sensoriales a las que prestamos fe y que creemos vivir. Advertiremos, desde luego, que no todos los sueños presentan esta transformación de representaciones en imágenes sensoriales. Hay algunos que no se componen sino de ideas, no obstante, lo cual nos es imposible discutirles el carácter de sueños. Mi sueño "*autodidasker* —la fantasía diurna con el profesor N" es uno de éstos en los que apenas intervienen elementos sensoriales, como si hubiéramos pensado su contenido durante la vigilia. Asimismo, hay en todo sueño algo externo, elementos que no han quedado transformados en imágenes sensoriales y que son simplemente pensados o sabidos del mismo modo que en la vigilia. Recordemos, además, que tal transformación de representaciones en imágenes sensoriales no es exclusiva del sueño, sino que aparece también en la alucinación, esto es, en aquellas visiones que constituyen un síntoma de la psiconeurosis o surgen independientemente de todo estado patológico. La relación que aquí investigamos no es, pues, exclusiva del sueño, pero constituye de todos modos su carácter más notable. Su comprensión exige que ampliemos nuestras especulaciones.

Entre todas las observaciones que sobre la teoría de los sueños nos ofrecen las obras de los autores ajenos al psicoanálisis, hallamos una muy digna de atención. En su obra *Psicofísica* (II, pág. 526) incluye el gran G. Th. Fechner la hipótesis de que *la escena en la que los sueños se desarrollan es distinta de aquella en la que se desenvuelve la vida de representación despierta*, yañade que sólo esta hipótesis puede hacernos comprender las singulares peculiaridades de la vida onírica.

La idea que así se nos ofrece es la de una *localidad psíquica*. Vamos ahora prescindir por completo de la circunstancia de sernos conocido también anatómicamente el aparato anímico de que aquí se trata, y vamos a eludir, asimismo, toda posible tentación de determinar en dicho sentido la localidad psíquica. Permaneceremos, pues, en terreno psicológico y no pensaremos sino en obedecer a la invitación de representarnos el instrumento puesto al servicio de las funciones anímicas, como un microscopio compuesto, un aparato fotográfico, o algo semejante. La localidad psíquica corresponderá entonces a un lugar situado en el interior de este aparato en el que surge uno de los grados preliminares de la imagen. En el microscopio y en el telescopio son estos lugares puntos ideales esto es, puntos en los que no se halla situado ningún elemento concreto del aparato. Creo innecesario excusarme por la imperfección de estas imágenes y otras que han de seguir. Estas comparaciones no tienen otro objeto que el de auxiliarnos en una tentativa de llegar a la comprensión de la complicada función psíquica total, dividiéndola y adscribiendo cada una de sus funciones aisladas a uno de los elementos del aparato. La tentativa de adivinar la composición del instrumento psíquico por medio de una tal división no ha sido emprendida todavía, que yo sepa. Por mi parte no encuentro nada que a ella pueda oponerse. Creo que nos es lícito dejar libre curso a nuestras hipótesis, siempre que conservemos una perfecta imparcialidad de juicio y no tomemos nuestra débil armazón por un edificio de absoluta solidez. Como lo que necesitamos son representaciones auxiliares que nos ayuden a conseguir una primera aproximación a algo desconocido, nos serviremos del material más práctico y concreto.

Nos representamos, pues, el aparato anímico como un instrumento compuesto a cuyos elementos damos el nombre de *instancias*, o para mayor plasticidad, de *sistemas*. Hecho esto, manifestamos nuestra sospecha de que tales sistemas presenten una orientación especial constante entre sí, de un modo semejante a los diversos sistemas de lentes del telescopio, los cuales se hallan situados unos detrás de otros. En realidad, no necesitamos establecer la hipótesis de un orden verdaderamente especial de los sistemas psíquicos. Nos basta con que exista un orden fijo de sucesión establecido por la circunstancia de que en determinados procesos psíquicos, recorre la excitación los sistemas conforme a una sucesión temporal determinada. Este orden de sucesión puede quedar modificado en otros procesos, posibilidad que queremos dejar señalada desde luego. De los componentes del aparato hablaremos en adelante con el nombre del "sistema *Y*". Lo primero que nos llama la atención es que este aparato compuesto de sistema *Y* posee una dirección. Toda nuestra actividad psíquica parte de estímulos (internos o externos) y termina en inervaciones. De este modo, adscribimos al aparato un extremo sensible y un extremo motor. En el extremo sensible, se encuentra un sistema que recibe las percepciones y en el motor, otro que abre las esclusas de la motilidad. El proceso psíquico se desarrolla en general, pasando desde el extremo de percepción hasta el extremo de motilidad. Así, pues, el esquema más general del aparato psíquico presentaría el siguiente aspecto:

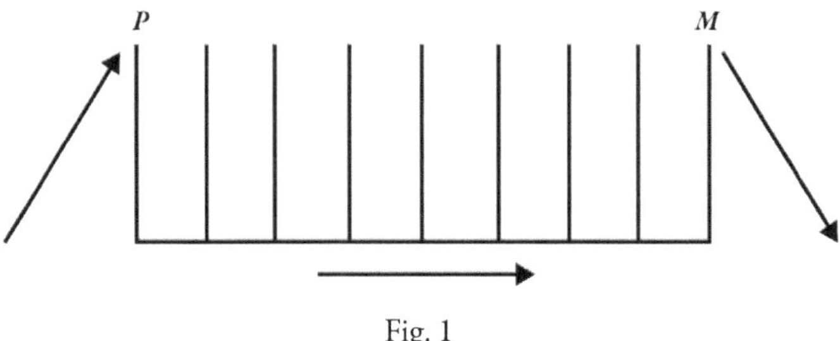

Fig. 1

Este esquema no es más que la realización de la hipótesis de que el aparato psíquico tiene que hallarse construido como un aparato reflector. El proceso de reflexión es también el modelo de todas las funciones psíquicas.

Introduciremos ahora, fundadamente, una primera diferenciación en el extremo sensible. Las percepciones que llegan hasta nosotros dejan en nuestro aparato psíquico una huella a la que podemos dar el nombre de *huella mnémica* (*Erinnerungsspur*). La función que a esta huella mnémica se refiere es la que denominamos memoria. Continuando nuestro propósito de adscribir a diversos sistemas los procesos psíquicos, observamos que la huella mnémica no puede consistir sino en modificaciones permanentes de los elementos del sistema. Ahora bien, como ya hemos indicado en otro lugar, el que un mismo sistema haya de retener fielmente modificaciones de sus elementos y conservar, sin embargo, una capacidad constante de acoger nuevos motivos de modificación supone no pocas dificultades. Siguiendo el principio que seguía nuestra tentativa, distribuiremos, pues, estas dos funciones en sistemas distintos, suponiendo que los estímulos de percepción son acogidos por un sistema anterior del aparato, que no conserva nada de ellos, esto es, que carece de toda memoria, y que detrás de este sistema, hay otro que transforma la momentánea excitación del primero en huellas duraderas. La figura número 2 correspondería a este nuevo aspecto del aparato psíquico.

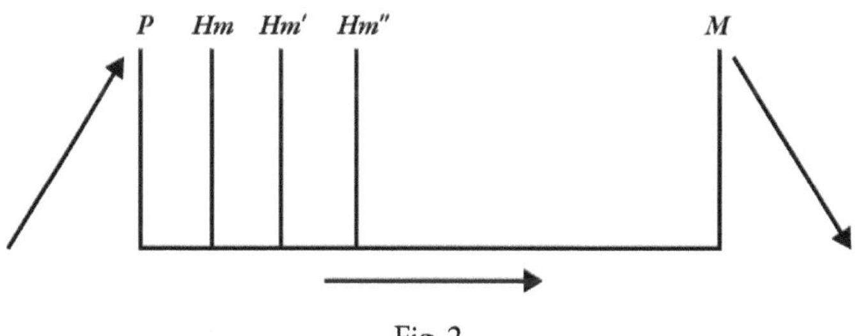

Fig. 2

Sabido es que las percepciones que actúan sobre el sistema *P* perduran algo más que su contenido. Nuestras percepciones demuestran hallarse también enlazadas entre sí en la memoria conforme, ante todo, a su primitiva coincidencia en el tiempo. Este hecho es el que conocemos con el nombre de asociación. Ahora bien, el sistema *P* no puede conservar las huellas para la asociación, puesto que carece de memoria. Cada uno de los elementos *P* quedaría insoportablemente obstaculizado en su función, si un resto de una asociación anterior se opusiera a una nueva percepción. Habremos, pues, de suponer que los sistemas mnémicos constituyen la base de la asociación. Esta consistirá entonces en que, siguiendo la menor resistencia, se propagará la excitación, preferentemente, de un primer elemento *Hm* a un segundo elemento, en lugar de saltar a otro tercero. Un detenido examen nos muestra, pues, la necesidad de aceptar la existencia de más de uno de estos sistemas *Hm*, en cada uno de los cuales es objeto de una distinta fijación la excitación propagada por los elementos *P*. El primero de estos sistemas *Hm* contendrá, de todos modos, la fijación de la asociación por simultaneidad y, en los más alejados, quedará ordenado el mismo material de excitación según otros distintos órdenes de coincidencia, de manera que estos sistemas posteriores representarían, por ejemplo, las relaciones de analogía, etc., etc. Sería, naturalmente, ocioso querer describir la significación psíquica de uno de estos sistemas. Su característica se hallaría en la intimidad de sus relaciones con los elementos del material mnémico bruto, esto es, si queremos aludir a una teoría más profunda en los escalonamientos de la resistencia directiva de estos elementos. Habremos de intercalar aquí una observación de carácter general que entraña, quizá, una importantísima indicación. El sistema *P* que no posee capacidad para conservar las modificaciones, esto es, que carece de memoria, aporta a nuestra conciencia toda la variedad de las cualidades sensibles. Por el contrario, nuestros recuerdos, sin excluir los más profundos y precisos, son inconscientes en sí. Pueden devenir conscientes, pero no es posible dudar que desplieguen todos sus efectos en estado inconsciente. Aquello que denominamos nuestro carácter reposa sobre las huellas mnémicas de nuestras impresiones y precisamente aquellas impresiones que han actuado más intensamente sobre nosotros, o sea, las de nuestra primera juventud, son las que no se hacen conscientes casi nunca. Pero cuando los recuerdos se hacen de nuevo conscientes, no muestran cualidad sensorial alguna o sólo muy pequeña en comparación con las percepciones. Si pudiéramos comprobar que la memoria y la cualidad se excluyen recíprocamente para la conciencia en los sistemas *Y* se nos ofrecería una prometedora visión de las condiciones de la excitación de la neurona.

Todo lo que hasta ahora hemos supuesto sobre la composición del aparato psíquico en su extremo sensible ha sido sin tener en cuenta para nada el sueño, ni las explicaciones psicológicas que de su estudio pueden deducirse. Este estudio nos proporciona, en cambio, una gran ayuda para el conocimiento de otro sector del aparato. Hemos visto que nos era imposible explicar la formación de los sueños si no nos decidíamos a aceptar la existencia de dos instancias psíquicas, una de las cuales somete a una crítica la actividad de la otra, crítica de la que resulta la exclusión de esta última, de la consciencia.

La instancia crítica mantiene con la conciencia relaciones más íntimas que la criticada, hallándose situada entre ésta y la conciencia, a manera de pantalla. Hemos encontrado, además, puntos de apoyo para identificar la instancia crítica con aquello que dirige nuestra vida despierta y decide sobre nuestra actividad voluntaria y consciente. Si ahora sustituimos estas instancias por sistemas, quedará situado el sistema crítico en el extremo motor del aparato psíquico supuesto. Incluiremos, pues, ambos sistemas en nuestro esquema y les daremos nombres que indiquen su relación con la conciencia:

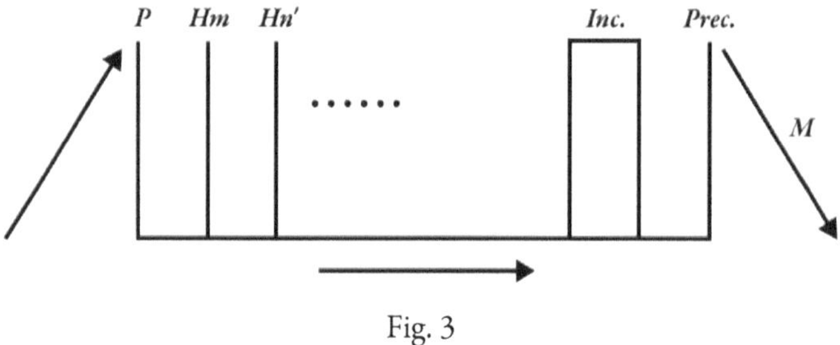

Fig. 3

Al último de los sistemas situados en el extremo motor le damos el nombre de *preconsciente*, esto para indicar que sus procesos de excitación pueden pasar directamente a la conciencia siempre que aparezcan cumplidas determinadas condiciones, por ejemplo, la de una cierta intensidad y cierta distribución de aquella función a la que damos el nombre de atención, etc. Este sistema es también el que posee la llave del acceso a la motilidad voluntaria. Al sistema que se halla detrás de él, le damos el nombre de *inconsciente* porque no comunica con la conciencia sino a *través de lo preconsciente*, sistema que impone al proceso de excitación, a manera de peaje, determinadas transformaciones[135].

¿En cuál de estos sistemas situaremos ahora el estímulo de la formación de los sueños? Para mayor sencillez, en el sistema *Inc.*, aunque como más adelante explicaremos, no es esto rigurosamente exacto, pues la formación de los sueños se halla forzada a enlazarse con ideas latentes que pertenecen al sistema de lo preconsciente. Pero también averiguaremos, en otro lugar, al

[135] Continuando el desarrollo de nuestro esquema lineal, hemos de suponer que el sistema siguiente al Prec., es aquel al que tenemos que adscribir la conciencia y que, por lo tanto, P = C.

tratar del deseo onírico, que la fuerza impulsora del sueño es proporcionada por el sistema *Inc.* y esta última circunstancia nos mueve a aceptar el sistema inconsciente como el punto de partida de la formación de los sueños. Este estímulo onírico exteriorizará, como todos los demás productos mentales, la tendencia a propagarse al sistema *Prec.* y pasar de éste a la conciencia.

La experiencia nos enseña que durante el día aparece desplazado por la censura de la resistencia y para las ideas latentes, este camino que conduce a la conciencia a través de lo preconsciente. Durante la noche, se procuran dichas ideas el acceso a la conciencia, surgiendo aquí la interrogación de por qué camino y merced o a qué modificación lo consiguen. Si el acceso de estas ideas latentes a la conciencia dependiera de una disminución nocturna de la resistencia que vigila en la frontera entre lo inconsciente y lo preconsciente, tendríamos sueños que nos mostrarían el carácter alucinatorio que ahora nos interesa. El relajamiento de la censura entre los dos sistemas *Inc.* y *Prec.* no puede explicarnos, por lo tanto, sino aquellos productos oníricos exentos de imágenes sensoriales (recuérdese el ejemplo "autodidasker") y no sueños como el detallado al principio del presente capítulo.

Lo que en el sueño alucinatorio sucede, no podemos describirlo más que del modo siguiente: La excitación toma un camino regresivo. En lugar de avanzar hacia el extremo motor del aparato, se propaga hacia el extremo sensible y acaba por llegar al sistema de las percepciones. Si a la dirección seguida en la vigilia por el procedimiento psíquico que parte de lo inconsciente, le damos el nombre de dirección *progresiva*, podemos decir que el sueño posee un carácter *regresivo*[136].

---

[136] Alberto Magno se refiere ya a esta regresión: "La imaginación —dice— construye el sueño con las imágenes de los objetos sensibles por ella conservadas. Este proceso se desarrolla en sentido inverso al de los de la vida despierta".

Esta regresión es una de las más importantes peculiaridades psicológicas del proceso onírico, pero no debemos olvidar que no es privativa de los sueños. También el recordar voluntario, la reflexión, y otros procesos parciales de nuestro pensamiento normal, corresponden a un retroceso dentro del aparato psíquico, desde cualquier acto complejo de representación, al material de las huellas mnémicas en las que se halla basado. Pero durante la vigilia no va nunca esta regresión más allá de las imágenes mnémicas y no llega a reavivar las imágenes de percepción, convirtiéndolas en alucinaciones. ¿Por qué no sucede también esto en el sueño? Al hablar de la condensación onírica, hubimos de suponer que la elaboración del sueño llevaba a cabo una total trasmutación de todos los valores psíquicos, despojando de su intensidad a unas representaciones para transferirlas a otras. Esta modificación del proceso psíquico acostumbrado es la que hace posible cargar el sistema de las *P* hasta la completa vitalidad en una dirección inversa, o sea, partiendo de las ideas.

No creo que nadie incurra en error sobre el alcance de estas explicaciones. Hasta ahora no hemos hecho otra cosa que dar un nombre a un fenómeno inexplicable. Hablamos de regresión cuando la representación queda transformada, en el sueño, en aquella imagen sensible de la que nació anteriormente. De todos modos, también necesitamos justificar este paso, pues podría objetársenos la inutilidad de una calificación que no ha de enseñarnos nada nuevo. Pero a nuestro juicio, ha de sernos muy útil este nombre de regresión por enlazar un hecho que nos es conocido al esquema antes desarrollado de un aparato psíquico, esquema cuyas ventajas vamos ahora a comprobar

---

Hobbes escribe (*Leviathan*, 1651); *In sum, our dreams are the reverse of our waking imaginations, the motion when are awake, beginning at one end, and when dream at another.*

por vez primera, pues, con su sola ayuda y sin necesidad de nuevas reflexiones, hallaremos el esclarecimiento de una de las peculiaridades de la formación de los sueños. Considerando el proceso onírico como una regresión dentro del aparato de un hecho antes empíricamente demostrado, esto es, el anímico por nosotros supuesto, hallamos la explicación de que las relaciones intelectuales de las ideas latentes entre sí desaparecen en la elaboración del sueño o no encuentran sino muy trabajosamente, una expresión. Nos muestra, en efecto, nuestro esquema que estas relaciones intelectuales no se hallan contenidas en los primeros sistemas *Hm*, sino en otros anteriores a ellos, y tienen que perder su expresión en el proceso regresivo hasta las imágenes de percepción. *La regresión descompone en su material bruto el ajuste de las ideas latentes.*

Mas ¿por qué transformaciones resulta posible esta regresión, imposible durante el día? Sospechamos que se trata de modificaciones de las cargas de energía de cada uno de los sistemas, modificaciones que los hacen más o menos transitables o intransitables para el curso de la excitación. Pero dentro de cada uno de estos aparatos podía producirse este mismo efecto por medio de modificaciones diferentes. Pensamos, naturalmente, en seguida, en el estado de reposo y en las modificaciones de la carga psíquica que el mismo provoca en el extremo sensible del aparato. Durante el día, existe una corriente continua desde el sistema *Y* de las *P* hasta la motilidad. Pero esta corriente cesa por la noche y no puede ya presentar obstáculo ninguno a la regresión de la excitación.

Esta circunstancia constituiría aquel "apartamiento del mundo exterior" en el que algunos autores ven la explicación de los caracteres psicológicos del sueño. Sin embargo, al explicar la regresión del sueño, habremos de tener en cuenta aquellas otras regresiones que tienen efecto en los estados patológicos de la vigilia, regresiones a las que nuestra anterior hipótesis resulta inaplicable, pues se desarrollan a pesar de no hallarse interrumpida la corriente sensible en dirección progresiva.

Las alucinaciones de la histeria, de la paranoia y las visiones de las personas normales corresponden efectivamente a regresiones, esto es, son ideas transformadas en imágenes. Pero, en estos casos, no experimentan tal transformación más que aquellas ideas que se hallan en íntima conexión con recuerdos reprimidos o inconscientes. Uno de los histéricos más jóvenes que he sometido a tratamiento, un niño de doce años, no puede conciliar el reposo, porque en cuanto lo intenta, ve "*caras verdes con ojos encarnados*", que le causan espanto. La fuente de esta aparición es el recuerdo reprimido, pero primitivamente consciente, de un muchacho al que vio varias veces hacía cuatro años y que constituía un modelo de vicios infantiles, entre ellos, el de la masturbación, vicio que también practicó el sujeto, reprochándoselo ahora amargamente. Su madre había observado, por entonces, que el vicioso niño tenía *un color verdoso y los ojos encarnados* (los párpados ribeteados). De este recuerdo procede, pues, el fantasma que le impide conciliar el reposo y que está destinado después a recordarle la predicción que le hizo su madre de que tales niños se vuelven idiotas, no consiguen aprender nada en la escuela y mueren jóvenes. Nuestro pequeño paciente demuestra la realización de una parte de esta profecía, pues no avanza en sus estudios, y teniendo conciencia de ello, le espanta que pueda también realizarse la segunda parte. El tratamiento logró devolver en poco tiempo el reposo, hacerle perder el miedo y terminar el año escolar con notas sobresalientes.

Agregaré aquí la solución de una visión que me fue relatada por una histérica de cuarenta años, visión muy anterior a la enfermedad que le llevaba a mi consulta. Al despertar una mañana vio ante sí a su hermano mayor que se hallaba recluido en un manicomio. Su hijo pequeño dormía en la cama junto a ella, para *evitar que se asustase y le diesen convulsiones* si veía a su tío, le tapó la cabeza con la *colcha*, desvaneciéndose entonces la aparición. Esta visión no era sino la elaboración de un recuerdo infantil consciente pero íntimamente enlazado con todo el material inconsciente dado en la vida anímica de la sujeto. La niñera le había relatado que su madre, muerta cuando ella tenía año y medio, había padecido convulsiones epilépticas o histéricas desde un susto que le dio su hermano (el *tío* de la sujeto), apareciéndosele a guisa de fantasma con una *colcha* sobre la cabeza. La visión contiene los mismos elementos que el recuerdo: la aparición del hermano, la colcha, el sobresalto y sus efectos, pero estos elementos han sido ordenados en una forma distinta y transferidos a otras personas. El motivo, harto transparente de la visión, esto es, del pensamiento por ella sustituido, es la preocupación de que su hijo pequeño, que presenta un extraordinario parecido físico con su tío, pueda tener igual desgraciado destino.

Los dos ejemplos que anteceden no carecen de cierta relación con el estado de reposo y son, quizá, por lo tanto, poco apropiados para la demostración que con ellos me proponía alcanzar. Pero mi análisis de una paranoica alucinada[137] y los resultados de mis estudios, aún no publicados, sobre la psicología de la neurosis, robustecen la afirmación de que, en estos casos de transformación regresiva de las ideas, hemos de tener en cuenta la influencia de un recuerdo reprimido o inconsciente, infantil en la mayoría de los casos. Este recuerdo arrastra consigo a la regresión, esto es, a la forma de representación en la que el mismo se halla dado psíquicamente, a las ideas con él enlazadas y privadas de expresión por la censura. Mencionaremos aquí,

[137] "Observaciones sobre las psiconeurosis de defensa". *Neurologisches Zentralblatt*, 1896 (*Colección de ensayos sobre la teoría de las neurosis*).

como un resultado del estudio de la histeria, el hecho de que las escenas infantiles (trátese de recuerdos o de fantasías) son vistas alucinatoriamente cuando se consigue hacerlas conscientes y, sólo después de explicar al paciente su sentido, es cuando pierden este carácter. Sabido es también que incluso en personas que no poseen en alto grado la facultad de la reminiscencia visual suelen conservar los recuerdos infantiles más tempranos un carácter de vivacidad sensorial, hasta los años más tardíos.

Si recordamos cuál es el papel que, en las ideas latentes, corresponde a los sucesos infantiles o a las fantasías en ellos basadas, con cuánta frecuencia emergen de nuevo fragmentos de estos en el contenido latente y cómo los mismos deseos del sueño aparecen muchas veces derivados de ellos, no rechazaremos la probabilidad de que la transformación de las ideas en imágenes visuales sea también, en el sueño, la consecuencia de la atracción que el recuerdo representado visualmente, y que tiende a resucitar, ejerce sobre las ideas privadas de conciencia, que aspiran a hallar una expresión. Según esta hipótesis, podría también describirse el sueño como la sustitución de la escena infantil, modificada por su transferencia a lo reciente. La escena infantil no puede conseguir su renovación real y tiene que contentarse con retornar a título de sueño.

El descubrimiento de la importancia, hasta cierto punto prototípica, de las escenas infantiles (o de sus repeticiones fantásticas) para el contenido manifiesto del sueño hace que una de las hipótesis de Scherner sobre las fuentes de estímulos interiores resulte totalmente superflua. Supone Scherner que aquellos sueños que presentan una especial vivacidad de sus elementos visuales, o una particular riqueza en estos elementos, tienen por base una excitación interna del órgano de la visión. Por nuestra parte, y sin entrar a discutir esta hipótesis, admitiremos la existencia de un tal estado de excitación en el sistema perceptivo psíquico del órgano de la visión, pero haremos constar, que este estado de excitación ha sido creado por el recuerdo y constituye la renovación de la excitación visual experimentada en el momento real al que corresponde. No poseo ningún ejemplo propio de tal influencia de un recuerdo infantil. Mis sueños son generalmente pobres en elementos sensoriales, pero en el más bello y animado que he tenido durante estos últimos años, me fue fácil referir la precisión alucinatoria del contenido manifiesto a cualidades sensibles de impresiones recientes. En páginas anteriores, hemos citado un sueño en el que el profundo azul del agua, el negro del humo arrojado por las chimeneas de los barcos y el rojo oscuro y el sepia de los edificios me dejaron una profunda impresión. Si algún sueño puede ser referido a una excitación visual, ninguno mejor que éste. ¿Pero qué es lo que la había producido? Una impresión reciente que vino a agregarse a una serie de impresiones anteriores. Los colores que vi en mi sueño eran, en primer lugar, los de las piezas de una caja de construcción con las que mis hijos habían edificado, el día inmediatamente anterior a mi sueño, un espléndido palacio. En las piezas de esta caja de construcción podía encontrarse el mismo rojo obscuro, el mismo azul y el mismo negro que en mi sueño veo. A esta impresión vinieron a agregarse las de mi último viaje a Italia, el bello color azul del Isonzo y de la laguna, y el cálido sepia de la tierra. La belleza cromática del sueño no era, pues, sino una repetición de la que el recuerdo me mostraba.

Concretemos ahora todo lo que hemos averiguado sobre aquella peculiaridad del sueño que consiste en transformar su contenido de representaciones en imágenes sensoriales. No habremos esclarecido este carácter de la elaboración onírica refiriéndolo a leyes conocidas de la Psicología, pero lo hemos extraído en condiciones desconocidas y lo hemos caracterizado, dándole el nombre de carácter regresivo. Hemos opinado que esta regresión es siempre un efecto de la resistencia que se opone al avance de la idea hasta la conciencia por el camino normal y de la atracción simultánea que los recuerdos sensoriales dados ejercen sobre ella[138]. La regresión sería hecha posible en el sueño por la cesación de la corriente diurna progresiva de los órganos sensoriales; factor auxiliar que en las otras formas de la regresión podía ser el que contribuyera al robustecimiento de los demás motivos de la misma. No debemos tampoco olvidar que el proceso de la transferencia de energía habrá de ser, tanto en estos casos patológicos de regresión como en el sueño, muy distinto del que se desarrolla en las regresiones de la vida anímica normal, puesto que en los primeros hace posible una completa carga alucinatoria de los sistemas de percepción. Aquello que en el análisis de la elaboración onírica hemos descrito con el nombre de cuidado de la representabilidad, podría ser referido a la atracción selectora de las escenas visualmente recordadas, enlazadas a las ideas latentes. En la teoría de la formación de síntomas neuróticos, desempeña la regresión un papel no menos importante que en la de los sueños. Distinguimos aquí tres clases de regresión: *a*) una regresión *tópica* en el sentido del esquema de los sistemas *Y*; *b*) una regresión *temporal*, en cuanto se trata de un retorno a formaciones psíquicas anteriores; y *c*) una regresión *formal*, cuando las formas de expresión y representación acostumbradas quedan sustituidas por formas correspondientes primitivas. Estas tres clases de regresión son en el fondo una misma cosa y coinciden en la mayoría de los casos, pues lo más antiguo temporalmente es también lo primitivo en el orden formal y lo más cercano en la tópica psíquica, al extremo de la percepción.

---

[138] En una exposición de la teoría de la represión habríamos de hacer constar que la represión de una idea es llevada a cabo por la acción conjunta de dos factores que actúan sobre ella. Por un lado (la censura de lo consciente) es rechazada, y por el otro (lo inconsciente), atraída. (Cf. "El estudio sobre la represión" de la *Colección de ensayos sobre una teoría de las neurosis*).

No podemos abandonar el tema de la regresión en el sueño sin manifestar una impresión que se nos ha impuesto ya varias veces y que una vez que hayamos profundizado en el estudio de las psiconeurosis, retornará robustecida.

Esta impresión es la de que el acto de soñar es por sí una regresión a las más tempranas circunstancias del soñador, una resurrección de su infancia con todos sus impulsos instintivos y sus formas expresivas. Detrás de esta infancia individual, se nos promete una visión de la infancia filogénica y del desarrollo de la raza humana, desarrollo del cual no es el individual, sino una reproducción abreviada e influida por las circunstancias accidentales de la vida. Sospechamos ya, cuán acertada es la opinión de Nietzsche de que "el sueño continúa un estado primitivo de la humanidad, al que apenas podemos llegar ya por un camino directo", y esperamos que el análisis de los sueños nos conduzca al conocimiento de la herencia arcaica del hombre y nos permita descubrir en él, lo anímicamente innato. Parece como si el sueño y la neurosis nos hubieran conservado una parte insospechada de las antigüedades anímicas, resultando así que el psicoanálisis puede aspirar a un lugar importante entre las ciencias que se esfuerzan en reconstruir las fases más antiguas y oscuras de los comienzos de la Humanidad.

Esta primera parte de nuestra investigación psicológica del sueño no nos llega a satisfacer por completo. Nos consolaremos pensando en que nos vemos obligados a construir en las tinieblas. Además, si no nos engañamos mucho, hemos de retornar muy pronto a estas mismas regiones por un distinto camino y quizá sepamos orientarnos mejor.

c) La realización de deseos.

El sueño con que iniciamos el presente capítulo, o sea, el del padre al que se le aparece su hijo muerto, nos da ocasión para examinar determinadas dificultades con las que tropieza la teoría de la realización de deseos. Todos hemos extrañado que el sueño no pueda ser sino una realización de deseos, y no sólo por la contradicción que supone la existencia de sueños de angustia. Después de comprobar por medio del análisis que el sueño entrañaba un sentido y un valor psíquico, no esperábamos en modo alguno una tan limitada y estricta determinación de tal sentido. Según la definición correcta, pero insuficiente, de Aristóteles, el sueño no es sino la continuación del pensamiento durante el estado de reposo. Pero si nuestro pensamiento crea durante el día tan diversos actos psíquicos —juicios, conclusiones, refutaciones, hipótesis, propósitos, etc.,— ¿cómo puede quedar obligado luego, durante la noche, a limitarse única y exclusivamente a la producción de deseos? ¿No habrá, quizá, gran número de sueños que entrañen otro acto psíquico distinto, por ejemplo, una preocupación? ¿Y no será éste realmente el caso del sueño antes expuesto, en el que del resplandor que a través de sus párpados percibe durante el reposo, deduce el sujeto la conclusión de que una vela ha caído sobre al ataúd y ha podido prender fuego al cadáver, y transforma esta conclusión en un sueño, dándole la forma de una situación sensible y presente? ¿Qué papel desempeña aquí la realización de deseos? ¿Es acaso posible negar en este sueño el predominio de la idea continuada desde la vigilia o provocada por la nueva impresión sensorial?

Todo esto es exacto, y nos obliga a examinar más detenidamente el sueño desde los puntos de vista de la realización de deseos y de la significación de los pensamientos de la vigilia en él continuados.

La realización de deseos nos ha hecho ya dividir los sueños en dos grupos. Hemos hallado sueños que mostraban francamente tal realización, y otros en los que no nos era posible descubrirla sino después de un minucioso análisis. En estos últimos sueños reconocimos la actuación de la censura onírica.

Los sueños no disfrazados demostraron ser característicos de los niños. En los adultos *parecían* —quiero acentuar esta restricción— *parecían*, repito, presentarse también sueños optativos, breves y francos. Podemos preguntarnos ahora de dónde procede, en cada caso, el deseo que se realiza en el sueño. ¿Pero a qué antítesis o a qué diversidad podemos referir este "de dónde"? A mi juicio, nos es posible referirlo a la antítesis existente entre la vida diurna consciente y una actividad psíquica inconsciente durante el día y que sólo a la noche puede hacerse perceptible. Hallamos, entonces, tres posibles procedencias del deseo: 1°, puede haber sido provocado durante el día y no haber hallado satisfacción a causa de circunstancias exteriores, y entonces perdura por la noche un deseo reconocido e *insatisfecho*; 2°, puede haber surgido durante el día, pero haber sido rechazado, y entonces perdura en nosotros un deseo insatisfecho, pero reprimido; y 3°, puede hallarse exento de toda relación con la vida diurna y pertenecer a aquellos deseos que sólo por la noche surgen en nosotros, emergiendo de lo reprimido. Volviendo a nuestro esquema del aparato psíquico, localizaremos un deseo de la primera clase en el sistema *Prec.*; de los de la segunda supondremos que han sido obligados a retroceder desde el sistema *Prec.* al sistema *Inc.* y que, si se han conservado, tienen que haberse conservado en él. Por último, de los deseos pertenecientes a la tercera clase, creemos que son totalmente incapaces de salir del sistema *Inc.* ¿Habremos de suponer que sólo los deseos emanados de estas diversas fuentes tienen el poder de provocar un sueño?

Examinados los sueños que pueden proporcionarnos datos para contestar a esta pregunta, observamos, en primer lugar, la necesidad de considerar como una cuarta fuente de deseos provocadores de sueños los impulsos optativos surgidos durante la noche (la sed, la necesidad sexual, etc.), y nos inclinamos después a afirmar que la procedencia del deseo no influye para nada en su capacidad de provocar un sueño. Recordemos el sueño del niño que continúa la travesía interrumpida aquella tarde y todos los demás ejemplos de este género que a su tiempo expusimos. Todos estos sueños quedan explicados por un deseo insatisfecho, pero no reprimido, del día. Los ejemplos de deseos reprimidos que se exteriorizan en sueños son numerosísimos. Me limitaré a exponer el más sencillo que de esta clase he podido encontrar. La sujeto es una señora un tanto burlona. Durante el día le han preguntado repetidas veces qué juicio le merecía el novio de una amiga suya, más joven que ella. Su verdadera opinión es que se trata de un "*hombre adocenado*" y la hubiera manifestado gustosa, pero en obsequio a su amiga, la sustituye por grandes alabanzas. Aquella noche sueña que le dirigen la misma pregunta y que responde diciendo: "*Cuando en la tienda saben ya de lo que se trata, basta con indicar el número*". Por último, nos ha demostrado el análisis, que en todos los sueños que han pasado por una deformación, procede el deseo de lo inconsciente y este no pudo ser observado durante el día. De este modo, todos los deseos nos parecen, al principio, equivalentes y de igual poder para la formación de los sueños.

No puedo demostrar aquí que en realidad suceden las cosas de otro modo, pero me inclino mucho a suponer una más severa condicionalidad del deseo onírico. Los sueños infantiles no permiten dudar de que su estímulo es un deseo insatisfecho durante el día, pero no debemos olvidar que se trata del deseo de un niño con toda la energía de los impulsos optativos infantiles. En cambio, no me parece verosímil que un deseo insatisfecho pueda bastar para provocar un sueño en un sujeto adulto. Opino, más bien, que el dominio progresivo de nuestra vida instintiva por la actividad intelectual nos lleva a renunciar cada vez más a la formación o conservación de deseos tan intensos como los que el niño abriga. Claro es que dentro de esto puede haber diferencias individuales y conservar unas personas el tipo infantil de los procesos anímicos durante más tiempo que otras, diferencia que observamos también en la debilitación de la representación visual, originariamente muy precisa. Pero en general, creo que el deseo insatisfecho durante el día no basta para crear un sueño en los adultos. Concedo que el sentimiento optativo procedente de la conciencia puede contribuir a provocar un sueño, pero nada más. El sueño no nacería si el deseo preconsciente no quedase robustecido por otros factores.

Estos factores proceden de lo inconsciente. *Imagino que el deseo consciente sólo se constituye en estímulo del sueño cuando consigue despertar un deseo inconsciente de efecto paralelo con que reforzar su energía.* Conforme a los indicios deducidos del psicoanálisis de la neurosis, considero que tales deseos inconscientes se hallan siempre en actividad y dispuestos siempre a conseguir una expresión en cuanto se les ofrece ocasión para aliarse con un sentimiento procedente de lo inconsciente y transferirle su mayor intensidad[139]. Parece entonces como si únicamente el deseo consciente se hallara realizado en el sueño, pero una pequeña singularidad en la estructura del mismo nos permitirá seguir las huellas del poderoso auxiliar llegado de lo inconsciente. Estos deseos de nuestro inconsciente, siempre en actividad y, por decirlo así, inmortales, deseos que nos recuerdan a aquellos titanes de la leyenda sobre los cuales

---

[139] Estos deseos comparten este carácter de indestructibilidad con todos los demás actos inconscientes, es decir, con aquellos actos anímicos que pertenecen exclusivamente al sistema *Inc.* Tratase de caminos abiertos de una vez y para siempre, que nunca se ven solitarios, conduciendo a una derivación al proceso de excitación siempre que la excitación inconsciente las carga de nuevo. Aclararemos este proceso con una comparación. Sucede con estos deseos lo que con las sombras infernales de la Odisea, las cuales volvían a la vida en cuanto se les daba a beber sangre. Los procesos dependientes del sistema preconsciente son destructibles en un sentido completamente distinto. En estas diferencias reposa la psicoterapia de las neurosis.

pesan desde tiempos inmemoriales inmensas montañas que fueron arrojadas sobre ellos por los dioses vencedores y que aún tiemblan de tiempo en tiempo, sacudidas por las convulsiones de sus miembros; —estos deseos reprimidos, repito, son también de procedencia infantil como nos lo ha demostrado la investigación psicológica de las neurosis. Así, pues, retiraré mi afirmación anterior de que la procedencia del deseo era una cuestión indiferente y la sustituiré por la que sigue: *El deseo representado en el sueño tiene que ser un deseo infantil.* En los adultos, procede entonces del *Inc.* En los niños, en los que no existe aún la separación y la censura entre el *Prec.* y el *Inc.*, o en los que comienza a establecerse poco a poco, el deseo es un deseo insatisfecho, pero no reprimido de la vida despierta. Sé que estas afirmaciones no pueden demostrarse en general, pero insisto en que pueden comprobarse frecuentemente, aun en ocasiones en las que no lo sospechábamos.

Los sentimientos optativos procedentes de la vida despierta consciente pasan, por lo tanto, a segundo término en la formación de los sueños, pues no podemos atribuirles importancia mayor de la que atribuimos a las sensaciones surgidas durante el reposo en la formación del contenido manifiesto (véase la parte I, cap. V, inciso *a*). Permaneciendo dentro de los límites que el proceso mental que voy desarrollando me prescribe, dirigiré ahora mi atención a los restantes estímulos psíquicos procedentes de la vida diurna y que no poseen el carácter de deseos. Cuando decidimos entregarnos al reposo, podemos conseguir la cesación interina de las cargas psíquicas de nuestro pensamiento despierto. Aquellas personas que así lo logran con facilidad, gozan de un tranquilo reposo. Dícese que Napoleón I era un sorprendente ejemplo de este género. Pero no siempre conseguimos tal cosa y cuando la conseguimos, no siempre por completo. Los problemas aún no solucionados, las preocupaciones que nos atormentan y una multitud de impresiones diversas continúan la actividad mental durante el reposo y mantienen el desarrollo de procesos anímicos en el sistema que hemos calificado con el nombre que preconsciente. Los estímulos mentales que continúan durante el reposo pueden ser divididos en los grupos siguientes: 1°, aquellos procesos que durante el día no han podido llegar a término por haber quedado interrumpidos a causa de una circunstancia cualquiera; 2°, aquello que ha permanecido interminado o sin solución por paralización de nuestra energía mental; y 3°, aquello que hemos rechazado y reprimido durante el día. A estos tres grupos se añade otro más importante, formado por aquello que la labor diurna de lo preconsciente ha estimulado en nuestro *Inc.* Por último, podemos agregar, como quinto grupo, el formado por las impresiones diurnas indiferentes, y por lo tanto inderivadas.

Las intensidades psíquicas que estos restos de la vida diurna introducen en el estado de reposo, sobre todo las pertenecientes al grupo de lo inderivado, poseen mayor importancia de lo que pudiera creerse, pues constituyen excitaciones que luchan durante la noche por alcanzar una expresión mientras que el estado de reposo imposibilita el curso acostumbrado del proceso de excitación a través de lo preconsciente y su término por el acceso a la conciencia. Mientras tenemos conciencia de nuestros procesos mentales normales, nos es, en efecto, imposible conciliar el reposo. No puedo decir cuál es la modificación que el estado de reposo provoca en el sistema *Prec.*, pero es indudable que la característica psicológica del sueño ha de ser buscada esencialmente en las modificaciones de la carga psíquica de este sistema que domina también el acceso a la motilidad, paralizada durante el reposo. En cambio, no sé de ningún dato de la psicología del sueño que pueda inclinarnos a admitir que el reposo introduce alguna transformación en el sistema *Inc.*, si no es secundariamente. La excitación nocturna desarrollada en el *Prec.* no encuentra otro camino que el seguido por las excitaciones optativas procedentes del *Inc.*, y tiene que buscar refuerzo en este último y dar los rodeos de las excitaciones inconscientes. ¿Pero cuál es la significación de los restos diurnos preconscientes con respecto al sueño? No cabe duda de que penetran en gran número en él y utilizan su contenido manifiesto para imponerse a la conciencia también durante la noche, llegando incluso a dominar el contenido del sueño y a obligarle a continuar la labor diurna. Es también indudable, que *los restos diurnos pueden tener el carácter de deseos del mismo modo que cualquier otro*. Resulta muy instructivo, y es decisivo para la teoría de la realización de deseos, observar cuáles son las condiciones a las que se tienen que someter para hallar acogida en el sueño.

Recordemos uno de los ejemplos antes expuestos: el sueño que me muestra a mi amigo Otto con los signos de la enfermedad de Basedow (parte I, cap. V, inciso *β*, apartado IV). El mal aspecto de mi amigo me había preocupado durante el día y he de suponer que continuó preocupándome durante el reposo. Mi pensamiento se esforzaba, sin duda, en descubrir qué era lo que podía tener Otto. Esa preocupación halló, por la noche, una expresión en el sueño citado, cuyo contenido es desatinado y no deja reconocer realización ninguna de deseos. Pero investigando de dónde podía proceder aquella desmesurada representación de mi preocupación diurna, me reveló el análisis la conexión buscada, mostrándome que en el sueño me identificaba con el profesor R. e identificaba a Otto con el barón de L. Esta sustitución de las ideas diurnas no puede tener más explicación que la siguiente: en mi inconsciente, debo hallarme dispuesto de continuo a identificarme con el profesor R., puesto que satisfago así uno de los inmortales deseos infantiles, o sea, el deseo de grandezas. Determinadas ideas hostiles contra mi amigo Otto, ideas censurables y que hubieran sido rechazadas en la vigilia, aprovecharon la ocasión para alcanzar una forma expresiva, pero, al mismo tiempo, también mi preocupación diurna, a él relativa, quedó expresada por medio de una sustitución en el contenido manifiesto. La idea diurna, que no era un deseo, sino por el contrario, una preocupación dolorosa, tuvo que crearse una conexión con un deseo infantil y reprimido, al que después de prepararlo convenientemente, hizo "nacer" en la conciencia. Cuanto más dominante fuera esta preocupación, más poderoso podía ser el enlace que había de ser creado. Entre el contenido del deseo y el de la preocupación no necesitaba existir conexión ninguna, como, en efecto, no existe en nuestro ejemplo.

Creemos ha de ser muy útil dedicar ahora nuestra atención al problema de cómo se conduce el sueño cuando encuentra en las ideas latentes un material de naturaleza opuesta a la realización de deseos, esto es, cuando dichas ideas entrañan una preocupación, una reflexión dolorosa o un conocimiento penoso. En estas circunstancias puede darse la alternativa siguiente: a) la elaboración consigue sustituir todas las representaciones displacientes por representaciones contrarias y reprimir los efectos displacientes que a las primeras corresponden, y entonces, resulta un puro sueño de satisfacción, o sea, una franca realización de deseos en la que nada tenemos que investigar; b) las representaciones penosas pasan, más o menos transformadas, pero bien reconocibles al contenido manifiesto. Este es el caso que nos hace dudar de la exactitud de la teoría optativa del sueño y precisa de una mayor investigación. Tales sueños de contenido penoso pueden desarrollarse en medio de la mayor indiferencia del sujeto, traer consigo afectos displacientes que parecen justificados por su contenido de representaciones o conducir, por último, a la interrupción del reposo mediante el desarrollo de angustia.

El análisis nos demuestra que también estos sueños displacientes son realizaciones de deseos. Un deseo inconsciente y reprimido, cuya satisfacción habría de ser sentida con displacer por el *yo* del soñador, ha aprovechado la ocasión que le es ofrecida por la conservación de la carga psíquica de los restos diurnos penosos y le ha prestado su apoyo, haciéndolos susceptibles de provocar un sueño. Pero mientras que en el caso a) coincidía el deseo inconsciente, en el caso b), surge la discordia entre lo consciente —lo reprimido y el *yo*— y queda constituida la situación de la fábula de los tres deseos cuya realización concede el hada al anciano matrimonio (véase más adelante). La satisfacción producida por la realización del deseo reprimido puede ser tan grande que equilibre todos los afectos penosos correspondientes a los restos diurnos, y el sueño presentará entonces un matiz afectivo indiferente, aunque constituye, por un lado, la realización de un deseo y por otro, la realización de algo temido. Pero también puede suceder que el *yo* dormido tome una parte mayor en la formación del sueño y reaccione con una enérgica indignación contra la satisfacción lograda por el deseo reprimido, reacción que desencadenará afectos displacientes e incluso llegará a poner fin al sueño, interrumpiendo el reposo con el desarrollo de angustia. No es, pues, difícil reconocer que los sueños de angustia y los displacientes son también, como los sueños de satisfacción, realizaciones de deseos.

Los sueños displacientes pueden ser así mismo, "*sueños punitivos*". Hemos de conceder que al reconocerlo así agregamos a la teoría del sueño algo nuevo, en cierto sentido. Aquello que en ellos queda realizado, es, igualmente, un deseo inconsciente. El de un castigo del soñador por un deseo ilícito reprimido. De este modo, se adaptan estos sueños a la ley de que la fuerza impulsora de la formación onírica tiene que ser prestada por un deseo perteneciente a lo inconsciente. Un análisis psicológico más sutil, nos permite reconocer la diferencia que los separa de los demás sueños optativos. En los casos del grupo *b*, el deseo inconsciente provocador del sueño pertenecía a lo reprimido. En los sueños punitivos se trata también de un deseo inconsciente, pero al que no podemos agregar ya a lo reprimido sino al *yo*. Los sueños punitivos indican, pues, la posibilidad de una más amplia participación del *yo* en la formación de los sueños. El mecanismo de este proceso se nos hace mucho más transparente en cuanto sustituimos la antítesis entre lo "consciente" y lo "inconsciente" por la del "*yo*" y lo "reprimido". Pero esta sustitución no puede ser llevada a efecto sin un previo conocimiento de los procesos de la psiconeurosis. Me limitaré, pues, a observar que los sueños punitivos no se hallan enlazados generalmente a la condición de la existencia de restos diurnos penosos. Por el contrario, surgen con mayor facilidad en circunstancias contrarias, esto es, cuando los restos diurnos son ideas de naturaleza satisfactoria, pero que expresan satisfacciones ilícitas. Partiendo de estas ideas, no llega, entonces, al sueño manifiesto elemento ninguno que represente una contradicción directa de las mismas, análogamente a como sucedía en los sueños del grupo *a*. El carácter esencial de los sueños punitivos sería el de que en ellos no es el deseo inconsciente procedente de lo reprimido (del sistema *Inc.*), el que se constituye en formador del sueño, sino el deseo que reacciona él, procedente del *yo*, aunque también inconsciente (esto es preconsciente)[140]. Podemos ya precisar qué es lo que el deseo inconsciente significa para el sueño. Concedo que

---

[140] Procuraré aclarar estas afirmaciones con la exposición de un sueño propio que muestra, sobre todo, la forma en que la elaboración onírica procede con un resto diurno de penosas preocupaciones:

El principio es un tanto borroso. < <Digo a mi mujer que tengo que darle una noticia muy satisfactoria. Mi mujer se asusta y no quiere oírme, pero le aseguro que es algo que ha de regocijarla y comienzo contarle que el cuerpo de oficiales del Arma a la que nuestro hijo pertenece ha mandado una cantidad de dinero (¿5.000 coronas?), algo de reconocimiento... distribución... Mientras tanto, he entrado con mi mujer en un cuartito que parece ser una despensa para sacar algo

de él. De repente, veo a mi hijo. No viene de uniforme, sino que trae un traje de sport muy ceñido (como la piel de una foca), con una pequeña capita. Se sube sobre una cesta que hay al lado de un cajón, como si quisiera colocar algo encima de este último. Le llamo, pero no me responde. Me parece ver que trae la cara o la frente vendada y que se introduce algo en la boca o se anda en los dientes. Sus cabellos han encanecido. Pienso si estará muy agotado y si llevará dientes postizos. Antes de haber podido llamarle por segunda vez despierto sin sentir angustia, pero con palpitaciones. El reloj señala las dos y media.»

No siéndome posible comunicar un análisis completo de este sueño me limitaré a hacer resaltar algunos puntos decisivos. El motivo del sueño estaba constituido por penosas preocupaciones del día. Mi hijo se hallaba combatiendo en el frente y no teníamos noticias suyas hacía ya más de una semana. En el contenido latente encuentra expresión el convencimiento de que ha muerto o está herido. Al principio del sueño, observamos un enérgico esfuerzo para sustituir las ideas penosas por sus contrarias. Tengo que comunicar a mi mujer algo muy satisfactorio, el envío de una cantidad, el reconocimiento, la distribución. (La cantidad procede de un satisfactorio suceso real de mi práctica médica e intenta, por lo tanto, desviar el tema.) Pero este esfuerzo fracasa en absoluto. Mi mujer sospecha algo terrible y no me quiere oír. Los disfraces bajo los que el sueño se presenta son en extremo transparentes, y todos los elementos revelan su relación con aquello que debe ser reprimido. Si mi hijo ha muerto, sus camaradas me remitirán sus efectos y tendré que distribuir su herencia entre sus hermanas. De los oficiales caídos en el campo de batalla, se dice que han merecido el reconocimiento de la Patria. El sueño tiende, pues, directamente a dar expresión a aquello que al principio quería negar, proceso en el cual se hace notar, a través de las deformaciones, la tendencia realizadora de deseos. (El cambio de lugar durante el sueño puede ser interpretado, quizá, en el sentido del simbolismo del umbral, establecido por Silberer). No sospechamos qué es lo que le presta la necesaria fuerza impulsora. En la escena onírica no se nos muestra mi hijo como alguien que "cae" sino como alguien que "sube". En su juventud, ha sido un intrépido alpinista. (No se nos aparece de uniforme sino vestido con un traje de sport), esto es, el accidente que ahora tememos le haya sucedido, ha sido sustituido por otra anterior (una vez que se rompió una pierna patinando). La hechura singular de su traje, con el que parece una foca, nos recuerda a otro individuo, más joven, de nuestra familia, a nuestro gracioso nietecito. El cabello gris alude al padre de este niño, nuestro yerno, duramente castigado por la guerra. ¿Qué quiere esto decir? Pero basta. El lugar en que el sueño desarrolla —una despensa—, el cajón del que mi hijo quiere coger algo (o sobre el que quiere colocar algo, en el sueño), son indudables alusiones a un existe una clase de sueños cuyo estímulo procede predominante o hasta de un modo exclusivo de los restos de la vida diurna, y opino que incluso mi deseo de recibir algún día el título de profesor extraordinario me hubiera dejado dormir tranquilo aquella noche, si no hubiera perdurado aún, en mí, el cuidado que la salud de mi amigo me inspiraba. Pero este cuidado no habría provocado, sin embargo, sueño ninguno, pues la *fuerza impulsora* de que el sueño precisaba tenía que ser reforzada por un deseo. Así, pues, para formar el sueño, tuvo mi preocupación que buscar un tal deseo y aliarse con él. Trataremos de aclarar estas circunstancias por medio de una comparación tomada de la vida social. Es muy posible que la idea diurna represente en la formación del sueño, el papel de *socio industrial.* El socio industrial posee una idea y quiere explotarla, pero no puede hacer nada sin capital y necesita un *socio capitalista* que corra con los gastos. En el sueño, el capitalista que corre con el gasto psíquico necesario para la formación del sueño es siempre cualquiera que sea la idea diurna, *un deseo de lo inconsciente.*

Otras veces, se reúnen ambos caracteres en una persona misma, el caso más corriente en el sueño. La labor diurna ha provocado un deseo inconsciente y éste crea entonces el sueño. También para todas las demás modificaciones posibles de la

---

accidente que sufrí, por mi propia culpa. Teniendo unos dos o tres años, quise alcanzar una golosina de un armario de la despensa y me subí sobre una banqueta colocada encima de una mesa, pero me caí y me di un golpe que pudo haberme costado perder los dientes. Este elemento del sueño constituye un reproche. —"Te está bien empleado"— equivalente a un sentimiento hostil contra mi hijo. Profundizando en el análisis descubrí el sentimiento oculto al que pudiera satisfacer la temida desgracia de mi hijo. En la envidia de la juventud, envidia que el hombre maduro siente siempre por mucho que crea haberla dominado y resulta indudable, que precisamente la dolorísima emoción que habría de surgir si dicha desgracia se confirmara, es la que reanima, como atenuante, una tal realización reprimida de deseos.

asociación económica empleada aquí como ejemplo, hallamos un paralelo en los procesos oníricos. El socio industrial puede aportar una pequeña suma al capital; varios socios industriales pueden dirigirse al mismo capitalista o varios capitalistas reunir entre sí lo necesario para auxiliar al socio industrial. Correlativamente, hay también sueños mantenidos por más de un deseo. Podríamos continuar así hasta agotar todas las variantes de la relación económica que hemos escogido como término de comparación, pero no lo creemos necesario. Aquello que en estas especulaciones sobre el deseo onírico haya quedado aún incompleto será completado más adelante.

El *tertium comparationis* del paralelo establecido, esto es, la cantidad disponible, puede ser aún más sutilmente utilizado para el esclarecimiento de la estructura del fenómeno onírico. En la mayoría de los sueños hallamos un centro que posee una especial intensidad sensorial. Este centro constituye regularmente la representación directa de la realización de deseos, pues cuando deshacemos los desplazamientos de la elaboración, hallamos sustituida la intensidad psíquica de los elementos de las ideas latentes por la intensidad sensorial de los elementos del contenido manifiesto. Los elementos más próximos a la realización de deseos pueden ser ajenos al sentido de la mismo y constituir ramificaciones de ideas displacientes contrarias al deseo que, por medio de una conexión artificialmente creada muchas veces con los elementos centrales, han obtenido intensidad suficiente para alcanzar una representación. La fuerza representadora de la realización de deseos se extiende de este modo sobre una esfera de conexiones dentro de la cual todos los elementos, incluso aquellos que de por sí carecen de medios, llegan a la representación. En aquellos sueños que entrañan varios deseos impulsores resulta fácil delimitar las esferas de cada una de las realizaciones de deseos y caracterizar como zonas limítrofes las lagunas que el sueño presenta.

Aunque la importancia de los restos diurnos queda muy disminuida con las observaciones que proceden, vale todavía la pena concederles alguna atención, pues deben de constituir un ingrediente necesario para la formación onírica desde el momento en que todo sueño revela siempre una conexión con una impresión diurna reciente y a veces indiferente en absoluto. Hasta ahora, no hemos logrado explicarnos claramente la necesidad de una tal agregación a la forma de los sueños. Pero es que esta necesidad sólo nos revela su esencia cuando descubrimos la misión del deseo inconsciente y la estudiamos en conexión con la psicología de la neurosis. Vemos, entonces, que la representación inconsciente es absolutamente incapaz, como tal, de llegar a lo preconsciente. Lo único que puede hacer es exteriorizar en él un efecto, enlazándose con una representación preconsciente no censurable a la que transfiere su intensidad y detrás de la cual se oculta. Este hecho, al que damos el nombre de *transferencia*, contiene la explicación de muchos singulares procesos de la vida anímica de los neuróticos. La transferencia puede dejar intacta la representación procedente de lo preconsciente, la cual alcanza entonces una gran intensidad inmerecida, o puede imponerle una modificación paralela al contenido de la representación inconsciente. Ruego se me perdone mi tendencia a buscar comparaciones de la vida cotidiana, pero no puedo por menos de recordar que las circunstancias en las que se nos muestra aquí la representación reprimida resultan muy análogas a las impuestas en nuestro país a los dentistas americanos, los cuales no pueden ejercer su profesión si no les sirve de escudo, ante la ley, un doctor en Medicina, cuyo título haya sido expedido por una Universidad indígena. Pero, así como no son precisamente los médicos de más clientela los que consienten en tales alianzas con los dentistas, tampoco en lo psíquico consienten en servir de encubrimiento a una representación reprimida, aquellas otras representaciones preconscientes o conscientes que han atraído suficientemente sobre sí la atención activa de lo preconsciente. Lo inconsciente se enlazará, más bien, con aquellas impresiones y representaciones de lo preconsciente que han quedado desatendidas por ser indiferentes, o de las que la atención quedó retirada a causa de haber sido condenadas y rechazadas. Por último, según un principio experimentalmente comprobado de la teoría de las asociaciones, aquellas representaciones que han constituido ya una íntima conexión en un sentido parecen rechazar grupos enteros de nuevas conexiones. En otro lugar, hemos intentado utilizar este principio como base de una teoría de las parálisis histéricas.

Si aceptamos para el fenómeno onírico esta necesidad de transferencia de las representaciones reprimidas, descubierta en el análisis de las neurosis, hallaremos de una sola vez la solución de dos de sus enigmas: el de que todo análisis revela la intervención de una impresión reciente en la formación del sueño, y el de que este elemento sea muchas veces de carácter trivialísimo e indiferente. Sabemos ya que, si tales elementos recientes e indiferentes pasan con tanta frecuencia al sueño, como sustituciones de las ideas latentes más antiguas, es porque son las que menos tienen que temer por parte de la censura de la resistencia. Pero mientras que la exención de la censura no nos aclara más que la preferencia de que son objeto los elementos triviales, la constancia de los elementos recientes deja transparentar la necesidad de transferencia. Estos dos grupos de impresiones bastan para satisfacer a lo inconsciente en su demanda de material libre aún de asociaciones: las indiferentes, porque no han ofrecido gran ocasión de amplias conexiones, y las recientes, porque no han tenido tiempo de establecerlas.

Vemos, pues, que si los restos diurnos que participan en la formación del sueño toman algo del *Inc.*, esto es, toman la fuerza impulsora del deseo reprimido, también ofrecen a su vez a lo inconsciente algo imprescindible: el objeto de la transferencia. Si quisiéramos penetrar aquí más profundamente en los procesos anímicos, tendríamos que iluminar antes con mayor intensidad el juego de las excitaciones entre lo preconsciente y lo inconsciente. Mas para esto, habríamos de pasar al estudio de las neurosis, pues el sueño no nos lo permite.

Añadiremos aún una última observación sobre los restos diurnos. Su actuación y no la del sueño —que ejerce, por el contrario, una acción protectora— es la que puede calificarse de perturbadora. Más adelante volveremos sobre esta cuestión.

Investigando las características del deseo onírico, lo hemos derivado del dominio del *Inc.*, y hemos analizado su relación con los restos diurnos, los cuales pueden ser, por su parte, deseos, impulsos psíquicos de cualquier otro género, o simplemente impresiones recientes. De este modo, hemos abierto campo libre a todas las hipótesis favorables a la intervención de la actividad intelectual de la vigilia en la formación de los sueños. No sería siquiera imposible que, fundándonos en los resultados de las anteriores especulaciones, llegásemos a explicar aquellos casos extremos en los que el sueño se constituye en continuador de la labor diurna y lleva a feliz término un proceso mental que el pensamiento despierto dejó pendiente, pero nos falta un ejemplo de este género en el que pudiéramos descubrir, por medio del análisis, la fuente de deseos, infantil o reprimida, cuya atracción hubiese reforzado con tanto éxito la labor de la actividad preconsciente. En cambio, no nos hemos aproximado un solo paso a la solución del problema de porqué lo inconsciente no puede ofrecer durante el reposo otra cosa que la fuerza impulsora para una realización de deseos. La solución de este enigma tiene que arrojar viva luz sobre la naturaleza psíquica del desear. El esquema del aparato psíquico antes establecido va ahora a ayudarnos a conseguirla.

Es indudable que para llegar a su perfección actual ha tenido que pasar este aparato por una larga evolución. Podemos, pues, representárnoslo en un estadio anterior de su capacidad funcional. Determinadas hipótesis nos dicen que el aparato aspiró primeramente a mantenerse libre de estímulos, en lo posible, y adoptó con este fin en su primera estructura el esquema del aparato de reflexión que le permita derivar en el acto, por caminos motores, las excitaciones sensibles que hasta él llegaban. Pero las ineludibles condiciones de la vida vinieron a perturbar esta sencilla función, dando simultáneamente al aparato el impulso que provocó su ulterior desarrollo. Los primeros estímulos que a él llegaron fueron los correspondientes a las grandes necesidades físicas. La excitación provocada por la necesidad interna buscará una derivación en la motilidad, derivación que podremos calificar de "modificación interna" o de expresión de las emociones. El niño hambriento grita y patalea, pero esto no modifica en nada su situación, pues la excitación emanada de la necesidad no corresponde a una energía de efecto momentáneo, sino a una energía de efecto continuado. La situación continuará siendo la misma hasta que por un medio cualquiera —en el caso del niño por un auxilio ajeno— se llega al conocimiento de la *experiencia de satisfacción* que suprime la excitación interior. La aparición de una cierta percepción (el alimento, en este caso), cuya imagen mnémica queda asociada a partir de este momento con la huella mnémica de la excitación emanada de la necesidad, constituye un componente esencial de esta experiencia. En cuanto la necesidad resurja, surgirá también, merced a la relación establecida, un impulso psíquico que cargará de nuevo la imagen mnémica de dicha percepción y provoca nuevamente esta última, esto es, que tenderá a reconstituir la situación de la primera satisfacción. Un tal impulso es lo que calificamos de deseos. La reaparición de la percepción es la realización del deseo, y la carga psíquica completa de la percepción, por la excitación emanada de la necesidad, es el camino más corto para llegar a dicha realización. Nada hay que nos impida aceptar un estado primitivo del aparato psíquico en el que este camino quede recorrido de tal manera que el deseo termine en una alucinación. Esta primera actividad psíquica tiende, por lo tanto, a una *identidad de percepción*, o sea, a la repetición de aquella percepción que se halla enlazada con la satisfacción de la necesidad.

Una amarga experiencia de la vida ha debido de modificar esta actividad mental primitiva, convirtiéndola en una actividad mental secundaria, más adecuada al fin. El establecimiento de la identidad de percepción, por el breve camino regresivo en el interior del aparato, no tiene, en otro lugar, la consecuencia que aparece enlazada desde el exterior con la carga de la misma percepción. La satisfacción no se verifica y la necesidad perdura. Para hacer equivalente la carga interior a la exterior tendría que ser conservada ésta constantemente, como sucede en las psicosis alucinatorias y en las fantasías de hambre, fenómenos que agotan su función psíquica en la *conservación* del objeto deseado. Para alcanzar un aprovechamiento más adecuado de la energía psíquica será necesario detener la regresión de manera que no vaya más allá de la huella mnémica y pueda buscar, partiendo de ella, otros caminos que la conduzcan al establecimiento de la identidad deseada en el mundo exterior[141]. Esta coerción y la desviación consiguiente de la excitación constituyen la labor de un segundo sistema que domina la motilidad voluntaria, esto es, un sistema en cuya función se agrega ahora el empleo de la motilidad para fines antes recordados. Pero toda la complicada actividad mental que se desarrolla desde la huella mnémica hasta la creación de la identidad de percepción por el mundo

[141] O, dicho de otro modo, se reconoce necesaria la realización de un "examen de la realidad".

exterior no representa sino un *rodeo que la experiencia ha demostrado necesario para llegar a la realización de deseos*[142]. El acto de pensar no es otra cosa que la sustitución del deseo alucinatorio. Resulta, pues, perfectamente lógico que el sueño sea una realización de deseos, dado que sólo un deseo puede incitar al trabajo a nuestro aparato anímico. Realizando sus deseos por un breve camino regresivo, nos conserva el sueño una muestra del funcionamiento *primario* del aparato psíquico, funcionamiento abandonado luego, por inadecuado fin. Aquello que dominaba en la vigilia, cuando la vida psíquica era aún muy joven y poco trabajadora, aparece ahora confinado en la vida nocturna del mismo modo que las armas primitivas de la humanidad, el arco y la flecha, han pasado a ser juguetes de los niños. *El soñar es una parte de la vida anímica infantil superada*. En las psicosis se imponen de nuevo estos funcionamientos del aparato psíquico, reprimidos durante la vigilia, y muestran su incapacidad para la satisfacción de nuestras necesidades relacionadas con el mundo exterior.

Los impulsos optativos inconscientes tienden también a imponerse durante el día, y tanto la transferencia como las psicosis nos muestran que dichos impulsos quisieran llegar a la conciencia y al dominio de la motilidad siguiendo los caminos que atraviesan el sistema de lo preconsciente. En la censura entre *Inc.* y *Prec.*, censura cuya existencia nos ha sido revelada por el estudio del sueño, tenemos que reconocer, por lo tanto, la instancia que vela por nuestra salud mental. ¿No constituiría entonces una imprudencia de este vigilante, el hecho de disminuir por la noche su actividad, dejando alcanzar una expresión a los impulsos reprimidos del *Inc.* y haciendo imposible de

---

[142] Le Lorrain ensalza, justificadamente, la realización de deseos del sueño con las siguientes palabras : *Sans fatigue sérieuse, sans être obligué de recourir à cette lutte opiniâtre et longue qui use et corrode les jouissances poursuivies.*

nuevo la regresión alucinatoria? No lo creo, pues cuando este guardián crítico se entrega al reposo —y tenemos, además, la prueba de que su sueño no es nunca muy profundo— cierra la puerta que conduce a la motilidad. Cualesquiera que sean los impulsos del *Inc.*, coartados en otra ocasión, que surjan ahora a escena, podemos permitirles esa libertad, pues siéndoles imposible poner en movimiento el aparato motor, único que podría influir de una manera modificadora sobre el mundo exterior, resultarán completamente inofensivos. El estado de reposo garantiza la seguridad de la fortaleza, cuya vigilancia ha descuidado la censura. El peligro es mayor cuando el desplazamiento de energías no es provocado por el relajamiento nocturno de la censura crítica sino por una debilitación patológica de la misma o por un robustecimiento patológico de las excitaciones inconscientes y tiene efecto hallándose cargado lo inconsciente y abiertas las puertas de la motilidad. En este caso queda derrotado el guardián; las excitaciones inconscientes logran subyugar a lo preconsciente y dominan desde allí nuestras palabras y nuestros actos, o conquistan la regresión alucinatoria y dirigen el aparato psíquico, no destinado a ellas, por medio de la atracción que las percepciones ejercen sobre la distribución de nuestra energía psíquica. Este estado es el que conocemos con el nombre de psicosis.

Nos encontramos ahora en buen camino para continuar edificando la armazón psicológica que abandonamos después de incluir en ella los dos sistemas *Inc.* y *Prec.* Pero tenemos todavía motivos suficientes para proseguir el estudio del deseo como única fuerza impulsora del sueño. Hemos hallado la explicación de que el sueño es siempre una realización de deseos por ser una función del sistema *Inc.*, el cual no tiene otro fin que la realización de deseos y no dispone de fuerzas distintas de los impulsos optativos. Si queremos conservar aún, por algunos momentos, nuestro derecho a emprender tan amplias especulaciones psicológicas, partiendo de la interpretación de los sueños, estaremos obligados a demostrar que tales especulaciones nos permiten llegar a incluir el fenómeno onírico en una totalidad susceptible de entrañar otros productos psíquicos. Si es cierto que existe un sistema inconsciente, no puede ser el sueño su única manifestación. Todo sueño es, desde luego, una realización de deseos, pero tiene que haber también otras formas de realizaciones anormales de deseos, distintas del sueño. Así es, en efecto, pues la teoría de todos los síntomas psiconeuróticos culmina en el principio de que *también estos productos tienen que ser considerados como realizaciones de deseos de lo inconsciente*[143]. Nuestros esclarecimientos hacen del sueño el primer miembro de una serie importantísima para el psiquiatra, pues su comprensión significa la solución de la parte puramente psicológica de la labor psiquiátrica[144]. De otros miembros de esta serie de realizaciones de deseos, por ejemplo, de los síntomas histéricos, conocemos un carácter esencial que aún echamos de menos en los sueños. Por las investigaciones a las que tantas veces he aludido en este estudio, he averiguado que para la formación de un síntoma histérico tienen que colaborar las dos corrientes de nuestra vida anímica. El síntoma no es simplemente la expresión de un deseo inconsciente realizado, pues para su formación, tiene que concurrir, además, un deseo preconsciente que halle también en él su realización, resultando así, doblemente determinado, por lo menos, o sea una vez por cada uno de los sistemas en conflicto. Como en el sueño, queda aquí ilimitado el número de superdeterminaciones. La determinación que no procede de lo

[143] O más correctamente: una parte del síntoma corresponde a la realización de deseos inconscientes, y otra, a la reacción contra la misma.

[144] Hughlings Jackson escribe: “Hallad la esencia del sueño y habréis hallado todo lo que sobre la demencia es posible saber.”

inconsciente es, a mi juicio, siempre un proceso de reacción contra el deseo inconsciente, por ejemplo, un autocastigo. Puedo, por lo tanto, afirmar en general que *el síntoma histérico no nace sino cuando dos realizaciones de deseos, contrarias y procedentes cada una de un sistema psíquico distinto, pueden coincidir en una expresión*. (*Cf.* mis últimas explicaciones del nacimiento de síntomas histéricos en el estudio "Fantasías histéricas y su realización con la sexualidad", publicado en la segunda serie de la *Colección de ensayos sobre una teoría de las neurosis*, 1909). La exposición de ejemplos nos sería poco útil en esta materia, pues sólo el completo esclarecimiento de su complicación es susceptible de llevarnos a un convencimiento de la exactitud de lo afirmado. Me limitaré, pues, a dejar consignado lo que antecede, y simplemente a título de ilustración, mas no porque pueda poseer fuerza probatoria alguna, expondré un ejemplo de síntoma tan tenso. En una paciente, demostraron ser los vómitos histéricos la realización de una fantasía inconsciente de sus años de pubertad; esto es, la del deseo de hallarse continuamente embarazada, tener muchísimos hijos, y tenerlos del mayor número posible de hombres.

Contra este deseo, se elevó, naturalmente, un poderoso impulso defensivo. Pero dado que los continuos vómitos hablan de desmejorar a la paciente, haciéndola perder su belleza, de manera que no pudiera inspirar a los hombres ningún deseo, resultaba que también el proceso mental punitivo hallaba su realización en el síntoma. Aprobado, así, por ambos lados podía éste pasar a la realidad. Esta forma de realizar un deseo nos recuerda a la empleada por la reina de los parthos con el trumviro Craso. Suponiendo que era el ansia de riquezas lo que le había llevado a declararle la guerra, hizo verter oro fundido en la boca del cadáver de su enemigo, diciéndole: "Toma; aquí tienes lo que deseabas".

Del sueño no sabemos hasta ahora, sino que expresa una realización de deseos de lo inconsciente, y parece que el sistema dominante preconsciente permite dicha realización, después de imponerle determinadas deformaciones. No nos es posible realmente demostrar, en general, la existencia de pensamientos contrarios al deseo del sueño y que se realizaran también en este último. Sólo en algunos casos nos han revelado los análisis indicios de creaciones reactivas, por ejemplo, mi cariño hacia R, en el sueño de mi tío. Pero esta agregación preconsciente que aquí echamos de menos se nos muestra en un lugar distinto. El sueño puede dar expresión a un deseo de lo inconsciente, después de haberle impuesto toda clase de deformaciones, mientras el sistema dominante se ha entregado *al deseo de reposar* y lo realiza por la creación de las modificaciones que le es posible introducir en la carga del aparato psíquico, manteniéndolo realizado a través de toda la duración del reposo[145].

Este deseo de dormir, mantenido por lo preconsciente, ejerce, en general, un efecto favorable a la formación del sueño. Recordemos el sueño del padre al que el resplandor que llega desde la habitación vecina introduce a la conclusión de que el cadáver puede estarse quemando. Una de las fuerzas psíquicas que provocan la deducción de esta conclusión, en lugar del despertar del sujeto, es el deseo de prolongar por un momento la vida del niño, quien es resucitado en el sueño. No habiendo podido realizar el análisis de este caso, se nos escapan probablemente otros deseos inconscientes en él contenidos. Como su segunda fuerza impulsora, podemos considerar la necesidad de reposo del padre. El sueño prolonga, al mismo tiempo, la vida del niño y el reposo del sujeto. El deseo de continuar durmiendo presta su ayuda en todos los sueños al deseo inconsciente. En páginas anteriores, hemos hablado de sueños que

[145] Tomo estos pensamientos de la teoría de Liébeault sobre el sueño. Este autor es iniciador de la investigación hipnótica en nuestros días. (*Du sommeil provoqué*, etc., París, 1889).

se manifiestan francamente como sueños de comodidad. En realidad, todos los sueños pueden recibir justificadamente este nombre. En los sueños que elaboran el estímulo exterior hasta hacerlo compatible con la continuación del reposo es enlos que resulta más fácilmente reconocible la actuación del deseo de continuar durmiendo. Pero este deseo tiene que intervenir también en la formación de todos los demás sueños, los cuales sólo desde el interior pueden perturbar el reposo. Cuando el sueño resulta demasiado perturbador, advierte el *Prec.* a la conciencia: Déjalo y sigue durmiendo. No es más que un sueño. Esta advertencia describe la conducta general de nuestra actividad anímica dominante con respecto al sueño. Concluiremos, pues, *que durante todo el estado de reposo, sabemos tan seguramente que soñamos como que dormimos*. No debemos conceder importancia ninguna a la objeción de que nuestra conciencia no llega nunca a la percepción de uno de estos conocimientos y a la del otro únicamente en ocasiones determinadas, cuando la censura se siente sorprendida. En cambio, hay personas que se dan perfecta cuenta de que duermen y sueñan, poseyendo, por lo tanto, una capacidad consciente de dirigir la vida onírica. Cuando uno de estos sujetos no se halla conforme con el giro que toma un sueño, lo interrumpe sin despertar y lo comienza de nuevo para continuarlo en una distinta forma. Otras veces, cuando el sueño le ha colocado en una situación sexualmente excitante, piensa, sin despertar: No quiero seguir soñando esto para acabar con una polución. Prefiero reservar mis fuerzas para una situación real.

El marqués D'Hervey (Vaschidel, pág. 139) afirmaba haber logrado llegar a un tal dominio sobre sus sueños, que le era posible acelerar a voluntad su curso y darles la dirección que mejor le parecía. El deseo de dormir dejaba lugar aquí a otro deseo preconsciente, esto es, el de observar los propios sueños y divertirse con ellos. El reposo es tan compatible con un tal propósito optativo como con el establecimiento de una determinada condición del despertar (recuérdese el reposo de las nodrizas). Sabido es también que el interés hacia los sueños eleva considerablemente, en todos los hombres, el número de los recordados al despertar.

d) La interrupción del reposo por el sueño. La función del sueño. El sueño de angustia.

Desde que sabemos que lo preconsciente abriga durante la noche el deseo de dormir, vemos más claramente el proceso del sueño y podemos perseguir mejor su desarrollo. Pero antes de continuar esta labor, queremos resumir los conocimientos adquiridos hasta ahora. Hemos visto que de la actividad del pensamiento durante la vigilia pueden perdurar restos diurnos, a los que no se pudo despojar por completo de su carga de energía psíquica. Dicha actividad puede también haber despertado un deseo inconsciente. Por último, pueden coincidir ambas circunstancias. Ya en el curso del día o luego, durante el estado de reposo, se abre camino el deseo inconsciente hasta los restos diurnos y efectúa su transferencia a ellos. Surge, entonces, un deseo transferido al material reciente o queda reanimado el deseo reprimido reciente por un refuerzo emanado de lo inconsciente. Este deseo quisiera, ahora, llegar a la conciencia por el camino normal de los procesos mentales a través del *Prec.*, al que pertenecen por uno de sus componentes, pero tropieza con la censura, aún vigilante, y tiene que someterse a su influencia. Tal encuentro le impone una deformación, iniciada ya en su transferencia a lo reciente. Hasta ahora, no se halla sino en camino de venir algo análogo a una representación obsesiva o una idea delirante, esto es, una idea reforzada por transferencia y deformada en su expresión por la censura. Pero el estado de reposo de lo preconsciente no le permite continuar avanzando. Hemos de suponer que el sistema se ha protegido contra su penetración disminuyendo sus excitaciones. El proceso onírico toma entonces el camino de la regresión, camino que el estado de reposo deja abierto, y sigue, al hacerlo, la atracción que sobre él ejercen grupos de recuerdos, dados, en parte, como cargas visuales y no como traducción a los signos de los sistemas posteriores. Por el camino de la regresión, conquista la representabilidad. Más adelante, trataremos de la comprensión. Ha dejado ya atrás la segunda parte de su curso, que presenta numerosos cambios de dirección. La primera parte del mismo se desarrolló progresivamente desde las escenas de fantasías inconscientes hasta lo preconsciente, y la segunda tiende desde la frontera de la censura a las percepciones. Pero al convertirse en un contenido de representaciones, consigue el sueño eludir el obstáculo que la censura y el estado de reposo le oponían en lo preconsciente y logra atraer sobre sí la atención y ser advertido por la conciencia. La conciencia, que es como un órgano sensorial destinado a la percepción de cualidades psíquicas, es excitable durante la vida despierta, desde dos puntos diferentes. En primer lugar, desde la periferia de todo el aparato, especialmente desde el sistema de la percepción, y, además, por las excitaciones placientes y displacientes que emergen como única cualidad psíquica en las transformaciones de energía desarrolladas en el interior del aparato. Los procesos de los sistemas *Y*, y también los del *Prec.*, carecen de toda cualidad psíquica y no son, por lo tanto, objeto de la conciencia puesto que no desarrollan placer ni displacer ninguno que puedan constituir objeto de percepción. Habremos de decidirnos a suponer *que estos desarrollos de placer y displacer regulan automáticamente el curso de los procesos de carga*. Pero después, hubo necesidad de hacer que el curso de las representaciones resultara más independiente de los signos de displacer para permitir funciones más sutiles. Con este fin, precisaba el sistema *Prec.* de cualidades propias que pudieran atraer a la conciencia y las recibió, muy verosímilmente, por el enlace de los procesos preconscientes con el sistema mnémico, no desprovisto de cualidad de los signos del idioma. Las cualidades de este sistema convierten a la conciencia, que antes no era sino un órgano sensorial para las percepciones, en órgano sensorial para una parte de nuestros procesos mentales. Comprobamos, ahora, la existencia de dos superficies sensoriales, una orientada hacia la percepción y la otra hacia los procesos mentales conscientes.

Hemos de admitir que la superficie sensorial de la conciencia vuelta hacia el *Prec.* queda más insensibilizada por el estado de reposo, que la dirigida hacia los sistemas *P*. La cesación del interés hacia los procesos mentales nocturnos es también adecuada al fin. El pensamiento debe mantenerse libre de todo estímulo, pues el *Prec.* demanda el reposo. Una vez que el sueño se ha convertido en percepción, le es posible excitar la conciencia con las cualidades conquistadas. Esta excitación sensorial produce aquello en lo que consiste su función, haciendo recaer sobre el estímulo, a título de atención, una parte de la carga de energía disponible en el *Prec.* De este modo, tenemos que conceder que el sueño produce siempre, en cierto sentido, un despertar, puesto que convierte en actividad una parte de la energía que reposa en el *Prec.* y recibe, entonces, de ella, aquella elaboración secundaria que tiende a hacerlo coherente y comprensible. Quiere esto decir que el sueño es tratado por dicha actividad como cualquier otro contenido de percepciones, siendo sometido a las mismas representaciones de espera, en cuanto su material lo permite. La dirección del curso de esta tercera parte del proceso del sueño es nuevamente progresiva.

Para evitar equivocaciones, añadiremos aquí unas palabras sobre las cualidades temporales de estos procesos oníricos. Una hipótesis muy atractiva de Goblot, sugerida claramente por el enigma del célebre sueño de Maury, intenta demostrar que el sueño no ocupa más tiempo que el que transcurre en el período de transición entre el reposo y el despertar. El despertar necesita tiempo, y durante este intervalo es cuando se desarrolla el sueño. Creemos que la última imagen del sueño era tan intensa que provocó el despertar, pero en realidad, debía precisamente su intensidad a la proximidad de este. "Un rêve c'est un réveil qui commence".

Ya acentuó Dugas que Goblot había tenido que prescindir de un gran número de hechos para generalizar su tesis. Hay también sueños que no terminan con el despertar, por ejemplo, algunos en los que soñamos que soñamos. Nuestro conocimiento de la elaboración onírica nos hace imposible admitir que no se extienda sino al período del despertar. Por el contrario, es mucho más verosímil que la primera parte de la elaboración onírica comience ya durante el día y bajo el dominio de lo preconsciente. Su segunda parte, la transformación por la censura, la atracción por las escenas inconscientes y el acceso a la percepción se extiende probablemente a través de toda la noche, circunstancia que justifica nuestra frecuente sensación de que hemos soñado durante toda la noche, aunque no sabemos el qué. No creo que sea necesario admitir que los procesos oníricos observan realmente, hasta llegar a la conciencia, la sucesión temporal que hemos descrito, o sea, la siguiente: primero existiría el deseo onírico transferido, luego tendría efecto la deformación por la censura, a continuación, se efectuaría el cambio regresivo de dirección, etc., etc. Para nuestra descripción, resultaba obligado establecer un tal orden sucesivo, pero en realidad, se trata probablemente, más bien, de un simultáneo ensayo de varios caminos, esto es, de un ir y venir de la excitación hasta que una de las agrupaciones queda mantenida por resultar la más adecuada distribución. Conforme a una determinada experiencia personal, me inclinaría a creer que la elaboración onírica necesita, muchas veces, más de un día y una noche para producir su resultado, caso en el que no tendremos ya por qué asombrarnos del arte que demuestra en la construcción del sueño. El cuidado de la comprensibilidad, como proceso de percepción, no puede, a mi juicio, ser llevado a efecto antes de atraer el sueño la atención de la conciencia. Desde este punto, experimenta el proceso un aceleramiento, dado que el sueño recibe ya el mismo trato que cualquier otra percepción. Resulta, pues, algo semejante a una fiesta de fuegos de artificio, preparados durante muchas horas y consumidos, luego, en pocos minutos.

La elaboración da al proceso onírico intensidad bastante para atraer sobre sí la conciencia y despertar lo preconsciente, independientemente del tiempo y de la profundidad del reposo, o por el contrario no consigue procurarle intensidad bastante y entonces permanece preparado hasta que inmediatamente antes de despertar, sale a su encuentro la atención, ya más movible. La mayoría de los sueños parecen laborar con intensidades psíquicas pequeñas, pues esperan el momento del despertar. Esto nos explica que siempre percibamos algo soñado, cuando nos despiertan repentinamente de un profundo reposo. Nuestra primera mirada encuentra aquí, en el despertar espontáneo, el contenido de percepciones creado por la elaboración onírica, y luego la primera impresión del exterior.

Los sueños que resultan susceptibles de despertarnos en medio del más profundo reposo nos inspiran un mayor interés teórico. Hemos de pensar en la general adecuación al fin y preguntarnos por qué el sueño, o sea el deseo inconsciente, no es despojado del poder de perturbar el reposo, esto es, la realización del deseo preconsciente. Quizá dependa esto de relaciones de energía que nos son desconocidas. Si las descubriéramos, encontraríamos, probablemente, que la aceptación del sueño y del gasto de cierta energía destacada supone para él un ahorro de energía, aplicable al caso de que lo inconsciente no pudiera ser mantenido dentro de los límites debidos, como durante el día. Aun cuando lo interrumpa varias veces en la misma noche, permanece el sueño enlazado al reposo; despertamos por un momento y volvemos a dormirnos en seguida. Es como cuando despertamos en el acto de espantar una mosca que nos molestaba. Al volver a dormirnos hemos suprimido la perturbación. La realización del deseo de dormir es compatible con un cierto gasto de atención, orientado en un determinado sentido. Recuérdense los ejemplos de la nodriza que despierta al menor movimiento del niño, y el del molinero que despierta en cuanto el molino deja de funcionar.

Expondremos aquí una objeción basada en un mejor conocimiento de los procesos inconscientes. Hemos dicho que los deseos inconscientes se hallaban siempre en actividad, pero que, a pesar de ello, no poseían durante el día energía suficiente para hacerse notar. Mas cuando surge el estado de reposo y el deseo inconsciente muestra la energía suficiente para formar un sueño y despertar con él a lo preconsciente, es extraño que esta energía desaparezca después de haber llevado el sueño al conocimiento. ¿No sería, más bien, posible, que el sueño se renovase continuamente, del mismo modo que la mosca suele tornar una y otra vez a molestarnos, después que la hemos espantado? ¿Con qué derecho hemos afirmado que el sueño suprime la perturbación del reposo?

Es perfectamente exacto que los deseos inconscientes permanecen siempre en actividad. Representan caminos siempre transitables en cuanto quiere servirse de ellos un *quantum* de excitación. La indestructibilidad constituye una de las singulares peculiaridades de los procesos de este género. Nada hay que pueda ser llevado a término en lo inconsciente, donde no hay tampoco nada pasado ni olvidado. El estudio de las neurosis, especialmente de la histeria, nos da esta impresión con gran intensidad. El camino mental inconsciente, cuya descarga produce el ataque, se hace en seguida nuevamente transitable así cuanto se ha acumulado suficiente energía. La impresión experimentada hace treinta años, les convierte en un instante, una vez que ha conseguido acceso a las fuentes afectivas inconscientes. Cuantas veces es evocado su recuerdo, resucita y se muestra cargada de excitación, la cual se crea una derivación motora en un ataque. Precisamente es éste el punto en el que la psicoterapia inicia su actuación. La labor que encuentra ante sí es la de crear un exutorio y un olvido para los procesos inconscientes. Aquello que nos inclinamos a considerar perfectamente natural y como una influencia primaria del tiempo sobre los restos mnémicos anímicos, esto es, la supresión del recuerdo y la debilidad afectiva de las impresiones no recientes, constituye, en realidad, transformaciones secundarias establecidas con un penoso esfuerzo. Esta labor es dirigida por lo preconsciente, y *la psicoterapia no tiene otro camino que el de someter al Inc. al dominio del Prec.*

El proceso de excitación inconsciente puede tener dos destinos. Puede permanecer entregado a sí mismo, y entonces logra emerger en cualquier punto y procura a su excitación una derivación a la motilidad, y puede quedar sometido a la influencia de lo preconsciente, quedando, entonces, ligada su excitación, en lugar de ser derivada. *Esto último es lo que sucede en el proceso del sueño*. La carga que desde lo preconsciente sale al encuentro del sueño convertido en percepción, carga que ha sido guiada por la excitación de la conciencia, liga la excitación inconsciente del sueño y lo hace inofensivo. Cuando el soñador despierta por un momento, ha espantado realmente la mosca que perturbaba su reposo. Podemos ahora sospechar que sería realmente mucho más sencillo y adecuado al fin aceptar el deseo inconsciente y abrirle el camino de la regresión, para que formara un sueño y entonces llegar y suprimir este sueño, por medio de un pequeño gasto del trabajo preconsciente, en vez de mantener a raya a lo inconsciente durante todo el tiempo del reposo. Era de esperar que el sueño, aun no siendo primitivamente un proceso adecuado, se hubiera apoderado de una función en el juego de fuerza de la vida anímica. Vemos, en seguida, cuál es esta función. Ha tomado a su cargo la labor de someter nuevamente al dominio de lo preconsciente la excitación del *Inc.*, que ha quedado libre, y al hacerlo así, deriva la excitación del *Inc.*, sirviéndole de válvula y garantiza, al mismo tiempo, el reposo de lo preconsciente mediante un pequeño gasto de actividad despierta. Constituye, pues, una transacción, como todos los demás productos psíquicos de su serie; transacción que se halla, simultáneamente, al servicio de los dos sistemas, realizando al mismo tiempo, ambos deseos en cuanto los mismos se muestran compatibles. Por lo tanto, habremos de reconocer que la teoría de Robert es exacta en lo que se refiere a la determinación de la función del sueño.

En cambio, no estamos conformes con este autor en lo relativo a los antecedentes del proceso onírico y a la estimación de este como producto psíquico[146].

La restricción antes expresada y relativa *a la compatibilidad de ambos deseos*, alude a aquellos casos en los que la función del sueño fracasa en absoluto. El proceso del sueño es aceptado, al principio, como realización de deseos de lo inconsciente. Cuando esta realización conmueve intensamente lo preconsciente, amenazando con interrumpir su reposo, es que el sueño ha roto la transacción y no cumple ya la segunda parte de su función. En este caso, es interrumpido en el acto, y sustituido por el despertar. En realidad, tampoco podemos culpar aquí

---

[146] ¿Es ésta la única función que podemos atribuir al sueño? Por mi parte, no conozco otra. A. Maeder ha intentado demostrar la existencia de otras funciones secundarias. Con este fin, partió de la observación, perfectamente exacta, de que algunos sueños contienen tentativas de solución de conflicto, que luego son solucionados realmente en dicha forma, constituyendo, así, algo como ejercicios preliminares de actividades de la vida despierta. De este modo, estableció un paralelo entre el sueño y los juegos de los animales y de los niños, juegos que

al sueño de perturbar el reposo. No es éste el único caso en el que funciones adecuadas se convierten en inadecuadas y perturbadoras en cuanto aparecen modificadas las condiciones de su nacimiento, y en estas circunstancias, sirve por lo menos la perturbación para revelar el nuevo fin y la transformación acaecida, despertando los medios reguladores del organismo. Me refiero, naturalmente, al sueño de angustia, y para no dar a entender que eludo su testimonio, contrario a la teoría de la realización de deseos, voy a aproximarme por lo menos a su esclarecimiento, con algunas indicaciones.

El hecho de que un proceso psíquico que desarrolla angustia pueda ser, sin embargo, una realización de deseos no contiene ya para nosotros contradicción ninguna. Nos explicamos este fenómeno, diciendo que el deseo pertenece a uno de los sistemas el *Inc.*, y que el otro, el *Prec.*, lo ha rechazado y reprimido[147]. El

---

deben ser considerados como una actividad preliminar de los instintos innatos y una preparación, para una acción ulterior más fundamental y dedujo la existencia de una *"fonction ludique"* del fenómeno onírico. Poco tiempo antes de estos estudios de Maeder, había sido señalada por Alfred Adler la función preintelectual del sueño. (En un caso comunicado por mí en 1905, se repitió todas las noches un sueño que había de ser interpretado como un propósito, hasta que dicho propósito llegó a realizarse).

Los conocimientos adquiridos en la interpretación de los sueños nos impiden admitir una tal función del fenómeno onírico. Los actos de proyectar, proponer o preparar tentativas de solución, que luego pueden ser realizadas en la vida despierta, son, como otros muchos actos de este género, rendimientos de la actividad mental consciente y preconsciente, o sea, restos diurnos que colaboran con un deseo inconsciente a la formación del sueño. Así, pues, esta función que se intenta atribuir al fenómeno onírico pertenece, en realidad, al pensamiento despierto preconsciente. Después de haber confundido durante tanto tiempo el sueño con su contenido manifiesto, hemos de procurar, ahora, no caer en el error contrario, esto es, el de confundirlo con las ideas latentes.

[147] "Otra circunstancia mucho más importante que el profano omite tener en cuenta, es la que sigue: Una realización de deseos debiera ser, desde luego, una causa de placer. Mas ¿para quién? Naturalmente para aquel que abriga tal deseo.

sometimiento del *Inc.* por el *Prec.*, no llega a ser total ni aun en perfectos estados de salud psíquica. La medida de este sometimiento nos revela el grado de nuestra normalidad psíquica. La aparición de síntomas neuróticos constituye una indicación de que ambos sistemas se hallan en conflicto, pues dichos síntomas constituyen la transacción que de momento lo resuelve. Por una parte, dan al *Inc.* un medio de descargar su excitación, sirviéndola de compuerta, y por otro, proporcionan al *Prec.* la posibilidad de dominar, en cierto modo, al *Inc.* Creemos que será muy instructivo exponer aquí algunos caracteres de las fobias histéricas, por ejemplo, de una agorafobia. El enfermo es incapaz de andar solo por las calles, incapacidad que consideramos, naturalmente, como un síntoma.

Ahora bien, sabemos que la actitud del sujeto con respecto a sus deseos es una actitud harto particular, pues los rechaza, los censura y no quiere saber nada de ellos. Resulta, pues, que la realización de los mismos no puede procurarle placer ninguno, sino todo lo contrario, y la experiencia nos muestra que ese afecto contrario, que permanece aún inexplicado, se manifiesta en forma de angustia. En su actitud ante los deseos de sus sueños, el durmiente se nos muestra, por lo tanto, como compuesto de dos personas diferentes, pero unidas, sin embargo, por una íntima comunidad. En vez de entrar en una detallada explicación de este punto concreto os recordaré un conocido cuento en el que hallamos una idéntica situación. Un hada bondadosa promete a un pobre matrimonio la realización de sus tres primero deseos. Encantado de la generosidad del hada, se dispone el matrimonio a escoger con todo cuidado, pero la mujer, seducida por el olor de unas salchichas que en la cabaña vecina están asando, desea comer un par de ellas, y en acto aparecen sobre la mesa, quedando cumplido el primer deseo. Furioso, el marido pide que las salchichas aquellas vayan a colgar de las narices de su imbécil mujer, deseo que es cumplido en el acto como el segundo de los tres concedidos. Inútil deciros que esta situación no resulta nada agradable para la mujer, y como, en el fondo, su marido se siente unido a ella por el cariño conyugal, el tercer deseo ha de ser el de que las salchichas vuelvan a quedar sobre la mesa. Este cuento nos muestra claramente cómo la realización de deseos puede constituir una fuente de placer para una de las dos personalidades que al sujeto hemos atribuido y de displacer para la otra, cuando ambas no se hallan de acuerdo". (*Introducción al psicoanálisis*).

Podemos suprimir este síntoma obligando al sujeto a realizar aquel mismo acto del que se cree incapaz, pero entonces se presentará un ataque de angustia, del mismo modo que es, con frecuencia, un ataque de angustia, padecido en la calle, lo que motiva la aparición de la agorafobia. Asignamos así, que el síntoma ha sido creado, precisamente, para evitar el desarrollo de angustia.

No podemos continuar estas especulaciones sin entrar en el examen del papel que los afectos desempeñan en estos procesos, cosa que no nos es completamente posible, por ahora. Me limitaré, pues, a sentar el principio de que la represión del *Inc.* es necesaria, ante todo, porque el curso de representaciones abandonado a sí mismo en el *Inc.*, desarrollaría un afecto que tuvo originariamente un carácter placiente, pero que desde el proceso de la represión muestra el carácter opuesto. La represión tiene por objeto suprimir este desarrollo de displacer, y recae sobre el contenido de representaciones del *Inc.*, porque dicho contenido de representaciones podía provocar el desarrollo del displacer. Una hipótesis precisamente determinada sobre la naturaleza del desarrollo de los afectos constituye la base de esta consecuencia. La represión es considerada como una función motora o secretoria, cuya intervención depende de las representaciones del *Inc.* El dominio ejercido por el *Prec.*, coarta el desarrollo de afecto que estas representaciones podían provocar. El peligro que surge cuando el *Prec.* queda despojado de su carga psíquica, consiste, pues, en que las excitaciones inconscientes desarrollan un afecto que, a causa de la represión anterior, no puede ser experimentado sino como displacer o angustia.

Este peligro es desencadenado por la tolerancia del proceso onírico. Sus condiciones previas son las de que haya tenido afectos una represión y que los impulsos optativos reprimidos sean suficientemente intensos. Se hallan, pues, fuera de los límites psicológicos de la formación de los sueños. Si nuestro tema no se enlazara, por este factor de la liberación de lo inconsciente, durante el reposo con el tema del desarrollo de angustia, podíamos ahorramos aquí el examen del sueño de angustia con todas sus dificultades y obscuridades.

La teoría del sueño de angustia pertenece, como ya lo hemos indicado repetidamente, a la psicología de las neurosis. Nos atreveríamos incluso a afirmar que el problema de la angustia en el sueño se refiere exclusivamente a la angustia y no al sueño. Una vez indicado su punto de contacto con el tema de los procesos oníricos, nada podemos decir sobre ella. Lo único que haremos será comprobar también en este sector nuestra afirmación de que la angustia procede de fuentes sexuales, analizando los sueños de este género para descubrir, en sus ideas latentes, el material sexual.

Razones de gran peso me impiden reproducir aquí los ejemplos que han puesto a mi disposición mis pacientes neuróticos y me impulsan a elegir sueños de angustia soñados por personas jóvenes.

Por mi parte, hace mucho tiempo que no he tenido ningún verdadero sueño de angustia. Pero recuerdo uno que soñé a los siete u ocho años y que sometí al análisis cerca de treinta años después. En él, vi que mi madre era traída a casa y llevada a su cuarto por dos o tres personas con picos de pájaro, que luego la tendían en el lecho. Su rostro mostraba una serena expresión, como si se hallase dormida. Desperté llorando y gritando e hice despertar a mis padres. Las largas figuras con picos de pájaro y envueltas en singulares túnicas eran una reminiscencia de una ilustración de la Biblia de *Philipson* y creo que correspondían a un relieve egipcio que mostraba varios dioses con cabezas de águila. El análisis hace surgir el recuerdo de un muchacho muy mal educado, que jugaba con nosotros en la pradera próxima a la casa, y cuyo nombre era *Felipe*. Me parece como si hubiera sido a este muchacho al que hubiese oído por vez primera la palabra vulgar con la que se designa el comercio sexual y que los hombres cultos han sustituido por una palabra latina (*coitieren*). Dicha palabra vulgar (en alemán muy parecida a la palabra "pájaro") queda representada claramente en el sueño por la elección de los personajes con cabezas de ave. Sin duda adiviné la significación sexual de aquel término por la expresión con que lo pronunció mi ineducado maestro. La expresión que la fisonomía de mi madre mostraba en el sueño, correspondía a la de mi abuelo, cuando le vi, pocos días antes de morir, sumido en estado comatoso. La elaboración secundaria debió de interpretar este sueño en el sentido de la muerte de mi madre, circunstancia con la que se armoniza también la elección de las figuras egipcias, correspondientes a una estela funeraria. Lleno de angustia, desperté y no paré de llorar hasta despertar a mis padres. Recuerdo que me tranquilicé de repente, en cuanto vi a mi madre, como si hubiera necesitado convencerme de que no había muerto. Pero esta interpretación secundaria del sueño tuvo efecto bajo la influencia de la angustia desarrollada. No es que me angustiara por haber soñado que mi madre moría, sino que interpreté el sueño de este modo en la elaboración secundaria, porque me hallaba ya bajo el dominio de la angustia. Por último, puede referirse esta angustia a un placer sexual oscuramente adivinado que encontró una excelente expresión en el contenido visual del sueño.

Un hombre de 27 años, gravemente enfermo desde un año atrás, tuvo entre los once y los trece años, repetidamente y con intenso desarrollo de angustia, el siguiente sueño:

Un hombre le persigue con un hacha. Quiere correr, pero se halla como paralizado y no puede moverse. Es éste un buen ejemplo de sueño de angustia muy corriente y desprovisto de toda apariencia sexual. En el análisis, recuerda el sujeto que su tío fue atacado una vez, en la calle, por un individuo sospechoso y deduce de esta ocurrencia que en los días inmediatos al sueño debió de oír relatar un suceso parecido. Con respecto al hacha, recuerda que por aquella época se hirió una vez con un instrumento semejante, en ocasión de hallarse partiendo madera. A continuación, pasa sin transición alguna a sus relaciones con su hermano menor, al que solía maltratar y despreciar, y recuerda especialmente una vez que le tiró una bota a la cabeza haciéndole sangrar. En esta ocasión, dijo su madre: “Me da miedo de que, en una de éstas, lo mates”. Luego surge repentinamente en él un recuerdo de sus nueve años. Sus padres habían llegado tarde a casa y fingiéndose dormido, pudo observar una escena sexual entre los mismos. Sus pensamientos siguientes muestran que había establecido una analogía entre estas relaciones de sus padres y su relación violenta con su hermano menor, subordinando la escena nocturna al concepto de “*violencia y riña*”, y llegando de este modo, como es muy frecuente en los niños, a una concepción sádica del acto del coito. Esta concepción quedó reforzada un día en que advirtió *manchas de sangre* en la cama de su madre. El hecho de que el comercio sexual de los adultos es considerado por los niños como algo violento y despierta angustia en ellos, puede ser comprobado cotidianamente. Para esta angustia, hemos hallado la explicación de que se trata de una excitación sexual no dominada por su comprensión y que es rechazada, además, por referirse a los padres, transformándose así en angustia. En un período aún más temprano de la vida, el impulso sexual relativo a la madre o al padre, según el sexo del sujeto, no tropieza todavía con la represión y se manifiesta libremente, como ya lo hemos indicado en otro lugar.

Esta misma explicación puede aplicarse a los ataques nocturnos de angustia con alucinaciones tan frecuentes en los niños (*pavor nocturnus*). En ellos, no puede tratarse sino de impulsos sexuales incomprendidos y rechazados, cuya aparición habría de demostrar probablemente una periodicidad temporal, dado que la libido sexual puede quedar incrementada, tanto por las impresiones excitantes casuales, como por los progresos sucesivos del desarrollo.

No poseo el necesario material de observaciones para llevar a cabo esta explicación. En cambio, parecen ignorar los pediatras el único punto de vista que permite la comprensión de toda esta serie de fenómenos, tanto somáticos como psíquicos. Citaré un cómico ejemplo de cómo puede pasarse junto a estos fenómenos sin comprenderlos, cegado por la venda de la mitología médica; ejemplo que he hallado en la tesis de Debacker sobre el *pavor nocturnus* (pág. 66).

Un muchacho de trece años y salud débil comenzó a dar claras muestras de angustia, padeciendo de insomnios y sufriendo, una vez por semana, un grave ataque de angustia con alucinaciones. El recuerdo de estos sueños era siempre muy preciso. Podía, pues, relatar que el Diablo le gritaba: "¡Ya eres nuestro; ya te hemos cogido!" y que después advertía un olor a pez y azufre y se sentía arder. Este sueño le hacía siempre despertar angustiado hasta el punto de que le era imposible pronunciar palabra. Luego, cuando recobraba la voz, se le oía decir claramente: "No, no; a mí, no; yo no he hecho nada" o "No, no lo haré más". Otras veces, decía también: "Alberto no ha hecho eso". En días ulteriores, se negó a desnudarse alegando que el fuego no llegaba hasta él sino cuando estaba desnudo. Estos sueños pusieron en peligro su salud y tuvo que ser enviado al campo, donde se repuso en año y medio. Años después, cuando ya había cumplido los quince, confesó: *Je n'osais pas l'avouer, mais j'éprouvais continuellement des picotements et des surexcitations aux parties*!

No es difícil, realmente, adivinar: 1° Que el niño se masturbaba en sus primeros años, habiéndolo negado, probablemente, y habiendo sido amenazado si continuaba entregándose a tal vicio (su confesión: "No lo haré más"; y su negativa: "Alberto no ha hecho eso"); 2º que bajo la presión de la pubertad, surgió de nuevo la tentación de masturbarse, manifestada en el cosquilleo que experimentaba en los genitales; y 3º que entonces se desarrolló en él un combate de carácter represivo, que reprimió la libido y lo transformó en angustia, la cual hizo renacer los castigos con que en años anteriores se le había amenazado.

Veamos, en cambio, lo que nuestro autor deduce en su tesis:

De esta observación, se deduce lo siguiente:

1º La influencia de la pubertad en un niño de salud débil produce un estado de gran debilidad que puede llegar hasta una anemia cerebral muy considerable.

2º Esta anemia cerebral crea una modificación del carácter, alucinaciones demonomaníacas y estados de angustia nocturnos y quizá diurnos, muy violentos.

3º La demonomanía y los autorreproches del niño dependen de las influencias de la educación religiosa que ha recibido.

4º Todos los fenómenos han desaparecido después de una larga estancia en el campo, durante la cual actuaron favorablemente el ejercicio físico y el retorno de las fuerzas a la terminación de la pubertad.

5º Quizá debamos atribuir a la herencia y a un padecimiento sifilítico del padre, una influencia que predispuso a la formación del citado estado mental del niño.

Conclusión final: *Nous avons fait entrer cette observation dans la cadre des délires apyrétiques d'inanition, car c'est à l'ischemie cérébrale que nous rattachons cet état particulier.*

e) El proceso primario y el secundario. La represión.

Acometiendo la tarea de penetrar más profundamente en la psicología de los procesos oníricos, he echado sobre mí una difícil labor para la que no poseo siquiera el suficiente arte expositivo. Resulta de una dificultad abrumadora describir sucesivamente la simultaneidad de complicadísimos procesos. Pago, de este modo, el no haber podido seguir en la exposición de la psicología de los sueños, el desarrollo histórico de mis conocimientos. Los antecedentes de mi concepción de los sueños me fueron proporcionados por trabajos anteriores sobre la psicología de la neurosis, trabajos a los que no puedo referirme aquí y a los que, sin embargo, tengo que referirme de continuo, mientras me esfuerzo en proceder en dirección inversa y alcanzar el contacto con la psicología de la neurosis, partiendo del estudio de los sueños. Veo muy bien todas las dificultades que esto plantea al lector, pero no encuentro medio alguno de evitarlas.

Mi descontento ante este estado de cosas me hace permanecer gustosamente en la consideración de otro punto de vista que me parece recompensar mejor mis esfuerzos. Me hallé ante un tema sobre el cual se mostraban los investigadores en perfecto desacuerdo, como puede verse en el primer capítulo de esta obra. Después de nuestro estudio de los problemas del sueño, parecen haber quedado conciliadas la mayoría de tales contradicciones. Sólo los de las opiniones expuestas, o sea, la de que el sueño es un proceso desprovisto de sentido y la que le atribuye un carácter somático, han tropezado con nuestra absoluta negativa. Fuera de esto, hemos podido dar la razón a todas las demás teorías, contradictorias entre sí, y hemos podido demostrar que en todas ellas había algo de verdad. El descubrimiento de las ideas latentes ocultas ha confirmado, en general, que el sueño continúa los estímulos e intereses de la vida despierta. Estas ideas latentes no se ocupan sino de aquello que nos parece importante y nos interesa poderosamente. El sueño no se ocupa nunca de pequeñeces. Sin embargo, recoge los restos indiferentes del día y no se puede apoderar de un gran interés diurno, sino después que él mismo se ha sustraído, en cierto modo, a la actividad de la vigilia. Esta última circunstancia se nos demostró en el examen del contenido manifiesto, el cual da a las ideas latentes una expresión modificada por deformaciones. El proceso del sueño

—dijimos— se apodera más fácilmente, por razones referentes a la mecánica de las asociaciones del material de representaciones recientes o indiferentes desatendido por la actividad intelectual despierta; y por motivos dependientes de la censura, transfiere la intensidad psíquica de lo importante, pero censurable a lo indiferente. La hipermnesia del sueño y su dominio del material infantil han pasado a constituir los dos principios fundamentales de nuestra teoría. En ésta, hemos adscrito al deseo procedente de lo infantil, el papel de motor imprescindible de la formación de los sueños. Naturalmente, no podíamos abrigar duda ninguna de la importancia, experimentalmente demostrada, de los estímulos sensibles exteriores durante el reposo, pero hemos relacionado este material con el deseo del sueño, del mismo modo que los restos de ideas que perduran de la labor diurna. No necesitábamos discutir que el sueño interpreta en la forma de una ilusión el estímulo sensorial objetivo, pero hemos agregado el motivo de esta interpretación, que los autores habían dejado indeterminado. Esta interpretación se lleva a cabo de modo que el objeto percibido quede hecho inofensivo para el reposo y utilizable para la realización de deseos. El estado subjetivo de excitación de los órganos sensoriales durante el reposo, estado demostrado por las investigaciones de Trumbull Ladd, no nos parece constituir una fuente onírica especial, pero lo hemos explicado por una resurrección regresiva de los recuerdos que actúan detrás del sueño. También a las sensaciones orgánicas interiores, que han sido tomadas muchas veces como punto fundamental de la explicación de los sueños, les hemos reconocido en nuestra teoría cierta importancia, aunque más modesta. Representan, para nosotros, un material dispuesto en todo momento y del que la elaboración onírica se sirvesiempre que lo necesita para la expresión de las ideas latentes.

Con respecto a la percepción del sueño ya formado por la conciencia, nos parece exacta la opinión de que el proceso onírico es rápido y momentáneo. Asimismo, nos parece posible un curso más lento y valiente de los estadios anteriores de dicho proceso. Al esclarecimiento del enigma de la acumulación de un extenso contenido en brevísimos instantes, hemos contribuido con la hipótesis de que se trata de una inclusión de productos ya formados de la vida psíquica. Aceptamos igualmente que el sueño es fragmentado y deformado por el recuerdo, pero vimos que esta deformación no era sino el último estadio de los que actúan desde el principio del proceso onírico. En la discusión sobre si la vida anímica dormía durante la noche o disponía, como durante el día, de toda su capacidad funcional, discusión tan empeñada y tan aparentemente poco susceptible de reconciliación, hemos podido dar la razón a ambas partes, aunque a ninguna por completo. En las ideas latentes encontramos la prueba de una función intelectual altamente complicada y que labora con casi todos los medios del aparato anímico, pero no pudimos negar que tales ideas latentes han nacido durante el día.

Asimismo, hubimos de aceptar que existe un estado de reposo de la vida anímica, y de este modo, aceptamos también la teoría del reposo parcial, aunque no vimos la característica del estado del reposo en la disgregación de las conexiones anímicas, sino en el deseo de reposo del sistema psíquico, dominante durante el día. La separación del mundo exterior conservó su significación para nuestra teoría, pues contribuye, aunque no como factor único, a la regresión de la representación onírica. Es indiscutible la renuncia a la dirección voluntaria del curso de las representaciones, pero la vida psíquica no queda por ello desprovista de todo fin, pues hemos visto, que después de la supresión de las representaciones finales voluntarias, surgen otras involuntarias. La lejana conexión de las asociaciones en el sueño ha sido reconocida también por nosotros e incluso le hemos dado mayor amplitud de la que se podía sospechar, pero hemos encontrado, en cambio, que no es sino la sustitución forzada de otra conexión correcta y plena de sentido. Reconocimos, también, la absurdidad del sueño, pero vimos en numerosos ejemplos, cuán grande es su prudencia al tomar un tal aspecto. De las funciones atribuidas al sueño, no hemos contradicho ninguna. El hecho de que el sueño constituye para el alma una especie de válvula de seguridad y el de que convierte todo lo peligroso en inofensivo han sido confirmados, ampliados y esclarecidos por nuestra teoría de la doble realización de deseos. El "retorno al punto embrional de la vida anímica en el sueño" y la fórmula de H. Ellis, "Un mundo arcaico de vastas emociones y pensamientos imperfectos", constituyen felices anticipaciones de nuestra teoría de los funcionamientos primitivos durante el día y libres durante la noche. Asimismo, podíamos hacer nuestra por completo la afirmación de Sully de que el sueño nos presenta nuevamente nuestras personalidades anteriores, sucesivamente desarrolladas, nuestro antiguo modo de ver las cosas y aquellos impulsos y formas de reacción que nos dominaron hace mucho tiempo. Como en la teoría de Delage, también en la nuestra lo "reprimido" es la fuerza motora del sueño.

Hemos reconocido en su totalidad el papel que Scherner atribuye a la fantasía onírica, así como las interpretaciones de este autor, pero hemos tenido que señalarles un lugar distinto en el problema. Debemos a Scherner la indicación de la fuente de las ideas latentes, pero casi todo lo que atribuye a la elaboración onírica pertenece a la actividad de lo inconsciente durante el día, actividad de la que parten los estímulos del sueño y los síntomas neuróticos. Hemos tenido que separar la elaboración onírica de esta actividad, considerándola como algo totalmente distinto y mucho más determinado. Por último, no hemos negado la relación del sueño con las perturbaciones psíquicas; lo único que hemos hecho ha sido colocar a ambos fenómenos en un nuevo terreno más firme.

Hallamos, pues, que nuestra teoría entraña en sí, reuniéndolos y conciliándolos, los resultados más diversos de las investigaciones anteriores, resultados que hemos agregado a nuestra construcción, dando a algunos una forma distinta y no rechazando sino muy pocos. Pero también nuestra construcción se nos muestra incompleta. Aparte de las muchas obscuridades que hemos atraído sobre ella, por nuestra incursión en las tinieblas de la psicología, parece entrañar una nueva contradicción. Por un lado, hemos hecho nacer a las ideas latentes de una labor psíquica totalmente normal, y por otro, hemos encontrado entre dichas ideas, y partiendo de ellas hasta llegar al contenido manifiesto, una serie de procesos mentales absolutamente anormales, que luego se repiten en la interpretación. Todo aquello que constituye la elaboración onírica parece alejarse tan considerablemente de los procesos psíquicos correctos conocidos, que podríamos inclinarnos a aceptar los más duros juicios de los autores sobre el escaso valor del rendimiento psíquico del sueño.

Una mayor profundización puede proporcionarnos el esclarecimiento y la ayuda de la que precisamos. Examinaremos una de las constelaciones que llevan la formación de los sueños:

Hemos visto que el sueño constituye la sustitución de un cierto número de ideas procedentes de nuestra vida diurna, ajustadas de una manera perfectamente lógica. Es indudable que estas ideas proceden de nuestra vida mental normal. Todas aquellas cualidades que más altamente estimamos en nuestros procesos mentales y que los caracterizan de complicadas funciones de un orden elevado, vuelven a mostrársenos en las ideas latentes.

Pero no hay necesidad de suponer que esta labor intelectual se desarrolla durante el reposo, hipótesis opuesta a la representación que hasta ahora venimos haciéndonos del estado de reposo psíquico. Tales ideas pueden muy bien proceder de la vida diurna, haber continuado en actividad después de ser rechazadas por ella y sin que nuestra conciencia lo haya advertido, y llegar a término antes de conciliar el sujeto el reposo. Si de este estado de cosas hemos de deducir alguna conclusión, será, por lo demás, la prueba de *que nos es posible desarrollar las más complicadas funciones intelectuales sin intervención ninguna de la conciencia*, cosa que cualquier psicoanálisis de un histérico o de una persona con representaciones obsesivas tenía que demostrarnos igualmente. Pero estas ideas latentes no son por sí incapaces de conciencia, y si no han llegado a ella durante el día, ha sido por impedírselo diversas circunstancias. El acceso a la conciencia se halla enlazado con la atracción de una determinada función psíquica —la atención— la cual sólo es gastada, según parece, en cantidades determinadas que, en estos casos, aparecerían desviadas de las ideas de referencia. Tales series de ideas pueden también ser sustraídas a la conciencia en la siguiente forma: por el ejemplo de nuestra reflexión consciente sabemos que con una determinada aplicación de la atención podemos recorrer cierto camino. Si por este camino llegamos a una representación que no soporta la crítica, lo interrumpiremos y suprimiremos la carga psíquica de la atención. Parece ser que la serie de ideas comenzada y abandonada puede entonces continuar desarrollándose sin que la atención vuelva a recaer sobre ella, a menos que alcance una intensidad particularmente elevada. Una repulsa inicial, quizá consciente del acto mental, fundada en el juicio de que dicho acto es inexacto o inadecuado al fin que perseguimos, puede ser causa de que dicho proceso mental continúe desarrollándose inadvertido por la conciencia hasta el momento de conciliar el reposo[148]. Estos procesos mentales son los que denominamos *preconscientes* y los consideramos como perfectamente correc-

[148] Cf. Las importantes deducciones de Brener en nuestros *Estudios sobre la histeria.*

tos, pudiendo ser tanto procesos simplemente descuidados, como otros rechazados e interrumpidos. Expondremos ahora en qué forma nos imaginamos el curso de las representaciones. Creemos que determinada magnitud de excitación, a la que damos el nombre de energía de carga psíquica, es desplazada partiendo de una representación final a lo largo del camino asociativo elegido por esta representación. Un proceso mental descuidado no ha recibido tal carga y los reprimidos o rechazados han sido despojados de ella, quedándoles así únicamente sus propias excitaciones. El proceso mental provisto de un fin llega a ser susceptible, bajo determinadas condiciones, de atraer sobre sí la atención de la conciencia y recibe entonces por su mediación una *sobrecarga*. Más adelante expondremos nuestras hipótesis sobre la naturaleza y la función de la conciencia.

Un proceso mental iniciado de este modo, en lo preconsciente, puede extinguirse espontáneamente o conservarse. El primer caso nos lo representamos suponiendo que su energía se difunde por todas las direcciones asociativas que de ella emanan, provocando en toda la concatenación de ideas un estado de excitación que se mantiene durante algún tiempo, pero que después queda suprimido por *la transformación de la excitación necesitada de derivación en una carga en reposo*. Si esto sucede, el proceso carecerá ya de toda significación para la formación de los sueños. Pero en nuestro preconsciente acechan otras representaciones finales emanadas de nuestros deseos inconscientes y continuamente en actividad. Estas representaciones se apoderan, entonces, de la excitación del círculo de ideas abandonadas a sí mismo, lo enlazan al deseo inconsciente y le *transfieren* la energía de este último, resultando que, a partir de este momento, el proceso mental desatendido o reprimido se halla en estado de conservarse, aunque no recibe, por este refuerzo, derecho ninguno al acceso a la conciencia. Podemos decir que el proceso mental hasta el momento preconsciente ha sido atraído a lo *inconsciente*.

Otras dos constelaciones para la formación de los sueños se dan cuando el proceso mental preconsciente se hallaba desde un principio en conexión con el deseo inconsciente y, por lo tanto, fue objeto de la repulsa de la carga final dominante, o cuando un deseo inconsciente, despertado por otras razones (quizá somáticas) y sin el auxilio de una transferencia, busca los restos psíquicos no cargados del *Prec.* Los tres casos expuestos coinciden, por último, en que se trata de un proceso mental preconsciente que ha sido despojado de su carga psíquica preconsciente y ha encontrado otra, inconsciente, procedente de un deseo.

Desde este punto, pasa el proceso mental por una serie de transformaciones que no reconocemos ya como procesos psíquicos normales y que nos dan un extraño resultado, esto es, un producto psicopatológico. Vamos a examinar este producto.

1° Las intensidades de las diversas representaciones se hacen, en su totalidad, susceptibles de derivación y pasan de una representación a la otra, formándose así algunas representaciones provistas de gran intensidad. La repetición de este proceso puede reunir en un único elemento de representación la intensidad de todo un proceso mental. Este hecho es el que hemos calificado de *compresión* o *condensación* al estudiar la elaboración onírica. A él se debe, principalmente, la extraña impresión que el sueño nos hace, pues nuestra vida onírica normal, accesible a la conciencia, no nos ha mostrado nunca nada análogo. Hallamos también aquí representaciones que poseen, a título de focos de convergencia o de resultados finales de cadenas de asociaciones, una gran importancia psíquica, pero este valor no se exterioriza en un carácter sensible para la percepción interna y lo que en ellas queda representado no se hace más intenso en modo alguno. En el proceso de condensación, se transforma toda la coherencia psíquica en *intensidad* del contenido de representaciones. Sucede aquí, como cuando hacemos imprimir en negrillas o cursivas una palabra o una frase que queremos hacer resaltar. Hablando, pronunciaremos dicha palabra o dicha frase en un tono más alto y acentuándola especialmente. La primera comparación nos conduce inmediatamente a uno de los ejemplos de sueños antes expuestos (la trimetilamina, en el sueño de la inyección de Irma). Los historiadores de Arte nos llaman la atención sobre el hecho de que las más antiguas esculturas históricas siguen un principio análogo, expresando la importancia de las personas representadas por la magnitud de su reproducción plástica. Así, el rey aparece representado dos o tres veces mayor que las personas de su séquito o que el enemigo vencido. La dirección en que las condensaciones del sueño se propagan se halla determinada, en primer lugar, por las relaciones preconscientes correctas de las ideas latentes, y en segundo, por la atracción de los recuerdos visuales dados en lo inconsciente. El resultado de la labor de condensación consigue aquellas intensidades necesarias para el avance hacia el sistema de percepción.

2º Por medio de la transferencia libre de las intensidades y en favor de la condensación quedan constituidas representaciones intermedias equivalentes a transacciones (*cf.* los numerosos ejemplos expuestos). Esto es algo inaudito en el curso normal de las representaciones en el que se trata, sobre todo, de la elección y conservación del verdadero elemento de representación. En cambio, se constituyen formaciones mixtas y transacciones con extraordinaria frecuencia cuando buscamos expresión verbal para las ideas preconscientes, apareciendo como modos de la equivocación oral.

3º Las representaciones que se transfieren recíprocamente sus intensidades se hallan en relaciones muy lejanas entre sí y están ligadas por aquellas asociaciones que nuestro pensamiento despierto desprecia y sólo emplea para producir un efecto chistoso. Las asociaciones por similicadencia y sinonimia son aquí las preferidas.

4º Los pensamientos contradictorios no tienden a sustituirse, sino que permanecen yuxtapuestos y pasan juntos, como si no existiera contradicción alguna, a constituirse en productos de condensación, o forman transacciones que no perdonaríamos nunca a nuestro pensamiento despierto, aunque muchas veces las aceptamos en nuestros actos.

Estos serían algunos de los más singulares procesos anormales a los que son sometidas, en el curso de la elaboración onírica, las ideas latentes antes racionalmente formadas. El carácter principal de los mismos es su tendencia a hacer susceptible de derivación la energía de carga. El contenido y la significación de los elementos psíquicos a los que estas cargas se refieren pasan a constituir algo accesorio. Pudiera creerse todavía que la condensación y la formación de transacciones se hallaba únicamente al servicio de la regresión que tiende a convertir las ideas en imágenes, pero el análisis y, aún más claramente, la síntesis de los sueños carentes de tal regresión nos muestran los mismos procesos de desplazamiento y de condensación que todos los demás. No podemos, pues, rechazar la hipótesis de que en la formación de los sueños participan dos procesos psíquicos esencialmente diferentes. Uno de ellos crea ideas latentes completamente correctas y de valor igual a los productos del pensamiento normal; en cambio, el otro maneja tales ideas de un modo extraño e incorrecto. Este último proceso es el que hemos estudiado en nuestro capítulo VI y constituye la verdadera elaboración onírica. ¿Qué podemos decir ahora con respecto a su derivación?

No podríamos dar aquí respuesta alguna sino hubiéramos penetrado en la psicología de las neurosis, especialmente en la de la histeria. Hemos visto en ella que estos mismos procesos psíquicos incorrectos —y otros muchos— presiden la producción de los síntomas histéricos. También en la histeria encontramos, al principio, una serie de ideas correctas y por completo equivalentes a las conscientes, ideas de cuya existencia en esta forma no podemos tener, sin embargo, la menor noticia, siendo reconstruidas *a posteriori*. Cuando tales ideas llegan a nuestra percepción, vemos, por el análisis del síntoma formado, que han pasado por un trato anormal y han sido llevadas a constituir el sistema por medio de la *condensación, la formación de transacciones, el paso por asociaciones superficiales bajo el encubrimiento de las contradicciones y, eventualmente, por el camino de la regresión*. Dada esta total identidad entre las peculiaridades de la elaboración onírica y las de la actividad psíquica que termina en la creación de los síntomas psiconeuróticos, creemos justificado transferir al sueño las conclusiones a que nos obliga el estudio de la histeria.

De la teoría de la histeria tomaremos el principio de que *esta elaboración psíquica anormal de un proceso mental normal sólo tiene efecto cuando tal proceso ha devenido la transferencia de un deseo inconsciente, procedente de lo infantil y reprimido*. Este principio ha sido el que nos ha llevado a construir la teoría del sueño sobre la hipótesis de que el deseo onírico motor procede siempre de lo inconsciente, cosa que como hemos confesado espontáneamente, no es posible demostrar en todo caso, aunque tampoco sea posible refutarla. Pero para poder definir la *represión* a la que tantas veces hemos hecho intervenir en estas especulaciones, tenemos que continuar construyendo nuestra armazón psicológica.

Hubimos de aceptar la ficción de un primitivo aparato psíquico, cuya labor era regulada por la tendencia a evitar la acumulación de excitaciones y a mantenerse libre en ella en lo posible. De este modo, su estructura respondía al esquema de un aparato de reflexión. La motilidad que fue al principio el camino conducente a modificaciones interiores del cuerpo era la ruta de derivación de la que podía disponer. Discutimos, después, las consecuencias psíquicas de una experiencia de satisfacción y pudimos establecer una segunda hipótesis, esto es, la de que la acumulación de la excitación —conforme a modalidades de las que no tenemos por qué ocuparnos— es sentida como displacer y pone actividad al aparato para atraer nuevamente el suceso satisfactorio en el que la disminución de la excitación es sentida como placer. Tal corriente que parte del displacer y tiende hacia el placer, es lo que denominamos un deseo, y hemos dicho, que sólo un deseo podía ser susceptible de poner en movimiento el aparato y que la derivación de la excitación era regulada automáticamente en él por las percepciones de placer y displacer. El primer deseo debió de ser una carga alucinatoria del recuerdo de la satisfacción. Esta alucinación demostró que cuando no podía ser mantenida hasta agotarse, era incapaz para atraer la supresión de la necesidad, o sea el placer ligado a la satisfacción.

De este modo, se hizo necesaria una segunda actividad —en nuestro ejemplo, la actividad de un segundo sistema— destinada a no permitir que la carga mnémica avanzara hacia la percepción y ligara desde allí las fuerzas psíquicas, sino que dirigiera por un rodeo la excitación emanada del estímulo de la necesidad, rodeo en el cual quedase el mundo exterior modificado por la motilidad voluntaria, en forma que hiciese posible la percepción real del objeto de satisfacción. Hasta aquí hemos seguido fielmente el esquema del aparato psíquico; los dos sistemas indicados son el germen de aquello que con la denominación de *Inc.* y *Prec.* situamos en el aparato completamente desarrollado.

Para que la motilidad pueda modificar adecuadamente el mundo exterior es necesaria la acumulación de una gran cantidad de experiencias en los sistemas mnémicos y una diversa fijación de las relaciones provocadas en este material mnémico por distintas representaciones finales. Continuaremos, pues, nuestras hipótesis. La actividad del segundo sistema del que emanan diversas cargas psíquicas necesita disponer libremente de todo el material mnémico, pero, por otro lado, sería un gasto inútil el enviar grandes cantidades de carga psíquica por los diversos caminos mentales, pues tales cargas se derivarían inadecuadamente y disminuirían la cantidad necesaria para la transformación del mundo exterior. Supondremos, pues, que dicho sistema consigue mantener en reposo la mayor parte de su carga de energía psíquica y sólo emplea una pequeña parte de la misma para emplearla en el desplazamiento. La mecánica de estos procesos me es totalmente desconocida. Aquellos que quisieran continuar esta ideación tendrían que buscar analogías físicas y construir una representación plástica del proceso de movimiento en la excitación de las neuronas. Por mi parte, me limito a mantener la hipótesis de que la actividad del primero de los sistemas *Y* tiende a una libre derivación de las cantidades de excitación y que el segundo sistema provoca con las cargas que de sí emanan, una coerción de dicha derivación y una transformación de la misma en carga psíquica en reposo. Supongo, por lo tanto, que la derivación de la excitación es sujeta por el segundo sistema, a condiciones mecánicas completamente distintas de las que regulaban su curso bajo el dominio del primero. Cuando el segundo sistema ha llevado a cabo su labor examinadora, levanta la coerción y el estancamiento de las excitaciones y las deja fluir hasta la motilidad.

Dirigiendo nuestra atención hacia las relaciones de esta coerción de la derivación por el segundo sistema con la regulación por medio del principio del displacer, hallamos una interesantísima concatenación de ideas. Busquemos primero la contrapartida de la experiencia de satisfacción primaria, o sea, la experiencia de *sobresalto exterior*. Sobre el aparato primitivo actuaría un estímulo doloroso. A esto seguirán entonces desordenadas manifestaciones motoras hasta que una de ellas sustraiga al aparato la percepción y al mismo tiempo el dolor. Esta manifestación motora que ha logrado suprimir el estímulo displaciente surgirá, en adelante, siempre que el mismo se renueve y no cesará hasta conseguir otra vez su desaparición. Pero en este caso, no perdurará inclinación ninguna a cargar de nuevo, alucinatoriamente o en otra forma cualquiera, la percepción de la fuente de dolor. Por el contrario, tenderá el aparato primario a abandonar esta huella mnémica penosa en cuanto quede nuevamente despertada por algo, pues el curso de su excitación hasta la percepción produciría displacer (o más exactamente, comienza a producir displacer). La separación del recuerdo, separación que no es sino una repetición de la fuga primitiva ante la percepción, queda facilitada por el hecho de que el recuerdo no posee, como la percepción, cualidad bastante para atraer la atención de la conciencia y procurarse de este modo una nueva carga. Esta sencilla y regular exclusión de lo penoso del proceso psíquico de la memoria nos da el modelo y el primer ejemplo de la *represión psíquica*.

A consecuencia del principio del displacer resulta, pues, totalmente incapaz el primer sistema *Y* para incluir algo desagradable en la coherencia mental. Este sistema no puede hacer sino desear. Si esta situación se mantuviera, la actividad mental del segundo sistema, que necesita disponer de todos los recuerdos que reposan en la experiencia, quedaría obstaculizada. Por lo tanto, surgen aquí dos nuevas posibilidades. La actividad del segundo sistema puede liberarse por completo del principio del displacer y continuar su marcha sin preocuparse del displacer del recuerdo, o puede también cargar de tal manera el recuerdo displaciente que quede evitado el desarrollo de displacer. La primera posibilidad no nos parece aceptable, pues el principio del displacer es también lo que regula el curso de la excitación del segundo sistema. Admitiremos, pues, la segunda, o sea, la de que dicho sistema carga de tal manera un recuerdo que la derivación queda impedida, esto es, también la derivación queda comparable a una inervación motora hasta el desarrollo de displacer.

Dos son los puntos de partida desde los que llegamos a la hipótesis de que la carga por el segundo sistema representa, simultáneamente, una coerción de la derivación de la excitación. Estos dos puntos de partida son el cuidado de adaptarse al principio del displacer y el principio del menor gasto de inervación. Resulta, pues —y ello constituye la clave de la teoría de la represión— *que el segundo sistema no puede cargar una representación sino cuando se halla en estado de coartar el desarrollo de displacer que de ella emana*. Aquello que a esta coerción se sustrajera sería también inaccesible para el segundo sistema y quedaría abandonado en seguida en obediencia al principio del displacer. La coerción del displacer no necesita, sin embargo, ser completa. Tiene que producirse siempre un comienzo de tal efecto que anuncie al segundo sistema la naturaleza del recuerdo y quizá también su defectuosa capacidad para el fin buscado por el pensamiento.

Llamaremos *proceso primario* al único proceso psíquico que puede desarrollarse en el primer sistema, y *proceso secundario* al que se desarrolla bajo la coerción del segundo. Puedo mostrar aún en otro lugar por qué el segundo sistema tiene que corregir el proceso primario. El proceso primario aspira a la derivación de la excitación para crear, con la cantidad de excitación así acumulada, una *identidad de percepción*. El proceso secundario ha abandonado ya este propósito y entraña en su lugar el de conseguir una *identidad mental*. Todo el pensamiento no es sino un rodeo desde el recuerdo de la satisfacción, tomado como representación final, hasta la carga idéntica del mismo recuerdo, que ha de ser alcanzada por el camino que pasa por los caminos que enlazan a las representaciones sin dejarse incluir en error por las intensidades de las mismas. Pero vemos claramente que las condensaciones de representaciones y las formaciones medias y transaccionales constituyen un estorbo para alcanzar este fin de identidad; sustituyendo una representación a otra desvían del camino que partía de la primera. Por lo tanto, el pensamiento secundario evita cuidadosamente tales procesos. No es tampoco difícil ver que el principio del displacer, que ofrece importantes puntos de apoyo al proceso intelectual, le estorba también en la persecución de la identidad intelectual. La tendencia del pensamiento tiene, pues, que orientarse a liberrarse cada vez más de la regulación exclusiva por medio del principio del displacer y a limitar a un mínimum utilizable como señal el desarrollo de afectos por la labor intelectual. Este perfeccionamiento de la función debe ser conseguido mediante una sobrecarga proporcionada por la conciencia. Pero sabemos que tal perfeccionamiento sólo raras veces se consigue aún en la vida anímica más normal, y que nuestro pensamiento permanece siempre accesible a la falsificación por la intervención del principio del displacer.

Mas no es ésta, sin embargo, la laguna de la función de nuestro aparato anímico que hace posible que los pensamientos que se presentan como resultados de la labor intelectual secundaria sucumban al proceso psíquico primario, fórmula con la cual podemos describir ahora la labor que conduce al sueño y a los síntomas histéricos. La insuficiencia es creada por la colaboración de dos factores de nuestra historia evolutiva, uno de los cuales pertenece por completo al aparato anímico y ha ejercido una influencia reguladora sobre la relación de los dos sistemas. En cambio, el otro, aparece en cantidades muy variables e introduce en la vida anímica fuerzas impulsoras de origen orgánico. Ambos proceden de la vida infantil y son un resto de la transformación que nuestro organismo anímico y somático ha experimentado desde los tiempos infantiles.

Si a uno de los procesos psíquicos que se desarrollan en el aparato anímico le damos el nombre de *proceso primario*, no lo hicimos atendiendo únicamente a su mayor importancia y a su más amplia capacidad funcional, sino también a las circunstancias temporales. No sabemos que exista ningún aparato psíquico, cuyo único proceso sea el primario. Por lo tanto, el suponer su existencia es una pura ficción teórica. Pero lo que sí constituye un hecho es que los procesos primarios se hallarán dados en él desde un principio, mientras que los secundarios van desarrollándose paulatinamente en el curso de la existencia, coartando y sometiendo a los primarios hasta alcanzar su completo dominio sobre ellos, quizá, en el punto culminante de la vida. A causa de este retraso de la aparición de los procesos secundarios, continúa constituido el nódulo de nuestro ser por impulsos optativos inconscientes, incoercibles e inaprehensibles para los preconscientes, cuya misión queda limitada de una vez y para siempre a indicar a los impulsos optativos procedentes de lo inconsciente los caminos más adecuados. Estos deseos inconscientes representan para todas las aspiraciones anímicas posteriores una coerción a la que tienen que someterse, pudiendo esforzarse en derivarla y dirigirla hacia fines más elevados. Un gran sector del material mnémico permanece también inaccesible a la carga psíquica preconsciente a causa de este retraso.

Entre los impulsos optativos indestructibles e incoercibles procedentes de lo infantil, existen también algunos cuya realización resulta también contraria a las representaciones finales del pensamiento secundario. La realización de estos deseos no provocaría ya un afecto displaciente, *y precisamente esta trasformación de los afectos constituye la esencia de aquello que denominamos represión y en lo que vemos el grado preliminar infantil de la condensación (de la repulsa por el juicio)*. La cuestión de por qué caminos y mediante qué fuerzas puede tener efecto tal transformación es lo que constituye el problema de la represión, problema que no necesitamos examinar aquí sino superficialmente. Nos bastará hacer constar que en el curso del desarrollo aparece una tal transformación de los afectos (recuérdese la aparición de las repugnancias de que al principio carece la vida infantil), transformación que se halla ligada a la actividad del sistema secundario. Los recuerdos de los que se sirve el deseo inconsciente para provocar la asociación de afectos no fueron jamás accesibles para lo preconsciente, razón por la cual, no puede ser coartado su desarrollo de afecto. Este mismo desarrollo de afecto hace que tampoco se pueda llegar ahora a estas representaciones desde las ideas preconscientes a las que han transferido su fuerza de deseos. Por el contrario, se impone el principio del displacer y separa al *Prec.* de tales ideas de transferencia, las cuales quedan, entonces, abandonadas a sí mismas —reprimidas— constituyéndose así en condición preliminar de la represión, la existencia de un acervo de recuerdos sustraído desde el principio del *Prec.*

En el caso más favorable, termina el desarrollo de displacer en cuanto la idea de transferencia preconsciente es despojada de su carga, y este resultado nos muestra que la intervención del principio del displacer es perfectamente adecuada. Otra cosa sucede, en cambio, cuando el deseo inconsciente reprimido recibe un refuerzo orgánico que puede prestar a sus ideas de transferencia poniéndolas, así, en situación de intentar exteriorizarse por medio de su excitación, aun cuando han sido abandonadas por la carga del *Prec.* Surge entonces la lucha defensiva, reforzando el *Prec.* la oposición contra las ideas reprimidas (*contracarga*), y como una ulterior consecuencia, las ideas de transferencia, portadoras del deseo inconsciente, logran abrirse camino bajo una forma cualquiera de transacción por formación de síntomas. Pero desde el momento en que las ideas reprimidas quedan intensamente cargadas por la excitación optativa inconsciente, y en cambio, abandonadas por la carga preconsciente, sucumben al proceso psíquico primario y tienden únicamente a una derivación motora, o cuando el camino está libre, a una reanimación alucinatoria de la identidad de percepción deseada. Hemos descubierto antes, empíricamente, que los procesos incorrectos descritos se desarrollan tan sólo con ideas reprimidas. Ahora conseguimos una más amplia visión de este problema. Tales procesos incorrectos son los procesos *primarios, los cuales surgen siempre que las representaciones son abandonadas por la carga preconsciente, quedando entregadas a sí mismas y pudiendo realizarse con la energía no coartada de lo inconsciente que aspira a una derivación.*

Otras observaciones nos muestran que estos procesos, llamados incorrectos, no son falsificaciones de los "errores mentales" normales, sino las de funcionamientos psíquicos exentos de coerción. Vemos, de este modo, que la transmisión de la excitación preconsciente a la motilidad se desarrolla conforme a los mismos procesos y que el enlace de las representaciones inconscientes con palabras muestra fácilmente aquellos mismos desplazamientos y confusiones que suelen ser atribuídos a la falta de atención. Por último, el incremento de trabajo impuesto por la coerción de estos procesos primarios quedaría demostrado por el hecho de que *cuando dejamos penetrar en la conciencia estas formas del pensamiento* conseguimos un efecto cómico, o sea, un exceso derivable por medio de la *risa*.

La teoría de las psiconeurosis afirma con absoluta seguridad que no pueden ser sino impulsos sexuales, procedentes de lo infantil, que han sucumbido a la represión (transformación del afecto) en los períodos infantiles del desarrollo y luego, en períodos posteriores de la evolución, resultan susceptibles de una renovación, bien a consecuencia de la constitución sexual que surge de la bisexualidad primitiva, bien como resultado de influencias desfavorables de la vida sexual, proporcionando, entonces, las fuerzas impulsoras para todas las formaciones de síntomas psiconeuróticos. Únicamente con la introducción de estas fuerzas sexuales pueden llenarse las lagunas que aún encontramos en la teoría de la represión.

En este punto, habré de abandonar la investigación del sueño, pues con la hipótesis de que el deseo onírico procede siempre de lo inconsciente, he traspasado ya los límites de lo demostrable. No quiero tampoco continuar investigando en qué consiste la diferencia del funcionamiento de las energías psíquicas en la formación de los sueños y en la de los síntomas histéricos, pues nos falta el conocimiento de uno de los miembros de la comparación. Pero hay un punto que me atrae especialmente, y confesaré que sólo por él he emprendido aquí todas estas especulaciones sobre los dos sistemas psíquicos, sus formas de laborar y la represión. Nada importa ahora que mis especulaciones psicológicas hayan sido acertadas o que entrañen graves errores, cosa posible dada la dificultad del objeto. Cualquiera que sean las verdaderas circunstancias de la censura psíquica y de la elaboración correcta y anormal del contenido del sueño, siempre queda el hecho indiscutible de que tales procesos intervienen en la formación de los sueños y muestran la mayor analogía con los descubrimientos en el estudio de la formación de los síntomas histéricos. Pero el sueño no es un fenómeno patológico y no tiene como antecedente una perturbación del equilibrio psíquico ni deja tras de sí una debilitación de la capacidad funcional. La objeción de que mis sueños y los de mis pacientes neuróticos no permiten deducir resultados aplicables a los sueños de los hombres normales y sanos debería ser rechazada sin discusión ninguna. Cuando del estudio de estos fenómenos deducimos sus fuerzas impulsoras, reconocemos que el mecanismo psíquico de que se sirve la neurosis no es creado por una perturbación patológica que ataca a la vida anímica, sino que existe ya en la estructura normal del aparato anímico. Los dos sistemas psíquicos, la censura situada entre ambos, la coerción de una actividad por otra, las relaciones de ambas con la conciencia —o todo aquello que en lugar de esto pueda resultar de una más exacta interpretación de las circunstancias efectivas— todo ello, pertenece a la estructura normal de nuestro instrumento anímico y el sueño constituye uno de los caminos que llevan al conocimiento de dicha estructura. Si queremos contentarnos con un mínimum de conocimientos, absolutamente garantizados, diremos que el sueño nos demuestra que *lo reprimido perdura también en los hombres normales y puede desarrollar funciones psíquicas.*

El sueño es una de las manifestaciones de lo reprimido; según la teoría, en todos los casos, y según la experiencia palpable, por lo menos en un gran número. Lo reprimido que fue estorbado en su expresión y separado de la percepción interna encuentra en la vida nocturna y bajo el dominio de las formaciones transaccionales medios y caminos de llegar a la conciencia.

FLECTERE SI NEQUEO SUPEROS
ACHERONTA MOVEBO

PERO LA INTERPRETACIÓN ONÍRICA ES LA VÍA REGIA PARA EL CONOCIMIENTO DE LO INCONSCIENTE EN LA VIDA ANÍMICA.

Persiguiendo el análisis del sueño, llegamos a un conocimiento de la composición de este instrumento, el más maravilloso y enigmático de todos. A un conocimiento muy limitado, es cierto, pero que da el primer impulso para llegar al corazón del problema, partiendo de otros productos de carácter patológico. La enfermedad —por lo menos la llamada justificadamente funcional— no tiene como antecedente necesario la ruina de dicho aparato y la creación en su interior de nuevas disociaciones. Debe explicarse *dinámicamente* por modificaciones de las energías psíquicas. En otro lugar, podría también demostrarse cómo la composición del aparato por las dos instancias da a la función normal una sutileza que a una instancia no le sería dado alcanzar[149].

[149] El sueño no es el único fenómeno que la psicopatología permite fundar en la psicología. En una pequeña serie de ensayos publicados en la *Revista de Psiquiatría y Neurología* ("Sobre el mecanismo psíquico del olvido", 1898. "Sobre los recuerdos encubridores", 1899), intenté interpretar una gran cantidad de fenómenos psíquicos cotidianos como prueba del mismo conocimiento. Estos y otros ensayos sobre el olvido, la equivocación, etc., han aparecido reunidos en mi obra *Psicopatología de la vida cotidiana*. Tomo I de estas *Obras Completas*.

f) Lo inconsciente y la conciencia. La realidad.

Bien mirado, no es la existencia de dos sistemas cerca del extremo motor del aparato, sino la de *dos procesos o modos de la derivación de la excitación*, lo que ha quedado explicado con las especulaciones psicológicas del apartado que precede. Pero esto no nos conturba lo más mínimo, pues debemos hallarnos dispuestos a prescindir de nuestras representaciones auxiliares en cuanto creamos haber llegado a una posibilidad de sustituirlas por otra cosa más aproximada a la realidad desconocida. Intentaremos ahora, rectificar algunas opiniones que pudieron ser equivocadamente interpretadas mientras tuvimos ante la vista los dos sistemas como dos localidades dentro del aparato psíquico. Cuando decimos que una idea inconsciente aspira a una traducción a lo preconsciente, para después emerger en la conciencia, no queremos decir que deba ser formada una segunda idea en un nuevo lugar. Asimismo, queremos también separar cuidadosamente de la emergencia en la conciencia, toda idea de un cambio de localidad. Cuando decimos que una idea preconsciente queda reprimida y acogida después por lo inconsciente, podían incitarnos estas imágenes a creer que realmente queda disuelta en una de las dos localidades psíquicas una ordenación y sustituida por otra nueva en la otra localidad. En lugar de esto, diremos ahora, en forma que corresponde mejor al verdadero estado de las cosas, que una carga de energía es transferida o retirada de una ordenación determinada de manera que el producto psíquico queda situado bajo el dominio de una instancia o sustraído al mismo: sustituimos aquí, nuevamente, una representación tópica por una representación dinámica; lo que nos aparece dotado de movimiento no es el producto psíquico, sino su inervación.

Sin embargo, creo adecuado y justificado continuar empleando la representación plástica de los sistemas. Evitaremos todo abuso de esta forma de exposición, recordando que las representaciones, las ideas y los productos psíquicos en general no deben ser localizados en elementos orgánicos del sistema nervioso, sino por decirlo así, *entre ellos*. Todo aquello que puede devenir objeto de nuestra percepción interior, es *virtual*, como la imagen producida por la entrada de los rayos luminosos en el anteojo. Los sistemas, que no son en sí nada psíquicos y no resultan nunca accesibles a nuestra percepción psíquica, pueden ser comparados a las lentes del anteojo, las cuales proyectan la imagen. Continuando esta comparación, correspondería la censura situada entre dos sistemas a la refracción de los rayos al pasar a un medio nuevo.

Hasta ahora, hemos hecho psicología por nuestra propia cuenta, pero es ya tiempo de que volvamos nuestros ojos a las opiniones teóricas de la psicología actual para compararlas con nuestros resultados. El problema de lo inconsciente en la psicología es, según, las rotundas palabras de Lipps[150], menos un problema psicológico, que el problema de la psicología. Mientras que la psicología se limitaba a resolver este problema con la explicación de que lo psíquico era precisamente lo consciente y que la expresión "procesos psíquicos inconscientes" constituía un contrasentido palpable, quedaba excluído todo aprovechamiento psicológico de las observaciones que el médico podía efectuar en los estados anímicos anormales. El médico y el filósofo sólo se encuentran cuando reconocen ambos que los procesos psíquicos inconscientes constituyen la expresión adecuada y perfectamente justificada de un hecho incontrovertible. El médico no puede sino rechazar con un encogimiento de hombros la afirmación de que la conciencia es el carácter imprescindible de lo psíquico, o si su respeto a

[150] *El concepto de lo inconsciente en la psicología*. –Conferencia pronunciada en el tercer Congreso internacional de Psicología en Munich, 1897.

las manifestaciones de los filósofos es aún lo bastante fuerte, suponer que no tratan el mismo objeto ni ejercen la misma ciencia. Pero también una sola observación comprensiva de la vida anímica de un neurótico o un solo análisis onírico tienen que imponerle la convicción indestructible de que los procesos intelectuales más complicados y correctos, a los que no es posible negar el nombre de procesos psíquicos, pueden desarrollarse sin intervención de la conciencia del individuo[151].

El médico no advierte, ciertamente, estos procesos inconscientes hasta que los mismos han ejercido un efecto susceptible de comunicaciones o de observación sobre la conciencia, pero este efecto de conciencia puede mostrar un carácter psíquico completamente distinto del proceso preconsciente, de manera que la percepción interior no pueda reconocer en él una sustitución del mismo. El médico tiene que reservarse el derecho de penetrar inductivamente desde el efecto de la conciencia hasta el proceso psíquico inconsciente. Obrando así, descubrirá que el efecto de conciencia no es más que un lejano efecto psíquico del proceso inconsciente y que este último no ha devenido consciente como tal, habiendo existido y actuado sin delatarse en modo alguno a la conciencia. Para llegar a un exacto conocimiento del proceso psíquico es condición imprescindible dar a la conciencia su verdadero valor, tan distinto del que ha venido atribuyéndosele, con exageración manifiesta. En lo inconsciente tenemos que ver, como afirma Lipps, la base general de la vida psíquica. Lo

[151] Me es muy grato citar a un autor que del estudio del sueño ha deducido la misma conclusión sobre la relación de la actividad consciente con la inconsciente. Dice Du Prel: "La interrogación de qué es el alma reclama una investigación preliminar sobre si conciencia y alma son algo idéntico. Precisamente esta cuestión preliminar es negada por el sueño, el cual muestra que el concepto del alma va más allá de la conciencia, del mismo modo que la fuerza de atracción de un astro sobrepasa su esfera luminosa".

inconsciente es el círculo más amplio en el que se halla inscrito el de lo consciente. Todo lo consciente tiene un grado preliminar inconsciente, mientras que lo inconsciente puede permanecer en este grado y aspirar, sin embargo, al valor completo de una función psíquica. Lo inconsciente es lo psíquico verdaderamente real; *su naturaleza interna nos es tan desconocida como la realidad del mundo exterior, y nos es dado por el testimonio de nuestra conciencia tan incompletamente como el mundo exterior por el de nuestros órganos sensoriales.*

Una vez que la antigua antítesis de vida consciente y vida onírica ha quedado despojada de toda significación por el reconocimiento del verdadero valor de lo psíquico inconsciente, desaparece toda una serie de problemas oníricos que preocuparon intensamente a los investigadores anteriores. Así, muchas funciones cuyo desarrollo en el sueño resultaba desconcertante, no deben ser ya atribuídas a este fenómeno sino a la actividad diurna del pensamiento inconsciente. Cuando Scherner nos descubre en el sueño una representación simbólica del cuerpo, sabemos que se trata del rendimiento de determinadas fantasías inconscientes que obedecen, probablemente, a impulsos sexuales y que no se manifiestan únicamente en él, sino también en las fobias histéricas y en otros síntomas. Cuando el sueño continúa labores intelectuales diurnas, solucionándolas e incluso extrayendo a la luz ocurrencias valiosísimas, hemos de ver en dichas labores un rendimiento de las mismas fuerzas que las realizan durante la vigilia. Lo único que corresponderá a la elaboración onírica y podrá ser considerado como una intervención de obscuros poderes de los más profundos estratos del alma será el disfraz de sueño con el que la función intelectual se nos presenta. Nos inclinamos asimismo a una exagerada estimación del carácter consciente de la producción intelectual y artística. Por las comunicaciones de algunos hombres altamente productivos, como Goethe y

Helmholtz, sabemos que lo más importante y original de sus creaciones surgió en ellos en forma de ocurrencia espontánea, siendo percibido casi siempre como una totalidad perfecta y terminada. El auxilio de la actividad consciente tiene el privilegio de encubrir a todas las que simultáneamente actúan.

No merece la pena plantearnos el examen de la significación histórica de los sueños como un tema especial. Aquellos casos en que un guerrero fue decidido, por un sueño, a acometer una osada empresa cuyo resultado transformó la historia, no constituyen un nuevo problema, sino mientras que consideramos al sueño como un poder ajeno a las demás fuerzas anímicas que nos son más familiares y no como una forma expresiva de impulsos coartados durante el día por una resistencia y reforzados nocturnamente por excitaciones emanadas de fuentes más profundas. El respeto que el sueño mereció a los pueblos antiguos se hallaba fundado en una exacta estimación psicológica de lo indestructible e indomable existente en el alma humana, esto es, de lo *demoníaco* dado en nuestro inconsciente y reproducido por el sueño.

No sin intención digo "*nuestro inconsciente*", pues aquello que con este nombre designamos no coincide con lo inconsciente de los filósofos ni tampoco con lo inconsciente de Lipps. Los filósofos lo consideran únicamente como la antítesis de lo consciente y la teoría de que además de los procesos conscientes hay también procesos inconscientes es una de las que más empeñadas discusiones han provocado. Lipps nos muestra un principio de mayor alcance, afirmando que todo lo psíquico se encuentra dado inconscientemente y algo de ello también conscientemente. Pero no es para demostrar este principio por lo que hemos estudiado los fenómenos del sueño y de la formación de los síntomas histéricos. La observación de la vida diurna normal es suficiente para protegerlo contra toda duda. Los nuevos conocimientos que nos ha procurado el análisis de los productos psicopatológicos, y entre ellos, el del sueño consisten en que lo inconsciente —esto es, lo psíquico— aparece como función de dos sistemas separados y surge ya así en la vida anímica normal. Hay, pues, *dos clases* de inconsciente, diferenciación que no ha sido realizada aún por los psicólogos. Ambas caen dentro de lo que la psicología considera como lo inconsciente, pero desde nuestro punto de vista, es una de ellas la que hemos denominado *Inc.*, *incapaz de conciencia*, mientras que la otra, o sea, el *Prec.* ha recibido de nosotros este nombre porque sus excitaciones pueden llegar a la conciencia, aunque también adaptándose a determinadas reglas y quizá después de vencer una nueva censura, pero de todos modos sin relación ninguna con el sistema *Inc.*

El hecho de que para llegar a la conciencia tengan que pasar las excitaciones por una sucesión invariable; esto es, por una serie de instancias, hecho que nos fue revelado por las transformaciones que la censura les impone, nos sirvió para establecer una comparación especial. Describimos las relaciones de ambos sistemas entre sí y con la conciencia, diciendo que el sistema *Prec.* aparecía como una pantalla entre el sistema *Inc.* y la conciencia. El sistema *Prec.* no sólo cerraba el acceso a la conciencia, sino que dominaba también el acceso a la motilidad voluntaria y disponía de la emisión de una carga de energía psíquica móvil de la que no es familiar una parte, a título de atención.

También debemos mantenernos alejados de la diferenciación de *conciencia superior y subconsciencia*, tan gustada por la moderna literatura de la psiconeurosis, pues parece acentuar la equivalencia de lo psíquico y lo consciente. ¿Qué misión queda, pues, en nuestra representación a la conciencia antes omnipotente y que todo lo encubría? Sencillamente *la de un órgano sensorial para la percepción de cualidades psíquicas.* Según la idea fundamental de nuestro esquema no podemos considerar la percepción por la conciencia más que como la función propia de un sistema especial, al que designaremos como sistema *C*. Este sistema nos lo representamos compuesto por caracteres mecánicos, análogamente al sistema de percepción P, esto es, excitable por cualidades e incapaz de conservar la huella de las modificaciones, o sea, carente de memoria. El aparato psíquico que se halla orientado hacia el mundo exterior con el órgano sensorial de los sistemas *P* es, a su vez, mundo exterior para el órgano sensorial de los sistemas *C*, cuya justificación teleológica reposa en esta circunstancia. El principio de la serie de instancias que parece dominar la estructura del aparato nos sale aquí nuevamente al encuentro. El material de excitaciones afluye al órgano sensorial *C*. desde dos partes diferentes, esto es, desde el sistema *P*, cuya excitación, condicionada por cualidades, pasa probablemente por una nueva elaboración hasta que se convierte en sensación consciente y desde el interior del aparato mismo, cuyos procesos cuantitativos son sentidos como una serie de cualidades de placer y displacer cuando han llegado a ciertas transformaciones.

Los filósofos, que han sospechado la posibilidad de formaciones intelectuales correctas y altamente complicadas sin intervención de la conciencia, han considerado luego muy difícil señalar a esta última una misión, pues se les mostraba como un reflejo superfluo del proceso psíquico terminado. La analogía de nuestro sistema con el sistema de las percepciones nos ahorra esta dificultad. Vemos que la percepción por nuestros órganos sensoriales trae consigo la consecuencia de dirigir una carga de energía por los caminos por los que se difunde la excitación sensorial afluyente. La excitación cualitativa del sistema *P* sirve para regular el curso de la cantidad móvil en el aparato psíquico. Esta misma misión puede ser atribuida al órgano sensorial del sistema *C*. Al percibir nuevas cualidades rinde una nueva aportación a la dirección y distribución de las cargas móviles de energía. Por medio de la percepción de placer y displacer influye sobre el curso de las cargas dentro del aparato psíquico, que fuera de esto, se mantiene inconsciente y labora por medio de desplazamientos de cantidad. Es verosímil que el principio del displacer regule inicialmente los desplazamientos de la carga de un modo automático, pero es muy posible que la conciencia lleve a cabo una segunda regulación más sutil de estas cualidades, regulación que puede incluso oponerse a la primera y que completa y perfecciona la capacidad funcional del aparato modificando su disposición primitiva para permitirle someter a la carga de energía psíquica y a la elaboración, aquello que se halla enlazado con desarrollos de displacer. La psicología de la neurosis nos enseña que esta regulación por la excitación cualitativa del órgano sensorial desempeña un importantísimo papel en la actividad funcional del aparato. El dominio automático del principio primario de displacer y la subsiguiente limitación de la capacidad funcional quedan suprimidos por las regulaciones sensibles, las cuales son nuevamente, de por sí, automatismos. Vemos que la represión adecuada al principio termina en una renuncia perjudicial a la coerción y al dominio anímico, recayendo mucho más fácilmente sobre los recuerdos que sobre las percepciones, pues los primeros carecen del incremento de carga provocado por la excitación del órgano sensorial psíquico. Las ideas rechazables no se hacen conscientes unas veces por haber sucumbido a la represión; pero otras pueden no hallarse reprimidas, sino haber sido sustraídas a la conciencia por otras causas. Estos son los indicios de que la terapia se sirve para solucionar las represiones.

El valor de la sobrecarga provocada por la influencia reguladora del órgano sensorial *C* sobre la cantidad móvil queda representada en una conexión teleológica por la creación de nuevas series de cualidades y con ello de una nueva regulación que pertenece, quizá, a las prerrogativas concedidas al hombre sobre los animales. Los procesos intelectuales carecen en sí de calidad, salvo en lo que respecta a las excitaciones placientes y displacientes concomitantes que deben ser mantenidas a raya como posibles perturbaciones del pensamiento. Para prestarles una cualidad quedan asociados en el hombre con recuerdos verbales, cuyos restos cualitativos bastan para atraer sobre ellas la atención de la conciencia.

La diversidad de los problemas de la conciencia se nos muestra en su totalidad en el análisis de los procesos mentales histéricos. Experimentamos, entonces, la impresión de que también el paso de lo preconsciente a la carga de la conciencia se halla ligado a una censura análoga a la existente entre *Inc.* y *Prec.* También esta censura comienza a partir de un cierto límite cuantitativo, quedando sustraídas a ella los productos mentales poco intensos. Todos los casos posibles de inaccesibilidad a la conciencia, así como los de penetración a la misma bajo ciertas restricciones, aparecen reunidos en el cuadro de los fenómenos psiconeuróticos, y todos estos fenómenos indican la íntima y recíproca conexión existente entre la censura y la conciencia. Con la comunicación de dos casos de este género, daremos por terminadas estas especulaciones psicológicas.

En una ocasión, fui llamado a consulta para reconocer a una muchacha de aspecto inteligente y decidido. Su "toilette" me llamó inmediatamente la atención, pues contra todas las costumbres femeninas, llevaba colgando una media y desabrochados los botones de la blusa. Se quejaba de dolores en una pierna, y sin que yo le hiciera indicación alguna, se quitó la media y me mostró la pantorrilla. Su queja principal es la siguiente, la cual reproduzco aquí con sus mismas palabras: Siente como si tuviera dentro del vientre algo que se moviera de aquí para allá, sensación que le produce profundas emociones. A veces es como si todo su cuerpo se pusiera *rígido*. —Al oír estas palabras, el colega que me había llamado a consulta me miró significativamente. No eran, en efecto, nada equívocas. Lo extraño es que la madre de la sujeto no sospechase su sentido, a pesar de que debía de haberse hallado repetidamente en la situación que con ellas describía su hija. Esta no tiene idea ninguna del alcance de sus palabras, pues si la tuviera, no las pronunciaría. Se ha conseguido, por lo tanto, en este caso, cegar de tal manera a la censura, que una fantasía que permanece generalmente en lo preconsciente ha sido acogida en la conciencia bajo el disfraz de una queja y como absolutamente inocente.

Otro ejemplo: Comienzo el tratamiento psicoanalítico de un niño de catorce años que padece de *tic* convulsivo, vómitos histéricos, dolores de cabeza, etc., etc., asegurándole que, cerrando los ojos, vería imágenes o se le ocurrirían cosas que debería comunicarme. El paciente me responde en imágenes. La última impresión recibida por él, antes de venir a verme, vive visualmente en su recuerdo. Había estado jugando a las damas con su tío, y ve ahora el tablero ante sí. Discute y me explica determinadas posiciones que son favorables o desfavorables y ciertas jugadas que no deben hacerse. Después, ve sobre el tablero un puñal, que no es de su tío, sino de su padre, pero que traslada a casa de su tío, colocándolo sobre el tablero. Luego aparece en el mismo lugar, una hoz y luego una guadaña, acabando por componerse la imagen de un viejo labrador que siega la hierba. Después de algunos días, llegué a la comprensión de esta yuxtaposición de imágenes. El niño vive en medio de circunstancias familiares que le han excitado: un padre colérico y severo en perpetua guerra con la madre y cuyo único medio educativo era una constante amenaza; la separación de los cónyuges y el alejamiento de la madre, cariñosa y débil, y el nuevo matrimonio del padre que apareció una tarde en su casa con una mujer joven y dijo al niño que aquella era su nueva mamá. Pocos días después de este suceso fue cuando el niño comenzó a enfermar. Su cólera retenida contra el padre es lo que ha reunido las imágenes referidas en alusiones fácilmente comprensibles. El material ha sido proporcionado por una reminiscencia de la mitología. La hoz es el arma con que Zeus castró a su padre, y la guadaña y la imagen del segador describen a Cronos, el violento anciano que devora a sus hijos y del que Zeus toma una venganza tan poco infantil. El matrimonio del padre constituyó una ocasión para devolverle los reproches y amenazas que el niño hubo de oír en una ocasión en que fue sorprendido jugando con sus genitales (el tablero, las jugadas prohibidas, el puñal con el que se puede matar). En este caso, se introducen furtivamente en la conciencia, fingiéndose imágenes *aparentemente faltas de sentido*, recuerdos ha largo tiempo reprimidos, cuyas ramificaciones han permanecido inconscientes.

Así, pues, el valor teórico del estudio de los sueños consistiría en sus aportaciones al conocimiento psicológico y en una preparación a la comprensión de la psiconeurosis. ¿Quién puede sospechar hasta dónde puede elevarse aún y qué importancia puede adquirir un conocimiento fundamental de la estructura y las funciones del aparato anímico, cuando ya el estado actual de nuestro conocimiento permite ejercer una influencia terapéutica sobre las formas curables de psiconeurosis? ¿Cuál puede ser ahora —me oigo preguntar— el valor práctico de estos estudios para el conocimiento del alma y el descubrimiento de las cualidades ocultas del carácter individual? ¿Estos impulsos inconscientes que el sueño revela no tienen, quizá, el valor de poderes reales en la vida anímica? ¿Qué importancia ética hemos de dar a los deseos reprimidos que, así como crean sueños, pueden crear algún día otros productos?

No me creo autorizado para contestar a estas preguntas. Mis pensamientos no han perseguido más allá esta faceta del problema del sueño. Opino únicamente que aquel emperador romano que hizo ejecutar a uno de sus súbditos por haber éste soñado que le asesinaba, no estaba en lo cierto. Debía haberse preocupado antes de lo que el sueño significaba, pues muy probablemente, no era aquello que su contenido manifiesto revelaba y aun cuando un sueño distinto hubiese tenido esta significación criminal, hubiera debido pensar en las palabras de Platón, de que el hombre virtuoso se contenta con soñar lo que el perverso realiza en la vida. Por lo tanto, creo que debemos absorber al sueño. No puedo decir en pocas palabras si hemos de reconocer *realidad* a los deseos inconscientes y en qué sentido. Desde luego habremos de negársela a todas las ideas de transición o de mediación. Una vez que hemos conducido a los deseos inconscientes a su última y más verdadera expresión, vemos que la *realidad psíquica* es una forma especial de existencia que no debe ser confundida con la *realidad material.* Parece, entonces, injustificado que los hombres se resistan a aceptar la responsabilidad de la inmoralidad de sus sueños. El estudio del funcionamiento del aparato anímico y el conocimiento de la relación entre lo consciente y lo inconsciente hacen desaparecer aquello que nuestros sueños presentan contrario a la moral.

"Al buscar ahora en la conciencia las relaciones que el sueño mostraba con el presente (la realidad), no deberemos extrañarnos si lo que creímos un monstruo, al verlo con el cristal de aumento del análisis, se nos muestra ser un infusorio" (H. Sachs).

Para la necesidad práctica de la estimación del carácter del hombre bastan, en la mayoría de los casos, sus manifestaciones conscientes. Ante todo, hemos de colocar, en primer término, el hecho de que muchos impulsos que han penetrado en la conciencia son suprimidos por poderes reales en la vida anímica antes de su llegada al acto. Si alguna vez no encuentran obstáculo psíquico ninguno en su camino es porque lo inconsciente está seguro de que serán estorbados en otro lugar. De todos modos, siempre es muy instructivo ver el removido suelo sobre el que se alzan, orgullosas, nuestras virtudes. La complicación dinámica de un carácter humano no resulta ya explicable por medio de una simple alternativa, como lo quería nuestra vieja teoría moral.

¿Y el valor del sueño para el conocimiento del porvenir?

En esto no hay naturalmente que pensar. Por gustosos que saludemos, como investigadores modestos y exentos de prejuicios, la tendencia a incluir los fenómenos "*ocultos*" en el círculo de la investigación científica, mantenemos nuestra convicción de que dichos estudios no llegarán nunca a procurarnos ni la demostración de una segunda existencia en el más allá ni el conocimiento del porvenir. Diríamos, en cambio, que el sueño nos revela el pasado, pues procede de él en todos sentidos. Sin embargo, la antigua creencia de que el sueño nos muestra el porvenir no carece por completo de verdad. Representándonos un deseo como realizado, nos lleva realmente al porvenir, pero este porvenir que el soñador toma como presente está formado por el deseo indestructible conforme al modelo de dicho pasado.

ÍNDICE - PARTE II

Obras Completas de Sigmund Freud
Tomo VII

Impreso en los talleres de
DocuMaster
(Master Copy, S. A. de C.V.)
Plásticos #84, Local 2, ala sur,
Fracc. Industrial Alce Blanco,
Naucalpan de Juárez, C. P. 53370.

www.ingramcontent.com/pod-product-compliance
Ingram Content Group UK Ltd.
Pitfield, Milton Keynes, MK11 3LW, UK
UKHW042005190726
13854UKWH00005B/2167